内蒙古自治区第一次全国可移动文物普查工作重要文件汇编

内蒙古自治区文物局　编

文物出版社

图书在版编目（CIP）数据

内蒙古自治区第一次全国可移动文物普查工作重要文件汇编／内蒙古自治区文物局编 . —北京：文物出版社，2023.5

ISBN 978 – 7 – 5010 – 8025 – 0

Ⅰ . ①内…　 Ⅱ . ①内…　 Ⅲ . ①文物 – 普查 – 文件 – 汇编 – 内蒙古　 Ⅳ . ①K872. 26

中国国家版本馆 CIP 数据核字（2023）第 063258 号

内蒙古自治区第一次全国可移动文物普查工作重要文件汇编

编　　者：内蒙古自治区文物局

责任编辑：乔汉英　 杨新改
封面设计：程星涛
责任校对：陈　 婧
责任印制：王　 芳

出版发行：文物出版社
社　　址：北京市东城区东直门内北小街 2 号楼
邮　　编：100007
网　　址：http：//www. wenwu. com
经　　销：新华书店
印　　刷：宝蕾元仁浩（天津）印刷有限公司
开　　本：889mm×1194mm　 1/16
印　　张：30
版　　次：2023 年 5 月第 1 版
印　　次：2023 年 5 月第 1 次印刷
书　　号：ISBN 978 – 7 – 5010 – 8025 – 0
定　　价：380. 00 元

2013 年 4 月 18 日，第一次全国可移动文物普查电视电话会议内蒙古自治区会场

2013 年 7 月 16 日，内蒙古自治区第一次全国可移动文物普查电视电话会议会场

2013 年 8 月 5 日，内蒙古自治区第一次全国可移动文物普查新闻发布会

2015 年 8 月 25 日，内蒙古自治区第一次全国可移动文物普查办公室主任会议（呼和浩特）

2015 年 9 月 6 日，内蒙古自治区第一次全国可移动文物普查办公室主任会议（呼伦贝尔）

2017 年 4 月 7 日，第一次全国可移动文物普查总结电视电话会议内蒙古自治区会场

2017 年 4 月 7 日，自治区副主席刘新乐、文化厅厅长佟国清出席第一次全国可移动文物普查总结电视电话会议

2017 年 4 月 7 日，第一次全国可移动文物普查总结电视电话会议内蒙古自治区会场

2017 年 9 月 14 日，全区文物安全工作暨自治区第一次全国可移动文物普查工作电视电话会议

2017 年 9 月 14 日，全区文物安全工作暨自治区第一次全国可移动文物普查工作电视电话会议

2017 年 10 月 12 日，内蒙古自治区第一次全国可移动文物普查成果新闻发布会

自治区专家组对普查进行数据督导及文物定级（呼和浩特）

自治区专家组对普查进行数据督导及文物定级（包头）

自治区专家组对普查进行数据督导及文物定级（呼伦贝尔）

自治区专家组对普查进行数据督导及文物
定级（兴安盟）

自治区专家组对普查进行数据督导及文物
定级（通辽）

自治区专家组对普查进行数据督导及文物
定级（赤峰）

自治区专家组对普查进行数据督导及文物
定级（锡林郭勒盟）

自治区专家组对普查进行数据督导及文物
定级（乌兰察布）

自治区专家组对普查进行数据督导及文物
定级（鄂尔多斯）

自治区专家组对普查进行数据督导及文物
定级（巴彦淖尔）

自治区专家组对普查进行数据督导及文物
定级（乌海）

自治区专家组对普查进行数据督导及文物
定级（阿拉善盟）

2016 年 5 月 18 日，国际博物馆日第一次全国可移动文物普查成果展

2016 年 7 月，内蒙古自治区专家终审普查数据

2013 年 7 月 27 日，内蒙古自治区第一次
全国可移动文物普查骨干培训班（第一期）

2014 年 12 月，内蒙古自治区第一次全国
可移动文物普查骨干培训班（东部区）

2014 年 12 月，内蒙古自治区第一次全国
可移动文物普查骨干培训班（西部区）

2014 年 12 月，内蒙古自治区第一次全国可移动文物普查骨干培训班（中部区）

2014 年 12 月，内蒙古自治区第一次全国可移动文物普查骨干培训班（中部区）

2015 年 12 月，文物摄影采集骨干培训班（呼和浩特）

2015 年 12 月，文物摄影采集骨干培训班（呼和浩特）

2016 年 6 月 19 日，普查办主任工作会议

2016 年 6 月 20 日，数据审核与总结报告编制培训

2017 年 9 月 6 日，信息登录平台培训

2017 年 9 月 6 日，信息登录平台培训

目　录

第二章　重要讲话

第三章　工作简报

第四章　普查宣传

第五章　验收报告

第一章　重要文件

国务院关于开展第一次全国可移动文物
普查的通知

各省、自治区、直辖市人民政府，国务院各部委、各直属机构：

为提高我国文化遗产保护管理水平，促进社会主义文化大发展大繁荣，建设社会主义文化强国，根据《国家"十二五"时期文化改革发展规划纲要》，国务院决定从2012年开始开展第一次全国可移动文物普查。现将有关事项通知如下：

一、目的和意义

种类丰富、数量庞大、价值突出的可移动文物是中华民族文化的实物见证。可移动文物普查是继第三次全国文物普查（不可移动文物部分）之后在文化遗产领域开展的国情国力调查，是确保国家文化安全、保障人民群众基本文化权益的重要措施，是健全国家文物保护体系的重要基础工作。可移动文物普查是通过国家统一组织、由专业部门采用现代信息手段集中调查统计的方式，对可移动文物进行调查、认定和登记，掌握可移动文物现状等基本信息，为科学制定保护政策和规划提供依据。开展可移动文物普查，将有利于掌握和科学评价我国文物资源情况和价值，健全文物登录备案机制和文物保护体系，加大文物保护力度、扩大保护范围，保障文物安全，并将进一步促进文物资源整合利用，丰富公共文化服务内容，有效发挥文物在国民经济和社会发展总体布局中的积极作用。

二、范围和内容

此次普查的范围是我国境内（不包括港澳台地区，下同）各级国家机关、事业单位、国有企业和国有控股企业、中国人民解放军和武警部队等各类国有单位所收藏保管的国有可移动文物，包括普查前已经认定和在普查中新认定的国有可移动文物。普查统计国有可移动文物数量、类型、分布和收藏保管等基本信息。县级以上地方各级人民政府要根据普查结果，编制普查报告，建立普查档案和本行政区域内的国有可移动文物名录，并进一步加大保护管理力度。

三、时间和安排

此次普查从2012年10月开始，到2016年12月结束，分三个阶段进行。普查标准时点为2013年12月31日。2012年9月至12月为普查第一阶段，主要任务是制定标准和规范，开发软件，开展培训、试点工作；2013年1月至2015年12月为普查第二阶段，主要任务是以县域为基本单元，开展调查、文物认定、信息采集和审核；2016年1月至2016年12月为普查第三阶段，主要任务是进行调查资料的整理、汇总、数据库建设和公布普查成果。

四、组织和实施

为加强对普查工作的组织领导，国务院决定成立第一次全国可移动文物普查领导小组，负责普查工作的组织和领导，协调解决重大问题。领导小组办公室设在文物局，负责普查工作的日常组织和具体协调。各有关部门要各司其职、通力协作，广泛动员和组织本系统国有单位积极参加并认真配合地方政府普查工作。县级以上地方各级人民政府要按照国务院的统一部署，设立相应的普查领导小组及其办公室，认真做好本行政区域文物普查的组织实施工作。各国有单位要按照属地管理原则，在单位所在地的县级普查机构完成本单位可移动文物的普查登记。

五、经费保障

此次普查所需经费由中央和地方分别负担，并分别列入中央和地方相应年度的财政预算。

六、资料填报和管理

凡在我国境内收藏保管国有可移动文物的单位，都必须按照《中华人民共和国文物保护法》《中华人民共和国统计法》的有关规定和此次普查的具体要求，按时、如实、完整地填报普查信息，配合普查机构开展普查工作。任何地方、部门、单位和个人都不得虚报、瞒报、拒报、迟报，不得伪造、篡改普查资料。各级普查机构要通过实物调查认真核查普查信息，确保普查质量。普查机构及其工作人员要妥善保存普查数据和资料，对普查中涉及的国家秘密，必须履行保密义务。

中国人民解放军、武警部队可移动文物普查由总政治部按照本通知精神自行组织开展，普查成果统一汇总后报送国务院第一次全国可移动文物普查领导小组办公室。

附件：国务院第一次全国可移动文物普查领导小组人员名单

国务院

2012 年 10 月 1 日

附件：国务院第一次全国可移动文物普查领导小组人员名单（略）

国家文物局《关于落实国务院通知精神认真做好第一次全国可移动文物普查的通知》

各省、自治区、直辖市文物局（文化厅），新疆生产建设兵团文物局：

2012年10月8日，国务院发布了《关于开展第一次全国可移动文物普查工作的通知》（国发〔2012〕54号，以下简称《通知》）。为全面贯彻落实《通知》，切实推进第一次全国可移动文物普查工作，现将有关工作安排通知如下：

一、认真学习《通知》，提高思想认识。第一次全国可移动文物普查是我国首次针对可移动文物开展的普查，是继针对不可移动文物开展的第三次全国文物普查之后，在我国文化遗产领域进行的又一重大国情国力调查项目，体现了党中央、国务院对文物工作的高度重视。各省（区、市）要组织本地区各级文物部门认真学习《通知》，将《通知》精神传达到各个基层文博单位，使广大文物工作者都能深入理解第一次全国可移动文物普查的重大意义和文物部门承担的重要职责，统一思想，明确任务，全力投入到第一次全国可移动文物普查工作。

二、加强组织领导，建立工作机构。国务院已经成立第一次全国可移动文物普查领导小组，负责普查工作的组织领导，协调解决重大问题。各省（区、市）文物行政部门要按照《通知》要求，及时报请同级人民政府成立相应的第一次全国可移动文物普查领导小组及办公室，同时督促本省（自治区、直辖市，以下简称本省）各市（地、州）、县（区）人民政府成立相应的文物普查工作机构，督促文物收藏比较集中的部门和重要文物收藏单位成立普查工作机构。

三、加强基础工作，制定实施方案。各省（区、市）文物行政部门要加强本省国有单位文物收藏管理情况调研，依据《第一次全国可移动文物普查实施方案》，制定本省第一次全国可移动文物普查实施方案、宣传方案、培训方案。要掌握本省国有单位分布及国有可移动文物收藏的主要情况，制定本省可移动文物普查的程序和操作规程，建立可移动文物认定专家库。同时，督促各文博单位进一步做好文物清库登记，加快推进文物档案及其数字化建设。县级以上地方各级人民政府要根据普查结果，编制普查报告，建立普查档案和本行政区域内的国有可移动文物名录，并进一步加大保护管理力度。

四、编制经费预算，确保保障到位。按照《通知》"此次普查所需经费由中央和地方分别承担，并分别列入中央和地方相应年度的财政预算"的要求，各省（区、市）人民政府应将普查工作的工作经费纳入各地本级财政预算。文物行政部门要积极争取支持，主动协调有关部门，根据普查的实际需要，提出文物普查的经费需求。各部门、各单位涉及的普查工作经费从本部门、本单位预算和经费中适当安排。

五、开展专业培训，提高普查水平。本次普查实施标准化管理。全国普查工作严格按照国务院普查领导小组办公室制定的标准规范执行，利用现代信息技术，采用"统一平台、联网直报、分级审核、动态管理"的方式进行普查登记。各级普查机构要编制培训方案，切实做好人员培训。特别是要加强基层单位文物认定和信息登录人员的统一培训，全面提升业务能力，准确掌握普查操作规程和技术标准。我局将于近期组织开展对全国普查业务骨干和师资的集中培训。

六、加强宣传动员，争取社会支持。要制定普查宣传方案，举办各种宣传活动，充分利用各类媒体，集中宣传普查意义，促进各地区、各部门将可移动文物普查与地方精神建设、行业作风建设有机结合，通过宣传教育使社会各界和广大群众了解和参与普查工作。要通过建立普查赞助计划、组建普查志愿者队伍等方式，积极吸收社会资金、技术、人才支持普查工作，扩大普查社会影响，加大文物保护宣传。

请各省（区、市）文物行政部门于2013年3月1日前将普查实施方案（要包含本省可移动文物认定程序和操作规程，并另附宣传方案、培训方案）、普查机构及联系方式、专家库名单报我局。

联系人及电话：国家文物局博物馆与社会文物司　曹明成　何晓雷，010－56792104 56792099。

特此通知。

国家文物局

2012 年 10 月 17 日

内蒙古自治区人民政府关于在全区开展第一次全国可移动文物普查的通知

各盟行政公署、市人民政府，自治区各委、办、厅、局，各大企业、事业单位：

为贯彻落实《国务院关于开展第一次全国可移动文物普查的通知》（国发〔2012〕54号）精神，提高我区文化遗产保护管理水平，建设民族文化强区，自治区人民政府决定在全区开展第一次全国可移动文物普查。现将有关事宜通知如下：

一、目的和意义

可移动文物是民族文化的实物见证。我区是国家重要的文物大区，各类可移动文物种类丰富、数量庞大、价值突出。开展第一次全国可移动文物普查，是确保国家文化安全、加强文化遗产保护、保障人民群众基本文化权益的重要举措，是健全文物保护体系的重要基础工作。通过普查，要全面掌握我区可移动文物的数量、分布、本体特征、人文信息和保存情况，总体评价我区可移动文物保护现状及发展趋势，为构建科学有效的文化遗产保护体系提供依据。开展可移动文物普查，将全面提升我区文物保护和管理水平，实现文物的标准化、动态化管理，有效发挥文物在自治区物质文明和精神文明建设中的积极作用。

二、范围和内容

此次普查范围包括自治区境内各级国家机关、事业单位、国有企业和国有控股企业等各类国有单位所收藏、保管的国有可移动文物，包括普查前已经认定和在普查中新认定的国有可移动文物。普查内容包括全区可移动文物信息和收藏文物单位信息。普查中要全面统计我区国有可移动文物总体数量、规模和保存状态，收藏文物国有单位总体数量、规模及分布情况，并对我区可移动文物资源情况和价值做出科学评价。

三、时间和安排

此次普查到2016年12月结束，分三个阶段进行。普查标准时点为2013年12月31日24时。第一阶段普查预算和方案编制、工作计划制定等工作已完成；第二阶段从2013年开始至2015年12月结束，主要任务是以县域为基本单元，实地开展文物调查、认定、信息采集和数据登录；第三阶段从2016年1月开始至12月结束，主要任务是开展普查数据和资料的整理、汇总，数据库建设和总结等工作。

四、组织和实施

普查按照全区统一规划、统一部署，各相关部门共同参与，旗县级以上地方各级人民政府分级负责，国有单位全面参与的方式实施。为加强对普查工作的领导，自治区人民政府决定成立自治区第一次全国可移动文物普查领导小组，负责普查工作的组织领导，协调解决重大问题。各有关部门要各司其职、通力协作，认真做好普查工作。盟市、旗县（市、区）人民政府要按照统一部署，设立相应的普查领导小组及其办公室，认真做好本行政区域文物普查的组织实施工作。各国有单位要按照属地管理原则，在单位所在地的旗县级普查机构完成本单位可移动文物普查登记工作。

五、经费保障

按照国务院的要求，此次可移动文物普查所需经费由各级地方人民政府共同承担，并列入相应年度财政预算。各级普查领导小组及其办公室要按照国家财政制度规定，加强经费管理，专款专用。要加强普查设备的登记、使用与管理，防止国有资产流失。

六、资料填报和管理

普查实施统一平台、联网直报、一次入库、分级审核、动态管理。普查数据和资料由各普查单位调查、采集，并在文物普查信息登录系统平台上登录。各级普查管理机构要按照权限对已登录信息数据逐级进行审核。凡在我区境内收藏保管国有可移动文物的国有单位，都必须按照《中华人民共和国文物保护法》《中华人民共和国统计法》的有关规定和此次普查的具体要求，如实、准确地填报普查信息，配合普查机构开展工作。任何地方、部门、单位和个人都不得虚报、瞒报、拒报、迟报，不得伪造、篡改普查资料和数据。

普查工作结束阶段，旗县级以上地方各级人民政府要对普查组织、前期调研、业务培训、单位排查、文物调查与认定、数据登录、成果整合等工作进行全面总结，并根据规范要求，编写本行政区的《普查工作报告》。

七、普查宣传

要充分发挥报纸、广播、电视和互联网等媒体作用，开展阶段性的集中宣传和长期宣传活动。自治区将定期对各阶段的普查成果、重要发现、普查进展情况和普查动态进行汇总。

内蒙古军区和武警内蒙古总队的普查工作按照中国人民解放军总政治部的统一部署组织开展。

附件：自治区第一次全国可移动文物普查领导小组人员名单

内蒙古自治区人民政府

2013 年 4 月 16 日

附件：自治区第一次全国可移动文物普查领导小组人员名单（略）

内蒙古自治区第一次全国可移动文物普查领导小组关于印发《内蒙古自治区第一次全国可移动文物普查实施方案》的通知

各盟行署、市政府，自治区各有关委、办、厅、局，各盟市文化局、文物局，二连浩特市、满洲里市文化局，直属文博单位：

为贯彻落实《国务院关于开展第一次全国可移动文物普查的通知》（国发〔2012〕54 号）和《内蒙古自治区人民政府关于在全区开展第一次全国可移动文物普查的通知》（内政发〔2013〕33 号）精神，确保普查工作科学、规范、有序、高效开展，根据《国务院第一次全国可移动文物普查实施方案》，内蒙古自治区第一次全国可移动文物普查领导小组办公室制定了《内蒙古自治区第一次全国可移动文物普查实施方案》，经普查领导小组第一次会议审议通过，现印发给你们，请遵照执行。

联系人及电话：富永军 0471－6968568

附件：内蒙古自治区第一次全国可移动文物普查实施方案

内蒙古自治区第一次全国可移动文物普查领导小组
2013 年 5 月 2 日

附件

内蒙古自治区第一次全国可移动文物普查实施方案

在全区开展第一次全国可移动文物普查，是继第三次全国不可移动文物普查之后在文化遗产领域开展的又一重大区情区力调查，是一项旨在全面掌握我区文物资源、加强文物保护、建设民族文化强区的基础性工程。为了合理统筹安排全区可移动文物普查各项工作，保质保量完成普查任务，根据《国务院关于开展第一次全国可移动文物普查的通知》（国发〔2012〕54 号）、《内蒙古自治区人民政府关于在全区开展第一次全国可移动文物普查的通知》（内政发〔2013〕33 号）、《文物保护法》《物权法》《内蒙古自治区文物保护条例》，制定本工作方案。

一、普查的意义

我区幅员辽阔，历史悠久，自古就是中国北方各少数民族生息繁衍的家园，也是人类最早的发祥地之一。在这片古老的土地上，孕育着狄、匈奴、东胡、鲜卑、柔然、乌桓、突厥、契丹、女真、蒙古、满等部族的文明史。在漫漫历史长河中，各部族之间盈虚消长，兴衰嬗替，用各自的勤劳和智慧，创造了独具特色的草原文明，留下了大量的文化遗产。这些种类丰富、数量庞大、价值突出、特色鲜明的可移动文物，是各民族历史文化和民族精神的实物见证。开展全区可移动文物普查，有利于准确掌握和科学评价我区文物资源情况和价值，建立文物登录备案机制，健全文物保护体系，加大保护力度，扩大保护范围，保障文物安全；有利于进一步促进文物资源整合利用，丰富公共文化服务内容，有效发挥文物在国民经济和社会发展总体布局中的积极作用。

二、普查的目标

通过普查，全面掌握我区现存国有可移动文物的数量分布、保存状况、保管权属和使用管理等情况；总体评价可移动文物保护现状，为科学制定保护政策和规划提供依据；建立、完善可移动文物认定体系；建立、完善可移动文物档案和可移动文物名录；建立、完善基于现代信息技术的可移动文物信息管理平台，为文物的标准化、动态化管理创造基础条件；建立可移动文物信息的知识产权保护制度，实现文物信息资源的整合与合理利用。

三、普查的范围和内容

（一）普查的范围

本次普查的范围是自治区境内各级国家机关、事业单位、国有企业和国有控股企业、部队等各类国有单位法人所收藏、保管的可移动文物，包括普查前已经认定和在普查中新认定的文物。

（二）普查的内容

本次普查包括全区可移动文物信息和收藏文物的单位信息两方面内容。具体内容包括对全区国有可移动文物总体数量、规模和保存状态，收藏文物的国有单位总体数量、规模及分布情况进行全面统计。

普查的文物包括：1949年（含）以前，历史上各时代珍贵的艺术品、工艺美术品；历史上各时代重要文献资料以及具有历史、艺术、科学价值的手稿和图书资料等；反映历史上各时代、各民族社会制度、社会生产、社会生活有关的代表性实物；1949年后，由博物馆、纪念馆收藏登记的藏品；列入国家文物局公布的1949年后已故著名书画家作品限制出境的鉴定标准范围的作品；具有科学价值的古脊椎动物化石和古人类化石。

普查登录文物的信息主要包括：文物名称、类别、级别、年代、质地、外形尺寸、重量、完残程度、保存状态、包含数量、来源方式、入藏时间、藏品编号、收藏单位名称14项基本指标项，照片影像资料，以及文物描述、来源信息、考古发掘情况、流传经历、著录信息、鉴定信息、保管信息、损坏记录、修复记录、移动记录、展出信息共11类附录信息。

收藏单位信息包括：名称、性质、行业、类型、设立时间、地址、组织机构代码、负责人、隶属关系、上级主管机构名称、文物总体情况、文物建档情况、保管条件等基本信息。本次普查同时统计可移动文物及其收藏单位的地域、行业分布情况。

四、普查的技术路线

按照属地调查与行业调查相结合，单位自查申报与集中调查相结合，传统调查方法和新技术应用相结合的原则，确定可移动文物普查技术路线。

（一）统一规划、分级负责

普查按照全国统一规划，统一部署，各相关部门共同参与，旗县级以上地方各级人民政府分级负责，国有单位全面参加的方式实施。自治区第一次全国可移动文物普查领导小组办公室根据《国务院第一次全国可移动文物普查实施方案》，制定《内蒙古自治区第一次全国可移动文物普查实施方案》；各盟市、旗县人民政府按照普查方案的要求，制定本行政区域的普查方案和工作计划，按照国务院统一的标准和规范组织实施。

（二）统一标准、规范登记

普查工作标准和技术规范统一制定，实行标准化管理。国务院第一次全国可移动文物普查领导小组办公室统一编制开发普查规范、标准和软件。主要包括五个方面。

1.《第一次全国可移动文物普查单位登记表》和《第一次全国可移动文物普查文物登记表》及其著录说明。

2. 第一次全国可移动文物普查文物登录标准。根据《馆藏文物登录规范》制定文物分类、定名、年代、计量等文物登录标准及文物认定程序。

3. 第一次全国可移动文物普查文物名录编制规范、文物收藏单位名录编制规范、工作报告编制规范、建档备案工作规范。

4. 第一次全国可移动文物普查文物和文物收藏单位编码规范、信息采集技术要求和规范、文物数据汇总规范、电子数据处理工作规范、数据移植规范等。

5. 第一次全国可移动文物普查信息采集软件、信息登录系统、单位信息管理系统、数据管理系统、数据应用服务系统。

（三）统一平台、联网直报

普查实施统一平台、联网直报、一次入库、分级审核、动态管理。充分利用现代信息技术，信息上报和管理在国家统一平台上集中进行。国务院普查领导小组办公室建立全国可移动文物信息登录平台，统一管理平台上的文物信息，建立动态运行的数据库系统。各国有单位在统一平台上注册本单位专有账号，按照统一规范进行文物信息登录。各级普查机构分配专门审核账号，依照权限在平台上对登录信息逐级审核。

（四）属地管理、旗县为基础

普查以县域为基本单元。普查工作的组织实施，包括国有单位普查登记、文物信息采集、登录和文物认定，普查档案建立、可移动文物名录编制等，均以旗县为基础。旗县级普查机构负责建立本行政区域纳入各级普查范围的全部国有单位清单。

按照国务院普查领导小组的统一部署，中国人民解放军及武警部队的可移动文物普查由解放军总政治部组织开展，成果统一汇总至国务院普查领导小组办公室，以保证全国普查数据的完整性。

（五）信息整合、资源统筹

普查信息数据库建设以现有条件为基础，充分利用现有成果，科学整合现有资源。本次普查前已经建档且已经完成信息化的文物数据，可根据统一技术标准，批量导入普查信息库，以提高工作效率，保证普查质量。

五、普查的组织

根据全国统一领导、部门分工协作、地方分级负责、各方共同参与的原则确定普查的组织方式。

（一）中央普查组织机构

国务院成立第一次全国可移动文物普查领导小组，负责普查工作的组织和领导，协调解决重大问题。

领导小组组长由国务院领导同志担任。普查领导小组成员单位包括：中央党史研究室、发展改革委、教育部、民政部、财政部、国土资源部、文化部、人民银行、国资委、统计局、宗教局、档案局、文物局、总政治部宣传部、中国科协。

国务院普查领导小组办公室设在国家文物局，负责普查工作的日常组织和具体协调。根据需要设立普查组织宣传、文物认定、信息登录和数据管理等工作组。主要职责是：

1. 组织制定《第一次全国可移动文物普查实施方案》并组织实施。

2. 组织制定普查的各项规范和技术标准。

3. 制定和执行普查各阶段工作计划。

4. 组织举办全国普查业务骨干和师资培训班，指导各省普查培训。

5. 对各省、区、市普查工作进行指导、督促、检查和质量控制；协调相关部门做好普查工作。

6. 开展普查档案的建档备案工作，建立普查文物数据库，建立可移动文物信息管理平台。

7. 汇总、审核、验收各省、区、市普查数据，核定各省普查信息发布。

8. 编制并向国务院普查领导小组提交《第一次全国可移动文物普查工作报告》，编制《第一次全国可移动文物普查文物名录》，公布普查成果。

9. 编制普查经费预算，管理并执行中央财政预算，督促落实地方财政预算。

10. 组织开展普查宣传工作。

（二）自治区普查组织机构

自治区人民政府成立自治区第一次全国可移动文物普查领导小组，负责全区普查工作的组织和领导，协调解决重大问题。领导小组组长由自治区人民政府副主席刘新乐担任；副组长由自治区人民政府副秘书长杨玺，自治区文化厅厅长周纯杰，自治区文化厅副厅长、文物局局长安泳锝担任。领导小组成员单位包括：党史办、发展改革委、教育厅、民政厅、财政厅、国土资源厅、文化厅、人民银行、统计局、宗教局、档案局、文物局、军区政治部、自治区科协。

自治区普查领导小组办公室设在自治区文化厅、文物局，负责普查工作的日常组织和具体协调，主任由自治区文化厅副厅长、文物局局长安泳锝兼任。根据工作需要，普查办公室下设项目部，具体负责文物认定、信息登录和数据管理等工作，地点设在内蒙古博物院，主任由内蒙古博物院院长塔拉兼任。自治区可移动文物普查领导小组办公室主要职责是：

1. 组织制定《内蒙古自治区第一次全国可移动文物普查实施方案》并组织实施。

2. 制定和执行全区普查各阶段工作计划。

3. 组织举办全区普查业务骨干和师资培训班，指导各盟市普查培训。

4. 成立普查机构，组建普查队伍和专家队伍。

5. 负责本行政区内中央及区属国有单位文物认定和普查登录。

6. 对各盟市普查工作进行指导、督促、检查和质量控制；协调相关部门做好普查工作。

7. 开展普查档案的建档备案工作。

8. 汇总、审核、验收各盟市普查数据。

9. 编制并向自治区普查领导小组提交《自治区第一次全国可移动文物普查工作报告》；编制《自治区第一次全国可移动文物普查文物名录》，公布普查成果。

10. 编制全区普查经费预算，督促落实地方财政预算。

11. 组织开展普查的宣传报道。

（三）盟市、旗县普查组织机构

盟市、旗县人民政府按照《国务院关于开展第一次全国可移动文物普查的通知》和《内蒙古自治区人民政府关于在全区开展第一次全国可移动文物普查的通知》要求，分级组织实施本行政区的可移动文物普查。

1. 建立本级文物普查领导小组，成立普查机构，组建普查队伍。

2. 根据自治区普查领导小组印发的实施方案、标准规范及有关规定，制定本行政区内的普查工作方案和相关制度。

3. 负责组织实施本行政区的可移动文物普查认定、登录，完成普查数据的汇总、审核和上报。

4. 落实普查经费，分别列入地方相应年度的财政预算。

5. 旗县级普查机构负责建立纳入普查范围的国有单位清单。

6. 盟市级普查机构负责本行政区域内盟市属国有单位文物认定和普查登录；其他国有单位文物认定和普查登录由所在地的旗县级普查机构负责。

7. 各国有单位按照统一要求和本级普查机构的部署，建立专门的普查工作队伍，执行标准规范，做好文物调查认定、信息采集、登录及其他相关工作。

（四）部门职责

在自治区可移动文物普查领导小组的领导下，各成员单位和有关部门各司其职、通力协作、密切配合，共同做好普查工作。

1. 根据国务院和自治区人民政府通知精神，积极动员、组织本部门本系统各有关单位，做好普查工作。

2. 提出本部门本系统参加文物普查的工作方案和具体措施。

3. 落实本部门本系统普查工作经费。

4. 协助文物行政部门研究解决普查中涉及本系统的重要问题。

5. 积极提供本系统管辖范围内的文物线索，配合普查机构进行调查登记和登录工作。

6. 财政部门负责普查预算审核、安排，及时拨付使用；制定普查经费管理办法，做好监督、审计工作。

7. 统计部门指导做好可移动文物普查数据的统计和分析，与文物部门共同组织普查数据统计的审定和发布。

8. 文物数量较大的行业系统，应建立普查机制。

9. 各部门要协同做好普查文物的安全和保护工作。

六、普查的时间与实施步骤

（一）普查的时间和标准时点

第一次全国可移动文物普查从 2012 年 10 月开始，2016 年 12 月结束。

普查的标准时点是 2013 年 12 月 31 日。

（二）普查的实施步骤

普查分为工作准备、普查实施和验收汇总三个阶段。

第一阶段：2012 年 10 月至 2012 年 12 月。主要任务是制定普查实施方案，发布规范和标准，组织培训。

1. 成立普查机构。旗县级以上地方各级人民政府成立本行政区的普查领导机构，并设立普查组织、文物认定、信息登录等专门职能机构和相应专家库。重点文物收藏单位和收藏相对集中的行业和国有单位成立专门工作机构。

2. 编制普查实施方案。各盟市根据自治区普查领导小组统一要求，制定本地区普查实施方案，并报自治区普查领导小组办公室备案。

3. 编制并落实经费预算。各级普查机构、国有单位编制本地区、本单位普查经费预算。

4. 国务院普查领导小组办公室制定颁布可移动文物普查标准与规范，制定普查文物认定程序，编印普查工作手册，开发普查软件，建设普查信息管理平台和普查工作网站。

5. 组建各级普查队伍，编印普查教材，开展各级普查培训。

6. 制定普查宣传方案，开展普查宣传。

第二阶段：2013年1月至2015年12月。主要任务是以县域为基础，开展文物调查认定和信息数据登录。普查数据资料采集、建档、整理、报送、审核、登录同步开展的方式。

1. 各级普查机构制定本行政区域文物认定程序，开展国有单位收藏、保管文物情况摸底排查。有关单位开展文物清库、完善相关档案记录，按要求登记申报。

2. 各级普查机构对各单位文物申报信息进行核查认定，经认定收藏有文物的单位列入登记范围。

3. 在普查机构指导下，列入普查范围的各文物收藏单位根据国家统一规范和技术标准，开展文物测量、拍摄、信息数据资料采集和登记，将文物信息通过可移动文物信息管理平台联网上报。也可以纸质或者离线电子数据方式将文物信息报送各地普查机构，由普查机构统一录入上报。

4. 各级普查机构依权限组织专家对各单位上报的文物信息进行网上审核和现场复核。

5. 各级普查机构向上级普查机构按季度报送普查进展情况报告。

第三阶段：2016年1月至12月。主要任务是普查数据、资料的整理、汇总，数据库建设和公布普查成果。

1. 公布可移动文物名录和可移动文物收藏单位名录。

2. 建立可移动文物编码系统及可移动文物收藏单位编码系统。

3. 建立可移动文物信息管理系统和社会服务系统。

4. 编制可移动文物普查档案。

5. 编制普查工作报告。

6. 召开全区可移动文物普查总结会议，进行普查成果展示和普查表彰。

7. 完成项目的结项评估和审计工作。

七、普查数据管理和成果应用

普查数据和资料，由各普查单位调查、采集，在文物普查信息登录系统平台上登录；各级普查管理机构按照权限对已登录信息数据逐级进行审核；国务院普查领导小组办公室负责普查数据库建设和管理。

凡在我区境内收藏保管有可移动文物的国有单位，都必须按照有关规范和标准，如实、准确地填报普查信息，确保基础数据的完整性、真实性和准确性。参与普查的地方、部门、单位和个人有虚报、瞒报、拒报、迟报等行为的，或伪造、篡改普查资料和数据的，由旗县级以上人民政府普查机构责令改正，予以通报批评；情节较重的，旗县级以上人民政府可以对负有直接责任的主管人员和其他直接责任人员依法给予行政处分。

普查中登记的可移动文物受《文物保护法》的保护，任何部门、单位和个人不得做出有损文物安全的行为。各单位要严格按照相关操作规程进行文物信息的提取，并做好各项安全预防措施，防止在普查登记中造成文物损坏。普查中涉及国家秘密的，必须履行保密义务。

各级普查机构对第一次全国可移动文物普查数据、资料、电子档案实行备份管理，确保安全。各盟市公布普查数据，需报请自治区普查领导小组办公室同意；全区文物普查数据，由自治区普查领导小组办公室审核，报请自治区普查领导小组同意后，上报国务院普查领导小组办公室审核同意后正式发布。

国家建立数据维护专门机构，建立制度，对各单位报送的文物数据严格管理，确保收藏单位的合法权益。符合法律规定的文物可依法流通；对文物收藏相对集中的国有单位，可在文物保护修复、文物安全保障等方面给予技术和政策支持。

八、普查的经费

第一次全国可移动文物普查所需经费由中央和旗县级以上地方各级人民政府分别负担，并分别列入中央和地方相应年度的财政预算。

根据《文物保护法》第八条"地方各级人民政府保护本行政区域内的文物"和第十条"县级以上人民政府应当将文物保护事业纳入本级国民经济和社会发展规划，所需经费列入本级财政预算"的规定，各地文物普查所需经费应主要由文物所在地政府解决，列入相应年度的财政预算，按时拨付使用。中央财政经费主要用于全国性普查组织宣传、文物认定、人员培训、质量检查控制、信息登录平台开发建设和数据管理等项目。地方经费主要用于区域性普查组织宣传、单位调查、文物认定、人员培训、质量检查控制、信息采集和数据管理以及普查机构运行等项目。各级普查领导小组及其办公室要按照国家财政制度规定，加强经费管理，专款专用，厉行节约，反对浪费，确保资金使用的规范、安全、有效。同时，加强普查设备的登记、使用与管理，防止国有资产流失。

九、普查的宣传

普查的宣传工作由自治区普查领导小组办公室制定方案，并组织实施。各盟市普查领导小组办公室据此制定本地区宣传方案并组织实施。

各级普查机构要把普查作为本行政区域内重点文化建设工作进行宣传，根据普查的不同阶段分别确定相应的重点内容。第一阶段，重点宣传开展普查的目标意义、对象范围、内容方法、程序步骤等。第二阶段，集中宣传与普查有关的法律法规，普查标准规范，普查工作进展，普查先进事迹等。第三阶段，追踪宣传普查数据处理进展情况，发布普查成果，报道文物事业在增强文化软实力、构建和谐社会、推动社会经济发展方面的积极作用。

自治区可移动文物普查宣传工作要在各级政府的领导和支持下，具体由各级文化、文物部门负责。普查宣传要覆盖报纸、杂志、广播、电视、网络、移动传媒等各类媒体。自治区可移动文物普查领导小组办公室要把各个阶段的普查成果、重要发现、普查进展和普查动态等定期编制可移动文物普查工作简报，及时印发全区各级政府机关、文化部门、文物普查队（组）员和新闻媒体等。

十、普查的总结

旗县级以上地方各级人民政府应对普查组织、前期调研、业务培训、单位排查、文物调查与认定、数据登录、成果整合等工作进行全面总结，并根据规范要求，编写本行政区的《普查工作报告》。

为发扬成绩、鼓励先进、总结经验，国务院普查领导小组办公室召开第一次全国可移动文物普查工作总结表彰大会。自治区普查领导小组也将汇总各盟市情况，召开第一次全区可移动文物普查工作总结表彰大会。盟市、旗县人民政府在此之前适时召开本行政区第一次全国可移动文物普查工作总结大会。

内蒙古自治区第一次全国可移动文物普查领导小组关于印发《内蒙古自治区第一次全国可移动文物普查宣传方案》的通知

各盟行政公署、市人民政府，二连浩特市、满洲里市人民政府，自治区各有关委、办、厅、局，内蒙古军区政治部、自治区科协，区直属文博单位：

为贯彻落实《国务院关于开展第一次全国可移动文物普查的通知》（国发〔2012〕54 号）和《内蒙古自治区人民政府关于在全区开展第一次全国可移动文物普查的通知》（内政发〔2013〕33 号）精神，扩大普查工作影响力，提升全社会文物保护意识，内蒙古自治区第一次全国可移动文物普查领导小组办公室制定了《内蒙古自治区第一次全国可移动文物普查宣传方案》，现印发给你们，请遵照执行。

附件：内蒙古自治区第一次全国可移动文物普查宣传方案

内蒙古自治区第一次全国可移动文物普查领导小组
2013 年 6 月 5 日

附件

内蒙古自治区第一次全国可移动文物普查宣传方案

在全区开展第一次全国可移动文物普查，是全面掌握我区文物资源、健全文物保护体系的重点基础工作。为了做好普查宣传工作，扩大普查工作影响力，提升全社会文物保护意识，争取各方面的参与支持，根据《国务院关于开展第一次全国可移动文物普查的通知》（国发〔2012〕54 号）、《内蒙古自治区人民政府关于在全区开展第一次全国可移动文物普查的通知》（内政发〔2013〕33 号），制定本宣传方案。

一、宣传的意义

第一次全国可移动文物普查属国家行为，是政府主导、文博单位为中坚和骨干、全社会参与的重要行动。由于国有可移动文物总量大、范围广、类型多、收藏单位多元、保存情况复杂，普查任务重，难度大，主要依靠政府的行政命令和文物部门进行可移动文物普查的工作思路已经难以适应新形势。需要广泛动员全社会力量，依靠人民群众的经验和智慧，探索一套有效的普查、保护、利用模式，使文物收藏单位和每个公民充分履行文物保护义务和文化传承使命。真正把普查工作推向深入，实现普查工作成果最大化，使全社会越来越多的人关心、支持、参与可移动文物普查和文化遗产保护事业。

二、宣传的目标

通过宣传，普及文物普查、文物保护知识和法律法规，使文物普查家喻户晓，深入人心，得到全社会的共同关注和参与；将文物保护理念送进千家万户，提升全社会文物保护意识；营造良好普查氛围，积极争取各方面对普查工作的支持。

三、宣传的内容

全区各级普查机构要把普查作为本行政区域内重点文化工作进行宣传，根据普查的不同阶段分别确定相应的重点内容。

第一阶段（2012年10月至2013年12月），重点宣传开展普查的目标意义、对象范围、内容方法、程序步骤，可移动文物知识等。

第二阶段（2014年1月至2015年12月），集中宣传与普查有关的法律法规，普查标准规范，普查工作进展，普查先进事迹，普查重要发现等。

第三阶段（2016年1月至2016年12月），追踪宣传普查数据处理进展情况，宣传普查成果，报道文物事业在增强文化软实力、构建和谐社会、推动社会经济发展方面的积极作用。

四、宣传的形式

普查宣传采取阶段性的集中宣传与长期宣传相结合，覆盖报纸、杂志、广播、电视、网络、移动传媒等各类媒体。通过举办新闻通气会，在报刊开设可移动文物普查专栏，发放宣传页和海报，开设网站，在公共场合播放普查信息或公益宣传短片，利用国际古迹遗址日、博物馆日、文化遗产日集中宣传，举办可移动文物普查摄影大赛和有奖征文，通过手机平台发布普查公益短信等多种宣传形式，扩大普查工作影响力。

自治区可移动文物普查领导小组办公室要把各个阶段的普查成果、重要发现、普查进展和普查动态等定期编制可移动文物普查工作简报，及时印发至全区各级政府机关、文化部门、文物普查队（组）员和新闻媒体等。

各地区在文物普查工作中，要结合实际，使用蒙、汉两种文字印制宣传品，如印制各类文物保护与文物普查宣传手册等，并在普查中广泛发放。

五、宣传的实施步骤

（一）对政府层面的宣传

1. 通过全区各级普查领导小组的建立，各级普查机构要定期向各级政府和其他行业、部门报送普查简报和相关新闻报道，争取在政策、经费方面的支持。

2. 定期召开新闻通气会，通过各种形式的媒体发布相关新闻报道和专题节目。

3. 在《内蒙古日报》《内蒙古文化》等报刊开设可移动文物普查专栏，开展信息发布、政策解读、工作讨论等等。

4. 在全区各级政府网站，文物、文化、档案、宗教等机构负责的网站设立地区文物普查专题，专题内容由各级普查机构负责提供，使各级政府及时了解普查信息。

（二）对普查机构和普查对象的宣传

1. 将国务院普查机构统一设计的普查宣传页和海报加设双语版印制，向国有文物收藏单位、社区、街道、学校、部队张贴发放。

2. 通过逐级培训，向全区各级普查人员宣传文物政策、文物认定知识和工作方法。

3. 新媒体互动：国务院普查机构开设新浪微博，与自治区各级普查机构微博形成联动。

（三）对公众的宣传

1. 全区各级普查机构要积极协调各级政府职能部门安排，或借助热心文物事业的企业支持，在各类社会媒介如交通运载工具（机场、公共汽车）和公共场所（博物馆和城市广场电子显示屏、楼宇电视、户外广告牌）播放普查海报或公益宣传短片（中央普查机构制作、30 秒版）。

2. 中央普查机构在门户网站开设普查专题，与普查官网呼应，全区各级普查机构要积极提供素材。

3. 以国际古迹遗址日、博物馆日、文化遗产日为依托，在每年 4—6 月开展"可移动文物普查宣传季"。

4. 组织年度"我是区宝——自治区第一次全国可移动文物普查摄影大赛"，征集普查中拍摄的精彩文物照片或工作照。

5. 组织"我是普查员"征文，讲述普查故事，在《中国文物报》《内蒙古文化》择优发表，并适时结集出版。

6. 通过手机平台在关键节点发布普查公益短信。

六、宣传的组织

可移动文物普查第一次使文物工作面向全社会，文物保护的领域扩展到全社会。全区可移动文物普查宣传工作要在各级政府的领导和支持下，具体由各级文化、文物部门负责组织协调。自治区普查领导小组办公室制定全区普查总体宣传方案，并组织实施。各盟市普查领导小组办公室据此制定本地区宣传方案，并组织实施。各地要成立普查宣传领导机构，培训普查宣传队伍，同时充分发动本地媒体和相关机构、其他系统和行业、公众的力量，形成文物普查宣传网络。

七、宣传的经费

全区可移动文物普查所需经费由旗县级以上地方各级人民政府分别负担，并分别列入地方相应年度的财政预算。

内蒙古自治区第一次全国可移动文物普查领导小组关于印发《内蒙古自治区第一次全国可移动文物普查工作时间表、任务书、责任人一览表》的通知

各盟行政公署、市人民政府，二连浩特市、满洲里市人民政府，自治区各有关委、办、厅、局，内蒙古军区政治部、自治区科协，区直属文博单位：

为了合理统筹安排全区可移动文物普查工作，确保普查各项工作有序进行，自治区第一次全国可移动文物普查领导小组办公室编制了《内蒙古自治区第一次全国可移动文物普查工作时间表、任务书、责任人一览表》，现印发给你们，请结合实际，确定本地区、本单位可移动文物普查工作时间表、任务书、责任人，并于 2013 年 6 月 31 日前报自治区第一次全国可移动文物普查领导小组办公室。

附件：内蒙古自治区第一次全国可移动文物普查工作时间表、任务书、责任人一览表

自治区第一次全国可移动文物普查领导小组办公室

2013 年 6 月 14 日

附件

内蒙古自治区第一次全国可移动文物普查
工作时间表、任务书、责任人一览表

（2012 年 10 月—2016 年 12 月）

制表单位：自治区第一次全国可移动文物普查领导小组办公室
制表时间：2013 年 6 月

实施步骤	完成时间	工作内容	责任单位	责任人	备注
一、工作准备	2012 年 12 月—2013 年 4 月	1. 旗县级以上地方各级人民政府成立本行政区的普查领导机构、工作机构。 2. 全区各级普查机构制定本级普查实施方案，并报上一级普查领导小组办公室备案。 3. 编制本地区、本单位普查经费预算。	全区各级普查领导小组办公室	全区各级普查领导小组办公室主任、副主任	按照工作进度和国家统一普查要求，自治区、盟市第一次全国可移动文物普查领导小组办公室督查各地区的工作进展情况。
	2013 年 4—6 月	1. 全区各级地方人民政府落实普查经费，并列入地方相应年度的财政预算。 2. 组建自治区、盟市、旗县三级普查队伍，自治区普查项目办组建专家组。			
	2013 年 7—9 月	1. 自治区普查领导小组召开可移动文物普查电视电话会议。 2. 盟市、旗县普查领导小组召开可移动文物普查工作会议。 3. 对自治区、盟市、旗县、部门普查项目负责人、专家、业务骨干、普查队员进行培训。	全区各级普查领导小组办公室、项目部	全区各级普查领导小组办公室、项目部主任、副主任	
	2012 年 10 月—2016 年 12 月	全区各级普查领导小组办公室制定宣传方案并组织实施，根据宣传方案和普查工作进度，通过各种形式全面开展普查宣传工作。	全区各级普查领导小组办公室	全区各级普查领导小组办公室主任、副主任	

实施步骤	完成时间	工作内容	责任单位	责任人	备注
二、普查实施	2013 年 6—12 月	1. 自治区普查项目办制定文物认定程序，盟市、旗县参照制定本行政区域文物认定程序。 2. 开展国有单位收藏、保管文物情况摸底排查。	全区各级普查领导小组办公室项目部	全区各级普查领导小组办公室项目部主任、副主任	
	2013 年 12 月—2014 年 6 月	对各单位文物申报信息进行核查认定，将有文物收藏的单位列入登记范围。			
	2014 年 6 月—2015 年 6 月	开展文物测量、拍摄、信息数据资料采集和登记，同时将文物信息通过可移动文物信息管理平台联网上报。			
	2015 年 6—12 月	依权限组织专家对本级各单位上报的文物信息和下一级普查机构上报的文物信息进行网上审核和现场复核。			
	2013 年 6 月—2016 年 12 月	全区各级普查机构按季度及时向上级普查机构报送本级普查进展情况报告。	全区各级普查领导小组办公室	全区各级普查领导小组办公室主任、副主任	
三、验收汇总	2016 年 6 月	公布全区可移动文物名录和可移动文物收藏单位名录： 各盟市公布普查数据，需报请自治区普查领导小组办公室同意；全区文物普查数据，由自治区普查领导小组审核同意后，上报国务院普查领导小组办公室审核发布。	全区各级普查领导小组办公室	全区各级普查领导小组办公室主任、副主任	
	2016 年 6—8 月	建立各级可移动文物普查档案。	全区各级普查领导小组办公室项目部	全区各级普查领导小组办公室项目部主任、副主任	
	2016 年 8—10 月	编制各地区普查工作报告，逐级上报。	全区各级普查领导小组办公室	全区各级普查领导小组办公室主任、副主任	

续表

实施步骤	完成时间	工作内容	责任单位	责任人	备注
三、验收汇总	2016 年 10—12 月	建立可移动文物信息管理系统和社会服务系统，加强普查成果的利用。	全区各级普查领导小组办公室项目部	全区各级普查领导小组办公室项目部主任、副主任	
	2016 年 12 月	全区各级普查机构进行普查成果展示。	全区各级普查领导小组办公室	全区各级普查领导小组办公室主任、副主任	
	2016 年 12 月	自治区普查领导小组召开全区可移动文物普查工作总结表彰大会。在此之前，盟市、旗县人民政府召开本级可移动文物普查工作总结大会。			
	2016 年 10—12 月	完成普查项目结项评估和审计工作，逐级报送评估和审计情况。			
	2016 年 12 月	编撰出版普查资料及成果。			

国家文物局《关于发布第一次全国可移动文物普查登记表的通知》

各省、自治区、直辖市文物局（文化厅），新疆生产建设兵团文物局，全军第一次全国可移动文物普查办公室：

为做好第一次全国可移动文物普查中国有单位调查和文物信息认定等普查信息登录管理工作，国家文物局第一次全国可移动文物普查工作办公室编制了《国有单位文物收藏情况调查登记表》《国有单位文物收藏情况调查汇总表》《可移动文物信息认定登记表》（含《文物登记卡》）。其中，《可移动文物信息认定登记表》（含《文物登记卡》）用于博物馆、纪念馆等文物收藏单位以外的其他国有单位的普查工作。现予发布，请参照执行。

附件　1. 国有单位文物收藏情况调查登记表
　　　　2. 国有单位文物收藏情况调查汇总表
　　　　3. 可移动文物信息认定登记表

国家文物局第一次全国可移动文物普查办公室
（国家文物局办公室代章）
2013 年 6 月 4 日

附件1

表1：   调查编号：

国有单位文物收藏情况调查登记表

收藏单位名称：＿＿＿＿＿＿＿＿＿＿＿＿＿＿＿＿＿＿＿＿＿＿＿＿＿＿＿＿＿＿＿＿＿＿

省（自治区、直辖市）：＿＿＿＿＿＿＿＿＿＿＿＿＿＿＿＿＿＿＿＿＿＿＿＿＿＿＿＿＿＿

市（地区、州、盟）：＿＿＿＿＿＿＿＿＿＿＿＿＿＿＿＿＿＿＿＿＿＿＿＿＿＿＿＿＿＿＿

县（区、市、旗）：＿＿＿＿＿＿＿＿＿＿＿＿＿＿＿＿＿＿＿＿＿＿＿＿＿＿＿＿＿＿＿＿

调查人（签字）：＿＿＿＿＿＿＿＿＿＿＿＿＿＿＿＿＿＿＿＿＿日期：＿＿＿年＿＿＿月＿＿＿日

审定人（签字）：＿＿＿＿＿＿＿＿＿＿＿＿＿＿＿＿＿＿＿＿＿日期：＿＿＿年＿＿＿月＿＿＿日

抽查人（签字）：＿＿＿＿＿＿＿＿＿＿＿＿＿＿＿＿＿＿＿＿＿日期：＿＿＿年＿＿＿月＿＿＿日

第一次全国可移动文物普查领导小组办公室　制

国有单位文物收藏情况调查登记表

收藏单位（盖章）：_____

	调查编号			
单位基本情况	单位名称		组织机构代码	
	上级主管机构			
	隶属关系	□中央属 □省属 □地市属 □县区属 □乡镇街道属 □其他	**所属行业、系统**	□农、林、牧、渔业 □采矿业 □制造业 □电力、燃气及水的生产和供应业 □建筑业 □交通运输、仓储和邮政业 □信息传输、计算机服务和软件业 □批发和零售业 □住宿和餐饮业 □金融业 □房地产业 □租赁和商务服务业 □科学研究、技术服务和地质勘查业 □水利、环境和公共设施管理业 □居民服务和其他服务业 □教育 □卫生、社会保障和社会福利业 □文化文物、体育和娱乐业 □公共管理和社会组织
	单位性质	□机关 □事业单位 □国有企业、国有控股企业 □其他		
	单位类型	□博物馆、纪念馆 □图书馆 □美术馆 □档案馆 □其他		
	是否属于文物系统	□是 □否		
	通讯地址		**负责人** 姓　　名	
	邮政编码		职　　务	
	联系电话		固定电话	
	传　　真		移动电话	
	单位网址		电子邮箱	

是否有国家认定的文物						
	文物藏品总数（件/套）	已定级文物（件/套）				未定级文物（件/套）
		一级文物	二级文物	三级文物	一般文物	
□是						
	建档情况	是否已建文物纸质档案	□是　□否	保管情况	库房面积（平方米）	
		是否已建文物数字档案	□是　□否		保管人员数量（人）	
□否	如无国家认定的文物，是否有以下物质遗存				请打（√）	数量（件）
1	历史上各时代珍贵的艺术品、工艺美术品。如古代雕塑、造像等。古代绘画，如壁画、纸本绘画、绢本绘画、帛画、木板画、木刻版画、年画、铜版画、油画、漆画、画扇、水陆画、唐卡等。古代书法，如名人墨（字）迹、尺牍、碑帖拓本、法帖原石等。古代纺织（绣）品，如棉、麻、丝、毛制品，缂丝、刺绣、堆绫等。其他古代艺术品、工艺美术品等					

续表

□否	如无国家认定的文物，是否有以下物质遗存	请打（√）	数量（件）
2	历史上各时代重要的文献资料以及手稿和图书资料。如古代简牍、帛书、甲骨、盟书等。古代书籍、经书、信札、文书档案、舆图、契约、试卷、药方、剧本等。可移动的古代石经、碑刻、墓志，经幢、哀册、谥册等。古代木刻经版等。其他古代文字、文献资料等		
3	反映历史上各时代、各民族社会制度、社会生产、社会生活的代表性实物。如古代建筑、墓葬建筑构件，如画像砖、画像石、砖雕、城砖、板瓦、筒瓦、瓦当、滴水、斗拱、藻井、塔刹等。古代钱币、钱范、钞版等。古代服装、服饰、冠履、带具等。古代首饰、佩饰等。古代礼器、仪仗等。古代机械、仪器、仪表、钟表、医疗器具等。古代兵器、刑具等。古代生产工具，如农具、织机等。古代食具、酒具、茶具等。古代炊具等。古代烟具等。古代盥洗梳妆具，如古镜、梳妆盒等。古代度量衡器等。古代文房用具，如笔、墨、纸、砚、笔筒、文具盒、墨盒、印泥盒、笔山、笔洗、水注、水盂、镇尺、臂搁、墨床等。古代玺印、封泥、章料等。古代体育用具、棋具、卜赌具、玩具等。古代乐器及构件等。古代灯具、香具、炉具等。古代宗教法器等。古代家具及构件等。古代车马器、交通用具及构件等。古代符节腰牌、牌匾等。古代葬具与明器等。其他古代生产、生活用具等		
4	1949 年以前具有重要历史价值、艺术价值、科学价值，以及反映近现代社会制度、社会生产、社会生活的代表性实物和与近现代重大历史事件、重要人物或著名人物有关的实物以及其他具有重要纪念意义、教育意义或者史料价值的近现代实物。如文献文书：具有重要意义的奏折、公约、条约；各种重要会议的决定、决议、宣言；各种机关（党派、政府、军队、团体及其他机构）的文书、布告、电报、报告、指示、通知、总结等原始文件；重要的契约、合同、析产书、账簿、家（族）谱等		
	手稿手迹　重要人物或著名人物或其他有价值的手迹原件等		
	书籍报刊　重要人物或著名人物收藏或批注过的书籍报刊等。在近现代历史上产生过重大影响或具有特殊意义的书刊报纸原版等。存世较为稀少、有重要史料价值的出版物等		
	音像制品　记录重要人物或著名人物活动，反映重大历史事件和社会历史变迁的各种原版照片、胶片、唱片、磁带及珍贵拷贝等		
	艺术品　近现代各门类美术艺术大师、工艺美术大师、重要人物或著名人物创作的代表性作品。产生过重大影响或具有重要历史意义的美术艺术作品。各民族有代表性的年画、剪纸、风筝、皮影、雕刻、漆器、刺绣等工艺美术品		
	宣传品　重大事件、重要活动中散发、张贴的传单、标语、漫画、捷报及其他宣传品。具有代表性的海报、招贴画、广告等		
	徽章证件　具有重要意义的各类徽章、证件，如奖章、勋章、奖状（立功喜报）、纪念章；机关（学校、团体）证章、证件、证书，以及其他标志符号等		
	旗帜匾额　具有重要意义的旗帜、匾额，如国旗、军旗、奖旗、舰旗、队旗、锦旗、贺幛等各种标志性、识别性旗帜；记录近现代社会发展变化的匾额、招幌等		
	印信图章　具有重要意义的国家机关、政党、群众团体、军队等使用过的关防、公章、各种印信，重要人物或著名人物使用过的印章等		
	货币票证　具有重要意义或存世量少、有代表性的货币、邮票、供应证券、股票、工业券、债券及其他有价证券等		

□否		如无国家认定的文物，是否有以下物质遗存	请打（√）	数量（件）
4	宗教用品	与重大历史事件、重要人物或著名人物有关的，或具有典型意义的宗教用品，如造像、经书、法衣、器皿、法器、仪仗、宗教画等		
	武器装备	与重大历史事件、重要战役、重要人物有关的，或具有典型意义的兵器、弹药和军用车辆、机械、器具、地图、通讯器材、防护器材、观测器材、医疗器材、被服及其他军用物品		
	刑狱用具	与重要人物或著名人物有关，或有历史代表性的刑狱用具		
	生产用品	其他反映生产力发展各阶段的有代表性的工业、农业、手工业、交通、通讯、科技等的生产工具、用具以及科研仪器、设施设备		
	生活用品	重要人物或著名人物曾经使用过的，或反映生产力及社会发展不同阶段的有代表性的生活用品，如服饰、首饰、家具、家用电器、办公用品、文具等		
5	列入国家文物局《1949 年后已故著名书画家作品限制出境的鉴定标准》目录的作品			
6	古脊椎动物化石和古人类化石，如：古猿化石、古人类化石			
7	其他属于人类在历史发展进程中遗留下来的、由人类创造或者与人类活动有关的一切具有历史价值、艺术价值、科学价值的可移动的物质遗存			
总计（件/套）：				

填表人：＿＿＿＿＿＿＿＿＿　　　　　　　日期：＿＿＿年＿＿＿月＿＿＿日

附件 2

表 2：　　　　　　　　　　　　　　　　　　　　　　　　编号：

国有单位文物收藏情况调查汇总表

普查机构名称：＿＿＿＿＿＿＿＿＿＿＿＿＿＿＿＿＿＿＿＿＿＿＿＿＿

省（自治区、直辖市）：＿＿＿＿＿＿＿＿＿＿＿＿＿＿＿＿＿＿＿＿＿

市（地区、州、盟）：＿＿＿＿＿＿＿＿＿＿＿＿＿＿＿＿＿＿＿＿＿＿

县（区、市、旗）：＿＿＿＿＿＿＿＿＿＿＿＿＿＿＿＿＿＿＿＿＿＿＿

统计人（签字）：＿＿＿＿＿＿＿＿＿＿＿＿＿＿＿＿＿　日期：＿＿年＿＿月＿＿日

审定人（签字）：＿＿＿＿＿＿＿＿＿＿＿＿＿＿＿＿＿　日期：＿＿年＿＿月＿＿日

抽查人（签字）：＿＿＿＿＿＿＿＿＿＿＿＿＿＿＿＿＿　日期：＿＿年＿＿月＿＿日

第一次全国可移动文物普查领导小组办公室　　制

国有单位文物收藏情况调查汇总表

编号：

调查区域	省（自治区、直辖市）		市（地区、区、县）	
	区（县）		街道（乡、镇）	

统计人	所在单位		姓　名	
	移动电话		固定电话	
	传　真		邮政编码	
	通信地址			

调查统计情况（单位数量：个）

区域内国有单位总数		数据来源		
机关		事业单位		国有企业		其他	

已调查单位		未调查单位		
数量	完成率（％）	数量	完成率（％）	未完成调查原因

反馈收藏有文物的单位数量（单位数量：个）

按隶属关系统计					按单位类型统计	
隶属关系	单位数量				单位类型	单位数量
	机关	事业单位	国有企业及国有控股企业	其他		
中央属					博物馆、纪念馆	
省属					图书馆	
地市属					美术馆	
县区属					档案馆	
街乡属					其他	
其他						
总计					总计	

序号	单位名称	单位性质	所属行业系统	隶属关系	是否反馈意见	是否反馈有文物
		填写编号见备注			填写"是"或"否"	

备注：填写说明

"单位性质"填写编号表		"所属行业、系统"填写编号表	
编号	单位性质	编号	所属行业、系统编号
1	机关	1	农、林、牧、渔业
2	事业单位	2	采矿业
3	国有企业、国有控股企业	3	制造业
4	其他	4	电力、燃气及水的生产和供应业
"隶属关系"填写编号表		5	建筑业
		6	交通运输、仓储和邮政业
编号	隶属关系	7	信息传输、计算机服务和软件业
1	中央属	8	批发和零售业
2	省属	9	住宿和餐饮业
3	地市属	10	金融业
4	县区属	11	房地产业
5	街道属	12	租赁和商务服务业
6	其他	13	科学研究、技术服务和地质勘查业
		14	水利、环境和公共设施管理业
说明：在表单中"单位性质""所属行业系统""隶属关系"栏目中填写对应的数字编号即可。		15	居民服务和其他服务业
		16	教育
		17	卫生、社会保障和社会福利业
		18	文化文物、体育和娱乐业
		19	公共管理和社会组织

附件 3

表 3：   编号：

可移动文物信息认定登记表

普查机构名称：＿＿＿＿＿＿＿＿＿＿＿＿＿＿＿＿＿＿＿＿＿＿＿＿＿＿＿＿＿＿＿＿＿

省（自治区、直辖市）：＿＿＿＿＿＿＿＿＿＿＿＿＿＿＿＿＿＿＿＿＿＿＿＿＿＿＿＿＿

市（地区、州、盟）：＿＿＿＿＿＿＿＿＿＿＿＿＿＿＿＿＿＿＿＿＿＿＿＿＿＿＿＿＿＿

县（区、市、旗）：＿＿＿＿＿＿＿＿＿＿＿＿＿＿＿＿＿＿＿＿＿＿＿＿＿＿＿＿＿＿＿

登记人（签字）：＿＿＿＿＿＿＿＿＿＿＿＿＿＿＿＿＿＿＿＿＿＿日期：＿＿＿年＿＿＿月＿＿＿日

审定人（签字）：＿＿＿＿＿＿＿＿＿＿＿＿＿＿＿＿＿＿＿＿＿＿日期：＿＿＿年＿＿＿月＿＿＿日

抽查人（签字）：＿＿＿＿＿＿＿＿＿＿＿＿＿＿＿＿＿＿＿＿＿＿日期：＿＿＿年＿＿＿月＿＿＿日

第一次全国可移动文物普查领导小组办公室　制

可移动文物信息认定登记表

编号：

收藏单位名称		组织机构代码	
隶属关系	□中央属　□省属　□地市属　□县区属　□乡镇街道属　□其他		
负责人姓名		上级主管机构	
认定意见、结论	根据＿＿年＿＿月至＿＿年＿＿月专家组对＿＿＿＿＿＿＿（单位）文物收藏情况现场实物鉴定的意见，经审定，该单位下列藏品共　（件/套）认定登记为文物（附文物列表）。		
认定组织及批准机构	（盖章） 年　　月　　日 说明：本认定为文物属性确认，不涉及所有权的确认和商业价值的判断。		
文物列表			
附表编号	现登记号	文物名称	

填表人：＿＿＿＿＿＿＿＿＿＿　　　　　　　　　　　　　　日期：＿＿＿＿＿年＿＿月＿＿日

文物登记卡

附表编号：　　　　　　　　　　　　　　　　　　　填写日期：　　　年　月　日

收藏单位				
现登记号		文物照片（正面）		
名　　称				
原　　名				
文物级别				
文物类别				
质　　地				
年　　代		具体年代		
质量范围		具体质量		
完残程度		保存状态		
包含文物数量		实际件数		
文物来源		尺寸		
入藏时间范围		入藏年度		
鉴定意见	鉴定人（签名：）		年　月　日	
备　　注				

国家文物局、教育部《关于积极做好教育系统第一次全国可移动文物普查工作的通知》

各省、自治区、直辖市文物局（文化厅）、教育厅（教委）：

2012 年 10 月 8 日《国务院关于开展第一次全国可移动文物普查的通知》（以下简称《通知》）印发后，各级文物、教育部门积极开展相关准备工作，各项工作顺利推进。2013 年 4 月 18 日，国务院第一次全国可移动文物普查领导小组召开第一次全国可移动文物普查电视电话会议，对普查工作进行全面部署。为进一步加强统筹，共同做好教育系统第一次全国可移动文物普查工作，现将有关事项通知如下：

一、提高认识，高度重视

第一次全国可移动文物普查（以下简称普查）是建国 60 多年来首次针对可移动文物开展的普查，是继第三次全国文物普查（不可移动文物部分）之后在文化遗产领域开展的又一重大国情国力调查，是一项旨在全面掌握我国文物资源、加强文物保护、建设文化遗产强国的国家工程，并已列入《国家"十二五"时期文化改革发展规划纲要》。各级文物、教育部门要认真学习《通知》精神，充分认识开展本次普查的重要性和紧迫性，以对国家和民族、对历史和未来高度负责的态度，积极推进本次文物普查工作。

二、认真做好教育系统普查登记工作

本次普查范围包含所有收藏保管文物的教育机构和科研机构。普查的文物包括 1949 年（含）以前，历史上各时代珍贵的艺术品、工艺美术品；历史上各时代重要文献资料以及具有历史、艺术、科学价值的手稿和图书资料等；反映历史上各时代、各民族社会制度、社会生产的代表性实物；由博物馆、纪念馆收藏登记的 1949 年后的藏品；列入国家文物局公布的 1949 年后已故著名书画家作品限制出境鉴定标准范围的作品；具有科学价值的古脊椎动物化石和古人类化石。在普查过程中，应重点普查各高校所属的博物馆、图书馆、展览馆、陈列馆、标本馆、资料室和校史馆等。

三、加强普查工作的组织领导

各级教育部门要依据国务院《通知》精神，积极动员、组织各教育机构和科研机构，做好普查工作；由各级教育部门负责同志担任同级人民政府普查领导小组的成员，会同文物行政部门研究解决普查中涉及教育系统的重要问题。列入普查范围的各教育机构和科研机构要按照属地管理的原则，完成本单位可移动文物的普查登记，并指定专人作为联络员，负责与属地普查办的联络和协调。各级教育部门要根据《第一次全国可移动文物普查实施方案》，提出本级教育机构和科研机构参加文物普查的工作方案和具体措施。各教育机构和科研机构要开展自查申报，做好文物普查认定、信息采集登录等相关工作。中央及省属教育机构和科研机构的文物普查工作在省级普查机构完成，地市级教育机构和科研机构的文物普查工作在地市级普查机构完成，其他教育机构和科研机构的文物普查工作在所在地县级普查机构完成。收藏可移动文物相对集中的教育机构和科研机构，要建立专门的工作机构和普查机制。

四、加强协作，广泛动员

各级文物、教育部门要根据《第一次全国可移动文物普查宣传方案》，提出具体的宣传方案和宣传措施，把本次普查工作作为开展爱国主义教育宣传的重要契机，并以此动员广大教育机构、科研机构和社会公众主动支持、配合和参与可移动文物普查工作，为普查机构和人员提供必要的工作便利，按时、如实地填报可移动文物普查信息。各级文物、教育部门要组织好所属教育机构和科研机构的普查培训，并对管辖范围内的可移动文物普查工作予以人才和技术支持，指导、协助各级教育机构和科研机构将其保管的可移动文物在所在地普查机构进行登记。各级文物、教育部门要在规范藏品管理和加强登录体系建设的同时，做好可移动文物的保护工作。

特此通知。

国家文物局

中华人民共和国教育部

2013 年 5 月 30 日

国家文物局、档案局《关于积极做好档案系统第一次全国可移动文物普查工作的通知》

各省、自治区、直辖市文物局（文化厅）、档案局：

2012 年 10 月 8 日《国务院关于开展第一次全国可移动文物普查的通知》（以下简称《通知》）印发后，各级文物、档案部门积极开展相关准备工作，各项工作顺利推进。2013 年 4 月 18 日，国务院召开第一次全国可移动文物普查电视电话会议，对普查工作进行了部署。为进一步加强统筹，共同做好第一次全国可移动文物普查工作，现通知如下：

一、提高认识，高度重视

第一次全国可移动文物普查（以下简称普查）是建国 60 多年来首次针对可移动文物开展的普查，是继第三次全国文物普查（不可移动文物部分）之后在文化遗产领域开展的又一重大国情国力调查，是一项旨在全面掌握我国文物资源、加强文物保护、建设文化遗产强国的国家工程，并已列入《国家"十二五"时期文化改革发展规划纲要》。我国各级档案馆保管着数量丰富的历史档案和文献资料，具有极高的文物和科研价值，是中华民族文化遗产的重要组成部分，是弘扬中国优秀传统文化和开展爱国主义教育的重要资源。各级文物、档案部门要认真学习《通知》精神，充分认识开展本次普查的重要性和紧迫性，以对国家和民族负责的态度，切实履行自身职责，积极推进本次文物普查工作。

二、认真做好档案系统的普查登记工作

全国各级综合档案馆收藏的具有文物价值的非纸质实物档案列入所在地普查登记范围。各级文物、档案部门要联合组织专家鉴定小组，对非纸质实物档案的文物价值做出鉴定，以确定其是否纳入普查范围。全国各级综合档案馆收藏的纸质档案文献（含手稿、字画等）的普查由国家档案局按系统组织开展，其著录项目以现有项目为基础，成果统一汇总后交国务院第一次全国可移动文物普查领导小组办公室，包括我国各级综合档案馆保存的 1949 年以前重要历史档案的统计管理数据，以及列入《中国档案文献遗产名录》的档案文物信息。

各级档案部门要依据国务院《通知》精神，积极动员、组织各级综合档案馆，做好普查工作；并由各级档案部门负责同志担任同级人民政府普查领导小组的成员，会同文物行政部门解决研究普查中涉及档案系统的重要问题，且要根据《第一次全国可移动文物普查实施方案》，提出本系统内各级综合档案馆参加文物普查的工作方案和具体措施。

三、加强协作，广泛动员

各级文物、档案部门要根据《第一次全国可移动文物普查宣传方案》，提出具体的宣传方案和具体宣传措施。并以此动员广大国有单位和社会公众主动支持、配合和参与可移动文物普查工作，为普查机构和人员提供必要的工作便利，按时、如实地填报可移动文物普查信息。要做好各级综合档案馆的普查培训，对管辖范围内的可移动文物普查工作予以人才和技术支持，且要积极提供管辖范围内的文物线索，协助各级档案馆将其保管的具有文物价值的实物档案在所在地普查机构进行登记。各级文物部门、档案部门要在加强规范藏品管理和登录体系建设的同时，做好可移动文物的保护工作。对于在各级普查机构完成登录的实物档案，各级文物部门应当在文物保护修复等方面给予积极支持。

特此通知。

国家文物局

国家档案局

2013 年 5 月 24 日

国家文物局、民政部《关于积极做好民政系统第一次全国可移动文物普查工作的通知》

各省（自治区、直辖市）文物局、民政厅（局），新疆生产建设兵团民政局：

2012 年 10 月 8 日《国务院关于开展第一次全国可移动文物普查的通知》（以下简称《通知》）印发后，各级文物、民政部门积极开展相关准备工作，各项工作顺利推进。2013 年 4 月 18 日，第一次全国可移动文物普查电视电话会议召开，对普查工作进行全面部署。为进一步加强统筹，共同做好第一次全国可移动文物普查工作，现通知如下：

一、提高认识，高度重视

第一次全国可移动文物普查（以下简称普查）是新中国成立 60 多年来首次针对可移动文物开展的普查，是继第三次全国文物普查（不可移动文物部分）之后在文化遗产领域开展的又一重大国情国力调查，是一项旨在全面掌握我国文物资源、加强文物保护、建设文化遗产强国的国家工程，并已列入《国家"十二五"时期文化改革发展规划纲要》。我国民政系统的国有单位保存着数量丰富的可移动文物，是国家重要的文化财富和国有资产。各级文物、民政部门要认真学习《通知》精神，充分认识开展本次普查的重要性和紧迫性，以对国家和民族负责的态度，积极推进本次文物普查工作。

二、认真做好国有单位的普查登记

本次普查的文物包括 1949 年（含）以前，历史上各时代珍贵的艺术品、工艺美术品；历史上各时代重要文献资料以及具有历史、艺术、科学价值的手稿和图书资料等；反映历史上各时代、各民族社会制度、社会生产的代表性实物；由博物馆、纪念馆收藏登记的 1949 年后的藏品；列入国家文物局公布的 1949 年后已故著名书画家作品限制出境鉴定标准范围的作品。在普查过程中，应重点关注烈士纪念设施保护单位保存的可移动文物。

三、加强普查工作的组织领导

各级民政部门要依据国务院《通知》精神，积极动员、组织所属各国有单位，做好普查工作，并由各级民政部门负责同志担任同级人民政府普查领导小组的成员，会同文物行政部门解决研究普查中涉及民政系统的重要问题。列入普查范围的各民政系统所属单位要按照属地管理的原则，完成本单位可移动文物的普查登记，并指定一名专人作为联络员，负责与属地普查机构的联络和协调。对文物收藏相对集中的烈士纪念设施保护单位等，可在文物保护修复、文物安全保障等方面给予技术和政策支持。

各级民政部门要根据《第一次全国可移动文物普查实施方案》，提出本系统内各级国有单位参加文物普查的工作方案和具体措施。民政系统所属的各国有单位要按照国家统一的标准规范及属地普查机构的要求，开展自查申报，做好文物普查认定、信息采集登录及其他相关工作。收藏可移动文物相对集中的烈士纪念设施保护单位等，要建立专门的工作机构和普查机制。

四、加强协作，广泛动员

各级文物、民政部门要组织好所属各国有单位的普查培训，对可移动文物普查工作给予人才和技术支持，为普查机构和人员提供必要的工作便利；要积极指导、协助民政系统各国有单位按时、如实地填报可移动文物普查信息；要共同加强普查文物的规范管理，做好文物保护工作。

各级文物、民政部门要根据《第一次全国可移动文物普查宣传方案》，提出具体的宣传方案和措施，充分运用报纸、广播、电视和互联网等传统与现代传媒，配合各类专题宣传活动等，广泛深入地宣传、动员广大国有单位和社会公众，关注、支持和参与可移动文物普查工作。

特此通知。

国家文物局

中华人民共和国民政部

2013 年 6 月 18 日

国家文物局《关于发放第一次全国可移动文物普查普查员证的通知》

各省、自治区、直辖市文物局（文化厅），新疆生产建设兵团文化局：

根据普查工作需要，国家文物局印制了第一次全国可移动文物普查普查员证，并制定了《第一次全国可移动文物普查普查员证登记申领规定》（见附件）。请你局（厅）普查办根据该规定，严格管理各级普查员，按要求登记汇总本行政区域内各级普查员信息，报我局申领普查员证并备案。

附件　1. 第一次全国可移动文物普查普查员证登记申领规定
　　　 2. 普查员信息登记表

国家文物局第一次全国可移动文物普查工作办公室
（国家文物局办公室代章）
2013 年 7 月 3 日

附件1

第一次全国可移动文物普查普查员证登记申领规定

第一次全国可移动文物普查普查员证由国务院第一次全国可移动文物普查领导小组办公室根据普查工作需要制发，仅限各级普查机构的普查员进行普查工作时使用。

一、证书发放机关

国家文物局、各级普查机构。

二、证书编号

号段为普查20130001001—普查201666030999，编号方式为发证年份＋中国政区编码（如北京11，辽宁21，新疆65，新疆生产建设兵团登记为66）＋隶属普查机构级别（中央级01、省级02、地市级03、区县级04）＋四位数区域发放顺序号（0001—0999）；中国人民解放军和武警部队普查机构单独编号（拟发证年份＋顺序号，编号长度与各省相同）。

三、证书申领

各省级普查机构负责管理普查员，汇总普查员信息，按年度报国家文物局普查办统一申领证书。

四、证书发放

各省级普查机构负责登记发放，加盖普查员所属本级普查机构代章。普查员证实行"一人一号一证"。持证人员应为从事普查工作的一线工作人员。证书需填写普查员基本信息和编号，粘贴2寸免冠彩色照片。

五、证书备案

普查员信息（含姓名、单位、年龄、职称/职务、证书编号、发证时间等，参见附件登记表）由省级普查机构负责登记，报国家文物局备案。

附件2

普查员信息登记表

姓名	工作单位	年龄	职称/职务	参加普查时间	联系电话	证书编号	证书发放机构	发放时间

国家文物局、国务院国有资产监督管理委员会《关于积极做好国资系统第一次全国可移动文物普查工作的通知》

各省、自治区、直辖市、计划单列市、新疆生产建设兵团文物局（文化厅）、国资委，各中央企业：

2012 年 10 月 8 日《国务院关于开展第一次全国可移动文物普查的通知》（以下简称《通知》）印发后，各级文物、国资部门积极开展相关准备工作，各项工作顺利推进。2013 年 4 月 18 日，国务院第一次全国可移动文物普查领导小组召开第一次全国可移动文物普查电视电话会议，对普查工作进行全面部署。为进一步加强统筹，共同做好第一次全国可移动文物普查工作，现将有关事项通知如下：

一、提高认识，高度重视

第一次全国可移动文物普查（以下简称普查）是建国 60 多年来首次针对可移动文物开展的普查，是继第三次全国文物普查（不可移动文物部分）之后在文化遗产领域开展的又一重大国情国力调查，是一项旨在全面掌握我国文物资源、加强文物保护、建设文化遗产强国的国家工程，并已列入《国家"十二五"时期文化改革发展规划纲要》。我国国有企业保存着数量丰富，具有重要历史、艺术、科学价值的可移动文物，是国家重要的文化财富和国有资产。对国有企业收藏保管的可移动文物进行系统登记，是保障文物安全，加强国有资产管理的重要工作。各级国资部门及国有企业要认真学习《通知》精神，充分认识开展本次普查的重要性和紧迫性，以对国家和民族、对历史和未来高度负责的态度，积极推进本次文物普查工作。

二、明确普查登记范围

本次普查将按《中华人民共和国企业法人登记管理条例》规定登记注册的所有国有企业列入普查范围（包括国有及国有控股企业）。普查的文物包括 1949 年（含）以前，历史上各时代珍贵的艺术品、工艺美术品；历史上各时代重要文献资料以及具有历史、艺术、科学价值的手稿和图书资料等；反映历史上各时代、各民族社会制度、社会生产的代表性实物；由博物馆、纪念馆收藏登记的 1949 年后的藏品；列入国家文物局公布的 1949 年后已故著名书画家作品限制出境鉴定标准范围的作品；具有科学价值的古脊椎动物化石和古人类化石。在普查过程中，应重点普查各国有企业所属博物馆、纪念馆、美术馆，以及档案室、图书资料室等场所保管的藏品。

三、加强普查工作的组织领导

各级文物、国资部门要依据国务院《通知》精神，积极动员、组织各国有企业，做好普查工作；由各级国资部门负责同志担任同级人民政府普查领导小组的成员，会同文物行政部门研究解决普查中涉及国有企业的重要问题。列入普查范围的各国有企业要按照属地管理的原则，完成本单位可移动文物的普查登记，并指定专人作为联络员，负责与属地普查办的联络和协调。各级国资部门要根据《第一次全国可移动文物普查实施方案》，对所监管企业参加可移动文物普查工作提出明确要求，做好督导工作。各国有企业要认真组织自查申报，做好文物普查认定、信息采集登记等相关工作。中央及省属国有企业的文物普查工作在省级普查机构完成，地市级国有企业的文物普查工作在地市级普查机构完成，其他国有企业的文物普查工作在所在地县级普查机构完成。收藏可移动文物相对集中的国有企业，要建立专门的工作机构和普查机制。本次普查不改变文物的权属。符合法律规定的文物可依法流通。对于文物收藏相对集中的国有企业，各级文物部门应当在文物保护修复、文物安全等方面给予技术和政策支持。

四、广泛动员，加强协作

各级文物、国资部门要根据《第一次全国可移动文物普查宣传计划》，提出具体的宣传方案和宣传措施，把本次普查工作作为开展爱国主义教育和企业文化建设的重要契机，动员广大国有企业和社会公众主动支持、配合和参与，为普查机构和人员提供必要的工作便利，按时、如实地填报可移动文物普查信息。要组织好所属国有企业的普查人员培训，并对管辖范围内的可移动文物普查工作予以人才和技术支持，指导、协助各级国有企业将其保管的可移动文物在所在地普查机构进行登记。各级国资部门要加强与文物部门的协作，在规范藏品管理和建设文物登录体系的同时，促进做好国有企业可移动文物的保护工作。

国家文物局

国务院国有资产监督管理委员会

2013 年 7 月 21 日

财政部、国家文物局《关于加强第一次全国可移动文物普查经费保障与管理的通知》

各省、自治区、直辖市、计划单列市财政厅（局）、文物局，新疆生产建设兵团财务局、文化广播电视局：

《国务院关于开展第一次全国可移动文物普查的通知》（国发〔2012〕54号，以下简称《通知》）印发后，各级文物等相关部门积极行动，各项工作有序开展。2013年4月，国务院召开了第一次全国可移动文物普查电视电话会议，对普查工作进行了全面部署。为贯彻落实《通知》和国务院会议精神，加强经费保障与管理，现通知如下：

一、提高认识，高度重视可移动文物普查工作

第一次全国可移动文物普查（以下简称普查）是建国60多年来首次针对可移动文物开展的普查，是全面掌握我国文物资源、健全国家文物保护体系的重点基础工作，已列入《国家"十二五"时期文化改革发展规划纲要》。通过普查，可以加强文物系统的国有资产登记监管，建立覆盖全国的文物保护体系。同时，能够全面掌握我国国有可移动文物的保存状况和保护需求，引导文化遗产资源和要素合理流动和优化配置。各级财政、文物部门要统一思想、提高认识，把普查工作作为一项重点工作来抓，以对国家和民族、对历史和未来高度负责的态度，确保普查工作顺利进行。

二、统筹协调，加强可移动文物普查经费保障

各地方财政部门要按照《通知》中"普查所需经费由中央和地方分别负担"的要求，担负起相应的支出责任，切实保障普查经费，重点支持普查组织动员和人员培训、国有单位文物调查、信息采集和数据审核处理等工作。省级财政部门应当做好统筹协调工作，确保本地普查经费的落实。要将普查经费列入年度财政预算，专项安排，及时、足额拨付到位。尚未安排普查经费的省市要尽快落实经费，并将经费安排情况报送财政部。财政、文物部门将对各地经费保障情况进行督查，对经费保障水平好、安排速度快，普查工作任务完成优质高效的省市，中央财政将在安排文物专项转移支付资金时给予适当倾斜。

三、加强管理，提高资金使用的规范性、安全性和有效性

这次普查涉及范围广、参与单位多、延续时间长，各地财政、文物部门要合理安排预算，建章立制，加强管理，专款专用，规范资金支出渠道和开支范围，把资金管好用好，确保每一分钱都用在刀刃上。在普查工作中，应充分利用现有成果和条件，在已有文物数据中心的统一平台上完成各项技术工作。要按照中央八项规定和厉行节约、反对浪费的要求，在确保普查任务完成的同时，避免重复建设、资源浪费。同时，各地财政部门要切实加强文物普查资金使用情况的监管，加强普查中的国有资产管理，防止国有资产流失，提高资金使用的安全性和有效性。

　　特此通知。

中华人民共和国财政部
国家文物局
2013 年 8 月 8 日

内蒙古自治区第一次全国可移动文物普查领导小组办公室关于加快推进全区第一次全国可移动文物普查工作的通知

各盟市文化局、文物局，二连浩特市、满洲里市文化局，区直属文博单位：

在自治区人民政府的高度重视和正确领导下，全区第一次全国可移动文物普查工作科学、规范、有序、高效开展，大部分地区按要求成立了普查机构，编制了普查方案，落实了普查经费，召开了普查动员会议，举办了普查培训班；一些地区开始发放调查表，进行收藏单位摸底排查；文博系统内的一些文物收藏单位开始清库、完善相关档案记录。

全区第一次全国可移动文物普查工作虽然取得了阶段性成果，但还有部分地区重视程度不够，行动迟缓，工作开展缓慢，影响了全区整体工作进程。为确保全区可移动文物普查工作顺利完成，根据《内蒙古自治区第一次全国可移动文物普查工作时间表、任务书、责任人》，现提出以下要求，请认真贯彻落实。

一、国家普查办要求在年底前报送《国有单位文物收藏情况调查汇总表》和工作情况报告，请自治区普查办项目部尽快联系各盟市普查项目部，完成全区国有单位文物收藏情况汇总和工作总结。

二、请自治区普查办项目部尽快制定自治区可移动文物普查文物认定程序。各盟市、旗县结合实际制定本行政区域的文物认定程序。

三、还没有落实第一次全国可移动文物普查经费的盟市旗县，请按照《内蒙古自治区人民政府关于在全区开展第一次全国可移动文物普查的通知》（内政发〔2013〕33号）要求，于2013年11月底前落实普查经费。

四、还没有召开第一次全国可移动文物普查动员会和举办普查培训班的地区，请于2013年11月底前完成动员和培训任务。

五、各盟市旗县要在2013年12月20日前，完成辖区内国有文物收藏单位摸底排查任务，并将工作总结上报自治区普查办项目部。

六、全区各国有文物收藏单位要在2013年12月底前，完成文物清库、完善相关档案记录任务，并按要求登记申报。

七、加大普查宣传力度。全区各级普查机构要把普查作为本行政区域内重点文化建设工作进行宣传，充分运用报纸、杂志、广播、电视、网络、移动传媒等各类媒体进行宣传，扩大普查影响力。各盟市可移动文物普查领导小组办公室要定期编制可移动文物普查工作简报，及时印发各级政府机关。

八、确保普查信息及时报送。各盟市可移动文物普查领导小组办公室要把各个阶段的普查成果、重要发现、普查进展和普查动态等及时报送自治区第一次全国可移动文物普查领导小组办公室。

九、各盟市尽快将普查办、项目部负责人及联系人、电话报送自治区普查办和项目部。

内蒙古自治区第一次全国可移动文物普查领导小组办公室

2013 年 11 月 7 日

内蒙古自治区第一次全国可移动文物普查领导小组办公室关于开展全区第一次全国可移动文物普查"回头看"工作的通知

各盟市文化局、文物局，二连浩特市、满洲里市文化局，直属文博单位：

在自治区人民政府的高度重视和正确领导下，全区第一次全国可移动文物普查工作进展顺利，自治区、盟市、旗县按要求成立了普查机构，编制了普查实施方案，举办了普查培训班；绝大多数盟市旗县落实了普查经费，召开了普查动员会议；国有单位文物收藏情况调查工作全面展开，成效显著；文博系统内的一些文物收藏单位开始清库，完善相关档案记录，启动馆藏文物信息采集工作。我区的可移动文物普查工作得到了国家普查办的认可，特别是自治区本级财政经费落实、普查宣传、工作计划等受到了国家普查办的表扬。

全区第一次全国可移动文物普查工作虽然取得了阶段性成果，但距要求仍有差距，有的地区还存在重视程度不够，行动迟缓，工作不扎实，经费落实不到位，宣传力度不够等问题，影响了全区普查工作的进度和质量。2014年普查工作将进入关键阶段，时间紧、任务重、难度大，为确保普查质量，经研究，决定开展全区可移动文物普查"回头看"工作，具体要求如下：

一、全区各级普查办、项目部要认真总结梳理第一阶段工作，做好统计、分析、资料整理等收尾工作。

二、全区各级普查机构要认真组织开展"回头看"活动，按照普查程序和要求，对第一阶段的工作进行认真审核，查漏补缺，确保调查范围全覆盖。

三、根据"回头看"工作开展情况，进一步补充完善第一阶段工作成果，并将补充完善内容报自治区普查办项目部。

四、还没有落实第一次全国可移动文物普查经费的盟市旗县，请按照《内蒙古自治区人民政府关于在全区开展第一次全国可移动文物普查的通知》（内政发〔2013〕33号）要求，尽快落实普查经费。

五、各国有文物收藏单位要尽快启动清库、完善相关档案记录工作，条件成熟的，可启动文物信息采集、登录、审核、网络报送工作。

六、加大普查宣传力度。各级普查机构要把普查作为本行政区域内重点文化建设工作进行宣传，充分运用报纸、杂志、广播、电视、网络、移动传媒等各类媒体进行宣传，扩大普查影响力。各盟市可移动文物普查领导小组办公室要定期编制可移动文物普查工作简报，及时印发相关单位。

七、全区各级普查机构要加强联系沟通，及时解决工作中遇到的问题，确保普查工作顺利进行。各盟市普查办、项目办要把各个阶段的普查成果、重要发现、普查进展、普查动态和工作中遇到的问题等及时报送自治区第一次全国可移动文物普查办公室、项目部。

八、对于普查工作开展好的地区、单位，自治区第一次全国可移动文物普查领导小组办公室进行奖励，对工作开展不力的，在全区范围内通报。

内蒙古自治区第一次全国可移动文物普查领导小组办公室

2014 年 2 月 18 日

内蒙古自治区第一次全国可移动文物普查领导小组办公室关于做好全区第一次全国可移动文物普查文物认定工作的通知

各盟市普查办，区直属文博单位：

按照《内蒙古自治区第一次全国可移动文物普查实施方案》，我区已经完成了第一次全国可移动文物普查国有单位文物收藏情况调查等工作，开始转入文物认定、信息采集、登录等工作阶段，为了做好全区的文物认定工作，现将有关事项通知如下：

一、认定的单位和对象

1. 可移动文物认定是指文物行政部门对具有历史、艺术、科学价值的可移动文化资源确认为文物的行政行为，是本次普查的基础工作。普查要求将作为普查对象的文化资源认定为可移动文物，明确其文物身份，并进行相关信息的采集、登录等工作。

2. 认定的收藏单位包括我区行政区域内各级国家机关、事业单位、国有企业和国有控股企业等各类国有法人单位所收藏保管的可移动文物。

3. 可移动文物认定范围主要包括 1949 年以前属于人类在历史发展进程中遗留下来的、由人类创造或者与人类活动有关的一切具有历史价值、艺术价值、科学价值的可移动的物质遗存。具体包括 1949 年以前反映中国近现代社会历史变革及有关社会历史发展的物品；反映中国近现代政治、经济、军事、科技、教育、文化、卫生、体育、宗教等方面发展的物品；反映中国近现代各民族的社会发展及民族关系、民族团结、民族自治、维护祖国统一等方面的物品；反映中国近现代各民族的生产活动、生活习俗、文化艺术和宗教信仰等方面的物品。

1949 年以后由博物馆、纪念馆收藏登记的藏品，列入国家文物局《文物出境审核标准》及《1949 年后已故著名书画家作品限制出境的鉴定标准》目录的纳入普查范围。

古人类化石、古脊椎动物化石被确定为普查对象或文物，需符合以下条件：古猿化石；古人类化石；与人类活动有关的第四纪古脊椎动物化石等。

4. 文物系统内各文物收藏单位收藏的所有文物全部纳入普查范围，不再进行认定，直接进行信息采集、登录；对文物系统外国有单位的文物进行统一认定，文物认定工作由旗县（市区）普查办组织开展，有困难或存在疑问的，可申请盟市或自治区普查办组织专家进行认定。

二、认定依据

可移动文物认定主要依据《文物保护法》及其实施条例、《文物认定管理暂行办法》《博物馆藏品管理办法》《古人类化石和古脊椎动物化石保护管理办法》《文物藏品定级标准》《近现代文物征集参考范围》《近现代一级文物藏品定级标准（试行）》《文物出境审核标准》（含补充通知）、《1949 年后已故著名书画家作品限制出境的鉴定标准》和《1795 至 1949 年间著名书画家作品限制出境鉴定标准》《博物馆藏品信息指标体系规范》《馆藏文物登录规范》等法律法规及标准规范进行。

三、认定原则

普查前已经认定为可移动文物的，本次普查予以承认。普查中需要新认定为可移动文物的，依据相关认定程序进行。

文物认定的决定由县级以上地方文物行政部门做出。县级以上地方文物行政部门可以直接进行文物认定，也可以设置专门机构或委托有条件的文物、博物馆事业单位开展认定工作，但是不得委托社会中介机构。同时，文物行政部门应当加强对现有机构和人员的培训，不断提高文物认定工作水平。

四、文物定名标准

文物定名应科学、准确、规范，做到"观其名而知其貌"。文物定名要素包括年代、特征、器物的通称。

古代文物定名一般应有三个组成部分，即：年代、款识或作者；特征、纹饰或颜色；器形或用途。中国古代文物有确切纪年的，名称中的年代信息一般标示朝代、年号和纪年数字，不标示公元纪年；外国古代文物有确切纪年的，名称中的年代信息一般标注国名、朝代、年号和纪年数字。

近现代文物定名应用时代、物主、事件、地点、用途等直接表述藏品的主要内容、特征。名称中的年代信息一般应标示主要历史时期或公元纪年。

五、文物认定工作任务分解

（一）文物认定工作

按照属地管理、旗县为基础的普查要求，文物认定原则上由各级普查机构分别负责，具体文物认定工作由旗县（市区）普查办组织开展，有困难或存在疑问的，可申请盟市或自治区普查办组织专家进行认定。上级普查机构对下级普查机构的认定工作负有指导的责任。

（二）文物鉴定工作

由自治区普查办统一组织，各盟市、旗县级普查机构配合。根据《内蒙古自治区文化厅（文物局）关于开展国有博物馆馆藏一二三级文物鉴定工作的通知》（内文物发〔2013〕82 号）要求，旗县级普查机构负责组织辖区国有单位文物鉴定基础工作；各盟市普查机构负责对辖区各国有单位未鉴定的文物进行初步鉴定；自治区普查机构组织专家对全区国有单位三级以上文物进行复核，最终确定文物级别。

六、文物认定工作程序

（一）各国有单位（文物系统外）在清库的基础上，将所有文物进行初步建档，填写《文物登记卡》（附件一）和《可移动文物信息认定登记表》（附件二），向本级普查办提出《认定申请》（附件三）。

（二）普查办接到国有单位的认定申请后，组织专家对该国有单位进行文物认定。

七、文物鉴定工作步骤

（一）各文物收藏单位在开展清库建档工作的基础上，把本单位未鉴定的文物整理、单独存放，并填写《内蒙古自治区馆藏文物鉴定意见表》（附件四）。

（二）各旗县普查机构整理、核对辖区各国有单位的《内蒙古自治区馆藏文物鉴定意见表》，向盟市普查机构提出《鉴定申请》（附件五）。

（三）各盟市普查机构收到旗县级普查机构的鉴定申请后，组织专家实地进行初步鉴定，并在《内蒙古自治区馆藏文物鉴定意见表》填写初步鉴定意见。

（四）盟市完成辖区初步鉴定工作后，向自治区普查办提出复核鉴定申请，自治区普查办组织专家赴实地开展复核鉴定工作。

（五）各盟市普查机构在自治区复核鉴定工作完成后，将辖区《内蒙古自治区馆藏文物鉴定意见表》报送自治区普查办备案（1套）。

八、文物认定时间安排

文物认定时间安排：文物系统外国有单位的文物认定工作于 2014 年 12 月底前完成，也可把认定和鉴定工作同时进行。

文物鉴定工作：盟市旗县文物系统的初步鉴定工作于 2015 年 3 月底前完成，自治区级复核鉴定工作根据各盟市申报情况另行通知。

文物鉴定不影响文物登录工作，可交叉进行。

附件　1. 文物登记卡
　　　　2. 可移动文物信息认定登记表

内蒙古自治区第一次全国可移动文物普查领导小组办公室
2014 年 9 月 1 日

附件1

文物登记卡

附表编号：　　　　　　　　　　　　　　　　　　　　　填写日期：　　年　　月　　日

收藏单位			
现登记号		文物照片（正面）	
名　　称			
原　　名			
文物级别			
文物类别			
质　　地			
年　　代		具体年代	
质量范围		具体质量	
完残程度		保存状态	
包含文物数量		实际件数	
文物来源		尺　　寸	
入藏时间范围		入藏年度	
鉴定意见	鉴定人（签名）：　　　　　　　　　　　　　　　年　　月　　日		
备　　注			

附件 2　　　　　　　　　　　　　　　　　　　　　　　　　　编号：

可移动文物信息认定登记表

普查机构名称：_____

省（自治区、直辖市）：_____

市（地区、州、盟）：_____

县（区、市、旗）：_____

登记人（签字）：_____　日期：___年___月___日

审定人（签字）：_____　日期：___年___月___日

抽查人（签字）：_____　日期：___年___月___日

第一次全国可移动文物普查领导小组办公室　制

可移动文物信息认定登记表

编号：

收藏单位名称		组织机构代码	
隶属关系	□中央属　□省属　□地市属　□县区属　□乡镇街道属　□其他		
负责人姓名		上级主管机构	
认定意见、结论	根据＿＿年＿＿月至＿＿年＿＿月专家组对＿＿＿＿＿＿（单位）文物收藏情况现场实物鉴定的意见，经审定，该单位下列藏品共　（件/套）认定登记为文物（附文物列表）。		
认定组织及批准机构	（盖章） 年　　月　　日 说明：本次认定为文物属性确认，不涉及所有权的确认和商业价值的判断。 　　　本表一式三份。		

文物列表

附表编号	现登记号	文物名称	鉴定意见			
			珍贵文物			一般文物
			一级	二级	三级	

填表人：＿＿＿＿＿＿＿＿　　　　　　　　　　　　　　　　日期：＿＿＿＿＿年＿＿月＿＿日

国家文物局《关于做好第一次全国可移动文物普查进度管理和质量控制的通知》

各省（自治区、直辖市）文物局（文化厅）、新疆生产建设兵团文物局、全军普查办：

为做好第一次全国可移动文物普查进度管理和质量控制，根据《第一次全国可移动文物普查实施方案》及相关工作要求，现就有关事项通知如下：

一、切实加强普查进度管理，高度重视普查质量控制工作。普查进度管理和质量控制是第一次全国可移动文物普查的重要工作内容，是加强普查组织，保证普查质量，确保普查成效的重要机制。国家文物局第一次全国可移动文物普查工作办公室负责全国可移动文物普查进度管理和质量控制工作的组织实施，根据各阶段工作目标，动态确定考核内容。省级普查机构建立本省进度管理和质量考核管理制度，对本行政区域内普查机构和收藏单位进行评测考核。各级普查机构应切实承担起相应责任，做好普查进度管理和质量控制工作。

二、做好普查进度管理和质量控制的全过程管理。普查进度管理和质量控制按照"属地管理、分级负责、统一标准、分类填报、规范登记、严格把关"的原则开展。包括普查组织、国有单位文物收藏情况调查、文物认定、信息采集登录报送、数据整合、汇总等环节，贯穿普查工作全部过程。各级普查机构都应当按照普查工作的总体要求和规范，做好普查进度和质量管理，着重加强普查各环节的检查、总结和评估，保证普查成效。

（一）普查组织。各级普查机构应当召开普查工作会议，组织部署普查工作；加强与各成员单位联系协调，促进工作开展；指导本行政区域重点收藏单位建立专门工作机制；做好并指导收藏单位加强经费保障；采用多种形式宣传普查成果，扩大普查影响；建立普查员队伍并加强管理。

（二）国有单位文物收藏情况调查。普查机构应建立本行政区域纳入普查范围的国有单位清单；组织指导所属国有单位应按照要求开展自查，如实填写并反馈《国有单位文物收藏情况调查表登记》；各级普查机构做好调查汇总，在规定时间内及时逐级上报。

（三）文物认定。各级普查机构应制定本省文物认定流程、管理办法、工作细则等制度和规范；建立专家库，开展文物认定培训，加强文物认定队伍建设；并组织专家，完成系统外国有单位收藏文物的现场认定工作。

（四）信息登录审核。普查机构应指导收藏单位做好藏品档案的清理和核对工作，严格按照本次普查规定的指标项开展信息采集，确保登录信息的真实性、准确性和规范性；各级普查机构应制定工作计划和工作进度表，确保信息报送进度和完成率；指导督促所属各单位按时完成注册和藏品登录工作，并加强对注册信息、申报信息和登录信息的审核，做好各项专业培训；各级普查机构及收藏单位应制定文物安全的相关工作制度，加强普查安全措施，确保文物安全，实现文物认定和信息采集、登录、上报各阶段无安全事故；各级普查机构应建立普查督查制度，对各阶段工作进行实地督查。

（五）普查总结和数据管理。普查中采集的信息和登记资料、档案受国家保护。任何地方、部门、单位和个人都不得虚报、瞒报、拒报、迟报，不得伪造、篡改普查资料。各级普查机构应建立制度，加强普查档案和数据管理；加强数据维护和更新，切实保障数据安全；按时建立本行政区域的收藏单位和文物名录，完成普查工作报告；并加强对下级普查机构和所属单位的资料整理、汇总工作的检查和指导。

三、加强普查进度和质量的评估报告。普查采取自我检查、巡回检查、专项督查、抽样调查、专家议查、定期报告等多种方式进行进度和质量管理。其中，抽样调查是指国家文物局第一次全国可移动文物普查工作办公室在全国可移动文物信息登录平台对各省报送的信息数据进行抽查，整理汇总，据此计算普查数据的综合差错率。差错率不得高于 0.5%。超过 0.5% 的，国家文物局将予以通报并进行实地督查。各省应在 2014 年 11 月 30 日前，指导督查全部收藏单位完成在全国可移动文物信息登录平台上的账号分配和注册工作。2014 年 12 月 31 日前，各省登录藏品数应当不低于 10 万件/套，登录总体进度应当不低于 20%，中小型收藏单位全部完成登录，大型收藏单位普查登录机制有效运转。

国家文物局第一次全国可移动文物普查办制定《第一次全国可移动文物普查进度管理和质量控制评估表》，请各省级普查机构根据本省普查工作实际填写，指导所属普查机构和收藏单位对照开展检查，于 2014 年 12 月 31 日前由省普查办统一反馈至国家文物局第一次全国可移动文物普查办，并提交 2014 年度普查工作实施和评估情况报告。

四、鼓励各级普查机构根据不同阶段的工作需要，结合地区实际，不定期开展质量控制技术交流，推广先进经验，不断创新。

联系人：国家文物局第一次全国可移动文物普查工作办公室刘文艳，电话：56792105。

附件：第一次全国可移动文物普查质量控制自查表

国家文物局第一次全国可移动文物普查工作办公室

（国家文物局办公室代章）

2014 年 11 月 3 日

附件

第一次全国可移动文物普查质量控制自查表

填报单位：　　　　　　填报人：　　　　　　　　填报时间：

一级指标	二级指标	主要指标项	项目内容（打√）			得分
普查组织	普查机制	普查组织	1. 建立普查领导和组织机构			
			2. 印发普查通知、实施方案			
			3. 制定普查工作进度表			
			4. 召开普查工作会议			
			5. 开展普查培训，建立普查队伍			
			6. 建立普查协作机制，联合印发通知			
		主要收藏单位	7. 建立普查机构，制定工作方案			
			8. 制定并报送普查工作进度计划			
			9. 反馈单位基本信息和收藏情况			
			10. 报送普查负责人和联系人信息			
	普查经费	经费落实	11. 省级年度经费落实情况（按照东、中、西部）	东部地区	1500 万以上　　　　　（4 分）	
					1000 万—1499 万　　　（3 分）	
					500 万—999 万　　　　（2 分）	
					10 万—499 万　　　　　（1 分）	
				中部地区	1000 万以上　　　　　（4 分）	
					500 万—999 万　　　　（3 分）	
					200 万—499 万　　　　（2 分）	
					10 万—199 万　　　　　（1 分）	
				西部地区	800 万以上　　　　　　（4 分）	
					500 万—799 万　　　　（3 分）	
					200 万—499 万　　　　（2 分）	
					10 万—199 万　　　　　（1 分）	
			15. 2013—2016 年年底普查经费均已落实			
			16. 已落实重要部门和系统			
			17. 已落实大型收藏单位			
			18. 地市落实比例数超过 90%			
			19. 区县落实比例数超过 90%			
			20. 已统筹补助困难市、县			
	宣传动员	宣传	21. 年度开展普查专门宣传活动两次及以上			
			22. 每季度报送简报 2 期及以上，或每月刊发新闻稿 2 期及以上			
			23. 利用多种媒体开展宣传（三种及以上） a. 报刊　b. 电视　c. 电台　d. 网络　e. 手机　f. 展览　g. 海报 h. 折页　i. 其他			
			24. 已完善登录平台的本省频道页面，定期公布工作成果			
			25. 及时报道新发现，或推荐刊登普查之星			

一级指标	二级指标	主要指标项	项目内容（打√）		得分
国有单位收藏情况调查和文物认定	调查	表格发放填报	26. 建立普查员档案，发放普查员证书		
			27. 制定并核对国有单位清单		
			28. 全部发放国有单位调查表		
			29. 有95%以上单位填报并反馈调查表		
			30. 对重点地区开展复核		
			31. 对重点单位进行了复查		
			32. 收集整理调查情况，完成汇总表		
			33. 撰写并上报国有单位调查报告		
			34. 指导支持行业主管部门开展调查		
			35. 指导支持系统外单位开展自查和反馈		
	认定	认定机制	36. 已制定本地区认定标准规范和程序		
			37. 已建立专家库和工作规则		
			38. 已建立需认定的藏品及收藏单位名录		
			39. 已开展系统外单位藏品实物现场认定10家及以上		
			40. 对新发现和认定的文物进行登记		
			41. 建立文物认定工作档案		
			42. 主要收藏单位已经完成清库建档工作		
			43. 主要收藏单位完成藏品清点和账目核对工作		
			44. 开展普查认定培训，指导各地市建立专家库并予以业务支持		
			45. 协助系统外单位建立藏品账目及档案		
信息登录审核	采集登录	账号注册分配	46. 省级普查机构工作人员账号已注册完毕		
			47. 全部地市普查机构均已启用平台账号		
			48. 全部区县普查机构均已启用账号		
			49. 全部收藏单位都已分配账号，注册单位和人员信息		
			50. 全部收藏单位都已经启动登录工作		
		全省藏品登录进度（2014年12月31日前）	51. 登录总数	登录50万件/套及以上　　　　　　（5分）	
				登录40万件/套及以上　　　　　　（4分）	
				登录30万件/套及以上　　　　　　（3分）	
				登录20万件/套及以上　　　　　　（2分）	
				登录10万件/套及以上　　　　　　（1分）	
			56. 登录进度	登录进度50%以上　　　　　　　　（5分）	
				登录进度40%以上　　　　　　　　（4分）	
				登录进度30%以上　　　　　　　　（3分）	
				登录进度20%以上　　　　　　　　（2分）	
				登录进度10%以上　　　　　　　　（1分）	
			61. 登录单位	90%以上单位登录数量不少于50件/套　（3分）	
				50%以上单位登录数量不少于50件/套　（2分）	
				30%以上单位登录数量不少于50件/套　（1分）	
			64. 完成率	30%以上单位已完成登录　　　　　（2分）	
				10%以上单位已完成登录　　　　　（1分）	

续表

一级指标	二级指标	主要指标项	项目内容（打√）		得分
信息登录审核	采集登录	技术支持	66. 已建立普查工作技术联络机制，如工作群等		
			67. 对所有地市开展了技术支持和服务，进行数据转换		
			68. 已开展普查技术培训		
			69. 定期向各地市公布普查进度和排名		
			70. 每月向国家文物局普查办报送登录进度		
	数据审核	数据质量	71. 制定本省数据审核和质量管理制度		
			72. 收藏单位对已登录数据进行审核，实现账账一致，账物相符		
			73. 各级普查机构对普查数据进行审核，对需修改数据进行了修改完善，并对各单位的注册信息、申报数据和登录信息一致性进行核查		
			74 ★ 优秀率	经国家文物局普查办抽查，数据质量优等50%以上　　（2分）	
				经抽查，数据质量优等30%以上　　（1分）	
			76 ★ 差错率	经抽查，差错率低于0.1%　　（10分）	
				经抽查，差错率低于0.2%　　（8分）	
				经抽查，差错率低于0.3%　　（6分）	
				经抽查，差错率低于0.4%　　（4分）	
				经抽查，差错率低于0.5%　　（2分）	
普查安全、普查总结与数据管理	安全及督查	安全和督查制度	86. 已制定安全制度、开展安全培训		
			87. 普查现场操作符合规范，人员符合管理要求		
			88. 无安全责任事故　　（2分）		
			90. 制定督查方案、定期开展督查检查		
			91. 已进行普查经费督查		
			92. 报告并公布督查结果，实施整改措施		
	数据维护和归档	整理更新情况	93. 制定数据管理制度和档案管理规定，实行专人负责		
			94. 保障数据日常管理、更新、维护和统计		
			95. 按期完成普查工作，编写普查工作报告		
			96. 编制完成文物名录		
			97. 编制完成收藏单位名录		
			98. 召开普查总结会议		
			99. 表彰普查先进集体和个人		
			100. 出版普查成果		
总计			分		

注：本表一式两份，一份报国家文物局，一份存档，各省按工作实际阶段如实填写。

除特别标注分值的外，每项一分，共计100分。

★其中，统一平台抽验环节（74、76项）由国家文物局第一次全国可移动文物普查工作办公室统一抽验后，反馈结果。数据汇总阶段内容暂不填报。

内蒙古自治区文物局关于加快推进全区可移动文物普查工作的通知

各盟市文化、文物局，二连浩特市、满洲里市文化局、文物局，直属文博单位：

第一次全国可移动文物普查是一项前所未有的工作，受到了社会的广泛关注。2014 年初，国务院总理李克强、副总理刘延东等领导同志两次对普查工作做出重要批示，指出普查工作开局虽好，但各地存在进展不平衡的问题，要求加强督导，扎实推进，加强宣传，强调普查工作绝不能半途而废。2015 年年初，刘延东副总理又做出"加强组织领导，确保普查质量，推动地方部门建立文物登录制度，提升文物科学保护、管理、利用水平"的重要批示。中央、国务院领导同志的关怀彰显出对普查工作的高度重视与坚强决心。国家文物局在 2015 年 3 月 30 日—4 月 2 日召开各省区市普查办主任会议，同时举办全国可移动文物普查数据审核骨干培训班，主要是贯彻落实领导批示精神，总结前一阶段工作成果，部署2015 年主要工作。

在各级政府的高度重视和正确领导下，全区可移动文物普查工作开局很好，后期各地普查工作进展参差不齐，有部分地区重视程度不够，行动迟缓，普查保障工作不到位，工作开展不力，甚至处于停滞状态，不仅影响了全区整体工作进程，也难以在规定时间内保质保量完成普查任务。由于部分地区拖后腿，使全区的普查工作与国家要求和其他先进省区市相比出现了差距。

2015 年是可移动文物普查关键之年，时间紧、任务重。为确保全区普查工作圆满完成，根据对全区普查工作的督查情况和国家有关要求，现就可移动文物普查工作提出以下要求：

一、加强组织协调，确保普查工作顺利进行。

各地、各单位要提高对普查工作的认识，进一步落实各项普查任务，加强协调沟通，抓好普查基础工作和重点文物收藏单位的普查工作，确保在规定时间内完成普查任务。

二、规范工作程序，全面完成文物认定工作。

各盟市普查办要建立认定工作制度，成立专家组，确保在 2015 年 6 月底前组织完成本地区文博系统外文物收藏单位的文物认定工作。对于专家力量不足的地区，要及时向自治区专家组提出申请，自治区专家组根据工作实际可予以重点支援。

三、加快文物信息采集、登录工作，确保按时完成普查任务。

各地、各单位要加强普查队伍建设，采取有效措施，提高工作效率。特别是要加快文博系统外文物收藏单位文物信息采集、登录工作，确保在 2015 年年底前完成各国有文物收藏单位的文物信息采集、登录工作。

四、加强普查质量控制，确保普查数据真实有效。

各地、各单位既要抓好进度管理，又要加强质量控制，严把文物信息采集、登录质量关。同时要组织专家，加强对普查数据的审核，确保差错率控制在 0.5% 以内。数据审核坚持分级审核，层层把关原则。2015 年年底前，旗县区普查数据审核必须完成 90% 以上，盟市普查数据审核必须完成 80% 以上，自治区普查数据审核必须完成 50% 以上。国家普查办将对各省区市上报数据进行评比表彰，自治区普查办也将对各盟市普查办上报数据进行评比表彰，希望各盟市普查办开展本地区普查数据评比表彰工作。

各地、各单位在普查工作中要本着实事求是、认真负责的态度，确保普查数据全面、真实、准确。本次普查成果将长期保存，并作为博物馆评估定级、馆藏文物保护利用等工作开展的重要依据。各地、各单位在普查过程中要坚持以"件"为主，除特殊情况外，不得使用"套"。各文物收藏单位必须如实填报，确保不缺不漏。

五、加强普查督查，确保普查工作全面有效开展。

各盟市普查办要加强对普查工作的督查，确保普查机构、人员、经费、设备真正落实。各地普查办要抽调技术人员到各文物收藏单位进行业务上的指导和督查，加强普查进度管理和质量控制。对个别由于文物存放地点不在本单位文物库房、冬季库房条件艰苦不宜开展工作等原因导致普查进度缓慢的收藏单位，各盟市要尽快集中力量协助完成普查任务。

六、加强普查制度建设，确保文物和普查数据安全。

各文物收藏单位要加强普查制度建设，制定工作细则，规范操作流程，牢固树立安全第一的意识，严格按照标准规范开展各项工作，保证文物和普查数据安全。

七、加强普查宣传，扩大普查工作影响力。

普查宣传是一项重要工作，影响到普查的实施和效果。2015 年宣传工作的重点是普查工作动态、重要发现、先进人物和事迹等，各地、各单位要继续利用传统媒体和新媒体优势，多角度、多层面、全方位宣传普查工作，利用好国际博物馆日、文化遗产日、草原文化遗产日等重要节点，以普查作为宣传文物工作的新闻点，为普查营造良好社会氛围。

内蒙古自治区文物局

2015 年 4 月 15 日

国家文物局《关于发布〈第一次全国可移动文物普查数据审核工作管理办法〉的通知》

各省（自治区、直辖市）文物局（文化厅）：

为做好第一次全国可移动文物普查数据审核工作，规范工作流程，提高普查数据质量，国家文物局根据《第一次全国可移动文物普查实施方案》，制定了《第一次全国可移动文物普查数据审核工作管理办法》，现予发布，特此通知。

附件：第一次全国可移动文物普查数据审核工作管理办法

国家文物局第一次全国可移动文物普查工作办公室

（国家文物局办公室代章）

2015 年 2 月 25 日

附件

第一次全国可移动文物普查数据审核工作管理办法

一、为规范全国可移动文物信息登录平台（以下简称"平台"）数据审核工作，严格普查数据质量管理，确保登录的藏品信息完整、规范、准确、有效，根据《第一次全国可移动文物普查实施方案》，特制定本办法。

二、本办法所称普查数据，是指已完成登记注册的收藏单位，在平台上登录的信息。包括收藏单位基本情况，藏品的基本信息、管理信息和图像。登录信息的内容和标准依照《馆藏文物登录规范》执行。

三、本办法所称的普查数据审核工作，包括对普查登录的收藏单位信息，以及藏品的基本信息、管理信息和图像信息等进行真实性、完整性、准确性审核。审核方式包括网上及现场认定、审核。

四、普查数据审核以县域为基本单元，按照属地管理、分级负责的原则开展。

县级普查机构负责审核本行政区域各单位登录的普查数据。地市级普查机构负责审核隶属本级行政区域各单位登录的普查数据，并对辖区内各县级普查机构报送的普查数据进行复核。省级普查机构负责对本行政区域内各单位（含中央属单位）的普查数据进行终审。

经审核的普查数据由本级普查机构根据隶属关系向上级普查机构报送。国家文物局普查办对各省完成审核的数据进行抽样检查，并评定数据质量。

审核意见由各级普查机构决定并在平台上记录。

五、在进行文物认定和数据审核时，各省级普查机构可根据本省工作需要，安排部署文物藏品定级工作，并加强对本次普查新定级文物藏品数据审核。文物藏品定级依据《文物藏品定级标准》（文化部2001年第19号令）、《近现代一级文物藏品定级标准（试行）》（文物博发〔2003〕38号）开展。

六、收藏单位负责本单位藏品信息的采集、登录、检查、核对、维护。收藏单位应指定专人负责普查数据审核，确保信息的真实、完整、准确。经单位审核确认的登录信息，报送主管普查机构审核。

在平台登录的藏品信息应与藏品基础档案一致，如在认定、登录、审核过程中对藏品信息做出调整，造成平台中的藏品信息与纸质档案、账目不一致的，应当将调整情况在纸质档案、账目上予以记录说明。

七、普查机构在进行数据审核时，应对全部登录内容逐一检查核对，确定藏品性质。藏品性质按照文物、标本、资料三种类型登记，并由省级普查机构予以最终核定。省级以下（不含省级）普查机构在审核时暂时无法明确藏品性质时，可记录为存疑。

八、普查机构在进行数据审核时，如无法确定藏品登录信息，需对照藏品实物核定。普查机构对登录信息的主要指标项进行修改时，如需要征求收藏单位意见的，应当向收藏单位征求意见，并在修改后将审核和修改结果告知收藏单位。

九、各级普查机构应建立普查数据审核专家库，规范认定工作规则、程序。专家库应广泛吸收相关行业和领域的专家，组成人员的专业领域应覆盖需要审核的藏品类别。承担数据审核工作的专家，应在平台上注册登记，并对审核建议予以记录。普查机构在进行数据审核时，对于需要征求专家意见的，应当组织专家进行预审，并综合专家的审核建议出具审核结论。

十、在本次普查中新发现和认定的文物，以及审核结论为存疑的藏品，在审核中应征求专家意见。对于同一编号的藏品，应当由不少于三名以上的专家出具审核建议。专家意见不一致的，由普查机构决定最终审核结论，也可由普查机构报送至上级普查机构，由上级普查机构审核。

十一、国家文物局普查办负责对全国普查数据质量进行检查和抽查，对于文物级别为一级的藏品数据全部进行检查。抽查按照省级行政区域进行随机抽取，每一年度每省抽取检查的次数不低于3次，每次抽取的藏品数据数量不低于500条。数据质量较差的省份应当增加抽查次数。

十二、国家文物局普查办制定《第一次全国可移动文物普查数据质量评定标准》（见附件），开展数据质量评定。经抽查的普查数据，根据审核结果，划分为优、良、中、合格、差五个等级，作为基础数据计算普查数据差错率。评定为"差"的数据，占抽查数据总数0.5%以上的，视为抽查不通过。国家文物局普查办在抽查结束后，将抽查结果及时告知省级普查机构。

十三、国家文物局普查办在开展普查数据抽样检查时，应当组织专家对被抽查的数据进行复核审核，并提出审核建议。开展数据审核的专家，由国家文物局根据抽查数据类别从国家文物鉴定委员会、普查领导小组成员单位或相关部门推荐的专家，国家文物局各省文物进出境审核管理处以及各省普查专家库中遴选，并在全国可移动文物信息登录平台上登记注册。

十四、各级普查机构、各收藏单位应加强普查数据审核和质量管理，制定普查数据审核和质量管理的相关制度，保证普查数据质量。国家文物局普查办应当指导各省普查数据审核工作，组织普查数据审核培训。

十五、各级普查机构和收藏单位应当建立普查数据安全管理制度，加强普查数据审核中的安全和保密管理。各级普查机构和收藏单位要加强普查审核人员和账户管理，不得擅自删除、泄露普查数据，参与审核数据专家及相关人员未经收藏单位和普查机构许可，不得出于个人需要使用相关数据。未经国家文物局审核同意，不得自行公布数据审核结果。

十六、本办法自公布之日生效。

附件：第一次全国可移动文物普查数据质量评定标准

附件

第一次全国可移动文物普查数据质量评定标准

一、评定的数据范围

1. 藏品性质：属于文物、标本、资料的哪一类。

2. 普查数据的指标项及图像。

3. 收藏单位信息是否准确、完善。

4. 各级普查办审核是否完整。

二、分值与质量等级

普查数据以 99 分为基数扣减，分为优、良、中、合格、差五个等级。

优：90—99 分。藏品性质判断正确，指标项填写准确、规范、完整。

良：80—89 分。藏品性质判断正确，指标项填写准确，较为规范、基本完整。

中：70—79 分。藏品性质判断正确，有关文物年代、质地、实际数量的指标项无误，其他指标项较为规范、基本完整。

合格：60—69 分。藏品性质判断正确，有关文物年代、质地、实际数量的指标项无误。

差：59 分及以下。藏品性质判断错误，有关文物年代、质地、实际数量的指标项有误。

各级普查办审核情况较好，加 1 分。

三、数据质量与评定标准对照表

评定标准		质量说明	分值（扣减）
藏品性质		藏品性质认定错误	40 分
指标项	照片	照片与实物不对应或无法辨识	40 分
		照片质量不合要求（如：成套文物没有全体图或个体图；钱币缺正反两面照片；照片不清晰等）	10 分
		重要局部，如款识、题字等没有照片；默认显示的照片非正视图	2 分
	定名	名称中表述器形、年代的信息有误	40 分
	年代	断代严重错误	40 分
		年代和具体年代均填写"其他"	40 分
		年代与文物名称中的年代不一致	20 分
		年代和具体年代不一致	20 分
	类别	文物类别选择不当	5 分
		文物类别选择错误	10 分
	质地	主要质地选择错误	40 分
		复合质地，质地选择缺少 1/3 及以上	10 分

评定标准		质量说明	分值（扣减）
指标项	数量	实际数量错误	40 分
	质量	质量范围错误	10 分
		贵重质地文物缺少具体质量	5 分
	尺寸	尺寸明显错误	10 分
		缺少通长、通宽、通高或具体尺寸	5 分
	完残状况	完残程度为"残缺""严重残缺"的，未填写完残状况	2 分

内蒙古自治区第一次全国可移动文物普查领导小组办公室关于做好 2016 年第一次全国可移动文物普查工作的通知

各盟市文新广（体）局，满洲里、二连浩特市文新广（体）局，直属单位：

2016 年 3 月 1 日，自治区第一次全国可移动文物普查领导小组办公室召开普查工作推进会议，总结了自治区第一次全国可移动文物普查（以下简称一普）开展以来取得的成绩，分析了存在的问题，研究并安排了 2016 年一普工作，现将有关事宜通知如下：

一、工作进度和存在问题

全区可移动文物普查工作科学、规范、有序、高效开展，普查工作快速推进，取得了显著成果。截至 2016 年 3 月 3 日，全区申报藏品总数 1048125 件/套，已登录 1008153 件/套，报送进度 96.19%。已经完成报送任务的有呼和浩特市、包头市、乌海市、赤峰市、通辽市、呼伦贝尔市、兴安盟、锡林郭勒盟、阿拉善盟，接近完成任务的有鄂尔多斯市、巴彦淖尔市、乌兰察布市，中央属/省属单位报送 76.07%。绝大多数文博系统内收藏单位藏品报送进度较快，文博系统外的大多数单位一普速度慢，质量差。

经自治区一普项目办检查，各级项目办普遍审核不够严格，藏品报送信息不够全面和准确，严重影响了我区一普质量。

二、2016 年工作安排

为了保障高质量地完成普查任务，自治区第一次全国可移动文物普查领导小组办公室 2016 年工作安排如下。

1. 没有完成藏品报送的项目办要加紧报送，要求内蒙古博物院在 6 月底，其余单位在 4 月底以前报送完毕。

2. 各项目办除了高质量完成文博系统内收藏单位藏品报送外，还要重点督导完成文博系统外的单位藏品数据采集和报送。

3. 各盟市旗县组织专家，严格按国家文物局普查办〔2015〕489 号文件进行审核，把差错率控制在 0.5% 以内。

4. 自治区普查办将派出专家组，请盟市旗县文博单位积极配合，完成全区文物定级工作。

5. 开展普查数据和资料的整理、汇总，数据库建设和公布普查成果等工作。

6. 根据国家文物局项目办统一部署，对在第一次全国可移动文物普查工作中业绩突出的单位和个人进行表彰，各项目办要积极发布先进事迹，加大一普宣传力度。

内蒙古自治区第一次全国可移动文物普查领导小组办公室

2016 年 3 月 3 日

内蒙古自治区文物局关于对内蒙古自治区第一次全国可移动文物普查数据进行专家终审工作的批复

内蒙古自治区第一次全国可移动文物普查项目办：

你办《关于对内蒙古自治区第一次全国可移动文物普查数据进行专家终审工作的请示》收悉，经我局研究，同意你办提出的自治区文博单位和各盟市文博单位专家名单，请按国家文物局对第一次全国可移动文物普查工作的统一部署开展自治区终审工作。

此复

附件：内蒙古自治区第一次全国可移动文物普查数据终审专家名单

内蒙古自治区文物局

2016 年 8 月 29 日

附件

内蒙古自治区第一次全国可移动文物普查数据终审专家名单

内蒙古博物院：		主要研究方向
研究馆员	陈永志	瓷器、金银器
研究馆员	塔　拉	青铜器、辽代器物
研究馆员	张牧林	杂项
研究馆员	付　宁	玉器、青铜器、金银器
研究馆员	于宝东	玉器、金银器
研究馆员	云小青	近现代文物
研究馆员	铁　达	民族文物

研究馆员	李　虹	古生物
研究馆员	张　彤	民族文物
研究馆员	苏　东	瓷器
研究馆员	安　丽	民族文物
研究馆员	郑承燕	辽代文物
研究馆员	李少兵	文物数字化数据库
副研究馆员	钦巴图	民族文物
副研究馆员	李毅君	玉器、金银器
研究馆员	李丽雅	钱币文物、普查数据库
副研究馆员	巴彦尔	民族文物

内蒙古文物考古研究所：

研究馆员	曹建恩	青铜器
研究馆员	张文平	瓷器、金银器
研究馆员	索秀芬	新石器
研究馆员	孙建华	辽代文物
研究馆员	郭治中	新石器
研究馆员	张亚强	新石器

内蒙古文物保护中心：

研究馆员	白丽民	民族文物
研究馆员	杨星宇	辽代文物
研究馆员	孙金松	新石器

各盟市专家：

呼和浩特市博物馆副研究馆员	武　成	瓷器
赤峰市博物馆研究馆员	刘　冰	玉器、青铜器
赤峰市博物馆研究馆员	马凤磊	陶瓷器
包头市文物管理处研究馆员	张海斌	瓷器
鄂尔多斯市青铜器博物馆研究馆员	王志浩	青铜器
鄂尔多斯市考古研究院研究馆员	杨泽蒙	青铜器
巴彦淖尔市文物局研究馆员	胡延春	陶器
巴彦淖尔市文物局研究馆员	赵占魁	陶器
内蒙古自治区中国人民银行研究员	张文芳	钱币
呼伦贝尔民族博物院研究馆员	白劲松	民族文物
呼伦贝尔民族博物院研究馆员	殷焕良	陶瓷器
兴安盟博物馆副研究馆员	尹建光	陶瓷器
阿拉善盟文物局副研究馆员	巴戈那	陶瓷器

国家文物局《关于做好第一次全国可移动文物普查验收工作的通知》

各省、自治区、直辖市文物局（文化厅），新疆生产建设兵团文物局：

第一次全国可移动文物普查已进入验收总结阶段，为做好普查总结和成果发布相关事宜，国家文物局决定组织各地开展普查验收工作。现将有关事项通知如下：

一、验收程序

（一）各省（区、市）级普查机构负责开展验收工作，组织辖区内各级普查机构填写《第一次全国可移动文物普查验收表》（附件1），并根据全省（区、市）普查工作情况，形成《第一次全国可移动文物普查验收报告》，主要内容可参考《第一次全国可移动文物普查验收报告主要内容》（附件2）。

（二）验收结论由省级普查机构出具，分为"合格"与"不合格"两个等次，具体标准可参考《验收合格评定标准》（附件3）。

（三）国家文物局对各省（区、市）验收工作进行监督、检查。

二、验收范围

各省（区、市）各级普查机构和登录至全国可移动文物信息登录平台（以下简称"统一平台"）的收藏单位均纳入验收范围。

三、验收重点

（一）普查的组织；

（二）普查的覆盖率；

（三）普查实施进度和质量。

四、报送验收材料

（一）验收材料包括《第一次全国可移动文物普查验收表》和《第一次全国可移动文物普查验收报告》两部分。

（二）验收材料编写完成后以各省（区、市）第一次全国可移动文物普查领导小组办公室名义，于2016年10月31日前正式报国家文物局。同时发送电子版至邮箱：pucha@sach.gov.cn。

专此通知

附件　1. 第一次全国可移动文物普查验收表（省级、地市）

2. 第一次全国可移动文物普查验收报告主要内容

3. 验收合格评定标准

国家文物局第一次全国可移动文物普查工作办公室

（国家文物局办公室代章）

2016 年 8 月 19 日

附件1 第一次全国可移动文物普查验收表

____省第一次全国可移动文物普查验收表

一、普查组织

行政区		省级	所辖地市数量	所辖区县数量
行政区数量（个）		—		
序号	验收内容	省级总体情况	地市总体情况	区县总体情况
1	组建普查领导小组（个）			
2	成立普查工作办公室（个）			
3	建立普查工作机制的行业系统（个）			
	建立普查工作机制的收藏单位（个）			
4	印发普查通知（个）			
5	印发普查实施方案（个）			
6	开展普查工作档案整理的行政区（个）			

＊此表格含11项内容，由省级普查办汇总地市级、区县级情况填写。

二、人员保障 （单位：人）

序号	行政区	各级普查办	收藏单位	普查专家	普查志愿者	合计
7	省级					
	地市级合计					
	区县级合计					

＊此表格填写省本级、地市本级、区县本级人员情况，包括参与普查工作的全部人员，即持有"普查员证"的人员和未申领普查员证的人员。

三、经费保障 （单位：万元）

序号	行政区	合计	2013年	2014年	2015年	2016年
8	全省各级总计					
	省级					
	地市级					
	区县级					

＊此表格分年度填写省本级、地市本级、区县本级经费情况。

四、普查培训

序号	行政区划	年度	培训次数（次）	培训人数（人）
9	省级	2013 年		
		2014 年		
		2015 年		
		2016 年		
		合计		
	地市级	2013 年		
		2014 年		
		2015 年		
		2016 年		
		合计		
	区县级	2013 年		
		2014 年		
		2015 年		
		2016 年		
		合计		
	共计			

＊此表格填写省本级、地市本级、区县本级培训情况。

五、普查宣传

序号	项目		合计	省级	地市级	区县级
10	组建宣传机构（个）					
11	制定宣传方案（个）					
12	宣传方式	电视（次）				
		互联网（次）				
		报刊（次）				
		海报（份）				
		册页（份）				
		……				
		……				

＊此表格填写省本级、地市本级、区县本级宣传情况。"宣传方式"为选填项，如有其他宣传方式，可根据实际情况填写。

六、国有可移动文物收藏单位调查

序号	行政区划	辖区内国有单位数量（家）	国有单位可移动文物收藏情况调查表		
			发放（张）	回收（张）	反馈收藏有可移动文物的国有单位（家）
13	省级				
	地市级总体情况				
	区县级总体情况				

* 此表格填写省本级、地市本级、区县本级国有单位调查情况。

七、文物认定及建档

序号	行政区划	文博系统单位					非文博系统单位				
		收藏单位数量（家）	新发现、新认定藏品数量（件/套）	新建/重建藏品账目及档案的单位数量（家）	新建/重建藏品账目及档案的文物数量（件/套）	完成藏品账目及档案信息化的单位数量（家）	收藏单位数量（家）	新发现、新认定藏品数量（件/套）	新建/重建藏品账目及档案的单位数量（家）	新建/重建藏品账目及档案的文物数量（件/套）	完成藏品账目及档案信息化的单位数量（家）
14	省级										
	地市级总体情况										
	区县级总体情况										

* 此表格填写省本级、地市本级、区县本级文物认定情况，按照文博系统单位和非文博系统单位分别填写。其中"新建/重建藏品账目及档案的单位数量（家）""新建/重建藏品账目及档案的文物数量（件/套）""完成藏品账目及档案信息化的单位数量（家）"为选填项。

八、收藏单位登录情况　　　　　　　　　　（单位：家）

序号	行政区	摸底调查阶段反馈收藏有文物的国有单位数量	已登录文物的收藏单位数量	已注册账号但未登录文物的收藏单位数量
15	省级			
	地市级总体情况			
	区县级总体情况			

* 此表格填写省本级、地市本级、区县本级收藏单位登录情况。

"已注册账号但未登录文物的收藏单位"指在统一平台登录文物数量为 0 的单位。

九、文物信息登录和数据审核　　　　　　　（单位：家）

序号	行政区	是否完成文物信息登录工作	完成比例	未完成的工作进度安排	是否完成数据审核工作	完成比例	未完成的工作进度安排
16	省级	□是　□否			□是　□否		
	地市级总体情况	□是　□否			□是　□否		
	区县级总体情况	□是　□否			□是　□否		

* 此表格填写省本级、地市本级、区县本级文物信息登录和数据审核工作进度。

十、普查成果开发、利用（选填）

序号	行政区	是否有单位公开藏品资源	已公开藏品资源的单位数量	是否举办普查主题展览（含网络展览）	展览数量
17	省级	□是　□否		□是　□否	
	地市级总体情况	□是　□否		□是　□否	
	区县级总体情况	□是　□否		□是　□否	

＊此表格填写省本级、地市本级、区县本级普查成果开发、利用情况。

藏品资源公开情况

序号	已公开藏品资源的单位名称	公开藏品数量	公开方式
1			
2			
3			
4			
5			
6			
7			
8			

利用普查成果举办展览情况（含网络展览）

序号	展览名称	展览形式	展出地点	展出藏品量	参观人次
1					
2					
3					
4					
5					
6					
7					
8					

十一、普查总结

序号	行政区	是否已编制辖区内国有文物收藏单位名录	是否已编写普查工作报告
18	省级	□是　□否	□是　□否
	地市级总体情况	□是　□否	□是　□否
	区县级总体情况	□是　□否	□是　□否

＊此表格填写省本级、地市本级、区县本级普查总结相关事宜情况。

＿＿省所属地市普查验收汇总表

一、普查组织

序号	行政区	地市级普查领导小组数量（个）	地市级普查工作办公室（个）	建立普查工作机制的行业系统（个）	建立普查工作机制的收藏单位（个）	印发地市级普查通知（份）	印发地市级普查实施方案（份）	开展普查工作档案整理的地市数量（个）
1	地市级合计							
	具体情况	是否组建地市级普查领导小组	是否成立地市级普查工作办公室	建立普查工作机制的行业系统（个）	建立普查工作机制的收藏单位（个）	是否印发普查通知	是否印发普查实施方案	是否开展普查工作档案整理
	××市	□是　□否	□是　□否			□是　□否	□是　□否	□是　□否
	××市	□是　□否	□是　□否			□是　□否	□是　□否	□是　□否
	××市	□是　□否	□是　□否			□是　□否	□是　□否	□是　□否
	……							

＊此表格含11项内容，由各地市级普查办填写，省级普查办汇总。区县级验收表格可参照此表。

二、人员保障　　　　　　　　　　　　　　　　　　（单位：人）

序号	行政区	各级普查办	收藏单位	普查专家	普查志愿者	合计
2	地市级合计					
	××市					
	××市					
	××市					
	……					

＊此表格填写地市本级情况。应包括参与普查工作的全部人员，即持有"普查员证"的人员和未申领普查员证的人员。

三、经费保障　　　　　　　　　　　　　　　　　　（单位：万元）

序号	行政区	合计	2013 年	2014 年	2015 年	2016 年
3	地市级总计					
	××市					
	××市					
	××市					
	……					

＊此表格填写地市本级经费情况，不含所辖区县。

四、普查培训

序号	行政区	合计		2013 年		2014 年		2015 年		2016 年	
		次数（次）	人数（人）	次数（次）	人数（人）	次数（次）	人数（人）	次数（次）	人数（人）	次数（次）	人数（人）
4	地市级合计										
	××市										
	××市										
	××市										
	……										

＊此表格填写地市本级培训情况，不含所辖区县。

五、普查宣传

序号	行政区	组建地市级宣传机构（个）	制定地市级宣传方案（个）	宣传方式						
				电视（次）	互联网（次）	报刊（次）	海报（份）	册页（份）	……	……
5	地市级合计									
	具体情况	是否组建地市级宣传机构	是否制定地市级宣传方案							
	××市	□是　□否	□是　□否							
	××市	□是　□否	□是　□否							
	××市	□是　□否	□是　□否							
	……									

＊"宣传方式"为选填项，如有其他宣传方式，可根据实际情况填写。

六、国有可移动文物收藏单位调查

序号	行政区划	辖区内国有单位数量（家）	国有单位可移动文物收藏情况调查表		
			发放（张）	回收（张）	反馈收藏有可移动文物的国有单位（家）
6	地市级合计				
	××市				
	××市				
	××市				
	……				

＊此表格填写地市本级国有单位调查情况。

七、文物认定及建档

序号	行政区划	文博系统单位					非文博系统单位				
		收藏单位数量（家）	新发现、新认定藏品数量（件/套）	新建/重建藏品账目及档案的单位数量（家）	新建/重建藏品账目及档案的文物数量（件/套）	完成藏品账目及档案信息化的单位数量（家）	收藏单位数量（家）	新发现、新认定藏品数量（件/套）	新建/重建藏品账目及档案的单位数量（家）	新建/重建藏品账目及档案的文物数量（件/套）	完成藏品账目及档案信息化的单位数量（家）
7	地市级合计										
	××市										
	××市										
	××市										
	……										

＊此表格填写地市本级文物认定情况，按照文博系统单位和非文博系统单位分别填写。其中"新建/重建藏品账目及档案的单位数量（家）""新建/重建藏品账目及档案的文物数量（件/套）""完成藏品账目及档案信息化的单位数量（家）"为选填项。

八、收藏单位登录情况
（单位：家）

序号	行政区	摸底调查阶段反馈收藏有文物的国有单位数量	已登录文物的收藏单位数量	已注册账号但未登录文物的收藏单位数量
8	地市级合计			
	××市			
	××市			
	××市			
	……			

＊此表格填写省本级、地市本级、区县本级收藏单位登录情况。

"已注册账号但未登录文物的收藏单位"指在普查平台登录文物数量为0的单位。

九、文物信息登录
（单位：家）

序号	行政区	是否完成文物信息登录工作	完成比例	未完成的工作进度安排
9	地市级	□是　□否		
	××市	□是　□否		
	××市	□是　□否		
	××市	□是　□否		
	……	□是　□否		

＊此表格填写地市本级可移动文物登录情况。

十、普查成果开发、利用（选填）

序号	行政区	是否有单位公开藏品资源	已公开藏品资源的单位数量	是否举办普查主题展览（含网络展览）	展览数量
10	地市级合计	□是　□否		□是　□否	
	××市	□是　□否		□是　□否	
	××市	□是　□否		□是　□否	
	××市	□是　□否		□是　□否	
	……				

＊此表格填写地市级普查成果开发、利用情况。

藏品资源公开情况

序号	已公开藏品资源的单位名称	公开藏品数量	公开方式
1			
2			
3			

利用普查成果举办展览情况（含网络展览）

序号	展览名称	展览形式	展出地点	展出藏品量	参观人次
1					
2					
3					

十一、普查的总结

序号	行政区	是否已编制辖区内国有文物收藏单位名录	是否已编写普查工作报告
11	地市级合计	□是　□否	□是　□否
	××市	□是　□否	□是　□否
	××市	□是　□否	□是　□否
	××市	□是　□否	□是　□否
	……		

＊此表格填写地市级普查总结相关事宜情况。

附件 2

第一次全国可移动文物普查验收报告主要内容
（仅供参考）

验收报告应包括但不限于以下内容：

一、普查的组织

（一）普查组织机构：普查领导小组建立情况、普查通知和实施方案制定情况等。

（二）普查联系协调机制：重点行业、系统（如：教育、图书、档案、宗教等）普查工作机制建设情况。

（三）普查各工作环节档案留存情况。

二、普查保障措施

（一）人员：各级普查办工作人员、国有单位普查工作人员、普查专家和普查志愿者构成情况。开展人员培训情况，培训内容、培训次数、参加人数等。

（二）经费：2013 年至 2016 年各级普查经费落实情况。

（三）宣传：宣传工作开展情况。

三、国有单位文物收藏情况摸底调查

（一）调查表发放数量和发放范围。

（二）调查表回收数量。

（三）调查覆盖率不足 100% 的主要原因。

四、文物认定及相关工作情况

文物认定情况：开展认定工作的单位数量、新认定文物数量等。

五、文物信息采集登录

（一）收藏单位登录情况

1. 摸底调查阶段反馈有文物的收藏单位注册情况：是否 100% 注册，注册率不足 100% 的原因。

2. 已注册单位登录情况：是否均已登录文物信息，已登录文物数量为 0 的单位需说明原因。

（二）信息登录情况

1. 单位信息填报准确性：隶属关系、单位性质、单位类型、行业、系统等信息是否如实填写。

2. 文物信息填报准确性：省级审核情况自评。审核中发现的主要问题、原因、对策。

3. 截至 2016 年 8 月 31 日已登录文物数量、已采集文物数量。

（三）总体工作进度

1. 文物登录进度

2016 年 8 月 31 日是否全部完成登录工作。

未完成登录工作的单位名单、原因，下一步工作计划和进度安排。

2. 数据审核进度

2016 年 8 月 31 日是否全部完成省级审核工作。

未完成省级审核工作的文物数量、收藏单位名单、原因，下一步工作计划、进度安排。

六、普查的总结

（一）国有可移动文物收藏单位名录编制情况

是否编制辖区内国有文物收藏单位名录。

（二）普查工作报告编制情况

辖区内各级普查机构工作报告编写情况。

七、在普查中开展的其他相关工作

（一）藏品管理

藏品账目及档案建设、馆藏资源信息化、文物定级、文物保护修复、普查相关课题研究等。

（二）普查成果开发、利用

1. 收藏单位藏品资源公开情况

辖区内是否有单位已公开藏品资源，公开方式和藏品数量。

2. 利用普查成果举办展览情况

展览数量、展览形式、展出藏品量、参观人次等。

八、验收结论

经验收，本省（区、市）第一次全国可移动文物普查验收结论为合格。

附件3

验收合格评定标准

按照《国务院关于开展第一次全国可移动文物普查的通知》（国发〔2012〕54号）和《第一次全国可移动文物普查实施方案》要求，普查工作应覆盖至国民经济全部19个行业、系统的各类国有单位，各级普查工作机构和工作机制有效建立，文物收藏情况摸底调查、文物认定、文物信息采集登录和数据审核等各项任务如期完成。

具体包括以下几项：

一、普查的组织

辖区内各级普查领导和组织机构建立完备，重点行业系统和文物收藏单位建立普查工作机制。

二、普查的覆盖率

（一）辖区内全部国有单位均已纳入普查范围；

（二）《国有单位文物收藏情况调查登记表》发放至辖区内全部国有单位；

（三）摸底调查阶段反馈有文物的收藏单位完成在统一平台的注册工作。

三、普查实施进度和质量

（一）建立普查进度和质量控制工作机制；

（二）按照普查实施进度完成各项任务；

（三）经国家文物局抽样审核，普查数据质量差错率低于0.5%。

内蒙古自治区文物局关于做好自治区
第一次全国可移动文物普查总结
阶段工作的通知

各盟市、满洲里市、二连市文新广（体）局、文物局，直属文博单位：

自治区第一次全国可移动文物普查已进入普查总结阶段，请各盟市普查办公室按照《国务院关于开展第一次全国可移动文物普查的通知》（国发〔2012〕54号）、《第一次全国可移动文物普查实施方案》《内蒙古自治区第一次全国可移动文物普查实施方案》要求，做好普查总结、验收和普查报告编制工作，县级以上地方各级人民政府要根据普查结果，编制普查报告。盟市普查工作报告请于2016年11月10日前报自治区文物局。

内蒙古自治区文物局

2016年10月16日

内蒙古自治区文物局关于文物定级的决定

各盟市文新广局、文物局，满洲里、二连浩特市文新广局、文物局，自治区文化厅文博直属单位：

2015 年 11 月至 2016 年 7 月，在全区第一次全国可移动文物普查的基础上，内蒙古自治区专家委员会派文物定级专家小组对全区文物进行了实地初步定级。2016 年 12 月 21—27 日，自治区文物专家委员会召开扩大会议，进行了审定。经自治区文物局批准，新确定珍贵文物3284 件/套，其中一级文物 189 件/套、二级文物 651 件/套、三级文物 2444 件/套（附件）。

附件：内蒙古自治区第一次全国可移动文物普查文物定级统计表

内蒙古自治区文物局

2017 年 4 月 16 日

附件

内蒙古自治区第一次全国可移动文物普查文物定级统计表

文物收藏单位	一级文物	二级文物	三级文物	总数
呼和浩特市	33	51	77	161
包头市	7	20	104	131
呼伦贝尔市	40	171	461	672
兴安盟	9	24	194	227
通辽市	26	120	405	551
赤峰市	30	68	476	574
锡林郭勒盟	10	38	114	162
乌兰察布市	13	34	189	236
鄂尔多斯市	5	69	243	317
巴彦淖尔市	4	23	78	105
乌海市	2	11	76	89
阿拉善盟	9	13	9	31
内蒙古自治区文物考古研究所	1	9	18	28
总计	189	651	2444	3284

国家文物局《关于推荐第一次全国可移动文物普查先进集体和先进个人的通知》

国务院普查领导小组各成员单位，各省、自治区、直辖市文物局（文化厅），新疆生产建设兵团文物局，各相关部门：

第一次全国可移动文物普查开展以来，在国务院统一部署下，各项工作进展顺利，成果丰硕。普查基本摸清我国国有可移动文物家底，为建立文物登录制度，实现文物资源动态管理，推进信息资源社会共享这一重大宏伟目标打下良好基础。普查实施五年来，各地涌现出一大批先进典型和感人事迹，彰显了我国广大文物工作者恪尽职守、不畏艰难、无私奉献的优秀品质。

为表彰先进，树立典型，进一步调动文物收藏单位和广大文物工作者的积极性、创造性，推动全国文物工作再上新台阶，经报请国务院审批，全国评比达标表彰工作协调小组批准同意（批准文号：国评组函〔2016〕35号），由国务院第一次全国可移动文物普查领导小组办公室（以下简称"国务院普查领导小组办公室"）组织开展第一次全国可移动文物普查先进集体、先进个人表彰活动。现将有关事项通知如下：

一、评选范围和表彰名额

（一）评选范围

第一次全国可移动文物普查先进集体评选范围：各级普查机构和参加普查工作的单位。

第一次全国可移动文物普查先进个人评选范围：各级普查机构和参加普查工作的单位相关人员，其他参加普查工作的人员。

（二）表彰和推荐名额

本次表彰第一次全国可移动文物普查先进集体80个，第一次全国可移动文物普查先进个人80名。

评选表彰实行等额推荐。原则上每省（自治区、直辖市）分配先进集体和先进个人各2个名额，新疆生产建设兵团分配先进集体1个名额。国务院普查领导小组各成员单位和其他中央单位共分配先进集体17个，先进个人9名，不占用北京市名额。除北京市外，其他各省（自治区、直辖市）按照已登录文物实际数量降序排名，陕西省、山东省、河南省、山西省、江苏省、浙江省、湖北省，以及予以特别奖励的新疆维吾尔自治区、西藏自治区各增加1名先进个人。

具体名额分配见《第一次全国可移动文物普查先进集体、先进个人名额分配表》（附件1）。

二、推荐条件

（一）第一次全国可移动文物普查先进集体推荐条件

1. 坚决贯彻落实中央文物工作方针，认真执行文物保护法，模范遵守国家法律，加强本单位思想政治建设。

2. 普查组织和工作机制健全，普查联络协调机制运转良好，管理科学规范，职工整体素质良好，具有较强的创造力、凝聚力和战斗力。

3. 严格按照《国务院关于开展第一次全国可移动文物普查的通知》（国发〔2012〕54 号）和《第一次全国可移动文物普查实施方案》要求推进普查工作，按照实施进度完成各项任务。

4. 普查工作突出，在开展国有单位调查，进行文物认定，开展数据采集、审核、加强藏品建档、登记；在整体提升文物藏品管理基础、完善文物保护机制、利用文物资源服务社会等方面取得重要成果。

5. 建立健全普查工作安全制度，防范措施到位，普查工作中未发生文物损毁、被盗及其他安全责任事故。

6. 近 5 年内有违法违纪行为的单位不得参加评选。

（二）第一次全国可移动文物普查先进个人推荐条件

1. 热爱文物工作，有强烈的事业心和责任感，模范遵守社会公德，践行职业道德，具有较高的思想政治素质、高尚的道德品质、优良的工作作风和广泛的群众基础。

2. 有较强的业务素质和专业技能，爱岗敬业，无私奉献，开拓进取，工作一流，有较强的创新精神和创新能力，在普查各项工作中业绩突出。

3. 全程参加普查工作，在开展国有单位调查，进行文物认定，开展数据采集、审核、加强藏品建档、登记等工作中无重大失误，且无违法违纪行为。

三、评选程序和要求

（一）严格执行"两审三公示"制度

推荐工作坚持公开、公平、公正的原则，严格按照自下而上、逐级推荐、民主择优的方式进行，严格执行"两审三公示"制度，即实施初审和复审两次审核程序，基层单位公示、省级范围公示和全国范围公示三级公示规定。

1. 符合评选范围的基层单位，按照统一安排，对照评选条件，进行民主择优推荐，领导班子集体研究提出拟推荐对象，经职工代表大会通过后，报经所在地文物行政部门自下而上逐级审核推荐。省级文物行政部门按照推荐名额提出推荐对象并反馈至相关单位。

2. 推荐对象在本单位公示 5 个工作日后，由各省级文物行政部门在省级范围内公示。公示内容包括推荐单位名称、个人姓名和简要事迹，公示时间为 5 个工作日。

3. 各省级文物行政部门在省级范围内公示后，将正式推荐材料和表格报送至国务院普查领导小组办公室。申报材料包括：履行的评审程序、推荐的先进集体和先进个人基本情况、简历、先进事迹等。

4. 国务院普查领导小组各成员单位和其他中央单位将推荐材料和表格直接报送至国务院普查领导小组办公室。

5. 国务院普查领导小组办公室审核后，确定拟表彰对象，并在全国范围内进行公示，公示时间为 5 个工作日。

6. 国务院普查领导小组办公室根据公示情况，确定正式表彰对象。

7. 在推荐评选过程中，推荐对象存在异议的，推荐地区和有关单位应认真进行调查，并尽快提出处理意见。如果不及时反馈意见，将取消该推荐对象的评选资格。

（二）坚持评选标准，突出实际业绩

推荐评选工作要坚持评选条件和标准，以政治素质、工作业绩和贡献大小作为主要衡量标准，实事求是，优中选优。要确保所推荐的对象具有先进性、典型性和代表性，得到干部群众的公认。

（三）坚持面向基层，面向一线

评选要向基层单位和基层一线的干部职工，尤其是向在条件艰苦、工作困难的地区倾斜。副司局级以上或者相当于副司局级以上单位和干部以及县级以上党委、政府，不作为推荐对象，处级干部比例控制在 20% 以内（处级干部包括担任非领导职务的干部）。

（四）严肃评选纪律，加强监督检查

要建立评选工作责任制，明确责任单位和责任人。对未严格按照评选条件和程序推荐的，经查实后取消评选资格或撤销奖励。对在评选工作中有严重失职、渎职或弄虚作假、谋取私利等违法违纪行为的，按照有关规定予以处理。凡违反国家政策、法规，发生安全事故的单位，其负责人不能参加评选。

（五）按时报送材料，确保工作进度

先进集体、先进个人候选名单请于 2016 年 1 月 5 日前由各省、各行业部门统一以电子邮件或传真报送至国务院普查领导小组办公室。正式推荐材料（附电子版）请在 2017 年 1 月 20 日前报送。正式推荐材料主要包括《第一次全国可移动文物普查先进集体推荐审批表》（见附件 2）、《第一次全国可移动文物普查先进个人推荐审批表》（见附件 3）和《推荐对象汇总表》（见附件 4）。

推荐的先进集体和先进个人同时需报送彩色工作照电子版 2 张（数据量大于 2MB，jpg 格式，文件命名格式：省份－先进单位名称／先进个人姓名）至国家文物局普查办邮箱。

除照片外，所有推荐材料请同时报送纸质版和电子版。纸质版材料用 A4 纸打印，一式 2 份。要严格按照填表说明填写相关表格，不得随意改变格式。电子版请发送至邮箱。表格电子版可在国家文物局网站下载（http：//www.sach.gov.cn/）。

四、奖励办法

对评选出的先进集体，授予"第一次全国可移动文物普查先进集体"荣誉称号，颁发奖牌和证书。对评选出的先进个人，授予"第一次全国可移动文物普查先进个人"荣誉称号，颁发证书和每人 5000 元奖金。

五、组织领导

国务院普查领导小组办公室负责评选表彰的日常工作。各省、自治区、直辖市文物行政部门负责地方推荐和审核工作。

联系人：赵菁

电　话：010－56792226

传　真：010－56792224

电子信箱：pucha@ sach.gov.cn

通讯地址：北京市东城区北河沿大街 83 号

国家文物局普查办

邮政编码：100009

附件：1. 第一次全国可移动文物普查先进集体、先进个人名额分配表

　　　2. 第一次全国可移动文物普查先进集体推荐审批表

　　　3. 第一次全国可移动文物普查先进个人推荐审批表

　　　4. 推荐对象汇总表

国家文物局

2016 年 12 月 29 日

附件 1

第一次全国可移动文物普查先进集体、先进个人名额分配表

序号	省份	名额分配	
		集体	个人
1	北京市	2	2
2	天津市	2	2
3	河北省	2	2
4	山西省	2	3
5	内蒙古自治区	2	2
6	辽宁省	2	2
7	吉林省	2	2
8	黑龙江省	2	2
9	上海市	2	2
10	江苏省	2	3
11	浙江省	2	3
12	安徽省	2	2
13	福建省	2	2
14	江西省	2	2
15	山东省	2	3
16	河南省	2	3
17	湖北省	2	3
18	湖南省	2	2
19	广东省	2	2
20	广西壮族自治区	2	2
21	海南省	2	2
22	重庆市	2	2
23	四川省	2	2
24	贵州省	2	2
25	云南省	2	2
26	西藏自治区	2	3
27	陕西省	2	3
28	甘肃省	2	2
29	青海省	2	2

续表

序号	省份	名额分配	
		集体	个人
30	宁夏回族自治区	2	2
31	新疆维吾尔自治区	2	3
32	新疆生产建设兵团	1	
33	中央党史研究室	1	
34	发展改革委	1	
35	教育部		1
36	民政部	1	
37	财政部	1	
38	国土资源部		1
39	文化部	2	1
40	中国人民银行		1
41	国资委	1	
42	统计局	1	
43	宗教局		1
44	档案局		1
45	文物局	2	2
46	中国科协书记处	1	
47	中国银行业监督管理委员会	1	
48	国家新闻出版广电总局		1
49	中国科学院	1	
50	中国社会科学院	1	
51	中共中央委员会党校	1	
52	中国作家协会	1	
53	中宣部	1	
	总计	80	80

附件 2

第一次全国可移动文物普查先进集体推荐审批表

集体名称_____

推荐单位_____

表彰层次_____

填报时间：　　　年　　　月

填表说明

一、本表是第一次全国可移动文物普查先进集体推荐用表；

二、本表用打印方式填写，使用仿宋小四号字，数字统一使用阿拉伯数字；

三、集体名称、集体负责人姓名和职务等必须填写准确，没有行政级别的集体在"集体级别"栏填写"无"，"集体所属单位"栏须填写全称，推荐单位指各省（自治区、直辖市）牵头推荐部门；

四、集体性质根据被推荐集体性质选填机关、参公单位、事业单位、社会团体或其他；

五、集体所属行业指国家统计局所公布的20个行业分类标准，须认真填写；

六、所属单位隶属关系是被推荐集体的管辖隶属关系，可选择填写中央，省，市、地区，县，街道、镇、乡，居民、村民委员会，部队或其他；

七、临时集体标识根据集体是否是临时性集体，可选填"是"或"否"；

八、主要先进事迹要求重点突出，字数2000字左右，可另行附页；

九、本表上报一式5份，规格为A4纸。

集　体　名　称			
拟 授 予 荣 誉 称 号			
集　体　性　质		集　体　级　别	
集　体　人　数		集体所在行政区划	
集 体 所 属 行 业		集 体 所 属 系 统	
集 体 所 属 单 位			
所属单位隶属关系		临 时 集 体 标 识	
集 体 负 责 人 姓 名		集体负责人联系电话	
集 体 负 责 人 单 位			
集体负责人单位电话		集体负责人单位邮编	
集体负责人单位地址			
何时何地受过何种奖励			
何时何地受过何种处分			

主要先进事迹
集体所属单位意见	（盖　章） 年　月　日

各级文物行政部门推荐审核意见		
县　级	（盖　章） 年　　月　　日	（盖　章） 年　　月　　日
地市级	（盖　章） 年　　月　　日	（盖　章） 年　　月　　日
省　级	（盖　章） 年　　月　　日	（盖　章） 年　　月　　日
国家文物局 审　批　意　见	（盖　章） 年　　月　　日	（盖　章） 年　　月　　日

附件 3

第一次全国可移动文物普查先进个人推荐审批表

姓　　名_____

工作单位_____

推荐单位_____

表彰层次_____

填报时间：　　　年　　　月

填 表 说 明

一、本表是第一次全国可移动文物普查先进个人推荐用表；

二、本表用打印方式填写，使用仿宋小四号字，数字统一使用阿拉伯数字；

三、填写内容必须准确，工作单位填写全称，职务职称等要按照国家有关规定详细填写，籍贯填写格式为××省××市××县，推荐单位指各省（自治区、直辖市）牵头推荐部门；

四、专业技术职务根据个人的专业技术职务级别选填正高级专业技术职务、副高级专业技术职务、中级专业技术职务或初级专业技术职务；

五、从业状态根据个人状态选填在业、离休、退休、无业、死亡、其他；

六、证件类型根据个人证件选填居民身份证、中国人民解放军军官证、中国人民武装警察警官证、外国人护照、其他；

七、所在单位性质根据所在单位性质选填机关、参公单位、事业单位、社会团体或其他；

八、所在单位隶属关系根据所在单位的管辖隶属关系，可选择填写中央，省，市、地区，县，街道、镇、乡，居民、村民委员会，部队或其他。

九、所在单位所属行业指国家统计局所公布的 20 个行业分类标准，须认真填写；

十、个人简历从学徒或初中毕业填起，不得断档；

十一、主要先进事迹要求重点突出，字数 2000 字左右，可另行附页；

十二、何时何地受过何种奖励指曾获得的地市级以上奖励；

十三、此表上报一式 5 份，规格为 A4 纸。

姓　　名		性　　别		照片 （近期 2 寸正面半身免冠彩色照片）		
民　　族		出生日期				
籍　　贯		户 籍 地				
政治面貌		身份标识				
学　　历		学　　位				
职　　务		行政级别				
职　　称		技术等级				
专业技术职务		其他标识				
参加工作日期		从业状态				
证件类型		证件号码				
拟 授 予 荣誉称号		是否公务 员奖励	否	公务员奖 励种类	无	

工作单位			
所在单位 性　　质		所在单位 隶属关系	
所在单位 所属行业		所在单位 所属系统	
个人联系 电　　话		所在单位 行政区划	
所在单位 邮　　编		所在单位 地　　址	
个 人 简 历			
何时 何地 受过 何种 奖励			
何时 何地 受过 何种 处分			

主要先进事迹

所在单位职工（代表）大会或 村民、居民（代表）会议意见	所在单位意见
出席会议＿＿＿人， 其中同意＿＿＿人，反对＿＿＿人。 （盖　章） 年　月　日	（盖　章） 年　月　日

各级文物行政部门推荐审核意见		
县　级	（盖　章） 年　　月　　日	（盖　章） 年　　月　　日
地市级	（盖　章） 年　　月　　日	（盖　章） 年　　月　　日
省　级	（盖　章） 年　　月　　日	（盖　章） 年　　月　　日
国家文物局 审批意见	（盖　章） 年　　月　　日	（盖　章） 年　　月　　日

有效证件复印件粘贴处

附件 4

推荐对象汇总表

汇总单位（章）：　　　　　　　　　　　　　　　　　　　　填表日期：　年　　月　　日

一、第一次全国可移动文物普查先进集体推荐对象汇总表

排序号	集体名称	集体级别	人员总数	负责人姓名	负责人单位及职务	推荐集体所属单位	单位性质	备注

汇总单位（章）：

二、第一次全国可移动文物普查先进个人推荐对象汇总表

排序号	姓名	性别	民族	政治面貌	学历	工作单位	职务	行政级别	职称	身份证号	备注

内蒙古自治区第一次全国可移动文物普查领导小组办公室等《关于表彰自治区第一次全国可移动文物普查先进集体和先进个人的通知》

自治区普查领导小组各成员单位，各盟市文新广（体）局、文物局，各直属文博单位，各相关单位：

我区第一次全国可移动文物普查开展以来，在国务院统一部署和自治区政府领导下，各项工作进展顺利，成果丰硕。为表彰先进，树立典型，内蒙古自治区第一次全国可移动文物普查领导小组办公室、内蒙古自治区人力资源和社会保障厅、内蒙古自治区文化厅、内蒙古自治区文物局、内蒙古自治区公务员局决定对普查先进进行表彰，表彰方案已经自治区政府批准，现将有关事宜通知如下：

一、评选范围和表彰名额

（一）评选范围

内蒙古自治区第一次全国可移动文物普查先进集体评选范围：各级普查机构和参加普查工作的单位。

内蒙古自治区第一次全国可移动文物普查先进个人评选范围：各级普查机构和参加普查工作的单位相关人员。

（二）表彰和推荐名额

本次表彰内蒙古自治区第一次全国可移动文物普查先进集体60个，内蒙古自治区第一次全国可移动文物普查先进个人160名，实行等额推荐。表彰名额根据登录文物数量、文物单位数量和普查质量综合分配（见附件1）。

二、推荐条件

（一）内蒙古自治区第一次全国可移动文物普查先进集体推荐条件

1. 坚决贯彻落实中央文物工作方针，认真执行文物保护法，模范遵守国家法律，加强本单位思想政治建设。

2. 普查组织和工作机制健全，普查联络协调机制运行良好，管理科学规范，职工整体素质良好，具有较强的创造力、凝聚力和战斗力。

3. 严格按照《国务院关于开展第一次全国可移动文物普查的通知》（国发〔2012〕54号）

和《第一次全国可移动文物普查实施方案》要求推进普查工作，按照实施进度完成各项任务。

4. 普查工作突出，在开展国有单位调查，进行文物认定，开展数据采集、审核、加强藏品建档、登记；在整体提升文物藏品管理基础、完善文物保护机制、利用文物资源服务社会等方面取得重要成果。

5. 建立健全普查工作安全制度，防范措施到位，普查工作未发生文物损毁、被盗及其他安全责任事故。

6. 近五年内有违法违纪行为的单位不得参加评选。

（二）内蒙古自治区第一次全国可移动文物普查先进个人推荐条件

1. 热爱文物工作，有强烈的事业心和责任感，模范遵守社会公德，践行职业道德，具有较高的思想政治素质、高尚的道德品质、优良的工作作风和广泛的群众基础。

2. 有较强的业务素质和专业技能，爱岗敬业，无私奉献，开拓进取，工作一流，有较强的创新精神和创新能力，在普查各项工作中业绩突出。

3. 全程参加普查工作，在开展国有单位调查，进行文物认定，开展数据采集、审核、加强藏品建档、登记等工作中无重大失误，且无违法违纪行为。

三、评选程序和要求

（一）严格执行"两审三公示"制度

推荐工作坚持公开、公平、公正的原则，严格按照自下而上、逐级推荐、民主择优的方式进行，严格执行"两审三公示"制度，即实施初审和复审两次审核程序，基层单位公示、盟市范围公示和自治区范围公示三级公示规定。

1. 符合评选范围的基层单位，按照统一安排，对照评选条件，进行民主择优推荐，领导班子集体研究提出拟推荐对象，经职工代表大会通过后，报经所在地文物行政部门自下而上逐级审核推荐。盟市文物行政部门按照推荐名额提出推荐对象并反馈至相关单位。

2. 推荐对象在本单位公示5个工作日后，由各盟市级文物行政部门在盟市级范围内公示。公示内容包括推荐单位名称、个人姓名和简要事迹，公示时间为5个工作日。

3. 各盟市文物行政部门在盟市级范围内公示后，将正式推荐材料和表格报送至自治区普查领导小组办公室。

4. 自治区普查领导小组各成员单位和其他自治区单位将推荐材料直接报送自治区普查领导小组办公室。

5. 自治区普查领导小组办公室审核后，确定拟表彰对象，并在自治区范围内进行公示，公示时间为5个工作日。

6. 自治区普查领导小组办公室根据公示情况，确定正式表彰对象。

7. 在推荐过程中，推荐对象存在异议的，推荐地区和有关单位应认真进行调查，并尽快提出处理意见。如果不及时反馈意见，将取消该推荐对象的评选资格。

（二）坚持评选标准，突出实际业绩

推荐评选工作要坚持评选条件和标准，以政治素质、工作业绩和贡献大小作为主要衡量标准，实事求是，优中选优。要确保推荐的对象具有先进性、典型性和代表性，得到干部群众的公认。

（三）坚持面向基层，面向一线

评选要向基层单位和基层一线的干部职工，尤其是向在条件艰苦、工作困难的地区倾斜。副处级以上或者相当于副处级以上单位和干部以及县级以上党委、政府，不作为推荐对象，科级比例控制在 20% 以内（科级干部包括担任非领导职务的干部）。

（四）严肃评选纪律，加强监督检查

要建立评选工作责任制，明确责任单位和责任人。对未严格按照评选条件和程序推荐的，经查实后取消评选资格或撤销奖励。对在评选工作中有严重失职、渎职或弄虚作假、谋取私利等违法行为的，按照有关规定予以处理。凡违反国家政策、法规，发生安全事故的单位，其负责人不能参加评选。

（五）按时报送材料，确保工作进度

先进集体、先进个人候选名单请于 2017 年 8 月 28 日前由盟市、各行业部门同意以电子邮件或传真报送至自治区普查领导小组办公室。正式推荐材料（附电子版）请在 2017 年 8 月 31 日前报送。正式推荐材料主要包括《内蒙古自治区第一次全国可移动文物普查先进集体推荐审批表》（见附件 2）、《内蒙古自治区第一次全国可移动文物普查先进个人推荐审批表》（见附件 3）和《推荐对象汇总表》（见附件 4）。

推荐的先进集体和先进个人同时需报送彩色工作照电子版 2 张（数据量大于 2MB，jpg 格式，文件命名格式：盟市 - 先进单位名称/先进个人姓名）至邮箱。

除照片外，所有推荐材料请同时报送纸质版和电子版。纸质版材料用 A4 纸打印，一式 2 份。要严格按照填表说明填写相关表格，不得随意改变格式。电子版请发送至邮箱。表格电子版可在自治区普查 QQ 群中下载。

四、奖励办法

对评选出的先进集体，授予"内蒙古自治区第一次全国可移动文物普查先进集体"荣誉称号，颁发奖牌。对评选出的先进个人，授予"内蒙古自治区第一次全国可移动文物普查先进个人"荣誉称号，颁发荣誉证书。

五、组织领导

由内蒙古自治区第一次全国可移动文物普查领导小组办公室（以下简称"自治区普查领导小组办公室"）组织开展第一次全国可移动文物普查先进集体和先进个人表彰活动，负责评选表彰的日常工作，各盟市文物行政部门负责地方推荐和审核工作。

联系人：马晓丽

电话（传真）：071 - 6968568

电子邮箱：983767186@ qq. com

通讯地址：呼和浩特市赛罕区乌兰察布西街 32 号内蒙古文化大厦博物馆处

邮编：010020

附件：1. 内蒙古自治区第一次全国可移动文物普查先进集体、先进个人名额分配表

2. 内蒙古自治区第一次全国可移动文物普查先进集体推荐审批表

3. 内蒙古自治区第一次全国可移动文物普查先进个人推荐审批表

4. 推荐对象汇总表

内蒙古自治区第一次全国可移动文物普查领导小组办公室

内蒙古自治区人力资源和社会保障厅　　内蒙古自治区文化厅

内蒙古自治区文物局　　　　　　内蒙古自治区公务员局

2017 年 8 月 15 日

附件 1

内蒙古自治区第一次全国可移动文物普查先进集体、
先进个人名额分配表

序号	盟市	名额分配	
		集体	个人
1	呼和浩特市	6	12
2	包头市	4	10
3	呼伦贝尔市	5	15
4	兴安盟	3	8
5	通辽市	4	9
6	赤峰市	7	20
7	锡林郭勒盟	4	14
8	乌兰察布市	4	12
9	鄂尔多斯市	4	14
10	巴彦淖尔市	4	10
11	乌海市	1	3
12	阿拉善盟	2	5
13	内蒙古党史研究室	1	
14	内蒙古发展改革委	1	
15	教育厅		1

序号	盟市	名额分配	
		集体	个人
16	民政厅	1	
17	财政厅	1	
18	国土资源厅		1
19	文化厅	1	1
20	中国人民银行		1
21	国资委	1	
22	统计局	1	
23	宗教局		1
24	档案局		1
25	文物局（包括领导小组办公室、项目部、专家组、新闻媒体等）		13
26	科协	1	
27	内蒙古自治区人民政府办公厅	1	
28	内蒙古自治区党委宣传部	1	
29	内蒙古自治区文物考古研究所	1	3
30	内蒙古博物院	1	6
	总计	60	160

附件 2

内蒙古自治区第一次全国可移动文物普查先进集体推荐审批表

集体名称＿＿＿＿＿＿＿＿＿＿＿＿＿＿＿＿＿＿＿＿＿＿＿

推荐单位＿＿＿＿＿＿＿＿＿＿＿＿＿＿＿＿＿＿＿＿＿＿＿

表彰层次＿＿＿＿＿＿＿＿＿＿＿＿＿＿＿＿＿＿＿＿＿＿＿

填报时间：　　　年　　月

填 表 说 明

一、本表是内蒙古自治区第一次全国可移动文物普查先进集体推荐用表；

二、本表用打印方式填写，使用仿宋小四号字，数字统一使用阿拉伯数字；

三、集体名称、集体负责人姓名和职务等必须填写准确，没有行政级别的集体在"集体级别"栏填写"无"，"集体所属单位"栏须填写全称，推荐单位指盟市牵头推荐部门；

四、集体性质根据被推荐集体性质选填机关、参公单位、事业单位、社会团体或其他；

五、集体所属行业指国家统计局所公布的 20 个行业分类标准，须认真填写；

六、所属单位隶属关系是被推荐集体的管辖隶属关系，可选择填写中央，省，市、地区，县，街道、镇、乡，居民、村民委员会，部队或其他；

七、临时集体标识根据集体是否是临时性集体，可选填"是"或"否"；

八、主要先进事迹要求重点突出，字数 2000 字左右，可另行附页；

九、本表上报一式 2 份，规格为 A4 纸。

集 体 名 称			
拟 授 予 荣 誉 称 号			
集 体 性 质		集 体 级 别	
集 体 人 数		集体所在行政区划	
集 体 所 属 行 业		集 体 所 属 系 统	
集 体 所 属 单 位			
所属单位隶属关系		临 时 集 体 标 识	
集 体 负 责 人 姓 名		集体负责人联系电话	
集 体 负 责 人 单 位			
集体负责人单位电话		集体负责人单位邮编	
集体负责人单位地址			
何时 何地 受过 何种 奖励			
何时 何地 受过 何种 处分			

主要先进事迹

集体所属单位意见	
	（盖　章） 年　月　日

各级文物行政部门推荐审核意见		
县　级	（盖　章） 年　　月　　日	（盖　章） 年　　月　　日
盟市级	（盖　章） 年　　月　　日	（盖　章） 年　　月　　日
内蒙古自治区 文物局审批意见	（盖　章） 年　　月　　日	（盖　章） 年　　月　　日

附件 3

内蒙古自治区第一次全国可移动文物普查先进个人推荐审批表

姓　　名_____

工作单位_____

推荐单位_____

表彰层次_____

填报时间：　　　年　　月

填 表 说 明

一、本表是内蒙古自治区第一次全国可移动文物普查先进个人推荐用表；

二、本表用打印方式填写，使用仿宋小四号字，数字统一使用阿拉伯数字；

三、填写内容必须准确，工作单位填写全称，职务职称等要按照国家有关规定详细填写，籍贯填写格式为××省××市××县，推荐单位指各盟市牵头推荐部门；

四、专业技术职务根据个人的专业技术职务级别选填正高级专业技术职务、副高级专业技术职务、中级专业技术职务或初级专业技术职务；

五、从业状态根据个人状态选填在业、离休、退休、无业、死亡、其他；

六、证件类型根据个人证件选填居民身份证、中国人民解放军军官证、中国人民武装警察警官证、外国人护照、其他；

七、所在单位性质根据所在单位性质选填机关、参公单位、事业单位、社会团体或其他；

八、所在单位隶属关系根据所在单位的管辖隶属关系，可选择填写中央，省，市、地区，县，街道、镇、乡，居民、村民委员会，部队或其他。

九、所在单位所属行业指国家统计局所公布的 20 个行业分类标准，须认真填写；

十、个人简历从学徒或初中毕业填起，不得断档；

十一、主要先进事迹要求重点突出，字数 2000 字左右，可另行附页；

十二、何时何地受过何种奖励指曾获得的地市级以上奖励；

十三、此表上报一式 2 份，规格为 A4 纸。

姓　　名		性　　别		
民　　族		出生日期		照片 （近期 2 寸正面半身免冠彩色照片）
籍　　贯		户 籍 地		
政治面貌		身份标识		
学　　历		学　　位		
职　　务		行政级别		
职　　称		技术等级		
专业技术 职　　务		其他标识		
参加工作 日　　期		从业状态		
证件类型		证件号码		
拟 授 予 荣誉称号		是否公务 员奖励	否	公务员奖 励种类	无

工作单位			
所在单位 性　　质		所在单位 隶属关系	
所在单位 所属行业		所在单位 所属系统	
个人联系 电　　话		所在单位 行政区划	
所在单位 邮　　编		所在单位 地　　址	
个 人 简 历			
何时 何地 受过 何种 奖励			
何时 何地 受过 何种 处分			

主要先进事迹

所在单位职工（代表）大会或 村民、居民（代表）会议意见	所在单位意见
出席会议＿＿＿人， 其中同意＿＿＿人，反对＿＿＿人。 （盖　章） 年　　月　　日	 （盖　章） 年　　月　　日

各级文物行政部门推荐审核意见		
县　级	（盖　章） 年　月　日	（盖　章） 年　月　日
地市级	（盖　章） 年　月　日	（盖　章） 年　月　日
内蒙古自治区 文物局审批意见	（盖　章） 年　月　日	（盖　章） 年　月　日

有效证件复印件粘贴处

附件 4

推荐对象汇总表

汇总单位（章）：　　　　　　　　　　　　　　　　　填表日期：　　年　　月　　日

一、内蒙古自治区第一次全国可移动文物普查先进集体推荐对象汇总表

排序号	集体名称	集体级别	人员总数	负责人姓名	负责人单位及职务	推荐集体所属单位	单位性质	备注

汇总单位（章）：

二、内蒙古自治区第一次全国可移动文物普查先进个人推荐对象汇总表

排序号	姓名	性别	民族	政治面貌	学历	工作单位	职务	行政级别	职称	身份证号	备注

第二章　重要讲话

在内蒙古自治区第一次全国可移动
文物普查电视电话会议上的讲话

刘新乐

（2013 年 7 月 16 日）

同志们：

这次可移动文物普查是新中国成立以来首次针对可移动文物开展的全国性普查，是一项重大的国家文化战略工程。党中央、国务院对此高度重视，将第一次全国可移动文物普查列为国家"十二五"时期文化改革发展规划纲要的一项重要内容。2012 年 10 月，国务院专门下发了《关于开展第一次全国可移动文物普查的通知》；今年 4 月 18 日国务院又召开了全国电视电话会议进行动员部署，刘延东副总理出席会议并做了重要讲话。目前，全区各地正在认真按照国务院的部署，稳步推进普查工作。刚才，文化厅（文物局）副厅长安泳锝同志就普查有关情况做了说明，财政厅副厅长刘义胜同志代表自治区普查领导小组成员单位做了发言，我赞成他们的意见。下面，我讲三点意见：

一、充分认识可移动文物普查的必要性和重大意义

第一次全国可移动文物普查是继第三次全国文物普查之后，在文化遗产领域开展的又一项国情国力调查，是一项具有社会意义和学术意义的战略工程。是健全国家文物登录备案机制和文物保护体系，科学保护、合理利用文化遗产，推进公共文化服务体系建设的基础性工程。开展可移动文物普查，对于全面掌握我国文化遗产资源，保障人民群众基本文化权益，弘扬优秀传统文化，振奋民族精神，推动社会主义文化大发展大繁荣具有重要意义。

（一）可移动文物普查是建设民族文化强区、提升我区文化软实力的战略工程。我区幅员辽阔，历史悠久，在漫漫历史长河中，各部族用勤劳和智慧，创造了独具特色的草原文明，留下了大量的文化遗产。这些种类丰富、数量庞大、价值突出、民族特色鲜明的文化遗产，是各民族历史文化和民族精神的实物见证。自治区党委"8337"发展思路中明确指出，将内蒙古建成"体现草原文化、独具北疆特色的旅游观光、休闲度假基地"。此次在全区范围内开展可移动文物普查，是贯彻落实"8337"发展思路的重要举措，对于科学利用文物资源、发挥我区的文化优势、促进经济社会发展和文化强区建设、提升我区文化软实力，具有重要的现实意义。

（二）可移动文物普查是全面掌握我区可移动文物总体情况的迫切需要。我区的可移动文物存在总量大、范围广、类型多、收藏单位多元、保存情况复杂等特点，而且对保存环境和条件有很高的要求。各收藏单位对藏品认定、登录等工作采用了不同的标准和规范，加上管理制度不够规范，缺乏专业的文物保管人员，影响了对文化遗产资源的有效整合及文化力量的准确评估。很多国有单位所收藏文物因为隶属关系、管理体制等方面原因，一直未纳入文物管理的体系中来，在政策、技术和管理上得不到应有的支持，文物的安全性也得不到保障。通过开展国有可移动文物普查，能够彻底摸清我区文物资源的家底，全面掌握我区可移动文物的分布状况，进一步规范文物管理体制，建立比较全面和规范的自治区级信息数据库，发现可移动文物保护和管理方面存在的问题，为加强监管、保障文物的安全性打下基础。

（三）可移动文物普查是整合我区国有文化资源、促进公共文化服务体系建设的重要举措。目前，人民群众精神文化需求正随着经济社会的发展在不断增长。近年来，我区通过博物馆免费开放、举办各类文化遗产展览等方式，使文化遗产的公共服务和社会教育的效用得到充分发挥。开展可移动文物普查，将文物资源加以有效整合和合理利用，有利于进一步拓展文物资源，促进文化产品开发，不断提升、丰富公共文化服务内容，使文化遗产保护的成果惠及广大群众。

总之，可移动文物普查工作事关我区文化安全，各级人民政府、各有关部门要充分认识第一次全国可移动文物普查的重要意义和紧迫性，精心组织，周密部署，通力合作，确保我区可移动文物普查工作的顺利进行。

二、精益求精，确保普查质量

我区可移动文物数量繁多，保管情况复杂。对这次普查的目标任务、时间安排和具体要求，刚才自治区文化厅（文物局）代表自治区普查领导小组办公室已做了详细说明。各级普查机构要按照这次会议的统一部署，借鉴以往不可移动文物普查的成功经验，科学、规范、有序、高质量做好各项工作。下面，我着重提四点要求：

（一）严格把关，确保普查质量。此次普查时间跨度大，覆盖国家机关、事业单位、国有（控股）企业、军队武警四大类国有单位，既有保管集中的文物收藏单位，也有零散收藏的其他单位，涉及国有单位清查、文物认定、信息采集、联网上报、分级审核等诸多环节。因此，必须严格按照普查领导小组办公室印发的普查实施方案操作并完善质量监控。各级普查机构要制定本行政区域内的普查方案，明确目标，分解任务；坚持谁收藏、谁登记、谁负责的原则，按照有关规范和标准，如实、准确地填报普查信息，确保基础数据的完整性、真实性和准确性。要加强监管，仔细核查登记的每一件文物，认真验收每一份数据，任何地方、部门、单位和个人都不得虚报、瞒报、拒报、迟报，不得伪造、篡改普查资料。各普查机构要通过实物调查认真核查普查信息，确保质量。普查领导小组办公室要制定质量控制标准，加强质量控制指导并组织质量审核验收。

（二）按照要求，统一标准规范。标准化是可移动文物数据库建立的重要基础。国务院普查办已制定了《馆藏文物登录标准》，普查和登录工作要按照国家统一部署和要求，在统一的标准和规范下进行，实现依法普查，规范登录。普查信息数据库的建设要充分利用现有成果和资源，普查前已建档且完成信息化的文物数据，可根据统一技术标准，批量导入普查数据库，以提高工作效率。

（三）资源整合，提升科技含量。充分运用现代信息技术实现数字化管理，按照国家统一要求，实施统一平台、联网直报、一次入库、分级审核、动态管理，既能提高普查登录效率，也能实现数字化资源的整合，提高使用效益，减轻财政负担。要充分运用现代信息技术手段，实现数字化管理，提高可移动文物普查的时效性、准确性、科学性，确保普查的质量和相关标本、数据采集的真实性和完整性，为实现文物工作的数字化奠定坚实的工作基础。普查工作结束后，自治区要建立完整的数据系统和档案系统。

（四）摸清家底，扩大成果应用。要通过此次普查，全面准确地掌握全区现存不可移动文物的数量、分布、保存情况、环境状况，从而总体评价出我区可移动文物的生存状态，实现文化遗产资源的信息共享，更好地满足广大群众和全社会的精神文化需求，为构建科学有效的文化遗产保护体系提供依据。这次普查不涉及现有文物保管权限的变更。要对文物数据管理利用和文物持有单位享有的知识产权和收益权进行研究，制定管理制度，确保凡登录到国家可移动文物数据库的文物，都纳入国家文物保护体系，享受相关政策、项目支持及合法流通的权利。

三、加强组织保障，确保普查工作顺利进行

这次可移动文物普查范围广，时间长，任务重，难度大。尤其我区是全国重要的文物大区，可移动文物数量多、分布广泛，交通、通讯、经费和人力等方面都存在着很大困难，普查任务相当繁重，仅靠文化、文物部门的力量远远不够，需要动员社会各方面力量广泛支持和积极参与，形成强大的工作合力。

（一）加强组织领导。第一次全国可移动文物普查是一项浩大的系统工程，自治区人民政府专门成立了可移动文物普查领导小组。各盟市、旗县也要成立专门的领导小组，分级组织实施本行政区域的可移动文物普查。自治区文化厅（文物局）作为领导小组办公室，要发挥主导作用，加强沟通协调，加强对各盟市、旗县普查工作的指导、督促和检查。领导小组各成员单位要按照工作分工，各司其职、协同配合做好普查工作。自治区党史办、教育厅、民政厅、国土资源厅、人民银行、宗教局、档案局、统计局、科协和其他涉及文物较为集中的单位，要广泛动员和组织本系统单位积极参加并认真配合地方政府做好普查工作，按照属地管理原则，在单位所在地普查机构完成普查登记。各有关部门可单独或与文化厅（文物局）联合发文部署本系统普查工作。各地要将可移动文物普查作为当地文化建设的重点工作，确保各项措施落实到位。

（二）确保人力投入。实施普查，人才是关键。各级普查机构组建时，要选调业务素质高、经过专门培训、工作经验丰富、责任心强、有奉献精神的人员充实力量，文物认定、信息管理等关键岗位的人员要确保符合专业技术要求。要加强普查人员培训，增强他们的荣誉感和责任感，全面提升业务能力，准确掌握普查操作规程和技术标准，为普查实施提供坚实的人才保障。参与普查的工作人员要实行持证上岗，颁发专门的普查资格证书。

（三）落实经费保障。刘延东副总理在全国可移动文物普查电视电话会议上强调，这次普查所需经费由中央和地方财政分担。要根据普查的实际需要，认真编制经费预算。各级财政部门要按照国务院和自治区人民政府的要求，安排专项经费，列入相应年度计划，并及时拨付，对重要文物收藏单位要给予重点支持，保证普查工作顺利开展。相关部门要制定普查经费管理办法，加强对资金使用的管理和监督。各级普查机构要精打细算，厉行节约，勤俭办事，严格管理，提高资金使用效能，防止资金浪费。

（四）广泛宣传动员。此次可移动文物普查涉及的单位数量大、行业门类众多，自治区各级政府、各有关部门要认真制定宣传方案，将宣传动员作为普查的一项重要工作贯穿始终。充分依托各类媒体，加大宣传力度，集中宣传普查意义、普查要求和普查成果，普及文物保护知识和法律，提升全社会文物保护意识，积极争取各方面支持。通过广泛开展各种宣传活动，营造良好氛围，积极争取各方面的支持。要以这次可移动文物普查为契机，广泛开展文化遗产价值的宣传教育，提高广大人民群众的文化遗产保护意识，让越来越多的人关心支持参与文化遗产保护事业。

同志们，第一次全国可移动文物普查意义重大，影响深远，我们一定要增强政治意识、大局意识、责任意识，齐心协力，扎实工作，不辱使命，圆满完成普查任务，在新起点上推动文物事业实现新跨越，为把内蒙古建设成为全国的文化强区而奋斗。

在内蒙古自治区第一次全国可移动文物普查工作电视电话会议上的讲话

安泳锝

（2013 年 7 月 16 日）

尊敬的刘新乐副主席，同志们：

根据会议安排，下面，我就自治区第一次全国可移动文物普查有关情况做如下说明。

一、全区第一次全国可移动文物普查工作开展情况

2012 年 10 月，《国务院关于开展第一次全国可移动文物普查的通知》下发后，第一次全国可移动文物普查在全国范围内正式拉开帷幕。根据通知精神，今年 3 月 28 日，自治区文物局召开了可移动文物普查工作会议，就此次普查工作的组织架构、工作机制做了明确的安排部署。根据国务院第一次全国可移动文物普查领导小组编制的《第一次全国可移动文物普查实施方案》要求，在对我区国有单位、专业人员队伍和可移动文物情况进行初步摸底的基础上，编制了《内蒙古自治区第一次全国可移动文物普查实施方案（草案）》。根据国家制定的可移动文物普查支出项目、标准和规范，编制了全区国有可移动文物普查经费预算，并上报有关部门。

4 月 16 日，自治区人民政府下发了《关于在全区开展第一次全国可移动文物普查的通知》，通知就此次普查的目的和意义、范围和内容、时间安排、组织实施、经费保障、资料填报和管理、普查宣传等方面的工作提出了明确要求。并成立了由分管副主席任组长的内蒙古自治区第一次全国可移动文物普查领导小组，领导小组办公室设在自治区文化厅（文物局），标志着我区普查工作正式启动。

4 月 18 日，国务院召开了第一次全国可移动文物普查电视电话会议，中共中央政治局委员、国务院副总理刘延东发表重要讲话。会后，自治区人民政府紧接着召开了自治区可移动文物普查领导小组第一次会议，会议研究部署了相关工作，讨论修改了《内蒙古自治区第一次全国可移动文物普查实施方案（草案）》。同时对普查工作提出了组织指导到位、普查巡视到位、文物认定到位，目标清楚、家底清楚、数据清楚等具体要求。5 月 2 日，《内蒙古自治区第一次全国可移动文物普查实施方案》正式下发。

各盟市、旗县在接到自治区政府的通知和普查实施方案后，积极贯彻落实，启动开展普查工作。截至目前，大多数盟市行署、政府和旗县市区政府已发出通知，对普查工作进行了安排部署，并成立了普查领导小组及办公室，拟定了本地区普查实施方案。个别盟市已经落实了 2013 年度普查经费。

2013 年 5 月 7 日，自治区第一次全国可移动文物普查领导小组办公室召开工作会议。就自治区可移动文物普查下一步的工作做了安排部署。会后，自治区普查办制定了《内蒙古自治区第一次全国可移动文物普查工作时间表、任务书、责任人一览表》，明确了普查的时间、任务、责任人以及相关工作内容。同时确定了自治区第一次全国可移动文物普查领导小组办公室、项目部和专家组人员名单并下发。

为了加强普查宣传工作，目前共印发了《内蒙古自治区第一次全国可移动文物普查工作简报》4 期。同时，自治区普查办制定了详细的宣传方案，宣传工作正在积极广泛展开，争取使此次普查工作得到各级政府和社会的支持。

二、普查工作安排

（一）普查的范围与内容

此次普查的范围是我区境内各级国家机关、事业单位、国有企业和国有控股企业、部队等各类国有单位所收藏、保管的可移动文物。

普查的文物包括普查前已经认定和普查中新认定的可移动文物，具体包括：文物系统内各文物收藏单位收藏保管的所有文物；文物系统外主要是 1949 年（含）以前，历史上各时代珍贵的艺术品、工艺美术品；历史上各时代重要文献资料以及具有历史、艺术、科学价值的手稿和图书资料等；反映历史上各时代、各民族社会制度、社会生产、社会生活的代表性实物；1949 年后，由博物馆、纪念馆收藏登记的藏品；列入国家文物局《文物出境审核标准》及《1949 年后已故著名书画家作品限制出境的鉴定标准》目录的实物；具有科学价值的古脊椎动物化石和古人类化石。

此次普查包括可移动文物信息和收藏可移动文物的单位信息两方面内容。文物信息包括文物名称、类别、年代等 14 项基本指标项以及文物描述等 11 类附录信息。单位信息包括单位名称、性质、行业、藏品情况、建档情况和保管情况等基本信息。

（二）普查的技术路线

一是统一规划、分级负责。普查以全区统筹规划，统一部署，各部门共同参与，旗县级以上地方各级人民政府分级负责，国有单位全面参加的方式实施。

二是统一标准、规范登记。普查实施标准化管理，充分利用现代信息技术，按照全国统一技术标准和工作规范，使用全国统一开发的普查数据处理软件，开展普查工作。

三是统一平台、联网直报。普查使用全国统一的数据平台进行联网直报，采取一次入库、分级审核、动态管理的模式。

四是属地管理、旗县为基础。普查以县域为基本单元，普查工作的组织实施均以旗县为基础。旗县级普查机构负责建立本行政区域纳入各级普查范围的全部国有单位清单。中国人民解放军及武警部队的可移动文物普查由解放军总政治部组织开展，成果统一汇总至国务院普查领导小组办公室，以保证全国普查数据的完整性。

五是信息整合、资源统筹。普查信息数据库建设以现有条件为基础，充分利用已有成果，科学整合现有资源。本次普查前已经建档且已经完成信息化的文物数据，可根据统一技术标准，批量导入普查信息库，以提高工作效率，保证普查质量。

（三）普查的组织实施

普查实行"全区统一领导，部门分工协作，地方分级负责，各方共同参与"的原则，旗县级以上政府成立普查领导小组及办公室，负责本级普查工作的组织领导和推动实施；各成员单位在各级普查领导小组的统一领导下，各司其职、各负其责、通力协作，积极动员、组织本部门各有关单位共同做好普查工作；文物系统内各级文物收藏单位及文物系统外收藏有文物的各国有单位成立本单位普查工作机构，完成本单位普查任务。

（四）普查的时间与实施步骤

普查从2012年10月开始，2016年12月结束。分为三个阶段开展，2012年10月至2012年12月为工作准备阶段，主要任务是成立机构、制定方案、组建队伍、开展培训等；2013年1月至2015年12月为普查实施阶段，主要任务是以县域为基础开展文物调查认定和信息数据登录等工作；2016年1月至12月为验收总结阶段，主要任务是整理汇总普查数据、建立文物名单和数据库、公布普查成果、编写普查报告等。

2013年普查工作的主要任务：一是成立普查机构，组建普查队伍，制定普查实施方案并开展人员培训；二是完成国有单位调查和文物系统外国有单位文物认定；三是文物系统文物收藏单位开展文物清库，健全藏品账册、档案，做到账物相符。全区各级普查办要围绕以上重点工作，搞好宣传发动，做好技术准备，落实普查经费，组建普查队伍，开展人员培训，切实加强对普查工作的指导。

三、需要说明的几个问题

（一）特殊领域的普查

此次普查范围广，涉及行业多，其中图书、档案、宗教等行业收藏文物数量较大，是本次普查中比较特殊的领域。国家文物局已与文化部、国家档案局、国家宗教局等部门沟通协调，对古籍文献、档案、宗教寺庙文物的普查达成了一致意见，并将分别与以上部门联合发文，明确普查内容、技术路线和普查方式。

（二）文物的认定

文物系统内各文物收藏单位收藏的所有文物全部纳入普查范围，不再进行认定；对文物系统外国有单位的文物进行统一认定，文物认定工作由旗县（市区）普查办组织开展，有困难或存在疑问的，可申请盟市或自治区普查办组织专家进行认定。本次普查可不定文物级别。

（三）普查的重点和难点

此次普查的重点是文博系统内文物数量较多的收藏单位，这些单位普查工作量大、任务繁重，要把普查作为近几年本单位工作的重中之重，制定切实可行的实施方案，合理配置人力、物力资源，完善工作机制，确保按进度、保质保量完成普查任务。

此次普查的难点是文物系统外国有单位的普查，特别是自治区、盟市政府驻地的县域，政府机关、事业单位、大型企业较为集中，普查难度较大，要及时沟通、统计各相关部门，全面掌握本县域国有单位名单并逐一发放调查表，根据各单位反馈的调查表将有文物的单位列入普查内容，组织开展文物认定和信息登录工作。

（四）已有数据的利用和普查成果的管理

普查信息数据库充分利用已有成果，普查前各部门、各单位已有的数据成果，根据统一技术标准进行数据转换，批量导入普查数据库。此次普查重在文物现状调查和基本信息登记，不改变文物权属现状。遵循知识产权保护的法律法规，对文物数据进行严格管理，确保收藏单位的合法权益。

（五）普查中的文物安全

各级普查机构和各国有单位要高度重视文物安全，树立安全第一的思想，将文物安全贯穿于普查工作的全过程，强化普查人员的安全意识，建立健全安全管理制度，制定相关工作规范，严格按照操作规范进行文物提取、信息采集和影像拍摄等工作，确保普查工作中文物的绝对安全。

自治区文物局作为自治区普查领导小组办公室，将认真履行职责，加强同各方面的沟通协调，确保我区第一次全国可移动文物普查顺利完成。

在内蒙古自治区第一次全国可移动文物普查办公室主任工作会议上的讲话

佟国清

（2015 年 8 月 25 日）

同志们：

可移动文物是我区文化遗产的重要组成部分，是草原文化的实物见证。新中国成立以来，先后开展过三次不可移动文物普查，对不可移动文物的保护、管理及合理有效利用发挥了重要作用，但没有开展过全国性的可移动文物普查。本次普查是一项前所未有的工作，受到了社会各界的广泛关注。国务院、自治区人民政府对普查工作高度重视，李克强总理、刘延东副总理等领导同志两次对普查工作做出重要批示，指出普查工作开局虽好，但各地存在进展不平衡的问题，要求加强督导，扎实推进，加强宣传，强调普查工作绝不能半途而废。对普查的目标和任务，提出要加强组织领导，确保普查质量，推动地方部门建立文物登录制度，提升文物科学保护、管理、利用水平。自治区政府副主席刘新乐在全区可移动文物普查电视电话会议上就普查工作进行了周密部署。中央、自治区领导同志的关怀彰显出对文物工作的高度重视与坚强决心。自治区文化厅、文物局今天在这里召开普查办主任会议，就是为了贯彻落实领导批示精神，安排部署普查重点工作任务。

我区可移动文物种类丰富、数量庞大、价值突出。依法开展普查，对于摸清家底，建立健全文物保护体系具有重要意义。普查工作启动三年来，我区各项工作规范、有序、科学进行，取得了阶段性成果。特别是普查经费、人员、技术保障，普查宣传、国有文物收藏单位调查、文物信息采集登录等工作取得一定成效。这些成绩的取得与全区各级政府的高度重视、各部门各系统的大力配合、各级普查办的有效落实、各文物收藏单位的积极参与、全体普查人员的辛勤努力是分不开的。希望各地、各单位要发扬成绩，查找不足，使普查工作再上一个台阶。下面，我就普查工作提四点希望和要求。

一是加强组织领导，保证普查工作取得时效。第一次全国可移动文物普查是一项系统工程，范围广，时间长，任务重，普查工作已纳入我区各级政府对文化文物部门的考核内容，各地、各单位要引起高度重视，必须精心组织，周密实施，确保收到预期成效。

二是把握可移动文物普查的关键环节，确保普查质量。本次普查跨度五年，覆盖国家机关、事业单位、国有（控股）企业、军队武警四大类国有单位，既有保管集中的文物收藏单位，也有零散收藏的其他单位，涉及国有单位清查、文物认定、信息采集、联网上报、分级审核等诸多环节。因此，各级普查机构要明确目标，分解任务，如实、准确地填报普查信息，确保基础数据的完整性、真实性和准确性。任何地方、部门、单位和个人都不得虚报、瞒报、拒报、迟报。

三是加强普查保障工作，确保普查工作顺利进行。实施普查，经费、设备、人员、技术保障是关键。各级普查机构要加强普查保障工作，选调业务素质高、工作经验丰富、责任心强、有奉献精神的人员充实力量；积极协调有关部门，真正落实普查经费；加强普查人员培训，增强他们的荣誉感和责任感，全面提升业务能力。

四是掌握好普查的重点，破解普查难点。此次普查的重点是文博系统内文物数量较多的收藏单位，这些单位普查工作量大、任务繁重，要把普查作为近几年本单位工作的重中之重，制定切实可行的实施方案，合理配置人力、物力资源，完善工作机制，确保普查任务完成。此次普查的难点是文物系统外国有单位的普查，特别是自治区、盟市政府驻地的县域，政府机关、事业单位、大型企业较为集中，普查难度较大，要及时与相关部门沟通，按时完成普查工作。

同志们，第一次全国可移动文物普查意义重大，任务光荣。让我们齐心协力，扎实工作，为圆满完成第一次全国可移动文物普查任务，保护好自治区珍贵文化遗产做出应有的贡献。

一、需要说明的几个问题

（一）特殊领域的普查

此次普查范围广，涉及行业多，其中图书、档案、宗教等行业收藏文物数量较大，是本次普查中比较特殊的领域。国家文物局已与文化部、国家档案局、国家宗教局等部门沟通协调，对古籍文献、档案、宗教寺庙文物的普查达成了一致意见，并将分别与以上部门联合发文，明确普查内容、技术路线和普查方式。

（二）文物的认定

文物系统内各文物收藏单位收藏的所有文物全部纳入普查范围，不再进行认定；对文物系统外国有单位的文物进行统一认定，文物认定工作由旗县（市区）普查办组织开展，有困难或存在疑问的，可申请盟市或自治区普查办组织专家进行认定。本次普查可不定文物级别。

（三）已有数据的利用和普查成果的管理

普查信息数据库充分利用已有成果，普查前各部门、各单位已有的数据成果，根据统一技术标准进行数据转换，批量导入普查数据库。此次普查重在文物现状调查和基本信息登记，不改变文物权属现状。遵循知识产权保护的法律法规，对文物数据进行严格管理，确保收藏单位的合法权益。

（四）普查中的文物安全

各级普查机构和各国有单位要高度重视文物安全，树立安全第一的思想，将文物安全贯穿于普查工作的全过程，强化普查人员的安全意识，建立健全安全管理制度，制定相关工作规范，严格按照操作规范进行文物提取、信息采集和影像拍摄等工作，确保普查工作中文物的绝对安全。

自治区文物局作为自治区普查领导小组办公室，将认真履行职责，加强同各方面的沟通协调，确保我区第一次全国可移动文物普查顺利完成。

刘延东同志于 2011 年 12 月 29 日在第三次全国文物普查工作总结电视电话会议上明确指出，

要认真总结第三次全国文物普查的经验，抓紧研究提出国有可移动文物普查的具体思路和方案，按程序报批并尽快组织实施。2012 年 2 月，中办、国办印发《国家"十二五"时期文化改革发展规划纲要》，明确提出：要"健全文物普查、登记、建档、认定制度，开展可移动文物普查，编制国家珍贵文物名录"。2012 年 10 月 8 日，国务院印发《关于开展第一次全国可移动文物普查的通知》，标志着第一次全国可移动文物普查正式启动。

2011 年 6 月以来，国家文物局围绕开展全国可移动文物普查的准备，主要抓了下面几项工作：一是分别在中国人民解放军和武警部队、陕西省、北京市朝阳区、山东省青岛市开展普查工作试点；二是编制了《第一次全国可移动文物普查实施方案》，并组织专门力量对可移动文物普查的关键技术进行研究，制定了普查系列技术标准；三是先后与财政部、教育部、文化部、国资委、宗教局、档案局等多个部门沟通，研究了各有关系统的普查工作机制，针对古籍文献、档案、宗教场所的普查形成了具体思路；四是完成了可移动文物普查信息平台的设计方案，即将开展招标工作；五是召开了全国省级普查办主任会议，举办了普查骨干培训班。

国务院通知下发后，各省（区、市）按照要求，成立了普查领导机构和组织机构，制定了相应的实施方案和工作细则。一些文物较为集中的行业和单位，也都建立了普查工作机制。全国普查工作正在紧张有序地展开。

近日，刘延东同志再次对普查工作做出重要批示，强调这是首次进行全国可移动文物普查，要借鉴以往文物普查中的成功经验，科学、规范、有序、高质量地完成好普查工作。刘延东同志的重要批示，对普查工作提出了要求，明确了标准，我们一定要认真抓好落实。下面，我就普查工作的几个问题再做一下具体说明。

二、普查范围和内容

第一次全国可移动文物普查范围是我国境内（不包括港澳台地区）各级国家机关、事业单位、国有企业和国有控股企业、中国人民解放军和武警部队等各类国有单位收藏保管的国有可移动文物，覆盖 19 个行业和系统，百余万家国有单位。

本次普查登录的可移动文物主要以 1949 年划线。包括 1949 年以前，历史上各时代珍贵的艺术品、工艺美术品；历史上各时代重要文献资料以及具有历史、艺术、科学价值的手稿和图书资料等；反映历史上各时代、各民族社会制度、社会生产、社会生活的代表性实物。1949 年以后的部分可移动文物纳入普查范围，主要是已进入国有博物馆收藏登记的藏品和国家文物局公布的《1949 年后已故著名书画家作品限制出境目录》的书画文物。此外，具有科学价值的古脊椎动物化石和古人类化石纳入普查范围。

普查登录的内容是文物名称、类别、年代、外形尺寸、入藏时间、收藏单位名称等 14 个基本指标项。

三、普查技术路线

由国务院第一次全国可移动文物普查领导小组发布的普查实施方案，是依据国务院通知精神制定的、指导全国普查工作的规范性文件。普查工作应当按实施方案规定的技术要求、时间节点和操作程序规范、有序进行。

普查将充分利用现代信息技术，以统一标准进行规范登记，建立统一平台进行联网直报，采取一次入库、分级审核、动态管理的模式。普查信息登录平台由国务院普查领导小组办公室建立和管理，各国有单位在平台上注册专有账号，进行文物信息登录，各级普查机构分配专门审核账号，依照权限在平台上对登录信息逐级审核。

目前各部门和单位已有的数据成果，按照统一技术标准导入普查信息登录平台，避免重复工作。对于在财政部支持下已完成的"文物调查及数据库管理系统建设"项目，以及古籍普查成果、档案馆收藏的文物等，由普查领导小组办公室提供技术支持，进行数据转换，导入平台。

四、普查组织领导

本次普查由国务院统一领导、各部门分工协作、地方分级负责、各方共同参与。县级以上地方各级政府建立本级普查领导小组及其办公室，组织实施本地区普查工作。

普查以县域为基本单元，同时考虑到县级普查机构的实际条件，中央及省属国有单位的普查工作在省级普查机构完成，地市属国有单位的普查工作在地市级普查机构完成，其他国有单位的普查工作在所在地县级普查机构完成。

五、普查成果及其管理利用

本次普查重在现状调查和文物基本信息登记，不改变文物权属现状，可依法流通的文物，保障其合法流通的权利。普查将遵循知识产权保护的法律法规，对文物数据严格管理，确保收藏单位的合法权益。

根据国务院通知精神，2013年普查的主要任务是开展国有单位调查，进行文物信息采集，搭建普查信息平台。国务院普查领导小组办公室和各级普查办要围绕这三项重点工作，搞好宣传发动，做好技术准备，落实好经费安排，开展人员培训，切实加强对普查工作的指导。

国家文物局作为国务院普查领导小组办公室，将认真履行职责，加强同各方面的沟通协调，确保第一次全国可移动文物普查顺利完成。

在内蒙古自治区第一次全国可移动文物普查
办公室主任工作会议上的讲话

塔 拉

（2015 年 8 月 25 日）

为加快推进全区可移动文物普查工作，保证按要求完成普查任务，自治区文物局在此组织召开全区可移动文物普查领导小组办公室主任会议。首先，我代表自治区文化厅、文物局向参加本次会议的各位代表表示热烈的欢迎！

可移动文物普查是新中国成立以来的第一次，受到了社会的广泛关注，并已纳入各级政府对文化文物部门的重要考核内容。普查工作启动三年来，各项工作规范、有序进行，目前已进入信息采集登录和数据审核阶段，这是普查最为关键的环节。国家对普查工作非常重视，今年 4 月份，召开了全国省级普查办主任会议，对普查工作进行了安排部署。我们召开今天的会议，就是为了贯彻落实全国省级普查办主任会议精神，总结前一阶段工作成果，研究部署下一步工作任务。我主要讲四个方面的内容。

一、前一阶段工作进展情况和总体评价

在各级政府的高度重视、各部门各系统的大力配合、全区各级普查办的有效落实、各文物收藏单位的积极参与下，全区普查工作有效推进。主要取得以下成效：

（一）普查联系协调机制基本建立

建立普查联系协调机制，加强各部门、各系统的协作，是实现普查目标的重要基础。自治区成立了普查领导小组、办公室、项目部、专家组，在此基础上，自治区文物局与教育厅、民政厅、档案局、国资委等部门联合转发通知，明确各部门、系统的任务，共同部署普查工作。自治区建立了第一次全国可移动文物普查 QQ 群，加强普查工作的交流与沟通。

各盟市、旗县也都成立了相应的普查机构，积极发挥普查联系协调机制作用，共同部署工作，一些盟市文物部门主动为文物系统外各单位开展现场认定、举办文物信息登录培训指导等，推动各国有单位进一步开展普查工作。

（二）普查保障工作有效落实

自治区文物局、各盟市文物部门和各级普查办，针对普查的关键环节，做好人员、经费、设备、技术等保障工作，确保各项工作科学、规范、有序推进。

1. 普查人员队伍建立并发挥重要作用。

经过近三年的努力，我们基本建起两支普查队伍。一支是普查员队伍，向全区 946 名普查员发放普查证，各地还发挥高校学生和志愿者的力量，充实普查人才队伍。另一支是普查专家队伍，主要负责开展文物认定工作。以普查员为主体、普查专家为骨干、普查志愿者为补充、专兼结合的普查人才队伍全面建立并发挥重要作用。

2. 普查经费基本落实到位。

按照普查支出预算标准，自治区普查办编制了全区普查经费预算。2013 年自治区财政安排普查经费 400 万元，2014—2016 年每年安排 423 万元。为了有效促进盟市普查工作，自治区普查办对各盟市每年补助普查经费 15 万—20 万元。

各盟市为保障普查经费落实也做了大量工作。为保障普查经费落实到位，2014 年，我们配合财政部门开展了普查经费督查工作。从督查结果显示，2013 年全区盟市、旗县级财政落实普查经费共计 555.2 万元；2014 年盟市、旗县级财政落实普查经费 1129 万元；2015 年盟市、旗县级财政计划落实普查经费 833 万元；2016 年盟市、旗县级财政计划落实普查经费 860 万元。盟市级普查经费基本落实到位，部分旗县区普查经费还没有落实。

3. 编制普查方案和计划。

为保障普查工作科学有序进行，自治区普查办编制了《内蒙古自治区第一次全国可移动文物普查实施方案》《内蒙古自治区可移动文物普查时间表、任务书、责任人一览表》《内蒙古自治区可移动文物普查宣传方案》《关于做好全区第一次全国可移动文物普查文物认定工作的通知》。各盟市旗县也都结合实际，编制了本地区普查实施方案和工作计划。

4. 举办各类普查培训和会议。

为全面安排部署普查工作，自治区普查办组织召开了各类普查会议，举办了 5 期普查骨干培训班，培训人员 560 余人次。各盟市也都举办了不同类别的普查培训班和会议，共计培训人员 1200 余人次。通过培训，使学员熟练掌握了普查技术，解决了工作中遇到的问题，为完成全区普查任务奠定了坚实的基础。

5. 积极开展普查宣传。

为扩大普查工作影响力，争取社会广泛支持，全区各级普查机构组织开展了丰富多彩的宣传活动。自治区普查办在内蒙古文化网、《内蒙古日报》、内蒙古社科动态等媒体开设普查宣传专栏，召开了自治区可移动文物普查新闻发布会，出版普查宣传品《内蒙古自治区第一次全国可移动文物普查 800 问》，印发普查简报 23 期，利用中国文化遗产日、国际博物馆日、草原文化遗产日等开展了丰富多彩的普查宣传活动。

（三）全面完成国有文物收藏单位调查

按照普查工作的时间表、任务书，在第一阶段工作中，通过发放、填写、回收调查表与实地核对相结合方式，开展国有单位调查。全区各级普查办印制了《国有单位文物收藏情况调查登记表》，向各国有单位发放，全面开展国有单位调查摸底工作。各级普查机构充分利用和发动政府管理的力量和资源，旗县以乡镇、苏木、街道、社区的网格化为片区单元，开展调查表发放和回收工作，全区共向国有单位发放调查登记表 17778 份，除部分单位由于迁移合并等原因未回馈《登记表》外，共计收回 16556 份，回收率达 96%。

调查中反馈收藏有文物的国有单位共 980 个，占所有调查国有单位的 5.9%。通过此次调查工作，全面掌握了我区国有可移动文物收藏单位的性质、行业分布和收藏文物的数量、种类、保护管理等情况，为下一步开展文物认定、信息采集、登录等工作打下坚实基础。

为保证普查质量，自治区普查办在全区组织开展了可移动文物普查"回头看"活动，对第一阶段的工作进行认真审核，查漏补缺。

（四）文物认定和信息登录工作整体进入快车道

1. 大部分地区完成文物认定工作。

文物认定工作的重点是文物系统外单位。为做好可移动文物普查文物认定工作，2014 年自治区普查办印发了《关于做好全区第一次全国可移动文物普查文物认定工作的通知》，内容包括文物认定的单位和对象、认定依据、认定原则、定名标准、认定工作任务分解、认定工作程序、认定时间安排等。各盟市、旗县按通知要求，全面开展文物认定工作，共认定文物 4330 件/套。一些具有一定价值的文物被发现和认定，纳入国家文物保护管理体系。

2. 文物信息采集登录审核工作顺利推进。

自 2014 年 6 月全国可移动文物信息登录平台建成启用以来，我区藏品登录数量快速增长。截止到 2015 年 8 月 10 日，全区登录上传文物 288491 件/套，文物登录上传进度 58.93%。

3. 部分地区同步开展文物定级工作。

由于各地专业力量和定级标准各不相同，国家并未对登录文物鉴定定级做出统一要求。结合我区实际，自治区文物局印发了《关于做好文物鉴定准备工作的通知》，部分盟市结合普查文物登录认定审核工作，同步开展定级前期准备工作。目前赤峰市、阿拉善盟已完成鉴定前期准备工作，并已上报自治区文物局。当然，定级工作要依法、按程序开展，既要有专家鉴定，也要有省（区、市）级政府按行政程序认可。

（五）普查督查工作有效开展

为确保全区可移动文物普查工作顺利进行，根据《内蒙古自治区第一次全国可移动文物普查实施方案》，2015 年 1 月，自治区普查办印发《关于开展全区可移动文物普查督查工作的通知》，分三个组赴十二个盟市开展了普查督查工作。通过督查，进一步促进了普查工作的扎实有效开展。一些盟市结合实际，也开展了普查督查工作。

二、普查工作存在的主要问题

在全区各级普查机构的共同努力下，我区普查工作取得了阶段性成果，但同时也面临一些问题，距国家要求还有差距。主要表现在以下几点：

（一）文物信息登录工作进展不平衡

各盟市文物信息登录工作进展不平衡，工作进展最快的盟市已登录文物数量是进展较慢盟市的数十倍。工作进展不平衡的情况在各盟市内部同样存在，个别盟市普查数据的增长过于依赖几个旗县甚至几家文博单位，部分旗县区的登录工作甚至尚未启动。收藏文物较为集中的重要文物收藏单位登录进度缓慢。文博系统外的文物收藏单位对普查工作重视程度不够，普查工作开展不力，部分单位甚至还没有启动普查工作。各盟市应了解重点单位普查工作存在的问题并积极采取措施。

（二）与重点部门的协调沟通需进一步加强

一些盟市的重点行业系统，如教育、图书、档案等仍然存在经费落实情况不理想、登录文物不够积极主动等问题。各地普查办应加强服务意识，按照国有单位文物收藏情况摸底调查建立的工作模式和掌握的线索，主动上门做好服务工作。

（三）普查经费保障仍需加强

各地反映的普查经费方面存在的主要问题：一是个别旗县区没有落实经费，二是行业外一些收藏文物无普查经费。

（四）数据质量有待提高

一部分地区，特别是基层地区和文物系统外单位，因专业力量有限，文物基本指标项出现漏填、错填；照片质量不合格，未按规范拍摄，方位填写错误；在审核中放松要求，未组织专家逐条逐项进行审核，有的专家没有尽到应尽的义务；部分收藏单位未经审核直接提交上级普查办，造成部分数据质量偏低无法满足上报要求，增加了上级普查办的工作难度。

（五）系统外国有文物收藏单位认定的文物数量偏少

与2013年底国有文物收藏单位调查摸底时所申报的数量存在差距，有的单位对普查范围的认识不准确，有瞒报、漏报现象。

（六）未如实申报文物藏品数量的情况比较严重

有一部分收藏单位在平台申报的文物收藏量与馆藏实际数量严重不符，这一问题在收藏文物较多的博物馆、考古所较为突出，有的盟市不足填报数量的50%，个别馆在平台中仅申报了全部馆藏文物数量的百分之几，藏品数据严重失真，影响了全区普查工作质量。对于普查数据严重失真的地区和单位，国家将追究责任。

（七）一些盟市普查队伍薄弱

部分盟市、旗县普查人员不足，人员经常调换，专业技术力量薄弱，跟不上文物认定及信息登录报送进度，影响了全区普查工作的整体推进。

三、2015年重点任务

距2016年底普查结束还有一年多的时间，根据国务院通知要求，结合普查整体目标和前一阶段工作中出现的重点难点问题，2015年各盟市的工作目标主要包括四方面的内容：一是完成文物系统外收藏单位的认定工作，目前，绝大多数盟市已完成认定工作，未完成的必须在近期完成；二是文物收藏量在10万件以下的博物馆和文物系统外收藏单位，争取全部完成文物信息采集登录工作；三是自治区级博物馆、考古所等集中收藏文物的机构（10万件以上），应完成70%的普查登录任务，一些正在进行新馆建设和改扩建工程的博物馆，要充分重视并合理安排普查工作；四是各级普查机构应加强质量控制，做好数据审核工作，将差错率控制在0.5%以内。

四、下一部普查工作要求

（一）加强组织协调，保障普查登录进度

各地、各单位要抓基础、抓重点，解决普查进度不平衡的问题。盟市级普查办要加强服务，支持旗县级和系统外单位开展工作，同时督促系统内重点文物收藏单位，如博物馆、纪念馆等加紧开展普查登录审核工作。各盟市级普查办要找准本地区进展不平衡的原因，明确各单位任务目标，责任到人，将普查进度列入年度考核，分解任务，加强督导，一些工作进展较快的地区也可抽调力量，援助支持其他地区。自治区文物局也会对各盟市工作积极协调、支持。

（二）做好登录平台申报文物藏品数量的检查核对，确保普查数据真实完整

普查数据真实、完整、准确是普查工作成功的基础，各级普查机构要充分认识到如实申报藏品数量对全面掌握我区可移动文物资源现状的重要意义，严肃认真地开展相关工作，杜绝申报统计工作的随意性和盲目性，加大检查核对力度，对未如实申报藏品数量的单位要限期更正，对于单位和用户信息不准确的应督促其修改、完善信息。经核对后，确认全盟市登录平台申报的藏品数量与博物馆年检填报藏品实际数量减少量超过30%的，应当予以书面说明，于2015年9月10日前将情况报告自治区文物局。

（三）加强信息数据审核，严把普查质量关

数据质量是普查工作的核心和关键，今年年初，国务院领导同志对普查质量提出了要求。为加强质量管理，国家文物局印发《关于做好第一次全国可移动文物普查进度管理和质量控制的通知》和《质量控制自查表》，根据普查进度，细化并明确每个阶段工作目标。希望各地根据统一要求，建立健全普查进度管理和质量控制工作机制，通过自我检查、巡回检查、专项督查、专家议查、定期报告等多种方式充分保障普查质量。各文物收藏单位要对本单位普查数据进行逐条逐项审核，确保每条数据的准确性和完整性。各盟市旗县普查办要及时组织专家进行数据审核，充分发挥专家的作用，安排专家到基层单位驻点进行检查指导，帮助申报单位专业技术人员进行修改完善，把好质量关。

（四）加强重点文物收藏单位普查工作，发挥引领示范作用

作为本次普查的重点，自治区级、盟市级博物馆等重要文物收藏单位应起到引领示范作用，如实申报本单位文物信息，制定工作计划，把握好工作节奏，带头做好信息登录工作，确保在年底前完成登录任务。在做好本单位普查工作的同时，积极指导各旗县区的普查工作，抽调技术人员到各文物收藏单位进行业务上的指导和帮助，及时解决普查工作中的问题。

（五）做好文博系统外文物的认定，提高普查工作成果

各盟市旗县普查办要对文博系统外申报文物认定情况进行重新审核，按规范要求扩大文物认定范围，特别是要做好图书、档案、宗教、教育等系统国有文物收藏单位的普查组织协调工作，安排专业人员协助完成文物认定、信息采集、录入、上报工作。

（六）树立服务意识，推动普查成果惠及社会

普查成果服务社会相关工作既是普查的目标，也是我们争取社会支持的关键。今年国家将建成并运行综合管理和社会服务平台，平台将基于已登录文物信息，向社会公众动态展示普查成果，提供检索、查阅等公共服务。普查成果社会利用将综合考虑相关方的权利义务和责任收益，以"谁保管、谁受益、谁授权"为基本原则，出台相关办法。数据的利用，公益用途和商业用途将会有所区分，其中数据的商业使用将由收藏单位授权。各级普查办从有账号的人员管理出发，建立安全管理制度，明确安全责任。

（七）加强普查宣传工作，营造良好工作氛围

全区各级普查机构要进一步加强普查宣传工作，及时宣传报道重要发现、普查进展、先进事迹、好的做法等，为普查工作营造良好的社会氛围。

同志们，2015 年是可移动文物普查关键的一年，希望大家围绕重点工作，细化工作任务，充分保障质量，确保完成普查既定目标。以保护历史文物、传承传统文化的责任感和使命感，共同努力做好第一次全国可移动文物普查工作。

在 2017 年"草原文化遗产日"
暨内蒙古自治区第一次全国可移动文物
普查成果展开展仪式上的讲话

李鸿英

（2017 年 9 月 6 日）

同志们，朋友们：

大家上午好！

从 2005 年开始，内蒙古自治区人民政府将每年的 9 月 6 日定为草原文化遗产日。草原文化遗产日的设立，对自治区文化遗产保护具有十分重要的意义。今天，是第 13 个草原文化遗产日，我们相聚在内蒙古博物院，举办草原文化遗产日活动和内蒙古自治区第一次全国可移动文物普查成果展。借此机会，我谨代表自治区文化厅、文物局，向辛勤工作在全区文博战线的同志们表示亲切慰问！向为第一次全国可移动文物普查做出贡献的同志们表示诚挚的感谢！

今年草原文化遗产日活动的主题是宣传自治区第一次全国可移动文物普查成果。从 2012 年 10 月至 2016 年 12 月，按照国务院统一部署，我区开展了第一次全国可移动文物普查。自治区人民政府对第一次全国可移动文物普查工作高度重视，成立了以刘新乐副主席为组长的普查领导小组，自治区文物局设立了普查办公室。全区各盟市旗县分别成立 115 个普查机构，投入资金 4457 多万元，共有 2820 名普查人员参与此项工作。经过四年多的努力，全区 12 个盟市全部通过了国家文物局的验收。经过普查，全区共登录各类可移动文物 1125464 件/套（共计 1506421 件）。文物总件/套数排在全国各省、市、自治区第六名，比普查前文物总量翻了一番。

普查摸清了我区可移动文物资源总体情况，新发现了一批重要文物，健全了文物资源管理机制，完善了文物资源数据库，进一步夯实了文物基础工作，使文物保护管理水平得到全面提升。

今天，我们在草原文化遗产日举办自治区第一次全国可移动文物普查成果展，就是要全面展示我区可移动文物普查的丰硕成果和普查人员的奉献精神，是向自治区党委、政府，向全社会、向各族群众的一次工作汇报。

随着此次普查落下帷幕，可移动文物各项工作站在了新的起点。2016 年 5 月，自治区人民政府印发了《关于进一步加强文物工作的实施意见》；2017 年 4 月，自治区人民政府又召开全区文化工作座谈会，布小林主席在会上发表重要讲话。政府《实施意见》和布主席重要讲话，对全区文物系统深入贯彻习近平总书记关于文物保护工作的重要指示精神，切实提高新时期文物工作水平，更好的服务全区发展大局提出了明确要求。我们要把做好可移动文物普查后续工作与落实

《实施意见》结合起来，与落实布小林主席重要讲话精神结合起来，努力促进普查成果的开发、转化与利用，做好草原文化遗产的保护、传承和发展。

同志们，第一次全国可移动文物普查任务的圆满完成，开启了我区加强文物保护管理工作的新征程。希望各级文化文物部门增强责任感、使命感，按照"十三五"文物事业发展规划确定的目标任务，齐心协力，扎实工作，把我区丰富的文物资源保护好、管理好、利用好，进一步发挥传承文明、教育人民、服务社会、推动发展的重要作用，为迎接党的十九大胜利召开，遵照习近平总书记考察内蒙古重要讲话精神和"建设亮丽内蒙古，共圆伟大中国梦"的重要指示，为推动内蒙古文化强区建设做出新的更大贡献！

现在，我宣布"内蒙古自治区第一次全国可移动文物普查成果展"开展！

在内蒙古自治区第一次全国可移动文物 普查总结会议上的讲话

刘新乐

（2017 年 9 月 6 日）

今天是 2017 年"草原文化遗产日"，我们在这里组织召开内蒙古自治区第一次全国可移动文物普查总结会议，主要目的是系统回顾总结普查工作，全面发布普查成果，表彰普查工作先进集体和先进个人，进一步总结交流经验，加强文物保护管理工作，推动文物事业再上新台阶。下面讲三点意见。

一、深入总结普查工作取得的成绩

党中央、国务院于 2012 年 10 月决定开展第一次全国可移动文物普查。按照《国务院关于开展第一次全国可移动文物普查的通知》要求，我区于 2012 年启动了全区第一次全国可移动文物普查工作。

这项普查是党中央、国务院高度重视文物工作的重大决策部署，是保护传承中华优秀传统文化的重大举措，是加强国家文化软实力建设的重要战略，也是全面夯实我国文物工作基础的关键工程，在全国文物工作中具有里程碑意义。五年来，在党中央、国务院和自治区党委、政府的正确领导下，自治区第一次全国可移动文物普查领导小组周密组织部署，及时研究解决重点难点问题，成立普查工作办公室，抽调专门人员，培训普查人员、督促工作进度、检查工作质量，普查领导小组各成员单位高度重视、紧密配合、积极推进，自治区各有关部门、地方各级政府真抓实干，全区普查工作者不懈努力，全社会广泛参与，推动普查工作全面完成既定目标任务，取得丰硕成果，实现圆满收官。

一是全面摸清了我区可移动文物资源总体情况。通过以旗县为基本单元、国有单位为基本对象的网格式调查排查，普查工作实现了地理范围的全覆盖、国有单位的全参与、文物核心指标的全登记。地方各级政府也依托普查，全面详尽的掌握了本行政区域内的可移动文物资源情况，建立了文物资源地图，编制了收藏单位名录和文物名录。普查工作全面展示了我区可移动文物数量庞大、种类丰富、分布广泛、收藏数量持续增长的特点。经过普查，我区可移动文物与不可移动文物数量均居全国各省区前列，为名副其实的文物大省区。

二是显著提升了全社会文物保护意识。为推动这次普查，各级地方政府都成立了普查领导机构和组织机构，结合"5·18 国际博物馆日""中国文化遗产日""草原文化遗产日"，通过投放公益宣传片、印发普查专刊等多种方式广泛开展宣传。普查期间，还通过举办培训、展览，开展各类学术讲座和教育活动、鉴定服务等，激发社会各界关注文物、热爱文物、研究欣赏文物的热潮，成为对全社会的一次文物保护总动员和总宣传，形成了政府主导、全社会共同参与的文物保护格局。

三是有力提升了文物保护管理水平。 各地将普查与文物清库建档、鉴定定级工作相结合，各级普查机构指导收藏单位开展文物认定，完善库房管理、文物提调注销、安全保卫和档案等制度。各单位按照普查要求开展藏品清点，核查账、物对应情况，补充完善文物信息，健全藏品账目档案并依法备案，全区新建重建档案的文物超过 25 万件/套。通过普查，我区文物保护制度进一步健全，各级文博单位信息化水平明显提高，一批专业人才脱颖而出，有力提升了文物工作的专业化水平。

五年来，广大文博工作者和其他参与人员牢记使命、恪尽职守、克服困难，付出了艰苦努力，做出了重要贡献。普查中涌现出了许多感人事迹、先进人物和先进集体，今天会议上表彰的 60 个普查先进集体和 160 名普查先进个人，就是全区普查人员和文博工作者中的优秀代表，是普查人员拼搏精神的集中体现。

我区第一次全国可移动文物普查工作的圆满完成，补齐了文物基础工作的一大短板，也为文物事业的可持续发展创造了良好条件。希望各级政府、文物部门以本次普查完成为契机，总结经验，查找不足，改进工作，努力提升文物科学管理水平。

二、提高认识，坚定做好文物工作的决心和信心

党中央、国务院和自治区党委、政府高度重视文物工作，党的十八大以来，习近平总书记关于文物保护的重要指示批示有 30 多次。总书记指出，文物承载灿烂文明，传承历史文化，维系民族精神，是老祖宗留给我们的宝贵遗产，是加强社会主义精神文明建设的深厚滋养。保护文物功在当代、利在千秋。我区是文物大省，又处在城镇化快速发展的历史进程中，文物保护工作依然任重道远。各级党委和政府要增强对历史文物的敬畏之心，树立保护文物也是政绩的科学理念，统筹好文物保护与经济社会发展，全面贯彻"保护为主、抢救第一、合理利用、加强管理"的工作方针，切实加大文物保护力度，推进文物合理适度利用，使文物保护成果更多惠及人民群众。李克强总理的重要批示有 10 多次。总理强调，文物工作是我国政府的重要公共职能，是奠定文化自信的强大根基，是保障人民群众文化权益的基础工程。总书记和总理的重要指示批示精神，是指导文物事业发展的根本指南和基本遵循。各有关方面要认真学习领会，进一步提高对文物保护工作重要性的认识，充分发挥文物资源的作用，切实保护好、传承好祖先留下的珍贵财富。2016年，国务院出台了《关于进一步加强文物工作的指导意见》，提出切实加强文物工作，进一步发挥文物资源在弘扬中华优秀传统文化、实现中华民族伟大复兴的重要作用。

当前，我国正处于全面建成小康社会的决胜阶段。文物工作在推进"五位一体"总体布局和"四个全面"战略布局中的作用日益凸显。实现中华民族伟大复兴的中国梦，必须依靠物质文明和精神文明均衡发展，必须继承和发扬中华优秀传统文化。文物是中华民族精神的物质载体，文物工作关乎经济社会发展，关乎精神文明，关乎民族根脉，是国家文明进步的重要标志。所以，各级各部门要从全局和战略的高度，不断提升对文物工作重要性的认识。

一是要立足国家文化安全的高度，使文物工作与我区文化软实力建设相结合。 文物工作的重要目的是弘扬民族气质，延续文化基因，凝聚中华民族向心力，构筑中华民族文化家园的精神防线，向世界传递中华民族和平发展的美好愿望。所以，文物工作要体现国家利益，服务于国家大局。

无论是红山、朱开沟等早期文化遗存，还是契丹辽、蒙元等具有地方特色的文化，无论是红山文化玉龙等珍品，还是元上都世界文化遗产，这些宝贵的文化遗产是我区历史长河遗留下的璀璨明珠，承载着中华民族的厚重记忆，是民族生存发展伟大历程的不朽印记。文物工作要始终围绕发展大局，着眼文物资源跨越时空、超越国度、富有永恒魅力、具有当代价值的特性，展现国家意志，讲好中国故事，不断增强中华优秀传统文化的生命力和影响力，坚定中国特色社会主义道路自信、理论自信、制度自信、文化自信。

最近党中央印发了一系列关于文化改革发展的重要文件，例如《关于进一步加强和改进中华文化走出去工作的指导意见》《关于实施中华优秀传统文化传承发展工程的意见》等等，这些文件对文物工作提出更高更新的要求和期待。全区各级政府、文物部门要在国家文化建设大局引领下，围绕传承中华优秀传统文化、体现社会主义核心价值观的要求，充分发挥文物教化育人的作用，加大革命文物的保护力度。

二是要立足于社会文明进步的高度，使文物工作与经济社会发展相结合。 文物工作是文化建设的重要组成部分，是推动经济发展、社会进步的重要力量，要与社会主义建设总体目标保持一致，体现精神文明和物质文明共同发展进步。当前，人民群众精神文化需求不断增长，特别是对高品质、有内涵的文化产品需求更加旺盛。依托文物要素传播历史文化知识，开展艺术欣赏研究，开展革命主义、集体主义和爱国主义教育，已经成为群众文化生活的重要内容，成为提升国民素质和民族凝聚力的重要方式。全区228座博物馆每年举办的展览超过1200个，各类学术研究和教育活动1700多次，参观人数超过2000万人次，为民众奉献了丰富多彩的文化大餐。十年间进行的两次文物普查，其成果已经服务于地方土地开发利用、城乡规划和基本建设、新农村建设，为地方重大项目决策提供科学依据，为地方经济文化发展提供资源支撑和保障。文物成为满足群众文化需求、推动文化繁荣的基础资源。

文物资源在旅游产业、文化创意产业发展等方面也发挥着越来越重要的作用。仅自治区博物院、昭君博物院、成吉思汗陵，2016年总参观人次就接近300万。我区141处全国重点文物保护单位及511处区级文物保护单位、228家博物馆保存的丰富文物资源，都是促进旅游产业、文化创意产业发展的积极力量。各级地方政府特别是文物部门一定要充分利用、发挥好文物资源的独特优势，为推动经济社会协调发展服务。

三是要立足于民生福祉的高度，将文物工作与公共服务体系建设相结合。 文物单位是提升人民福祉的重要力量，文物工作要服务于人民群众物质文化需求，体现人民群众利益。中宣部、财政部、文化部、国家文物局于2008年1月23日联合下发《关于全国博物馆、纪念馆免费开放的通知》，要求全国各级文化文物部门归口管理的公共博物馆、纪念馆，全国爱国主义教育示范基地全部实行免费开放。通过全区各盟市、部门的积极推进，全区博物馆基本实现了免费开放，广大群众基本文化权益得到切实保障。推进文物展览进社区、进乡村、进学校，把优秀展览送到贫困、偏远地区，并对困难家庭、留守儿童提供专门文化服务，对弱势群体、特殊群体的人文关怀不断加强。通过遗址公园建设和文化遗产保护项目，带动了相关地区旅游产业和相关产业发展，有效促进了文化消费，并扩大当地居民就业。

去年在深圳举办的国际博物馆高级别论坛开幕式上，习总书记发出贺信指出，博物馆是保护和传承人类文明的重要殿堂，是连接过去、现在、未来的桥梁，在促进世界文明交流互鉴方面具有特殊作用。近年来，全区各类博物馆在场馆设施建设、藏品保护研究、陈列展示和免费开放、满足民众需求、推动对外文化交流等方面不断取得进展。各类博物馆不仅是历史的保存者和记录者，也是全区各族人民为实现中华民族伟大复兴的中国梦而奋斗的见证者和参与者。全体文博工作者要认真学习习近平总书记的重要指示精神，落实好李克强总理批示、刘延东副总理讲话的要求，推动文物博物馆工作不断发展进步，为传承好博大精深的中华传统文化，增进人民群众幸福感和获得感、提升社会文明程度做出更大贡献。

三、明确责任，形成合力，奋力开创文物工作新局面

文物工作既是文物部门的工作职责，也是各级政府的重要职能。各地、各部门要认真贯彻落实党中央、国务院和自治区党委、政府的决策部署，切实把文物工作摆在更加突出的位置，肩负起建设文化强区、文化强国的历史责任。

第一，落实政府责任，统筹文物事业与经济社会发展。 各级政府要加强对文物工作的领导，进一步提高领导干部的文物保护意识，切实树立保护文物也是政绩的理念。地方政府主要负责同志要对本行政区域内的文物工作负总责，把文物工作作为全局工作的重要方面列入议事日程，明确分工和责任，把文物保护职责列入政府责任清单。要把文物事业纳入经济社会发展规划，把城乡建设中涉及文物保护的事项，纳入重大行政决策范畴。加强文物工作督查，建立责任追究机制，组织开展文物法人违法案件整治专项行动，集中曝光一批典型案件，杜绝法人违法行为。充分发挥专家学者、社会团体、社会公众在文物公共政策制定中的作用，提高公众参与度、决策科学性。加大政务公开和新闻发布力度，主动接受社会监督，及时回应社会关切，广泛凝聚社会共识。

第二，加大保护力度，提高科学化管理水平。 要科学规划、统筹推进遗址公园、博物馆等公共文化基础设施建设，各级地方财政要切实负起责任来，积极保障本行政区域内的文物工作和博物馆运行开放经费。继续加强文物保护制度建设，加强文物科技创新，加强文物人才队伍建设，提高文物管理能力和水平。

当前，我区国有文物的收藏情况总体摸清，但是文物认定登录的常态化机制尚待建立。要在普查成果的基础上，加强新发现文物的保护管理，逐步探索将民间收藏文物纳入自治区和国家登录范围，加强文物资源信息的定期统计和发布，建立健全文物登录制度。还要进一步提升全社会文物保护的意识，使每个人都承担文物保护的责任，做到文物保护人人有责。

第三，丰富文化产品供给，加强文化惠民。 要重视和发挥文物工作在提升公共文化产品和服务质量，保障公众文化权益，改善生活品质方面的积极作用。一方面，要加强文物单位的开放，通过举办高品质的文物展览展示，尤其是弘扬优秀传统文化和社会主义核心价值观的精品展览，丰富人民群众精神文化生活，提升公民素质，提升文明程度；结合文化遗产地开展研学旅游，加强博物馆青少年教育，培养青少年学生的民族自信心和爱国主义精神。另一方面，要把文物工作作为保障民利、惠及民生的一项重要工作来抓。通过文物保护工程和文物保护项目，特别是遗址公园和博物馆等公共文化设施建设，优化文物周边环境，改善群众生产生活环境，提升生活品质。推动文物资源与新型城镇化紧密结合，更多融入公共空间、公共设施、公共艺术的规划建设，丰富城乡文化内涵，优化社区人文环境，使城市、村镇成为历史底蕴厚重、时代特色鲜明、文化气息浓郁的人文空间。同时，通过文物保护相关产业的培育，促进文化消费，将文物工作作为推动革命老区、民族地区、边疆地区、贫困地区文化发展、扩大就业、促进社会进步的重要措施。

第四，加大资源开放力度，促进文物活起来。要着力解决文物利用体系分散，社会效益和价值未能充分发挥的问题，推进规划建设力度，健全利用机制。要用好用活第三次全国文物普查和第一次全国可移动文物普查成果，推动国有各级文物保护单位创造条件全部开放或局部定时段开放，已开放的要逐步扩大开放范围，加强不可移动文物、考古发掘品、馆藏文物、文物展览、文物拍卖等数据资源开放，促进资源共享。

要加强文物工作与相关产业的融合结合，服务于全区产业结构调整和供给侧结构性改革。推进革命文物保护利用，发展红色旅游；依托近现代建筑形成集历史展示、文化交流、休闲服务、文化创意产业于一体的复合型文化设施，建设"城市近现代历史文化廊道"；推进传统村落保护与活化利用，将传统村落与休闲农业、生态农业、文创农业相结合，发展农业观光旅游。

第五，加强国内、国际人文交流，讲好内蒙古故事。文物领域的国内、国际交流合作，是外界认知内蒙古、读懂内蒙古的重要窗口，为提升内蒙古文化影响力、促进人文交流合作，发挥着越来越重要的"助推器"作用。要实施内蒙古文物走出去精品工程，把文物资源作为讲好内蒙古故事的生动载体，找准历史和现实的结合点，推出一批高水平对外文物展览，向外界阐释推介更多具有内蒙古特色、体现中国精神、蕴藏中国智慧的优秀文化，增强中华文化的亲和力、感染力、吸引力、竞争力。

第三章　工作简报

内蒙古自治区第一次全国可移动文物普查工作简报

（第 1 期）

（内蒙古自治区第一次全国可移动文物普查领导小组办公室
2013 年 4 月 2 日印发）

内蒙古自治区文物局召开会议研究部署全区第一次全国可移动文物普查工作

为认真贯彻执行《国务院关于开展第一次全国可移动文物普查的通知》（国发〔2012〕54 号），以及国家文物局《关于落实国务院通知精神认真做好第一次文物普查的通知》（文物普查发〔2012〕14 号），2013 年 3 月 28 日，自治区文物局召开会议，研究部署全区第一次全国可移动文物普查工作。自治区文化厅副厅长、文物局局长安泳锝，自治区文化厅党组成员、博物院院长塔拉出席了会议，自治区文物局文物管理处、博物馆处、文物保护中心、文物信息中心负责人和有关人员参加了会议。

会议认为在我区开展第一次全国可移动文物普查，对于全面掌握我区文物资源、加强文物保护、加快文物强区建设具有重要意义。要求全区各地文化、文物主管部门，要充分认识开展可移动文物普查的重要性和紧迫性，认真做好各项准备工作，积极协调有关部门，落实普查经费，成立工作机构，确保普查顺利开展。

会议要求根据《国务院关于开展第一次全国可移动文物普查的通知》（国发〔2012〕54 号），国家文物局《关于落实国务院通知精神认真做好第一次文物普查的通知》（文物普查发〔2012〕14 号），国务院第一次全国可移动文物普查领导小组办公室印发的《第一次全国可移动文物普查实施方案》，进一步完善《内蒙古自治区第一次全国可移动文物普查实施方案》。

会议研究了内蒙古自治区第一次全国可移动文物普查领导小组办公室和普查项目办公室组成人员名单，决定普查项目办公室设在内蒙古博物院。

会议认真学习了国务院第一次全国可移动文物普查领导小组第一次会议的重要部署和相关要求，并决定尽快向全区文化、文物部门转发《第一次全国可移动文物普查工作简报》。

会议决定在国务院第一次全国可移动文物普查领导小组召开全国电视电话会议后，内蒙古自治区第一次全国可移动文物普查领导小组办公室及时开展全区可移动文物普查培训工作。

内蒙古自治区第一次全国可移动文物普查
工作简报

（第 2 期）

（内蒙古自治区第一次全国可移动文物普查领导小组办公室
2013 年 5 月 8 日印发）

国务院召开第一次全国可移动文物普查电视电话会议

2013 年 4 月 18 日，国务院召开第一次全国可移动文物普查电视电话会议，研究部署普查工作，中共中央政治局委员、国务院副总理刘延东同志出席会议并做重要讲话。刘延东副总理指出，可移动文物作为中华文化的实物见证，是开展爱国主义教育、传播先进文化、构建社会主义和谐社会的宝贵资源。依法开展文物普查，是建设文化强国、增强国家软实力的重大文化工程，对于提升公共服务能力、保障人民群众基本文化权益，加强国有文物监管、健全国家文物保护和利用体系，弘扬中华优秀传统文化、维护国家文化安全具有重要意义。

刘延东强调，对可移动文物开展普查在我国尚属首次，要借鉴以往不可移动文物普查的成功经验，依法严格按照普查实施方案精心组织，统一标准规范，加强质量监控，确保基础数据的完整、真实、准确。要加强文化与科技的融合，充分运用信息技术实现数字化管理。要通过翔实准确的普查数据为科学制定文物保护政策和规划提供依据，创新展示传播功能，实现文化遗产资源信息共享。她要求，各地各有关部门要加强组织领导，落实保障措施，加强人员培训，动员全社会积极参与文化遗产保护事业，确保如期完成普查任务。

会上国家文物局局长励小捷就普查工作情况做了说明，财政部副部长张少春代表国务院普查领导小组成员单位讲了话。

自治区人民政府高度重视此次会议，按照刘新乐副主席的要求，自治区可移动文物普查领导小组办公室认真组织各盟行署、市人民政府，自治区有关部门、单位人员收听收看了电视电话会议。在自治区政府分会场出席会议的领导有：自治区人民政府副主席、自治区第一次全国可移动文物普查领导小组组长刘新乐，自治区人民政府副秘书长、自治区第一次全国可移动文物普查领导小组副组长杨玺，自治区文化厅副厅长、文物局局长、自治区第一次全国可移动文物普查领导小组副组长、办公室主任安泳锝，自治区财政厅副厅长、自治区第一次全国可移动文物普查领导小组成员刘义胜，自治区文化厅党组成员、内蒙古博物院院长、自治区第一次全国可移动文物普查领导小组成员、项目办主任塔拉。自治区有关委、办、厅、局负责人和联系人，文化厅、文物局主要负责人，文化厅直属文博单位负责人，呼和浩特市人民政府分管文物工作的副市长，呼和浩特市文化局、文博单位负责人，共计 100 余人在自治区政府分会场参加了会议。出席盟市分会场的人员包括各盟行署、市人民政府分管文物工作的盟市长，各盟市有关委、办、局负责人和联系人，盟市文化（文物）局主要负责人，盟市文博单位主要负责人，旗县分管文物工作负责人，旗县文化局、文物局主要负责人，共计 700 余人。

内蒙古自治区第一次全国可移动文物普查
工作简报

（第 3 期）

（内蒙古自治区第一次全国可移动文物普查领导小组办公室
2013 年 5 月 8 日印发）

自治区人民政府召开第一次全国可移动文物普查领导小组第一次会议

2013 年 4 月 18 日，自治区人民政府副主席刘新乐主持召开了自治区第一次全国可移动文物普查领导小组第一次会议，研究部署普查工作，刘新乐副主席在会上发表了重要讲话。

刘新乐要求：全区各级政府和有关部门，要认真贯彻落实国务院副总理刘延东在国务院第一次全国可移动文物普查电视电话会议上的重要讲话，结合内蒙古自治区实际，切实做好可移动文物普查工作。

刘新乐强调：可移动文物普查是"十二五"规划的重要内容，各级政府和有关部门要高度重视第一次全国可移动文物普查工作，要充分认识开展可移动文物普查的重大意义和必要性，认真履行职能职责，继续发扬我区第三次全国不可移动文物普查工作的好作风，保质保量完成普查任务。

刘新乐指出：要加强普查工作的组织领导，建立工作机构；落实普查经费，保障普查工作顺利进行；加大培训力度，提高普查水平；加强宣传员，扩大普查工作的影响力；实现三个到位，即组织指导到位、普查巡视到位、文物认定到位；做到三个清楚，即目标清楚、家底清楚、数据清楚；建立四项制度，即普查督导制度、沟通协调制度、信息通报制度、专家咨询制度。要求出席会议的自治区各有关单位要认真领会会议精神，明确工作思路、方法、步骤和要求，统一思想，顾全大局，通力协作、密切配合，共同做好普查工作。要求自治区财政厅尽快落实普查经费，自治区文化厅、文物局作为领导小组办公室，要高度负责，尽快印发《内蒙古自治区第一次全国可移动文物普查实施工作方案》，加强对盟市、旗县普查工作的指导。

会上，自治区文化厅副厅长、文物局局长、自治区第一次全国可移动文物普查领导小组副组长、办公室主任安泳锝就此次普查的范围、内容、时间、步骤、经费保障、组织机构、技术路线、成果运用等做了详细说明，汇报了目前普查工作进展情况和下一步工作思路，对自治区可移动文物普查领导小组办公室编制的《内蒙古自治区第一次全国可移动文物普查实施方案（草案）》进行了解释说明，并征求与会人员意见。

会议研究了自治区可移动文物普查领导小组办公室编制的《内蒙古自治区第一次全国可移动文物普查实施方案（草案）》，建议以普查领导小组办公室名义印发，指导全区普查工作。各盟市、各部门普查机构按照该方案要求，编制本地区、本系统普查方案，并组织实施。

出席会议的领导和单位有：自治区人民政府副主席、自治区第一次全国可移动文物普查领导小组组长刘新乐，自治区政府办公厅、自治区文化厅、文物局、发改委、财政厅、教育厅、民政厅、国土资源厅、人民银行、国资委、宗教局、统计局、档案局、内蒙古军区政治部、科协、内蒙古博物院、内蒙古文物保护中心、内蒙古文物考古研究所等自治区可移动文物普查领导小组成员单位有关人员。

为了贯彻落实《国务院关于开展第一次全国可移动文物普查的通知》（国发〔2012〕54号）精神，4月16日，自治区人民政府正式印发了《内蒙古自治区人民政府关于在全区开展第一次全国可移动文物普查的通知》（内政发〔2013〕33号），对全区普查工作进行了周密的安排部署。

内蒙古自治区第一次全国可移动文物普查
工作简报

（第 4 期）

（内蒙古自治区第一次全国可移动文物普查领导小组办公室
2013 年 5 月 8 日印发）

自治区第一次全国可移动文物普查领导小组办公室召开工作会议

2013 年 5 月 7 日，自治区文化厅党组成员、副厅长，文物局局长，自治区第一次全国可移动文物普查领导小组副组长，领导小组办公室主任安泳锝同志主持召开了自治区第一次全国可移动文物普查领导小组办公室工作会议。自治区文化厅党组成员、内蒙古博物院院长、自治区第一次全国可移动文物普查领导小组项目部主任塔拉出席会议。自治区文物局文物处、博物馆处，内蒙古博物院，内蒙古文物保护中心相关负责人，以及自治区第一次全国可移动文物普查领导小组办公室、项目部部分成员参加了会议。

会上，安泳锝就自治区第一次全国可移动文物普查下一步的工作做了安排部署，塔拉就相关技术方面工作也提出了建设性意见。会议明确了以下几项工作内容：

一、领导小组办公室要做好协调统筹工作，领导小组办公室及项目部、专家组成员，下发到相关单位和部门；

二、制定详细的工作计划，明确时间表、路线图和责任人，分工明确，责任到人；

三、与财政厅协商，尽快落实可移动文物普查经费；

四、做好全区第一次全国可移动文物普查工作电视电话会议的各项前期筹备工作；

五、制定全区第一次全国可移动文物普查培训计划，适时举办各级各类培训班，加强对盟市、旗县可移动文物普查的指导，为做好可移动文物普查工作奠定基础；

六、督促各盟市成立盟市第一次全国可移动文物普查领导小组及领导小组办公室，要求各盟市尽快进入可移动文物普查工作状态。

内蒙古自治区第一次全国可移动文物普查
工作简报

（第 5 期）

（内蒙古自治区第一次全国可移动文物普查领导小组办公室
2013 年 6 月 7 日印发）

我区派员参加第三期全国可移动文物普查骨干培训班

6 月 2—5 日，国家文物局根据普查实施方案和工作计划安排，在重庆市举办了第三期全国可移动文物普查骨干培训班。我区从自治区文物局、内蒙古博物院、自治区文保中心共选派 6 人参加了此次培训。

本次培训班由国家文物局主办，重庆市文物局、北京鲁迅博物馆承办。北京、内蒙古、福建、江西、山东、广东、重庆、四川、陕西、甘肃、新疆以及新疆生产建设兵团等地区分别选派学员参加了培训。

国家文物局副局长宋新潮出席培训班并就第一次全国可移动文物普查相关内容做了解释说明。国家文物局博物馆与社会文物司司长段勇、博物馆与社会文物司巡视员王莉、博物馆与社会文物司博物馆处副处长何晓雷、全国可移动文物普查办王媛在培训班上分别就普查实施方案、文物认定程序、可移动文物信息指标、信息登录平台和采集软件等方面的内容进行了讲解和说明。此外，培训班还邀请了国家统计局普查中心副主任杜希双、国家文物鉴定委员会委员田俊荣、西安博物院副院长王锋钧、首都博物馆保管部主任武俊玲等领导和专家分别就统计部门如何开展普查工作、文物认定知识、国有单位文物收藏特点、馆藏文物登录标准等内容进行了讲解和说明。

此次培训班培训内容丰富全面，涵盖了可移动文物普查工作的方方面面，学员收获很大。我区将根据此次培训班的学习内容，举办全区可移动文物骨干培训班，全面开展我区可移动文物普查工作。

内蒙古自治区第一次全国可移动文物普查
工作简报

（第 6 期）

（内蒙古自治区第一次全国可移动文物普查领导小组办公室
2013 年 7 月 3 日印发）

自治区第一次全国可移动文物普查推荐标语口号

1. 文物家底有多少　普查一下就知道
2. 全区文物知多少　不做普查怎知道
3. 文物普查　更好保护　更多共享
4. 普查始于清点　传承始于行动
5. 国宝大调查　只为与你共享
6. 数清国宝公藏　保护中华文物
7. 国宝——就在你身边
8. 清点国宝　你我参与
9. 一次登记　世代受益
10. 文物普查　国家行动
11. 关注文物普查　热爱祖国文化
12. 让每个国民都能方便查阅国宝
13. 文物登记　留住记忆
14. 细数家珍　共享宝藏
15. 普查文物　让历史启示未来
16. 普查文物　你我关注
17. 国宝调查　全民关注
18. 我们的国宝　我们的守护

内蒙古自治区第一次全国可移动文物普查
工作简报

（第 7 期）

（内蒙古自治区第一次全国可移动文物普查领导小组办公室
2013 年 7 月 17 日印发）

自治区第一次全国可移动文物普查电视电话会议召开

为贯彻落实 4 月 18 日国务院召开的第一次全国可移动文物普查电视电话会议精神，传达学习国务院副总理刘延东同志的重要讲话，安排部署全区下一步可移动文物普查工作，7 月 16 日下午，自治区第一次全国可移动文物普查电视电话会议在自治区人民政府会议中心召开。自治区人民政府副主席、自治区第一次全国可移动文物普查领导小组组长刘新乐在主会场出席会议并做重要讲话，自治区党委宣传部副部长、文化厅厅长、自治区第一次全国可移动文物普查领导小组副组长周纯杰在主会场出席会议。会议由自治区政府副秘书长、自治区第一次全国可移动文物普查领导小组副组长杨玺主持。

会上，自治区文化厅（文物局）副厅长，自治区第一次全国可移动文物普查领导小组副组长、办公室主任安泳锝首先就我区可移动文物普查的进展情况、范围和内容、时间步骤、技术路线、组织实施、普查的重点和难点、文物认定、文物安全等有关情况做了详细说明。自治区财政厅副厅长刘义胜在代表自治区普查领导小组成员单位发言时指出，2013 年，自治区财政已经安排文物普查经费 400 万元，下一步，财政厅将根据国务院普查领导小组要求，将普查经费纳入自治区年度财政预算。全区各级财政部门一定要深刻领会、贯彻执行此次会议精神，将普查工作经费列入年度财政预算，做好全区可移动文物普查的经费保障工作。

最后，自治区人民政府副主席刘新乐做了重要讲话。刘新乐指出，开展第一次全国可移动文物普查是国务院做出的重要决策，是文化遗产领域开展的又一次重大国情国力调查。搞好这次普查，对于我们全面掌握全区可移动文物数量和保存状况，促进我区文化软实力和地区影响力具有重要的现实意义。

刘新乐针对普查的技术性问题提出四点要求：严格把关，确保普查质量；按照要求，统一标准规范；整合资源，提升科技含量；摸清家底，扩大成果应用。

刘新乐强调，这次可移动文物普查范围广，时间长，任务重，难度大。需要动员社会各方面力量广泛支持和积极参与，形成强大的工作合力。第一，要加强组织领导。各盟市、旗县都要成立专门的领导小组，领导小组各成员单位要按照工作分工，各司其职、协同配合，共同做好普查工作。第二，要确保人力投入。要选调业务素质高、经过专门培训、工作经验丰富、责任心强的人员充实力量，要加强普查人员培训，为普查实施提供坚实的人才保障。第三，要落实经费保障。各级财政部门要按照国务院和自治区人民政府的要求，安排专项经费，列入相应年度计划，并及时拨付，相关部门要加强对资金使用的管理和监督，提高资金使用效能，防止资金浪费。第四，要广泛宣传动员。要将宣传动员作为普查的一项重要工作贯穿始终，充分依托各类媒体，加大宣传力度，积极争取各方面支持。

刘新乐最后指出，可移动文物普查工作意义重大，任务光荣，会后大家要立即行动起来，加倍努力工作，圆满完成第一次全国可移动文物普查各项任务，为加快民族文化强区建设步伐做出新的更大的贡献！

杨玺在总结讲话中提出四点要求：第一，请全区各级可移动文物普查领导小组各成员单位高度重视，团结协作，密切配合共同做好本地区第一次全国可移动文物普查工作。第二，请各盟市、旗县尽快制定并逐级上报可移动文物普查工作实施方案、宣传方案等相关内容，并抓紧组织落实。第三，请各盟市、旗县尽快落实本地区年度普查经费，并将落实情况报上一级可移动文物普查领导小组办公室。第四，请自治区第一次全国可移动文物普查领导小组办公室尽快举办可移动文物普查培训班，之后盟市、旗县举办本地区可移动文物普查培训班，以便全面开展我区可移动文物普查工作。

此次会议在全区 12 个盟市及 102 个旗县市区设分会场。自治区第一次全国可移动文物普查领导小组各成员单位负责人及联系人、文化厅（文物局）有关领导以及自治区直属文博单位负责人及有关人员在主会场参加会议。各盟市、旗县分管文物工作的副盟市长、副旗县长，文化、文物部门有关负责同志在盟市、旗县分会场收看收听了会议。

内蒙古自治区第一次全国可移动文物普查
工作简报

（第 8 期）

（内蒙古自治区第一次全国可移动文物普查领导小组办公室
2013 年 8 月 5 日印发）

自治区举办全区第一、第二期可移动文物普查骨干培训班

2013 年 7 月 26 日至 8 月 3 日，内蒙古自治区第一、第二期全区可移动文物普查骨干培训班在呼和浩特市举办。来自全区 14 个盟市（含 2 个计划单列市）、102 个旗县（市区）的文化、文物局，部分文物收藏单位以及自治区普查领导小组成员单位、行业博物馆、区直属文博单位共 260 余人参加了培训。国家文物局博物馆与社会文物司博物馆处副处长何晓雷、中国文物信息咨询中心高级工程师王媛、中国文物信息咨询中心刘佳，以及自治区文物局、内蒙古博物院文物保护研究信息中心有关同志和专家在培训班上授课。

自治区文化厅副厅长、自治区文物局局长、自治区第一次全国可移动文物普查领导小组副组长、办公室主任安泳锝出席了第一期培训班开班仪式并讲话。他强调：各地各单位要充分认识开展第一次全国可移动文物普查的重要意义，在普查工作中要以求真务实的态度、真抓实干的作风、坚忍不拔的毅力，勤奋工作，努力探索，确保自治区第一次全国可移动文物普查工作任务圆满完成。同时，他从普查的重要意义、工作组织、质量控制、队伍建设等方面对全区的普查工作提出了要求。

自治区文化厅党组成员、内蒙古博物院院长、自治区第一次全国可移动文物普查领导小组办公室项目部主任塔拉出席第二期培训班开班仪式并讲话。他要求全体学员认真学习，学以致用，为圆满完成本次普查工作打下良好的理论基础。

培训班采用专题解读、讨论交流、实践操作等授课形式，培训内容包括第一次全国可移动文物普查标准规范、工作流程、信息采集软件以及信息登录平台、文物认定基础、自治区普查实施方案等内容。

通过本次培训，各地文物主管部门以及普查机构骨干迅速掌握了第一次全国可移动文物普查工作的方法措施、标准规范以及技术路线，为全区第一次全国可移动文物普查工作的开展奠定了坚实的人才基础。下一步，各盟市、旗县也将组织和开展本地区的普查培训工作。此次培训班由自治区第一次全国可移动文物普查办公室主办，自治区第一次全国可移动文物普查办公室项目部承办。

内蒙古自治区第一次全国可移动文物普查工作简报

（第 9 期）

（内蒙古自治区第一次全国可移动文物普查领导小组办公室
2013 年 8 月 6 日印发）

自治区第一次全国可移动文物普查新闻发布会在呼和浩特召开

8 月 6 日下午，自治区人民政府新闻办公室在呼和浩特市召开自治区第一次全国可移动文物普查新闻发布会。自治区文化厅副厅长、文物局局长、自治区第一次全国可移动文物普查领导小组副组长、自治区第一次全国可移动文物普查领导小组办公室主任安泳锝，自治区文化厅党组成员、内蒙古博物院院长、自治区第一次全国可移动文物普查领导小组办公室项目部主任塔拉等出席了新闻发布会。发布会由自治区党委宣传部新闻处处长尤占勇主持，近 30 家新闻单位参加了新闻发布会并进行了宣传报道。

安泳锝在发布会上介绍说，第一次全国可移动文物普查工作是一项非常重要和艰巨的任务，国家领导人高度重视此项工作。新闻媒体的宣传报道在普查过程中将起到积极的推动作用，希望各位新闻媒体的朋友们对我区可移动文物普查的进展情况进行跟踪报道，让越来越多的人认识和了解可移动文物普查工作，积极争取社会各界的支持。

塔拉在发布会上从可移动文物普查进展情况、普查的重要意义、范围和内容、时间步骤、技术路线、组织实施等方面详细介绍了我区第一次全国可移动文物普查的相关情况。

尤占勇要求各级媒体准确、及时地报道我区可移动文物普查的相关工作，让更多的群众关心和支持此项工作，确保我区可移动文物普查取得圆满成功。

发布会上，各位领导和专家还就可移动文物的范围、可移动文物普查的权属情况、可移动文物普查的重点难点等相关问题回答了记者提问。

内蒙古自治区第一次全国可移动文物普查工作简报

（第 10 期）

（内蒙古自治区第一次全国可移动文物普查领导小组办公室
2013 年 9 月 6 日印发）

全区各盟市可移动文物普查工作全面展开

继自治区可移动文物普查骨干培训班及新闻发布会后，全区各盟市迅速行动起来，积极开展本地区可移动文物普查工作。

一、呼伦贝尔市、赤峰市举办可移动文物普查骨干培训班

8 月 14 日至 16 日，呼伦贝尔市第一次全国可移动文物普查骨干培训班在海拉尔区开班。来自呼伦贝尔市 14 个旗县区文博单位的业务骨干、呼伦贝尔市普查领导小组成员单位相关人员共计 60 余人参加了此次培训班。

9 月 2 日至 4 日，赤峰市第一次全国可移动文物普查骨干培训班在赤峰市开班，赤峰市人民政府副秘书长李忠出席开班仪式并讲话。来自全市 12 个旗县区文博单位的业务骨干、赤峰市可移动文物普查领导小组成员单位相关人员共计 80 余人参加了此次培训班。

自治区文物局、内蒙古博物院、呼伦贝尔民族博物院、赤峰市博物馆等相关领导和专家分别在两地培训班上就第一次全国可移动文物普查相关内容进行了解读。

两地培训班采用专题解读、讨论交流、实践操作等形式进行授课。通过培训，呼伦贝尔市、赤峰市各文博单位掌握了第一次全国可移动文物普查工作方式、标准规范以及技术路线，为本地区可移动文物普查工作顺利开展打下了良好的基础。

二、兴安盟"一馆三址"可移动文物普查工作全面展开

为贯彻落实自治区人民政府《关于在全区开展第一次全国可移动文物普查的通知》，确保兴安盟可移动文物普查工作科学、规范、有序、高效开展，2013 年 8 月 2 日，内蒙古民族解放纪念馆召开工作会议，积极落实可移动文物普查各项工作任务：第一，派员到自治区参加可移动文物普查培训班；第二，制定《内蒙古民族解放纪念馆可移动文物普查实施方案》，健全组织，保证措施，落实经费，购置器材；第三，制定出时间推进表，有条不紊，踏踏实实开展普查工作；第四，"一馆三址"（内蒙古民族解放纪念馆、五一大会会址、乌兰夫办公旧址、内蒙古共产党工作委员会办公旧址）近现代文物居多，文物的描述和档案记录滞后于文物的展示利用。鉴于此，会议决定把这次可移动文物普查作为全员参与大练兵的有利契机，在摸清家底、分类定级的基础上，使整体业务素质上一个新的台阶，力争在这次全区可移动文物普查工作中获得佳绩。

三、乌兰察布市全面部署本地区可移动文物普查工作

7月16日，自治区第一次全国可移动文物普查电视电话会议结束后，乌兰察布市召开本市可移动文物普查领导小组工作会议，乌兰察布市第一次全国可移动文物普查工作领导小组成员单位、各旗县市区人民政府分管领导，市博物馆、各旗县市区文化局、文物管理所负责人参加了会议。乌兰察布市第一次全国可移动文物普查领导小组组长、市政府副市长王芳就乌兰察布市落实全区第一次全国可移动文物普查工作电视电话会议精神提出四点意见：第一，各旗县市区政府要高度重视此次可移动文物普查工作，立即成立当地普查领导机构，在参照市级领导小组的基础上可根据各地实际情况吸纳相关部门参与普查工作；第二，按照自治区的统一培训安排，各地一定要选派有责任心、业务精干的人员积极参加培训，通过学习能熟练掌握普查工作技能，同时，力争组织各旗县市区分管领导参加普查培训；第三，市、旗县区两级财政要把此次普查工作的专项经费列入本级财政，确保普查工作的顺利开展；第四，普查登记工作人员要严于律己，恪尽职守，从专业技术层面确保可移动文物普查数据科学、准确、真实、全面录入，最后做到资源共享。

四、呼和浩特博物馆开展馆藏文物信息采集工作

在自治区第一次全国可移动文物普查骨干培训班结束后，呼和浩特博物馆成立工作组，及时开展馆藏文物信息采集工作。工作组成员之间分工明确，严格遵守文物库房工作条例，做好每日库房工作日志记录。文物整理、文物拍摄、文物数据采集、文物信息登录人员各司其职，严格按照全国可移动文物普查的标准开展各项工作。

内蒙古自治区第一次全国可移动文物普查工作简报

（第 11 期）

（内蒙古自治区第一次全国可移动文物普查领导小组办公室
2013 年 9 月 30 日印发）

全区馆藏文物保护培训班在呼伦贝尔市举办

第一次全国可移动文物普查的目的之一是通过普查，全面掌握我区现存国有可移动文物的数量分布、保存状况、保管权属和使用管理等情况，总体评价可移动文物保护现状，为科学制定保护政策和规划提供依据。

为了提升可移动文物预防性保护和文物保护修复工作水平、推进可移动文物保护方案编制和人才队伍建设、争取国拨可移动文物保护专项经费，9 月 12—16 日，全区馆藏文物保护培训班在呼伦贝尔市海拉尔区举办。举办此类培训班在全国我区是第一个。

自治区文化厅副厅长、文物局局长安泳锝，自治区文化厅（文物局）党组成员、内蒙古博物院院长塔拉，呼伦贝尔市委常委、宣传部部长、内蒙古蒙古族源博物馆馆长孟松林，馆藏文物保存环境国家文物局重点科研基地副主任、上海博物馆文物保护与考古科学实验室负责人吴来明出席培训班开班仪式。开班仪式由塔拉主持，安泳锝和孟松林分别在开班仪式上做了重要讲话和致辞。

安泳锝在开班仪式上提出六点要求：一是要提高对馆藏文物保护工作的认识；二是要加大馆藏文物保护修复方案编制力度；三是要完善馆藏文物保护组织管理体系，改善馆藏文物保护环境；四是要利用可移动文物普查的有利时机，提升馆藏文物的保护管理水平；五是要加强馆藏文物保护人才的培养；六是要加强合作交流。孟松林在致辞中感谢自治区文化厅（文物局）把这次培训班放在呼伦贝尔市举办，给呼伦贝尔市文博事业一次锻炼、交流和展示的机会，同时详细介绍了蒙古族源与元朝帝陵综合考察研究项目的进展情况。

自治区直属文博单位负责人，全区各盟市文化局（文物局）分管文物工作的副局长，盟市级博物馆馆长，以及呼伦贝尔地区各旗县区文博单位有关负责人，共计 80 余人参加了此次培训。

馆藏文物保存环境国家文物局重点科研基地副主任、上海博物馆文物保护与考古科学实验室负责人吴来明，以及上海博物馆徐方圆老师、黄河老师在培训班上分别就馆藏文物预防性保护现状、趋势与成果示范案例分析，馆藏文物保存环境监测与调控，可移动文物预防性保护方案编写规范等方面的内容进行了详细的讲授；自治区文物局博物馆处负责人富永军就"十二五"全区可移动文物保护修复项目内容和要求做了解读。这些培训内容对于下一步做好全区可移动文物普查工作以及全区各级馆藏文物的保护工作，具有重要的指导意义。

本次培训班由自治区文化厅、文物局主办，呼伦贝尔文化局、呼伦贝尔民族博物院承办，培训的目的是为了做好我区"十二五"期间"馆藏文物预防性保护"和"馆藏文物本体保护"等项目的申报工作，为争取更多国家文物保护专项经费奠定良好的基础。

培训班结束后，自治区文物局认真抓好落实工作。一是依靠馆藏文物保存环境国家文物局重点科研基地的技术力量，依托内蒙古博物院的资源，组织开展全区第一批馆藏文物保护方案编制工作；二是以内蒙古文物保护中心为依托，编制赤峰地区三级以上珍贵文物柜架囊匣方案；三是委托中国文化遗产研究院编制完成《赤峰地区馆藏壁画保护修复方案（2013—2015）》，并上报国家文物局。

内蒙古自治区第一次全国可移动文物普查工作简报

（第 12 期）

（内蒙古自治区第一次全国可移动文物普查领导小组办公室
2013 年 10 月 10 日印发）

我区可移动文物普查工作进入实质阶段

（一）自治区文物局与六部门联合发文安排普查工作

2013 年 7 月 16 日，自治区人民政府召开全区可移动文物普查电视电话会议，对我区的普查工作进行了全面部署。自治区可移动文物普查领导小组各司其职，协同配合。2013 年 5 月至今，已相继收到国家文物局与国家档案局、教育部、民政部、文化部、国资委、财政部六部门联合印发的通知，要求相关部门做好本系统可移动文物普查工作。截至目前，自治区文物局已分别与自治区档案局、教育厅、民政厅、文化厅、国资委、财政厅六部门联合转发了上述通知，分别就各部门各系统的普查工作做出统一安排部署，同时要求各地各部门按照通知要求，各司其职，协调配合，统筹安排，共同做好全区各相关系统的可移动文物普查工作。目前，各地各部门正在按照要求积极开展本地区和本部门的可移动文物普查工作。

（二）全区普查员信息统计工作正在进行，将统一上报国家文物局办理普查员证

根据国家文物局要求，全区普查员信息统计工作正在进行。截至目前，自治区普查办已收到全区各级相关部门上报的近 2000 名普查员信息，现正在抓紧审查和编号，汇总后将上报国家文物局统一办理普查员证，以便顺利开展我区的可移动文物普查工作。

（三）呼伦贝尔市可移动文物普查工作全面展开

1. 文物系统内开展清库和信息采集工作。在呼伦贝尔市普查办的指导下，全市文物系统内的各文物收藏单位根据国家统一规范和技术标准，开展国有单位收藏、保管文物情况摸底排查和文物清库、文物测量、拍摄、信息数据资料采集工作，完善相关档案记录，并按要求进行登记。

2. 以县域为单位，按照普查要求，向各国有文物收藏单位发放调查表，开展文物调查工作。呼伦贝尔市可移动文物普查骨干培训班结束后，全市各级普查办向辖区内各国有单位发放调查表，对各单位收藏文物信息进行调查核实，为文物认定和信息采集奠定基础。

（四）包头市召开领导小组工作会议，举办全区可移动文物普查骨干培训班

9月22日，包头市政府副市长张世明主持召开全市可移动文物普查领导小组工作会议，市领导小组成员单位及各旗县区负责人等40余人参加了会议。会上，市领导小组与各旗县区签订了责任书，张世明副市长对全市可移动文物普查工作提出了具体要求，包头市文化局局长李占峰对《实施方案》进行了解读。

9月23日，包头市可移动文物普查培训班开班，各旗县区文管所所长及业务人员等35人参加了培训。市文化局副局长梁际新在开班仪式上致辞，包头市可移动文物普查领导小组办公室主任张海斌布置了下一步普查工作，要求各旗县区于9月底将各旗县所属区域内的国有单位名录上报市普查办项目部。此次培训采取理论与实践相结合、现场采集文物信息、登录等方式，同时现场解答软件与摄影等方面的问题。

（五）鄂尔多斯市召开全市可移动文物普查电视电话会议

近日，鄂尔多斯市召开第一次全国可移动文物普查电视电话会议，鄂尔多斯市普查领导小组各成员单位参加了会议，会议由市人民政府副秘书长闫永升主持，政府副市长李国俭出席会议并做重要讲话。会议传达并学习了自治区关于可移动文物普查工作相关文件和会议精神，市财政局代表普查领导小组成员单位做了表态发言，市文化局就普查工作的进展情况及进一步工作计划和安排做了通报。李国俭副市长从普查的意义、要求和组织实施等方面做具体强调，同时要求各地区、各单位科学合理安排，积极密切配合，保质保量完成全市可移动文物普查的各项工作任务，为加快推进建设西部文化强市做出积极贡献。

内蒙古自治区第一次全国可移动文物普查工作简报

（第 13 期）

（内蒙古自治区第一次全国可移动文物普查领导小组办公室
2013 年 11 月 14 日印发）

全区可移动文物普查工作进入新阶段

一、全区大部分地区可移动文物普查经费基本落实

按照自治区第一次全国可移动文物普查领导小组统一要求，目前，全区大部分地区可移动文物普查经费已落实。其中，自治区本级落实普查经费 400 万元；呼和浩特市本级 100 万元；呼伦贝尔市 50 万元；赤峰市本级 30 万元，每旗县区 10 万元；包头市 20 万元；鄂尔多斯市乌审旗 180 万元；锡林郭勒盟本级 60 万元，旗县区共 30 万元；阿拉善盟本级 40 万元，阿拉善右旗 15 万元；乌兰察布市商都县 10 万元。其他没有落实普查经费的盟市、旗县也在积极落实中。

二、乌海市举办可移动文物普查骨干培训班

2013 年 11 月 4 日至 5 日，乌海市普查办举办全市第一次全国可移动文物普查骨干培训班，来自全市各行政机关、国有企事业单位及各博物馆共 60 余人参加了培训。乌海市文化局副局长、乌海市第一次全国可移动文物普查领导小组副组长、办公室主任刘利军在开班仪式上对可移动文物普查相关工作做了安排部署，并提出了具体要求。自治区普查办以及乌海博物馆有关专家在培训班上就普查实施方案、信息采集软件的使用、文物登录规范以及文物摄影等相关内容进行了讲解。通过培训，学员们基本掌握了可移动文物普查工作的相关知识和内容，为即将开展的乌海市第一次全国可移动文物普查工作奠定了坚实的基础。

三、通辽市举办可移动文物普查骨干培训班

2013 年 10 月 31 日，通辽市普查办举办全市第一次全国可移动文物普查骨干培训班。通辽市普查办相关人员、各旗县市区普查办负责人、博物馆馆长以及有关单位的普查工作骨干人员等 40 余人参加了培训。通辽市第一次全国可移动文物普查领导小组办公室主任、市文化局副局长马壮志在开班仪式上对可移动文物普查下一阶段工作的目标任务、工作重点和措施进行了全面的安排部署，对各旗县区各部门提出了具体要求。自治区普查办有关专家，通辽市文化局、博物馆有关人员在培训班上就第一次全国可移动文物普查工作流程、可移动文物登录指标及普查登记表、登录平台与信息采集软件、文物摄影技术及要求、文物认定规范及程序等内容进行了讲解。此次培训工作的结束，标志着通辽市可移动文物普查工作正式展开。

四、赤峰市各旗县区可移动文物普查工作全面展开

（一）赤峰市博物馆可移动文物普查工作进入信息采集阶段。2013 年 10 月 8 日，赤峰市博物馆第一次全国可移动文物普查工作正式启动，成立了以馆长刘冰为组长的可移动文物普查小组。普查小组共 8 人，成员间团结协作，密切配合，经过努力，目前已完成普查文物 1000 余件/套，拍摄文物照片 2000 余张。

（二）喀喇沁旗可移动文物普查进入文物调查阶段。目前，喀喇沁旗第一次全国可移动文物普查已进入文物调查阶段。文物调查、登记、数据管理工作由办公室下设的项目部承担，负责旗内国家机关、事业单位、国有企业和国有控股企业等单位可移动文物调查登记工作。

五、呼伦贝尔市开展第一次全国可移动文物普查工作

（一）呼伦贝尔民族博物院已开展馆藏文物基础数据的采集工作，目前已完成了俄罗斯精品文物的数据采集等基础工作。

（二）陈巴尔虎旗制定了可移动文物普查工作方案，旗民族博物馆组织全体职工学习第一次全国可移动文物普查信息采集软件及相关规范，对普查队员进行分工，分为档案信息采集组和国有单位可移动文物普查组。预计至 11 月 30 日完成全部馆藏文物信息录入工作。与此同时，国有单位普查已同时进行，两个普查组已深入镇区相关单位工作，届时将与信息录入工作同步完成。

（三）根河市人民政府下发了关于开展第一次全国可移动文物普查的通知，成立了普查领导小组，并在普查经费上给予大力支持。根河市文物管理所走访了普查范围内的单位，送达国家文物局《关于发布第一次全国可移动文物普查登记表的通知》及《第一次全国可移动文物普查登记表》，现已走访了市公安局、教育局、铁路车站、财政局、共青团市委、技术监督局、交通运输局、人民银行、林业局、档案局等单位，并严格填写了普查登记表。

（四）扎赉诺尔区制定了《实施方案》，成立了普查领导小组，制定了普查经费预算，并向区政府积极申请。同时，利用新闻媒体滚动播出扎赉诺尔区可移动文物普查工作宣传口号及发放宣传单等形式，宣传可移动文物普查相关内容，营造了良好的舆论宣传氛围。近期又召开扎赉诺尔区第一次全国可移动文物普查工作动员大会，对 2013 年扎赉诺尔区第一次全国可移动文物普查工作做出具体安排和部署。

（五）扎兰屯市人民政府成立了可移动文物普查领导小组和办公室，并印发了可移动文物普查通知和方案。普查人员现已开始到有关单位，发放市政府可移动文物普查的通知及国有单位文物收藏情况调查登记表。

六、兴安盟"一馆三址"全力开展可移动文物普查工作

根据国家可移动文物普查指示精神，兴安盟文化产业开发办公室（盟红色文化遗产管理中心）近期对下辖的内蒙古民族解放纪念馆、五一会址、乌兰夫办公旧址和内蒙古党委办公旧址开始了可移动文物普查的前期建账工作。在建好文物总登记账的基础上对"一馆三址"馆藏文物初步进行了尺寸、质量的测量和文物的描述、拍照，做到有条不紊，有序进行。

为更好地保护和利用盟内可移动近现代文物，纪念馆派员两次来到乌兰浩特市收藏大家、辽泉阁总经理于颖辉先生店里，对他收藏的与内蒙古革命和内蒙古自治区成立有关的近现代文物进行整理、清点、拍照，并登记成册。

令人惊喜的是，经过清点，于颖辉先生居然有近 500 件与内蒙古历史有关的文物，并且有相当一部分是弥足珍贵的。他介绍说，这些文物都是他的命根子，耗费了大量人力物力费尽心思征集而来，他对每一件文物背后的故事都如数家珍。其中，"内蒙古自治大会的会议通知""纳文慕仁盟盟长额尔登与骑兵五师司令鄂嫩日图 1945 年联合发布的军政布告""成吉思汗庙落成明信片"等都是国内仅存的珍品，是这次普查中难得的意外收获。

随着"一馆三址"知名度和影响力的不断提升，内蒙古自治政府的诞生地——乌兰浩特市也越来越被人们所熟悉，而馆藏文物少、种类单一、征集匮乏等问题也日益显现，迫切需要扩充馆藏文物的总量，提升馆藏文物的质量。本着对珍贵文物抢救为主、保护第一的原则，盟文化产业开发办公室与于颖辉先生就下一步捐赠或征集事宜达成了意向性协议，并将于颖辉先生珍藏的与内蒙古历史有关的藏品纳入兴安盟文化产业办制定的《内蒙古民族解放纪念馆拟征集文物方案》中。下一步将积极争取盟委、行署的大力支持，进一步收集、保护流散于民间的珍贵文物。

七、鄂尔多斯市可移动文物普查工作有序推进

自 2012 年 10 月第一次全国可移动文物普查工作开展以来，全市上下积极响应，认真组织，广泛动员，统筹协调。目前，全市普查工作有序推进。一是组建了普查机构，8 月份市人民政府印发了《关于切实做好我市第一次全国可移动文物普查工作的通知》并成立以市政府副市长为组长，市委宣传部、财政局、文化局、民政局等 14 个单位的分管领导为成员的鄂尔多斯市第一次全国可移动文物普查工作领导小组。二是组织召开了全市第一次全国可移动文物普查电视电话会议，会上市可移动文物普查领导小组组长、市人民政府副市长李国俭就普查工作进行了全面动员和部署。三是编制了《鄂尔多斯市第一次全国可移动文物普查实施方案》和《鄂尔多斯市第一次全国可移动文物普查宣传方案》，成立了全市第一次全国可移动文物普查领导小组办公室、项目部和专家组，并印发了《鄂尔多斯市第一次全国可移动文物普查工作时间表、任务书、责任人一览表》。四是组织召开市普查办会议，对全市 2013 年度普查工作任务进行分组分工、落实。目前，正在积极开展全市文物收藏单位的摸底调查工作。

内蒙古自治区第一次全国可移动文物普查工作简报

（第 14 期）

（内蒙古自治区第一次全国可移动文物普查领导小组办公室
2013 年 12 月 13 日印发）

全区可移动文物普查工作继续向前推进

一、《内蒙古自治区第一次全国可移动文物普查 800 问》出版发行

第一次全国可移动文物普查是新中国成立六十余年来，我国首次开展的全国可移动文物普查，是继第三次全国不可移动文物普查之后我国文化遗产领域的重大国情国力调查。通过普查，全面掌握我国现存国有可移动文物的数量分布、保存状况、保管权属和使用管理等情况，为科学制定保护政策和规划提供依据，实现文物信息资源的整合与合理利用，有效发挥文物在国民经济和社会发展中的积极作用。为了传播历史文化，让更多的人了解和支持可移动文物普查工作，自治区文化厅、文物局编辑出版了《内蒙古自治区第一次全国可移动文物普查 800 问》，内容涵盖可移动文物普查基本要求和相关法规制度，历史、文化、文物、民族基础知识，内蒙古文物资源概述，内蒙古自治区第一次全国可移动文物普查方案，各类可移动文物图片等。《内蒙古自治区第一次全国可移动文物普查 800 问》是一部了解可移动文物普查的简明知识读本，第一次印刷 3000 余册，已在全区一定范围内发放，得到了社会各界的广泛好评。

二、呼和浩特市举办全市可移动文物普查骨干培训班

呼和浩特市是自治区可移动文物普查的重点地区。按照普查属地管理原则，中央、自治区驻呼单位的普查工作都由呼和浩特市来完成，普查任务繁重。呼市地区普查任务完成的好坏，直接关系到全区普查工作的质量。

为了保质保量完成普查任务，根据普查实施方案和工作计划安排，2013 年 11 月 15—17 日，呼和浩特市第一次全国可移动文物普查领导小组办公室举办了全市可移动文物普查骨干培训班。来自全市各旗县区的文化局，部分文物收藏单位以及呼市普查领导小组成员单位、行业博物馆、市直属文博单位共 150 余人参加了培训。中国文物信息咨询中心刘佳，以及自治区文物局、内蒙古博物院文物保护研究信息中心有关同志和专家在培训班上授课。

培训班采用专题解读、讨论交流、实践操作等授课形式，培训内容包括第一次全国可移动文物普查标准规范、工作流程、信息采集软件以及信息登录平台、文物认定基础、自治区普查实施方案解读等内容。通过本次培训，学员们迅速掌握了第一次全国可移动文物普查工作的方法措施、标准规范以及技术路线，为全市第一次全国可移动文物普查工作的开展奠定了坚实的人才基础。

三、乌兰察布市举办全市可移动文物普查培训班

为了保质保量完成普查任务，根据普查实施方案和工作计划安排，2013 年 11 月 19—20 日，乌兰察布市第一次全国可移动文物普查领导小组办公室举办了全市可移动文物普查骨干培训班。来自全市 11 个旗县区的文化局、文管所，部分文物收藏单位以及乌兰察布市普查领导小组成员单位、市直属文博单位共 90 余人参加了培训。自治区文物局、内蒙古博物院文物保护研究信息中心有关同志和专家在培训班上授课。

培训班采用专题解读、实践操作等授课形式，培训内容包括第一次全国可移动文物普查标准规范、工作流程、信息采集软件以及信息登录平台、自治区普查实施方案解读等内容。通过本次培训，学员们迅速掌握了第一次全国可移动文物普查工作的方法措施、标准规范以及技术路线，为有效完成乌兰察布地区的可移动文物普查任务奠定了坚实的人才基础。

四、鄂尔多斯市举办全市可移动文物普查骨干培训班

2013 年 12 月 4—6 日，鄂尔多斯市可移动文物普查骨干培训班在鄂尔多斯市职业学院举办。来自全市 10 个旗区的文化、文物局，部分文物收藏单位以及鄂尔多斯市普查领导小组成员单位、市直文博单位共 130 余人参加了培训。内蒙古博物院文物保护研究信息中心有关同志和专家在培训班上授课。

鄂尔多斯市文化局党组书记、局长，鄂尔多斯市可移动文物普查领导小组副组长、普查办主任白霞出席了培训班开班仪式并讲话。她强调：各旗区各单位要充分认识开展第一次全国可移动文物普查的重要意义，在普查工作中要以求真务实的态度、真抓实干的作风、坚忍不拔的毅力，勤奋工作，努力探索，不断积累和总结好的工作经验，确保鄂尔多斯市可移动文物普查工作圆满完成。同时，她从普查的重要意义、工作组织、质量控制、队伍建设等方面对全市的普查工作提出了要求。

培训班采用专题解读、讨论交流、实践操作等授课形式，培训内容包括鄂尔多斯市第一次全国可移动文物普查概况及实施方案解读；可移动文物普查文物登录规范解读及普查登记表填写说明；信息采集软件及信息登录平台的建立；相机的使用及文物影像数据采集，包括采集软件、数据库平台、信息录入、演练等内容。通过本次培训，各旗区文物主管部门以及普查机构人员迅速掌握了第一次全国可移动文物普查工作的方法措施、标准规范等，为鄂尔多斯市第一次全国可移动文物普查工作的开展奠定了坚实的人才基础。

五、鄂尔多斯博物馆可移动文物普查工作有序进行

鄂尔多斯博物馆第一次全国可移动文物普查工作自 10 月 10 日正式启动以来，各项工作都在有条不紊地进行。

负责普查工作的领导及各小组成员态度严谨，工作认真负责，严格遵守国家可移动文物普查方案及流程，普查前期主要分为三个步骤：第一，对馆藏文物进行质、型、量等基本信息入账登记，由藏品部负责文物的出入库及基本信息采集；第二，对登记入账的文物进行拍照，由博物馆奥静波书记带领拍摄组成员在文物库房进行现场拍摄并指导；第三，对文物信息进行全面录入登记，包括文物最基本的信息与全方位照片资料登录备案。

目前，此项工作进展顺利，为推动后期工作奠定了良好基础。

内蒙古自治区第一次全国可移动文物普查工作简报

（第 15 期）

（内蒙古自治区第一次全国可移动文物普查领导小组办公室
2013 年 12 月 30 日印发）

我区派员参加国家文物局举办的普查文物登录规范骨干培训班

2013 年 12 月 23—27 日，国家文物局根据普查实施方案和下一阶段普查工作安排，在厦门国家会计学院举办了普查文物登录规范骨干培训班。我区从自治区文物局、内蒙古博物院、内蒙古文物考古研究所共选派 5 人参加了此次培训。

本次培训班由国家文物局主办，福建省文物局、厦门市文化广电新闻出版局承办。全国各省区市普查机构、重要文物收藏单位分别选派学员参加了培训。

国家文物局副局长、国务院第一次全国可移动文物普查领导小组办公室主任宋新潮出席培训班开班仪式，并对 2014 年普查工作做了安排部署。宋局长指出，2014 年，普查工作将进入关键阶段，各省区市要继续加强各级普查机构的组织协调作用，加强各部门的联动机制。要求各级普查机构认真总结梳理第一阶段工作，摸清收藏有文物的国有单位总体情况，分析整理统计上报数据，认真做好第一阶段收尾工作；各地各单位要加强统筹，确保普查经费的落实；各级普查机构要制定工作细则，全面启动文物信息审核登录工作、网络报送和审核工作；加强普查的督导检查，制定质量控制方案，确定控制目标，确保普查进度和质量；在普查过程中，要确保文物安全；加大培训力度，建立一支高素质的普查队伍；积极开展普查宣传，扩大普查工作影响力。国家文物局博物馆与社会文物司司长、国务院第一次全国可移动文物普查领导小组办公室副主任段勇对 2013 年普查工作进行了总结。宋局长、段司长在讲话中对内蒙古自治区的普查工作给予了充分肯定，特别是对我区印制的《内蒙古自治区可移动文物普查时间表、任务书、责任人》《内蒙古自治区第一次全国可移动文物普查 800 问》提出了表扬。国家文物局博物馆与社会文物司巡视员、国务院第一次全国可移动文物普查领导小组办公室副主任王莉主持全程培训工作。中国文物信息咨询中心工程师王媛就可移动文物普查信息登录平台的功能与使用进行了讲解和说明。培训班还邀请了上海博物馆副馆长陈克伦、甘肃省博物馆副馆长贾建成、首都博物馆保管部主任武俊玲、北京市博物馆研究所祁庆国、陕西省考古研究院副院长曹龙、湖南省博物馆副馆长李建毛等分别就文物认定、计量标准、定名、时代、出土文物信息采集、影像信息采集、管理信息采集等方面的内容进行了讲解和说明。

此次培训班培训内容丰富全面，涵盖了可移动文物普查工作的方方面面，学员收获很大，培训取得了圆满成功。我区将根据此次培训班的学习内容，举办全区普查文物登录规范骨干培训班，保质保量完成可移动文物普查工作。

赤峰市博物馆可移动文物普查工作进入信息采集阶段

赤峰市博物馆可移动文物普查工作已经进行了两个多月。在这期间，赤峰市博物馆可移动文物普查小组的所有成员，不顾文物库房的艰苦环境和工作条件，认真按照普查工作的程序和要求，开展文物信息采集工作。截至目前已完成普查可移动文物 2000 余件/套，拍摄可移动文物照片 6000 余张，其中，陶器和瓷器的普查工作基本完成，可移动文物普查工作取得阶段性成果。

巴林左旗举办第一次全国可移动文物普查培训班

2013 年 9 月 22—23 日，巴林左旗第一次全国可移动文物普查培训班在辽上京博物馆举办。本次培训由巴林左旗第一次全国可移动文物普查办公室主办，巴林左旗第一次全国可移动文物普查办公室项目部承办，有关部门和部分文物收藏单位共 20 余人参加了培训，辽上京博物馆有关同志在培训班上授课。培训班采用了专题讲解、讨论、实践操作等形式。通过培训，学员们基本掌握了第一次全国可移动文物普查的方法、标准规范以及技术路线，为全旗第一次全国可移动文物普查工作的开展奠定了坚实的人才基础。培训结束后，及时开展了国有可移动文物收藏单位调查统计工作。

内蒙古自治区第一次全国可移动文物普查
工作简报

（第 16 期）

（内蒙古自治区第一次全国可移动文物普查领导小组办公室
2014 年 2 月 17 日印发）

全区可移动文物普查国有单位文物收藏情况调查全面完成

按照国务院和国家文物局总体要求和统一部署，内蒙古自治区的可移动文物普查工作全面展开。自治区政府成立了可移动文物普查领导小组，召开了"全区第一次全国可移动文物普查电视会议"和领导小组会议，刘新乐副主席发表重要讲话；自治区文化厅（文物局）党组高度重视可移动文物普查工作，自治区党委宣传部副部长、文化厅厅长、自治区第一次全国可移动文物普查领导小组副组长周纯杰几次组织召开会议，安排部署普查工作，自治区文化厅副厅长、文物局局长、自治区第一次全国可移动文物普查领导小组副组长、办公室主任安泳锝多次组织召开办公室会议，贯彻落实刘新乐副主席、周纯杰厅长的指示精神，并亲自带队到盟市、旗县检查指导工作；自治区文化厅、文物局会同自治区政府新闻办，召开了"可移动文物普查工作新闻发布会"；编印了《内蒙古自治区第一次全国可移动文物普查 800 问》，印发了《内蒙古自治区第一次全国可移动文物普查实施方案》《内蒙古自治区第一次全国可移动文物普查宣传方案》《内蒙古自治区第一次全国可移动文物普查时间表、任务书、责任人一览表》；自治区文物局与自治区教育厅、民政厅、财政厅、文化厅、新闻出版局、国资委、档案局分别印发通知，推动普查开展；举办了 2 期自治区级普查骨干培训班，培训普查人员 260 人；自治区财政 2013 年安排普查经费 400 万元，2014 年安排 423 万元，并确定一直到 2016 年每年将普查经费纳入年度财政预算；全区共有 1200 余人参与国有单位文物收藏情况调查工作。

各盟市、旗县也都根据要求成立了相应的普查机构，举办了普查骨干培训班，培训人员 1200余人。绝大部分盟市已经落实了普查经费，完成了国有文物收藏单位调查工作。鄂尔多斯博物馆等多个国有文物收藏单位开始清库和信息采集工作。

全区各级普查办印制了《国有单位文物收藏情况调查登记表》，发放到各国有单位，全面开展国有单位调查摸底工作。经过全区各级普查人员的共同努力，完成了《内蒙古自治区国有单位文物收藏情况调查工作总结》《内蒙古自治区国有单位文物收藏情况调查汇总表》《内蒙古自治区申报文物数量统计表》《内蒙古自治区文物数字化现状调查表》《内蒙古自治区初始化信息表》《内蒙古自治区收藏单位初始化信息统计表》，国有单位文物收藏情况调查工作全面完成。

在前一阶段的工作中，共对全区 17778 个国有单位进行了调查登记，其中呼和浩特市调查 1734 家已完成 1723 家、包头市调查 1046 家已完成 575 家、鄂尔多斯市调查 1887 家已完成 1832 家、阿拉善盟调查 615 家已完成 614 家、巴彦淖尔市调查 968 家已完成 899 家、乌海市调查 437 家已完成 428 家、乌兰察布市调查 1718 家已完成 1524 家、锡林郭勒盟调查 2030 家已完成 1807 家、赤峰市调查 1825 家已完成 1513 家、兴安盟调查 1186 家已完成 1035 家、呼伦贝尔市调查 2891 家已完成 2541 家、通辽市调查 1753 家已完成 1753 家。

调查登记的国有单位中，中央机关 6832 个，事业单位 8965 个，国有企业及国有控股企业 1632 个，宗教寺庙 349 个。全区共发放《国有单位文物收藏情况调查登记表》17778 份，各级普查机构充分利用和发动政府管理的力量和资源，旗县区以乡镇、苏木、街道、社区的网格化为片区单元开展调查表发放和回收工作，除部分单位由于迁移合并等原因未回馈《登记表》外，共计收回 16556 份，回收率达 96%。

调查中反馈收藏有文物的国有单位共 980 个，占所有调查国有单位的 5.9%，其中博物馆、纪念馆 247 个，图书馆 219 个，美术馆 204 个，档案馆 138 个，其他机关事业单位 172 个。980 个国有文物收藏单位中，中央、省属单位 14 个，占所有调查单位的 0.08%；地市级单位 398 个，占所有调查单位的 1.8%；县区及以下级别单位共 568 个，占所有调查单位的 3.4%。按照单位性质分，国有文物收藏单位主要集中在文化、体育、娱乐行业，共计 673 个，占国有文物收藏单位的 68.7%；其次是公共管理和社会组织行业，共计 273 个，占国有文物收藏单位的 27.9%；其余的 3.4% 分布在教育、服务、卫生以及社会保障等行业。

此次调查工作掌握了全区国有可移动文物分布和收藏情况，为下一步文物收藏单位开展文物信息采集和登记等工作打下坚实基础。近期，全区各级普查机构将认真分析梳理第一阶段工作，做好收尾总结，特别是对国有单位文物收藏情况进行认真核对，查漏补缺。在此基础上，组织专家开展文物认定、数据采集、审核、登录和网络报送工作，自治区普查办将重点对各盟市、旗县的普查工作进行督导检查，按季度向国家普查办汇报工作情况。

内蒙古自治区第一次全国可移动文物普查
工作简报

（第 17 期）

（内蒙古自治区第一次全国可移动文物普查领导小组办公室
2014 年 2 月 26 日印发）

自治区第一次全国可移动文物普查领导小组办公室
召开会议，安排部署普查工作

为确保全区普查工作的质量和进度，2014 年 2 月 18 日，自治区第一次全国可移动文物普查领导小组办公室召开会议，总结回顾 2013 年工作，安排部署 2014 年工作。自治区文化厅副厅长、文物局局长、自治区第一次全国可移动文物普查领导小组办公室主任安泳锝根据刘新乐副主席的指示和周纯杰厅长的要求，主持会议并讲话，文化厅党组成员、内蒙古博物院院长、自治区第一次全国可移动文物普查领导小组办公室副主任、项目部主任塔拉出席会议，自治区普查办、项目部全体人员，直属文博单位主要负责人参加了会议。

会上，安泳锝总结了 2013 年工作，对 2014 年工作进行了安排部署。他指出：2013 年，全区可移动文物普查工作进展顺利，成效显著，得到了国家文物局的认可和表扬。周纯杰厅长对 2013 年的可移动文物普查工作给予充分肯定，批示指出："去年工作成绩显著，大家辛苦了，向同志们表示感谢。希望将今年的工作安排好，落实好。"普查工作成绩的取得与自治区人民政府的正确领导、财政等部门的大力支持与配合、文化厅党组的高度重视、全区各级普查机构的辛勤努力是分不开的。我们要按照周纯杰厅长的指示精神和普查工作的总体要求，继续努力，做好普查的各项工作，争取国家文物局的再次表扬。2014 年普查工作将进入关键阶段，普查时间紧、任务重、难度大。普查办、项目部、直属文博单位要更加重视普查工作，发扬成绩，弥补不足，扎实有效开展各项工作。下一步重点要做好以下几项工作：一是全区各级普查办、项目部要对第一阶段工作进行认真总结梳理，做好统计、分析、资料整理、上报等收尾工作；二是在全区组织开展可移动文物普查"回头看"活动，对第一阶段的工作进行查漏补缺，确保调查范围全覆盖；三是举办一次全区文物认定、信息采集、登录等方面的骨干培训班，打造一支高素质的普查队伍，为下一阶段普查工作打好基础，并利用培训机会，促进相互学习交流；四是针对普查工作中遇到的实际问题，筹备召开一次自治区普查领导小组会议，确保部门联动，齐抓共管；五是重点文物收藏单位内蒙古博物院、内蒙古文物考古研究所要尽快开展清库、文物信息采集、审核、登录等工作，在普查过程中，要严格按照程序和要求操作，确保文物安全；六是自治区普查办、项目部尽快制定工作细则，全面启动文物认定、信息采集、审核、登录、网络报送工作，加强对盟市旗县普查工作的指导检查；七是自治区普查办要继续发挥组织协调作用，统筹安排好各项工作，采取各种形式，继续加大宣传力度，扩大普查工作影响力；八是项目部要加强队伍建设，集中人力物力，全面、准确、及时完成各项工作。

塔拉院长就普查质量控制、普查队伍建设、监督检查、文物认定、馆藏珍贵文物鉴定、重点文物收藏单位普查工作开展等方面提出了要求。

可移动文物普查"回头看"活动在全区展开

为保证普查质量，自治区第一次全国可移动文物普查领导小组办公室组织开展全区可移动文物普查"回头看"活动。活动要求：第一，全区各级普查机构要对第一阶段的工作进行认真总结梳理，按照普查程序和要求，对国有单位文物收藏情况调查工作进行全面检查、审核，查漏补缺，确保调查范围全覆盖；第二，通过开展"回头看"工作，对第一阶段的调查工作进行补充完善，确保调查数据真实、准确、完整；第三，做好调查数据的统计、分析、资料整理工作，全面掌握国有可移动文物数量、分布、保管保护情况；第四，全区各级普查机构要进一步提高对普查工作的重视，确保普查工作有组织保障、制度保障、技术保障、人员保障、经费保障、设备保障；第五，自治区普查办、项目部要加强普查进度监督，加大质量监控力度，保证文物安全，组成检查组，不定期开展全区可移动文物普查监督检查工作；第六，全区各国有文物收藏单位要尽快启动清库、完善相关档案记录工作，及时启动馆藏文物信息采集、登录、审核、网络报送工作；第七，继续加大普查宣传力度，全区各级普查机构要把普查作为本行政区域内重点文化建设工作进行宣传，充分运用报纸、杂志、广播、电视、网络、移动传媒等各类媒体进行宣传，扩大普查影响力，各盟市可移动文物普查领导小组办公室要定期编制可移动文物普查工作简报，及时印发相关单位；第八，继续加强全区各级普查机构的组织、协调作用，各盟市普查办、项目部要把各个阶段的普查成果、重要发现、普查进展、普查动态和工作中遇到的问题等及时向自治区普查办、项目部反馈；第九，可移动文物普查"回头看"活动结束后，全区各级普查机构要及时组织专家，全面开展文物认定工作，自治区普查办将重点对各盟市、旗县的普查工作进行督导检查，按季度向国家普查办汇报工作情况。

内蒙古自治区第一次全国可移动文物普查工作简报

（第 18 期）

（内蒙古自治区第一次全国可移动文物普查领导小组办公室
2014 年 4 月 30 日印发）

鄂尔多斯市举办第一次全国可移动文物普查培训实践班

为确保可移动文物普查工作科学、规范、有序、高效开展，2014 年 4 月 11—26 日，鄂尔多斯市举办了可移动文物普查实践培训班。培训班由鄂尔多斯市文化局主办，鄂尔多斯博物馆承办，各旗县区普查员及全市重点文物收藏单位相关人员参加了培训。培训采取理论与实践相结合的形式进行，内容包括文物认定、普查工作流程、普查工作注意事项、数据采集、表格填写及登记录入、文物基本信息与管理信息采集汇总等。培训结束后，对每位学员进行了综合评分，成绩合格的颁发结业证书。通过培训，学员们更加全面地掌握了可移动文物普查的理论与实践知识，为保质保量完成全市的普查任务奠定了坚实基础。

赤峰市开展第一次全国可移动文物普查督查工作

根据《内蒙古自治区文物局关于开展全区第一次全国可移动文物普查"回头看"工作的通知》（内普办发〔2014〕3 号）精神，赤峰市普查办印发了《关于开展全市第一次全国可移动文物普查工作专项督查的通知》，制定了督查工作方案，2014 年 2 月 22 日—3 月 4 日，在全市开展可移动文物普查专项督查工作。在督查过程中，督察组将每个旗县普查办、项目部的人员集中，先听取普查办的整体情况汇报，再采取一问一答的形式，对 11 项指标项进行详细了解，同时实地查看可移动文物档案建档归类、普查设备配备、信息采集工作场地安排等情况。从督查总体情况看，各旗县区普查办、项目部能够做到高度重视，迅速动员，周密部署，全面落实，基本上完成了第一阶段工作任务。各旗县区都制定了普查实施方案，成立了以旗县区级分管领导为组长，发改、统计、财政、民政、民委、教育、档案、科技、国土等各委办局为成员的领导小组，在自治区、市级培训的基础上，各旗县区均组织了业务培训，培训人员 406 人次。全市 12 个旗县区及市级领导小组成员单位，全部完成可移动文物普查员选聘和建档工作，共选聘普查员 136 名，并统一颁发普查员证。国有收藏单位调查登记表的回收、汇总工作已全部完成，除松山区、林西县、克什克腾旗外，其他旗县区均已完成调查登记表的建档工作，特别是巴林左旗、阿鲁科尔沁旗、宁城县的档案整理归类整齐有序、清晰明了。按照文物普查所需经费主要由各级人民政府负担，并列入同级财政年度预算，按时拨付，确保到位和专款专用的要求，赤峰市本级财政落实普查经费130万元，除个别旗县外，都已落实普查经费。

在督查过程中，对各旗县区的普查工作提出了具体要求：一是要认真总结梳理第一阶段工作，做好统计、资料整理等收尾工作；二是对第一阶段的工作进行认真审核，查漏补缺，确保调查范围无死角；三是还没有落实第一次全国可移动文物普查经费的旗县区，要按照自治区的相关文件要求，尽快落实普查经费；四是经费落实到位，并已配备普查设备的地区，要尽快开展文物认定、文物信息采集等工作；五是为防止可移动文物普查工作期间可能出现的文物安全事故，要求各旗县区普查办尽快制定文物安全相关制度，并报市普查办备案。

呼和浩特市召开会议安排部署2014年普查工作

2014年2月26日，呼和浩特市可移动文物普查领导小组办公室召开专项工作促进会，对2014年的普查工作进行了部署。会议首先对自治区文物局印发的《关于开展全区第一次全国可移动文物普查"回头看"工作的通知》的具体要求做了详细解读，就各旗县区《国有单位文物收藏情况调查登记表》填写存在的问题进行了分析总结，并对2014年上半年普查工作进行了安排部署。呼和浩特市可移动文物普查领导小组办公室宣传组组长、呼和浩特市文物处副处长赵志刚对呼和浩特市可移动文物普查宣传组的工作做了汇报与总结。陶明杰副局长最后对全市可移动文物普查第二阶段工作做了安排部署。

会议结束后，呼和浩特市可移动文物普查项目组对全市普查工作进行了专项检查，对前一阶段工作中出现的问题进行了集中处理，对存在问题的单位和旗县区普查办提出了整改建议。呼和浩特市普查办按照工作要求，积极协调普查成员单位，督促全市41家文物收藏单位中的非专业文物收藏单位及时开展文物认定工作，并向普查活动成员单位发放普查员证。呼和浩特市可移动文物普查宣传组收集整理全市九个旗县区普查工作的最近动态，编写《工作简报》，为可移动文物普查营造了良好氛围。

截止到2014年4月初，呼和浩特市档案局、呼和浩特市教育局、回民区普查办、托克托县普查办提交了文物认定申请书和《可移动文物信息认定登记表》，玉泉区和赛罕区对存在问题的《国有单位文物收藏情况调查登记表》进行了修改，和林县和武川县普查办已经开始文物信息录入和影像采集工作。

乌海市召开第一次全国可移动文物普查阶段性工作会议

4月1日，乌海市可移动文物普查办公室召开乌海市第一次全国可移动文物普查阶段性工作会议，听取三区可移动文物普查进展情况，乌海市博物馆馆长武俊生对全市可移动文物普查工作的总体情况进行汇报，安排部署今后有关工作。乌海市文化局副局长刘利军要求各单位、各部门要提高认识、突出重点、加强领导，高标准、高质量推进全市可移动文物普查工作，确保取得实效。

期间，各区文化局局长就各区存在的实际问题与普查办公室进行了沟通。

兴安盟"一馆三址"积极开展可移动文物普查宣传活动

第一次全国可移动文物普查是政府主导、文博单位为中坚和骨干、全社会参与的重要行动。为贯彻落实《国务院关于第一次全国可移动文物普查的通知》和《内蒙古自治区人民政府关于在全区开展第一次全国可移动文物普查的通知》精神，扩大普查工作影响力，提升全社会文物保护意识，兴安盟文化产业开发办公室在内蒙古民族解放纪念馆、乌兰夫办公旧址、内蒙古党委旧址、五一大会旧址开展了可移动文物普查宣传活动。活动以张贴海报、宣传普及文博知识等形式展开。通过宣传，对于探索一套有效的近现代文物展品的普查、保护、利用模式，推动"一馆三址"普查工作，实现普查工作成果最大化，使越来越多的人关心、支持、参与"一馆三址"的建设和红色文化遗产保护事业具有重要意义。

呼和浩特市赛罕区有序推进第一次全国可移动文物普查工作

在呼和浩特市赛罕区文化工作会议上，赛罕区领导高度重视可移动文物普查工作，要求保质保量完成普查工作，确保不留死角。2014 年 2 月 7 日至今，赛罕区普查办按照 2014 年总体工作安排，普查人员对文物收藏单位进行详细的统计、核对和文物认定登记，对文物收藏单位报送的认定申请书进行认真核对，将不合格的调查登记表进行重新填写。根据呼和浩特市普查办要求，对辖区内国有文物收藏单位调查情况进行查漏补缺。经过调查走访，调查单位总数为 252 家，其中新增调查单位 12 家，对文物收藏单位汇总表进行重新核对录入。在对赛罕区名言小学进行文物认定登记时，发现革命烈士刘洪雄的故居遗存，在深入了解情况后提出保护要求。

内蒙古自治区第一次全国可移动文物普查
工作简报

（第 19 期）

（内蒙古自治区第一次全国可移动文物普查领导小组办公室
2013 年 7 月 8 日印发）

自治区普查办在第一次全国可移动文物普查 2014 年省级普查办主任
工作会暨全国可移动文物信息登录平台骨干培训班上做典型发言

为落实中央领导同志对于普查工作的重要批示精神，总结前一阶段工作情况，部署下一阶段工作，2014 年 4 月 28 日，国家文物局在成都召开第一次全国可移动文物普查 2014 年省级普查办主任工作会暨全国可移动文物信息登录平台骨干培训班。国家文物局副局长宋新潮出席并讲话。各省、自治区、直辖市普查办相关负责同志参加会议。

会上，国家文物局选择了普查工作开展较好的五个省区进行了经验交流，内蒙古是其中之一，自治区文化厅副厅长、文物局局长、自治区第一次全国可移动文物普查领导小组副组长、办公室主任安泳锝在会上做了典型发言，得到了与会者的广泛赞同。安厅长介绍说：自国务院电视电话会议全面部署普查工作以来，内蒙古自治区各级政府、相关部门、各级文物行政部门高度重视，积极落实国务院的部署和要求，扎实推进各项工作，普查整体呈现良好局面。自治区、盟市、旗县三级普查组织体系和协作机制完全建立，运转有效；普查人员队伍建设基本完成，自治区文物局和盟市旗县普查办均开展了全面系统的培训，2013 年共培训 1200 余人，2014 年一些盟市已开始进行文物认定及信息采集填报培训；全区发放普查员证 958 个，实行统一登记，持证上岗，分级管理。2013 年自治区财政安排普查经费 400 万元，2014 年安排 423 万元，并决定一直到 2016 年每年将 423 万元普查经费纳入年度财政预算，绝大部分盟市旗县也都按照要求，积极落实普查经费。自治区普查办结合实际，编制了《内蒙古自治区普查实施方案》《内蒙古自治区普查时间表、任务书、责任人一览表》《内蒙古自治区普查宣传方案》。内蒙古自治区人民政府新闻办召开了全区可移动文物普查新闻发布会，编撰出版了普查宣传品《内蒙古自治区第一次全国可移动文物普查 800 问》，在内蒙古文化网、内蒙古日报等媒体开设普查宣传专栏，在《内蒙古社科动态》开设固定版面，利用"5·18 国际博物馆日""中国文化遗产日"等重要节日进行集中宣传，自治区普查办印发普查简报 18 期。各盟市旗县结合本地实际，开展广泛的宣传活动。全区国有单位文物收藏情况摸底调查基本完成，通过发放、填写、回收调查表与实地核对相结合方式，开展国有单位调查。全区各级普查机构充分利用和发动政府管理的力量和资源，旗县以乡镇、苏木、街道、社区的网格化为片区单元，开展调查表发放和回收工作，确保不留死角。全区共向国有单位发放调查登记表 17778 份，除部分单位由于迁移合并等原因未回馈《登记表》外，共计收回 16556 份，回收率达 96%。通过调查，全面掌握了我区国有可移动文物收藏单位的性质、行业分布和收藏文物的数量、种类、保护管理等情况。目前，各盟市旗县已逐步开展文物认定和信息采集工作。

2013 年，在各厅局、各系统主管部门的积极配合支持下，全区各级政府和普查机构有效落实，各国有单位和文物收藏单位热情参与，普查取得阶段性成果，完成实施方案要求的阶段性目标。

2014 年是普查攻坚克难的一年，重点任务主要有三项：一是全部完成文物系统外国有单位收藏文物的认定工作；二是全面开展文物信息采集登录工作；三是开展已有数据批量导入工作。为科学、规范、有序、高质量地推进各项工作，会议要求各级普查办高度重视，加强统筹组织，将普查作为文化建设的重要基础工作来抓。在实际工作中，集中精力抓重点单位和重点地区，带动全局。将普查与文物管理的基础性日常工作结合，以普查实现文物信息化，提升藏品管理水平，培养藏品管理人才。各级普查办应树立服务意识，积极吸收社会各界力量，建立文物认定专家库，做好文物系统外国有单位收藏文物的认定工作。为确保普查经费落实到位，自治区财政厅、文化厅（文物局）将成立联合督查小组，对地方经费落实情况开展督查。自治区文化厅（文物局）将加强全区可移动文物普查质量控制规范，量化工作目标，督促各地扎实推进各项任务。各盟市旗县普查办也应加大督导力度，确保普查进度、质量和文物安全。同时加强宣传，多角度、多层面、全方位宣传普查工作。

内蒙古自治区第一次全国可移动文物普查工作简报

（第 20 期）

（内蒙古自治区第一次全国可移动文物普查领导小组办公室
2014 年 7 月 28 日印发）

自治区财政厅、文化厅（文物局）开展第一次全国可移动文物普查经费保障专项督查工作

2012 年国务院部署开展第一次全国可移动文物普查以来，全区各级政府积极落实国务院要求，文物行政部门与财政部门密切配合，有力推进普查工作的顺利开展，取得阶段性成果。但一些盟市、旗县仍存在重视程度不够、普查经费尚未落实、总体进度相对滞后的情况。为全面掌握全区可移动文物普查经费落实情况，督促盟市、旗县政府进一步加强经费保障，按照财政部、国家文物局的要求，自治区财政厅与文化厅组织开展了第一次全国可移动文物普查经费保障专项督查工作。督查内容包括地方各级政府是否严格按照《国务院关于开展第一次全国可移动文物普查的通知》（国发〔2012〕54 号）和《财政部、国家文物局关于加强第一次全国可移动文物普查经费保障与管理的通知》（财教〔2013〕228 号）要求，做好本地区普查经费保障与管理工作；是否将普查经费列入年度财政预算，专项安排，及时、足额拨付到位。要求盟市、旗县财政、文物行政部门高度重视第一次全国可移动文物普查经费保障专项督查工作，加强组织领导，落实工作责任，认真核查情况，如实填报数据，在 2014 年 6 月，各盟市、旗县财政、文物行政部门成立联合督查组，开展全面自查，形成自查报告。通过督查，全面掌握了全区可移动文物普查经费落实情况，有效促进了各地普查经费保障工作。

自治区普查办接到国务院下发的《关于开展第一次全国可移动文物普查的通知》后，结合我区实际，编制了 8000 余万元的全区普查经费预算，用来指导全区普查经费落实工作。2013 年自治区财政安排普查经费 400 万元、2014 年安排 423 万元，并决定一直到 2016 年每年将 423 万元普查经费纳入年度财政预算。对经费落实困难的盟市旗县，自治区财政积极筹措资金，统筹安排，重点解决，确保普查工作顺利进行。2013 年自治区财政厅、文化厅还从文博结余经费中拿出 630 万元，用于补助贫困盟市、旗县普查支出。绝大部分盟市旗县也都按照要求，积极落实普查经费，确保普查工作顺利进行。特别是赤峰市、通辽市、锡林郭勒盟可移动文物普查经费落实较好。全

区盟市、旗县级财政 2013 年共落实普查经费 552.2 万元、2014 年落实普查经费 1049 万元、2015 年计划落实普查经费 814 万元、2016 年计划落实普查经费 838 万元。

为确保普查经费落实到位，中央和自治区财政厅、文化厅（文物局）将加大对地方经费落实情况的督查力度。各盟市按照《国务院关于开展第一次全国可移动文物普查的通知》（国发〔2012〕54 号）和《财政部、国家文物局关于加强第一次全国可移动文物普查经费保障与管理的通知》（财教〔2013〕228 号）要求，加强普查经费落实工作，确保普查工作顺利进行。各地区、各单位要将已拨付的可移动文物普查经费专款专用，充分发挥资金效益。尚未拨付普查经费的盟市、旗县区文物管理部门，在加大力度向本地区政府申请落实经费的同时，按照全区可移动文物普查工作总体部署和要求，扎实有序推进普查工作。

全区可移动文物信息采集、登录工作稳步推进

全区 50 余个国有文物收藏单位开始信息采集、登录工作。内蒙古博物院分成历史部（瓷器库、铜器库）、革命文物库、民族库、自然库四个组，每个组 4—5 人，在库房中搭建拍摄棚，按照规范采集数据信息和图片信息，现已在模板上完成 2000 余件/套文物的信息采集工作。赤峰市已完成 9000 余件/套文物信息采集工作。鄂尔多斯博物馆为确保可移动文物普查工作科学、规范、有序、高效开展，举办了可移动文物普查实践培训班，采取理论与实践相结合的形式进行，内容包括文物认定、普查工作流程、普查工作注意事项、数据采集、表格填写及登记录入、文物基本信息与管理信息采集汇总等，各旗县区普查员及全市重点文物收藏单位相关人员参加了培训。

锡林郭勒盟开展可移动文物普查督查工作

为深入推进全盟第一次全国可移动文物普查第二阶段工作，确保普查工作的进度和质量，锡林郭勒盟第一次全国可移动文物普查办公室对全盟 13 个旗县市进行了专项检查。检查内容包括第一次全国可移动文物普查资料存档情况；各旗县可移动文物普查设备配备情况；督促指导各旗县市尽快开展第二阶段工作；对部分文物的认定工作进行指导；对第二阶段工作中遇到的技术问题、数据管理等给予相应指导。

检查中发现各旗县普查资料整理情况良好，普查所需设备基本到位，部分旗县已经着手开始第二阶段的文物信息采集登录工作。通过 15 天的检查，掌握了全盟可移动文物普查进展情况，有效促进了全盟各旗县市普查工作的开展。

包头市第二阶段可移动文物普查工作全面展开

包头市可移动文物普查领导小组不断加强对普查工作的领导，确保普查工作按阶段顺利进行。2014 年年初，市政府拨付的普查专项经费如期到位，通过政府采购为旗县区普查队配备了电脑、照相机、储存卡等必备的普查专项设备。此外，针对全国重点文物保护单位五当召收藏文物较多、品级较高等实际情况，也按照旗县区标准为其配备了相关专业设备。各旗县区目前也正补购相关普查设备，五当召已将普查设备购置齐全。

今年4月，按照自治区普查办的统一部署，包头市可移动文物普查第二阶段工作全面展开，包头市文物管理处的普查队员们克服阴冷潮湿的工作环境，穿羽绒服、棉鞋在地下室坚持工作；同时将文物信息采集过程当作教学的课堂，通过"手把手"的教学形式，"实战"式操练，培训旗县区普查队员，使其熟悉普查工作程序、掌握普查工作技能。截至目前，包头市9个旗县区中，已有7个旗县区的普查队员参加文物测量、拍摄、信息数据资料采集和登记及联网上报等培训学习，取得良好效果，为包头市可移动文物普查工作的顺利进行奠定了基础。巴彦淖尔市博物院也派专人来到包头市，就普查工作进行沟通与交流。目前，包头市文物管理处已登记、拍摄近现代民俗文物600余件/套，古钱币1500余枚。

内蒙古自治区第一次全国可移动文物普查
工作简报

（第 21 期）

（内蒙古自治区第一次全国可移动文物普查领导小组办公室
2015 年 3 月 12 日印发）

全区可移动文物普查督查工作全面完成

为贯彻落实国家文物局关于加强可移动文物普查督查工作的指示精神，加快推进全区可移动文物普查工作，2015 年 2 月 2 日至 3 月 10 日，自治区文物局成立 4 个督查组，分别由自治区文化厅副厅长、文物局局长安泳锝，文物局副局长塔拉、王大方和有关处室负责人带队，对全区 12 个盟市的可移动文物普查工作进行了督查。

各督查组深入基层普查单位，宣传国家、自治区关于开展可移动文物普查的政策要求，在听取各单位基层干部汇报的同时，详细检查了普查档案，对普查工作进度管理及质量控制，普查经费、人员、设备、技术保障，文物认定、信息采集登录等情况进行了全面督查。对于普查工作中存在的困难和问题，督查组及时进行协调，要求研究制定科学的解决方案，采取有效措施，立行立改。

从督查的总体情况来看，在各级政府的高度重视和正确领导下，全区可移动文物普查工作科学、规范、有序、高效开展，各地、各单位都按要求成立了普查机构，编制了详细的普查实施方案，召开了各类普查会议，举办了多期普查培训班，绝大多数地区都已落实普查经费，国有文物收藏单位调查任务有效完成，文物认定工作全面展开，国有文物收藏单位开始清库、信息采集、登录工作。全区完成文物信息采集 68061 件/套，信息采集进度 30.56%；登录上传文物 61435 件/套，文物登录上传进度 27.59%。

截止到 2015 年 2 月 12 日，呼和浩特市文物信息采集 709 件/套，完成 3.93%；登录上传文物 243 件/套，完成 1.35%。包头市文物信息采集 6885 件/套，完成 34.76%；登录上传文物 6489 件/套，完成 33.74%。呼伦贝尔市文物信息采集 2736 件/套，完成 7.91%；登录上传文物 1224 件/套，完成 5.98%。兴安盟文物信息采集 1467 件/套，完成 17.53%；登录上传文物 1185 件/套，完成 13.92%。通辽市文物信息采集 6483 件/套，完成 38.74%；登录上传文物 6483 件/套，完成 38.74%。赤峰市文物信息采集 13875 件/套，完成 34.11%；登录上传文物 12974 件/套，完成

31.89%。锡林郭勒盟文物信息采集 1531 件/套，完成 33.86%；登录上传文物 1438 件/套，完成 31.81%。乌兰察布市文物信息采集 1858 件/套，完成 32.24%；登录上传文物 1848 件/套，完成 32.07%。鄂尔多斯市文物信息采集 11008 件/套，完成 63.11%；登录上传文物 8699 件/套，完成 49.88%。巴彦淖尔市文物信息采集 1015 件/套，完成 38.37%；登录上传文物 1011 件/套，完成 38.22%。乌海市文物信息采集 526 件/套，完成 52.34%；登录上传文物 366 件/套，完成 36.42%。阿拉善盟文物信息采集 9816 件/套，完成 66.01%；登录上传文物 7909 件/套，完成 54.27%。

通过督查发现：本次普查任务重，难度大，对设备的要求比较高，个别地区没有采购足量的设备，旧的设备已经远远不能满足工作需要，导致了普查工作进度缓慢；各地各单位普查人员的专业素质参差不齐，个别旗县文物收藏单位的普查工作人员年龄偏大，对于普查软件及电脑的运用不太娴熟，使得普查工作进展不太顺利，影响了普查的进度；在文物认定、信息采集等方面需要多方面专家，一些地区和单位感到专家力量不足；还有一些地区文物信息采集、录入和上传速度缓慢，与国家普查进度要求有一定差距。

针对全区普查工作中存在的问题，自治区普查办提出明确的整改意见，要求各地进一步提高对普查工作重要性的认识，加强队伍、经费、设备、技术等普查保障工作；要求各盟市普查项目部抽调技术人员到各旗县文物收藏单位进行业务上的指导和督查，加快普查进度，提高普查质量；对个别由于文物存放地点不在本单位文物库房、冬季库房条件艰苦不宜开展工作等原因导致普查进度缓慢的收藏单位，要求各盟市普查办抽调骨干力量，集中帮助完成普查任务；要求各盟市普查办加强本地区文物认定工作，对于专家力量不足的地区，要及时向自治区专家组申请支援；由于本次普查范围广、任务重，要求全区各级普查办要继续加大工作力度，特别是对普查工作重视程度不够，工作开展不力的地区和单位，要改进工作方法、加强协调督查，提高工作效率，确保普查工作全面、准确、及时完成；要求各文物收藏单位加强普查制度建设，规范操作程序，确保文物安全。

内蒙古自治区第一次全国可移动文物普查工作简报

（第 22 期）

（内蒙古自治区第一次全国可移动文物普查领导小组办公室
2015 年 5 月 27 日印发）

自治区文物局加快推进全区可移动文物普查工作

国家文物局在 2015 年 3 月 30 日—4 月 2 日召开各省区市普查办主任会议，同时举办全国可移动文物普查数据审核骨干培训班，主要任务是贯彻落实中央领导批示精神，总结前一阶段工作成果，部署 2015 年主要工作。会后，自治区文物局及时下发了《关于加快推进全区可移动文物普查工作的通知》，对普查工作进度管理和质量控制提出了明确要求。2015 年 5 月 11—14 日，全区文物保护管理人员培训班在恩格贝生态示范区举办，培训期间，自治区文化厅巡视员安泳锝对全区可移动文物普查工作做了总体部署，自治区文化厅党组成员、自治区文物局副局长、内蒙古博物院院长塔拉对普查工作做了总结回顾，对下一步普查工作提出了具体要求。塔拉强调：在各级政府的高度重视和正确领导下，全区可移动文物普查工作科学、规范、有序、高效开展，但在后期由于个别地区重视程度不够，行动迟缓，普查保障工作不到位，拖了全区的后腿。2015 年是可移动文物普查关键之年，时间紧、任务重。要求各地、各单位要提高对普查工作的认识，加强普查的组织、协调、督查和宣传工作，确保在 2015 年 6 月底前组织完成本地区文博系统外文物收藏单位的文物认定工作，2015 年年底前完成各国有文物收藏单位的文物信息采集、登录工作。同时要求各地、各单位加强质量控制，及时组织专家，开展普查数据的审核，确保差错率控制在 0.5% 以内。

截至 5 月 25 日，所辖下级收藏单位共有 404 家，其中有博物馆、纪念馆 116 家，图书馆 25 家，档案馆 43 家，其他类型 220 家。全区共登录上报文物（含自然类文物）196695 件/套，藏品报送进度为 63.36%。除个别盟市外，藏品报送进度都已超过 50%。

赤峰市完成第一次全国可移动文物普查文物初步鉴定工作

赤峰市第一次全国可移动文物普查工作启动以来，根据国家和自治区普查办的要求和部署，科学、有序推进普查工作。根据第一阶段可移动文物普查国有单位文物收藏的全面排查，基本摸清了赤峰地区国有单位收藏可移动文物数量和收藏保管情况。2015 年 4 月 16—29 日，赤峰市开展了第一次全国可移动文物普查文物初步鉴定工作，根据各旗县区普查办提供的"鉴定藏品清单"，市普查办组织专家，对上报的 2000 余件/套藏品进行了等级、真伪、名称、时代、材质、内涵等初步鉴定，认定文物 1663 件/套，其中初步鉴定一级文物 19 件/套，二级文物 50 件/套，三级文物 378 件/套，一般文物 1216 件/套。

赤峰市完成 2015 年可移动文物普查专项督察工作

为加快推进全市可移动文物普查工作，4 月 16—29 日，赤峰市普查办成立专项督察小组，对全市 12 个旗县区的可移动文物普查工作进行了专项督察。在督察过程中，详细了解旗县区普查工作组织实施、普查人员设备落实、普查质量控制、信息采集登录进度、数据管理等情况。通过督察，有效促进了全市的可移动文物普查工作。

截至 5 月 20 日，全市各级普查办在全国可移动文物信息登录平台上已登录收藏单位 40 家，登录藏品总数 23687 件/套，完成比例 64.32%。针对个别文物收藏单位的文物存放地点不在本单位文物库房，没有安全的文物信息采集工作地点，无法全面开展相关普查工作，影响全市普查工作的整体进度；个别旗县区行动迟缓，普查人员不足等问题。督察组要求要严格按照自治区普查办的统一部署，努力克服困难，加强沟通协调，合理调配人员、项目、时间，严把数据采集和数据审核关，确保基础数据的完整性、准确性和真实性，杜绝拒报、瞒报、虚报情况的发生，确保 2015 年完成文物数据登录、采集、上报和审核工作。

包头市普查办稳步推进第一次全国可移动文物普查工作

包头市普查办针对可移动文物普查工作量大、时间紧、任务重等工作实际，将普查列为中心工作抓细抓实，采取有效措施，加快推进普查工作：一是完善普查工作制度，规范普查工作秩序；二是增加人力，扩大普查队伍，聘请陕西师范大学、内蒙古大学、内蒙古师范大学等院校的 7 名大学生加入普查队伍；三是合理分工，保证工作效率，将普查人员分成钱币、民俗、木质家具等工作小组，每个小组指派一名组长，负责普查各项事务；四是统筹安排普查工作内容，按照先一般后重点、先易后难的办法层层推进。

包头市文物管理处普查工作在地下室中进行，普查队员们克服库房内阴冷潮湿、通风条件差等不利环境，冒着刺鼻的异味，戴着口罩，穿着厚衣服坚守在工作岗位，节假日也不休息，恪尽职守，表现出良好的精神风貌。经过数月奋战，目前工作进展顺利，成效显著。截至 2015 年 5 月 22 日，已登录文物 8607 件/套。

阿拉善盟积极开展可移动文物普查文物认定工作

阿拉善盟财政拨付的普查专项经费如期到位，通过政府采购程序，配备了照相机、电脑、移动硬盘等必备的普查专项设备，为普查工作的顺利开展打下坚实基础。截至 2015 年 5 月 22 日，已登录文物 22450 件/套，完成 81.42%。

通过普查，发现阿拉善盟阿左旗档案史志局藏有 8331 卷 88459 件档案，其中有大量的古蒙文和满文文献。为做好信息采集和登录工作，阿拉善盟普查办积极组织相关专家，开展文物认定工作。

内蒙古将军衙署博物院可移动文物普查工作成效显著

2013 年 10 月以来，内蒙古将军衙署博物院按照自治区第一次全国可移动文物普查办公室和呼和浩特市第一次全国可移动文物普查办公室的工作部署，内蒙古自治区将军衙署博物院可移动文物普查工作有条不紊开展，2015 年以来将军衙署博物院普查工作全面进入文物信息采集登录阶段，院领导将可移动文物普查工作作为现阶段工作的重中之重，在工作环境、设备和普查人员几个方面提供充足保障，要求在加快文物普查进度的同时，必须保证文物普查质量。截至 2015 年 5 月 22 日，已采集文物信息 114400 条，成功上传 87857 件/套文物信息，上传进度为 99.8%，暂列全国排名第七，全区、全市排名第一。为了保质保量完成普查任务，内蒙古将军衙署博物院对下一步普查工作进行了周密安排，要求普查人员再接再厉，院领导要将普查作为一项重要的基础性工作来抓，确保文物普查工作与将军衙署改扩建工程、文物开箱上架、清库建档、数据库建设等工作相结合，同时开展博物馆藏品管理相关研究，力求通过普查，提高将军衙署博物院藏品管理水平，提升博物馆藏品管理、展陈设计、学术研究、社会服务水准。

内蒙古自治区第一次全国可移动文物普查
工作简报

（第 23 期）

（内蒙古自治区第一次全国可移动文物普查领导小组办公室
2015 年 7 月 30 日印发）

全区可移动文物普查工作取得阶段性成果

自可移动文物普查开展以来，全区各级政府、各相关部门高度重视，积极落实国务院的部署和要求，扎实推进各项工作，普查整体呈现良好局面。自治区、盟市、旗县三级普查组织体系和协作机制完全建立，运转有效；普查队伍健全稳定，结合内蒙古实际，在东、中、西部举办了多期可移动文物普查培训班，培训普查人员 1600 余人次；普查经费保障到位，自治区财政 2013 年安排普查经费 400 万元，2014、2015 年每年安排 423 万元，各盟市旗县也都按照要求，积极落实普查经费，及时购置普查设备，为普查工作提供了保障；普查宣传工作多角度、多层面展开，普查工作影响力不断扩大；国有单位文物收藏情况调查成效显著，反馈收藏有文物的国有单位共 980 家，占调查国有单位的 5.9%，为保质保量完成普查工作奠定了坚实基础。

普查协调工作不断加强，2015 年 4 月，针对全区普查工作中存在的问题，自治区普查办下发了《关于加快推进全区可移动文物普查工作的通知》，对普查工作提出了明确要求；针对各行业博物馆普查工作进展情况，自治区普查办向各行业博物馆印发了《关于积极做好第一次全国可移动文物普查工作的通知》，对普查工作开展不力的行业博物馆提出了惩罚措施；为贯彻落实国家文物局召开的各省区市普查办主任会议精神，2015 年 5 月，在全区文物保护管理人员培训班举办期间，自治区文化厅巡视员安泳锝对全区可移动文物普查下一步普查工作进行了安排部署，自治区文化厅党组成员、自治区文物局副局长、内蒙古博物院院长塔拉对普查工作做了回顾总结，对下一步普查工作提出了具体要求；鄂尔多斯市与巴彦淖尔市在普查工作中加强横向交流，互派人员参观学习；鄂尔多斯市博物馆对全市的普查人员进行普查实践培训，并对各旗县的普查工作加强业务指导。

普查督查工作有效开展，为确保全区普查工作顺利进行，2015 年初，自治区文物局成立三个督查组，对全区 12 个盟市的可移动文物普查工作进行了督查；赤峰市、鄂尔多斯市、锡林郭勒盟普查办结合实际，开展了相应的普查督查工作。文物认定工作全面完成，各盟市旗县按照自治区普查办印发的《关于做好全区第一次全国可移动文物普查文物认定工作的通知》要求，组织专家全面开展文物认定工作，全区共认定文物 4330 件/套。

文物信息采集、登录工作紧张有序进行，普查员们忍受日复一日的单调和枯燥，加班加点，认真完成文物编号、测量、称重、记录信息、拍照、整理、登录上传工作。为确保普查质量，各地充分发挥专家组的作用，加强普查过程中的业务咨询和指导。为扩大普查队伍，充分调动社会力量，各地将部分在校大学生、文博爱好者纳入到普查志愿者队伍中。

截止到 2015 年 7 月 9 日，全区共登录文物（含自然类文物）263736 件/套，藏品报送进度为 57.53%。除个别盟市外，藏品报送进度都已超过 50%。全区各级普查机构按照国家文物局发布的《第一次全国可移动文物普查数据审核工作管理办法》的有关要求，认真开展数据审核工作，确保普查数据真实有效。

为提高普查工作成果，自治区普查办把普查与文物清库建档、定级相结合，下发了《关于做好馆藏珍贵文物鉴定前期准备工作的通知》，要求各盟市旗县结合可移动文物普查，做好馆藏珍贵文物鉴定前期准备工作。目前，赤峰市、阿拉善盟都已完成馆藏珍贵文物的初步鉴定工作。通过开展文物鉴定工作，提升了文物保护展示利用的水平，更好地实现了从收藏、保管文物到保护文物的转变。

赤峰市召开加快推进第一次全国可移动文物普查工作会议

为贯彻落实自治区普查办关于做好普查数据审核与质量控制工作的有关要求，加快推进赤峰地区可移动文物普查工作，2015 年 6 月 2 日，赤峰市可移动文物普查办公室组织召开了全市可移动文物普查推进工作会议，各旗县区普查办及市直属收藏单位普查人员共计 60 多人参加了会议。会上，通报了全市可移动文物普查工作的总体情况，对下一步普查工作提出了明确要求，解答了与会人员提出的关于文物登录细则、藏品定名、藏品定级、报送流程等问题。会议的召开，加强了市普查办与旗县区普查办、市直属收藏单位沟通交流，有效促进了全市的普查工作。

通辽市积极开展可移动文物普查宣传工作

通辽市按照全市统一规划、统一部署，市、旗两级人民政府分级负责，各级文物主管部门共同努力，国有文物收藏单位全面参与的实施方式，加快实施可移动文物普查工作。近日，有关媒体记者到可移动文物普查工作现场进行了拍摄和采访，对全市的可移动文物普查情况及可移动文物普查的背景、特点、意义、手段、普查的相关流程和公众参与等方面内容进行了详细了解，在通辽市广播电视台《都市漫话》栏目和通辽日报分别播出、刊发了可移动文物普查工作情况相关节目和文章。通过电视、报纸等媒体的宣传，使通辽市社会各界充分了解普查工作的重要意义，营造了全社会积极参与、支持普查的良好氛围。

兴安盟博物馆扎实推进可移动文物普查工作

自可移动文物普查工作启动以来，兴安盟博物馆严格按照国家、自治区、盟三级普查办的统一安排部署，结合博物馆工作实际，采取有效措施，扎实开展普查工作。一是博物馆领导班子高度重视普查工作，多次召开相关工作会议，专题研究普查工作。二是迅速成立普查机构，安排办公场所，安排专门经费，采购各类设备。三是加强普查工作人员的业务培训工作，使普查人员熟练掌握普查工作流程、普查工作注意事项、文物基本信息与管理信息采集汇总上传等。四是有序推进普查工作，分类分级开展普查工作，对馆藏文物的名称、年代等 14 项基本指标和 11 类附录信息进行认真审核把关。截至目前，文物库房的文物普查工作已全面完成。

内蒙古自治区第一次全国可移动文物普查
工作简报

（第 24 期）

（内蒙古自治区第一次全国可移动文物普查领导小组办公室
2015 年 9 月 20 日印发）

自治区文物局召开全区第一次全国可移动文物普查
办公室主任工作会议

为加快普查登录、审核进度，保质保量完成普查任务，2015 年 8 月 25—27 日，自治区文物局在呼和浩特市组织召开了全区普查办主任工作会议。自治区文化厅、文物局巡视员、自治区第一次全国可移动文物普查领导小组副组长、办公室主任安泳锝出席会议并讲话，自治区文化厅党组成员、内蒙古博物院院长、自治区第一次全国可移动文物普查领导小组办公室副主任、项目部主任塔拉在会上安排部署了普查工作，各盟市、旗县、自治区直属有关单位普查办主任参加了会议，国家文物局普查办王媛、李科列席了会议。

安泳锝在讲话中指出：可移动文物普查是新中国成立以来的第一次，受到了社会的广泛关注，并已纳入各级政府对文化文物部门的考核内容。第一次全国可移动文物普查是一项系统工程，范围广，时间长，任务重。普查跨度五年，覆盖国家机关、事业单位、国有（控股）企业、军队武警四大类国有单位，涉及国有单位清查、文物认定、信息采集、联网上报、分级审核等诸多环节。普查工作启动三年来，全区普查工作规范、有序进行，目前已进入信息采集登录和数据审核阶段，这是普查最为关键的环节。各地、各单位要引起高度重视，明确目标，分解任务，精心组织，周密实施，确保普查工作收到预期成效。

塔拉在安排部署工作时指出：在各级政府的高度重视，各部门、各系统的全力配合，全区各级普查办的有效落实，各文物收藏单位的积极参与下，全区普查工作科学、规范、有效进行。普查联系协调机制基本建立，普查机构、人员、经费、技术、设备等保障工作基本落实到位，国有文物收藏单位调查任务全面完成，文物认定和信息登录工作整体进入快车道，数据审核全面开展，普查宣传工作全面开展，普查督查工作有效进行。

塔拉强调，距 2016 年年底普查结束还有一年多的时间，根据国务院通知要求，结合普查整体目标和前一阶段工作中出现的重点、难点问题，各地、各单位下一步要做好以下工作：一是加强组织协调，保障普查登录进度；二是做好登录平台申报文物藏品数量的检查核对，确保普查数据真实完整；三是加强信息数据审核，严把普查质量关；四是加强重点文物收藏单位普查工作，发挥引领示范作用；五是树立服务意识，推动普查成果惠及社会；六是加强普查宣传工作，营造良好工作氛围。

各盟市普查办主任及重点文物收藏单位普查办主任在会上做了交流发言，国家文物局普查办的同志就有关问题进行了答疑。

国家文物局普查办在我区开展普查督查工作

为加快推进我区普查工作，2015年8月26日，国家文物局普查办王媛、李科在内蒙古博物院、内蒙古文物考古研究所开展了普查督查工作。9月5—10日，国家文物局普查办王媛、徐鹏、赵菁、何巧云在呼伦贝尔地区开展了普查督查工作。督查组在我区督查期间，深入有关基层普查单位，积极宣传国家关于开展可移动文物普查的政策要求，在听取各单位基层干部汇报的同时，详细检查了普查档案、文物信息采集登录工作现场、普查质量控制制度以及人员、技术、设备、经费保障等工作情况。对于普查工作中遇到的问题，及时进行了解答，对于存在的困难，督查组及时协调解决。对于发现的问题，督查组要求研究制定科学的解决方案，采取有效措施，立行立改，确保普查工作顺利进行。

自治区普查办举办中西部、东部两期可移动文物普查
数据审核与管理培训班

为加强普查人才队伍建设，顺利推进重点任务，2015年8月25—27日，自治区普查办在呼和浩特市举办了中西部地区可移动文物普查数据审核与管理培训班，9月5—7日，在呼伦贝尔市举办了东部地区可移动文物普查数据审核与管理培训班。两期培训班共培训人员280人，培训内容包括普查数据审核程序和要求。通过培训，使普查人员掌握了数据审核与管理的相关要求，为确保普查数据质量奠定了坚实基础。

通辽市举办可移动文物普查数据审核与管理培训班

为加快推进通辽市文博人才队伍建设，2015年9月17日，通辽市文化新闻出版广电局举办了全市文博系统骨干培训班，各旗县区文化局、文物局、博物馆、文物管理所负责人及业务骨干共计50余人参加了培训。培训内容包括普查数据审核与管理，普查工作重点和难点问题解答。培训期间，自治区文化厅、文物局巡视员安泳锝为大家讲解了"文化与文物"的课题，他从"文化似水，滋润万物""文物似冰，凝固历史"这两方面诠释了文化与文物的深刻含义和必然联系，让全体学员更加深刻地了解了文化与文物的内在含义和自己作为文博人应该承担的使命和责任。安泳锝在讲课中强调了第一次全国可移动文物普查的重要性、紧迫性，对通辽地区普查工作提出了具体要求。通过培训，使全体学员进一步明确了第一次全国可移动文物普查的目标、方向和重点，为加快推进通辽地区的普查工作奠定了坚实的基础。

内蒙古自治区第一次全国可移动文物普查工作简报

（第 25 期）

（内蒙古自治区第一次全国可移动文物普查领导小组办公室
2016 年 2 月 28 日印发）

内蒙古自治区 2015 年第一次全国可移动文物普查工作总结

自国务院印发通知，2013 年 4 月召开全国电视电话会议进行部署，第一次全国可移动文物普查工作启动四年以来，在各级政府的高度重视和正确领导、各部门各系统的大力配合、全区各级普查办的有效落实、各文物收藏单位的积极参与下，全区可移动文物普查工作科学、规范、有序、高效开展。特别是 2015 年普查工作快速推进，取得了显著成效。

一、普查联系协调机制建立并发挥作用

建立普查联系协调机制，加强各部门、各系统的协作，是实现普查目标的重要基础。自治区成立了普查领导小组、办公室、项目部、专家组并有效发挥作用，在此基础上，自治区文物局与教育厅、民政厅、档案局、国资委等部门联合转发通知，明确各部门、系统的任务，共同部署普查工作。自治区建立了第一次全国可移动文物普查 QQ 群，加强普查工作的交流与沟通。

各盟市、旗县也都成立了相应的普查机构，积极发挥普查联系协调机制作用，共同部署工作，一些盟市文物部门主动到文物系统外各单位培训指导文物认定、信息登录等工作，推动各国有单位进一步开展普查工作。

为加快普查登录、审核进度，保质保量完成普查任务，2015 年 8 月 25—27 日，自治区文物局在呼和浩特市组织召开了全区普查办主任工作会议。自治区文化厅、文物局巡视员，自治区第一次全国可移动文物普查领导小组副组长、办公室主任安泳锝出席会议并讲话，各盟市、旗县、自治区直属有关单位普查办主任参加了会议。会上，对全区普查工作进行了周密部署，各盟市普查办主任及重点文物收藏单位普查办主任在会上做了交流发言。

二、普查保障工作有效落实

自治区文物局、各盟市文物部门和各级普查办，针对普查的关键环节，做好人员、经费、设备、技术等保障工作，确保各项工作科学、规范、有序推进。

（一）普查人员队伍建立并发挥重要作用

经过努力，我们基本建起两支普查队伍。一支是普查员队伍，向全区 946 名普查员发放普查证，各地还发挥高校学生和志愿者的力量，充实普查人才队伍。另一支是普查专家队伍，主要负责开展文物认定工作。以普查员为主体、普查专家为骨干、普查志愿者为补充、专兼结合的普查人才队伍全面建立并发挥重要作用。

（二）普查经费基本落实到位

按照普查支出预算标准，自治区普查办编制了全区普查经费预算。2013 年自治区财政安排普查经费 400 万元，2014 年、2015 年各安排 423 万元。为了有效促进盟市普查工作，自治区普查办对各盟市每年补助普查经费 15 万—20 万元。

各盟市为保障普查经费落实也做了大量工作。为保障普查经费落实到位，2014 年，配合财政部门开展了普查经费督查工作。从督查结果显示，2013 年全区盟市级经费落实 555.2 万元、旗县级普查经费落实 297.2 元；2014 年盟市级普查经费落实 1128.92 万元、旗县级普查经费落实 558.92 万元；2015 年盟市级普查经费落实 833.37 万元、旗县级普查经费落实 397.37 万元。盟市级普查经费基本落实到位，个别旗县区普查经费没有落实。

（三）举办各类普查培训

为加强普查人才队伍建设，顺利推进重点任务，2015 年 8 月 25—27 日，自治区普查办在呼和浩特市举办了中西部地区可移动文物普查数据审核与管理培训班，9 月 5—7 日，在呼伦贝尔市举办了东部地区可移动文物普查数据审核与管理培训班。两期培训班共培训人员 280 人，培训内容包括普查数据审核程序和要求。通过培训，使普查人员掌握了数据审核与管理的相关要求，为确保普查数据质量奠定了坚实基础。

为提高普查质量，2015 年 12 月 9—12 日，自治区普查办在呼和浩特市举办自治区中西部地区可移动文物普查文物影像采集骨干培训班，12 月 16—19 日，在呼伦贝尔市举办了东部地区可移动文物普查数据审核与管理培训班。两期培训班共培训人员 280 人，培训内容包括普查数据审核程序和要求。通过培训，使普查人员掌握了数据审核与管理的相关要求，为确保普查数据质量奠定了坚实基础。

2015 年，各盟市、旗县也都结合实际，举办了不同类别的培训班，培训人员 500 余人。

（四）积极开展普查宣传

为扩大普查工作影响力，争取社会广泛支持，全区各级普查机构组织开展了丰富多彩的宣传活动。自治区普查办在内蒙古文化网、内蒙古日报、内蒙古社科动态等媒体开设普查宣传专栏，出版普查宣传品《内蒙古自治区第一次全国可移动文物普查 800 问》，印发普查简报 24 期，利用中国文化遗产日、国际博物馆日、草原文化遗产日等开展了丰富多彩的普查宣传活动。

三、文物认定和信息登录工作整体进入快车道

（一）全面完成文物认定工作

文物认定工作的重点是文物系统外单位。为做好可移动文物普查文物认定工作，2014 年自治区普查办印发了《关于做好全区第一次全国可移动文物普查文物认定工作的通知》，内容包括文物认定的单位和对象、认定依据、认定原则、定名标准、认定工作任务分解、认定工作程序、认定时间安排等。各盟市、旗县按通知要求，全面开展文物认定工作，共认定文物 4330 件/套。一些具有一定价值的文物被发现和认定，纳入国家文物保护管理体系。

（二）文物信息采集登录审核工作顺利推进

自 2014 年 6 月全国可移动文物信息登录平台建成启用以来，我区藏品登录数量快速增长。截止到 2015 年 12 月 30 日，全区登录上传文物 969523 件/套，文物登录上传进度 96.44%。

（三）部分地区同步开展文物定级工作

由于各地专业力量和定级标准各不相同，国家并未对登录文物定级做出统一要求。结合我区实际，自治区文物局印发了《关于做好文物鉴定准备工作的通知》，部分盟市结合普查文物登录认定审核工作，同步开展定级前期准备工作。目前赤峰市、阿拉善盟已完成定级前期准备工作，并已上报自治区文物局。自治区文物局成立鉴定专家组，赴阿拉善盟开展馆藏珍贵文物定级工作。定级工作要依法、按程序开展，既要有专家鉴定，也要有省（区、市）级政府按行政程序认可。

四、普查督查工作有效开展

为贯彻落实国家文物局关于加强可移动文物普查督查工作的指示精神，加快推进全区可移动文物普查工作，2015 年 2 月 2 日至 3 月 10 日，自治区文物局成立 4 个督查组，分别由自治区文化厅副厅长、文物局局长安泳锝，文物局副局长塔拉、王大方和有关处室负责人带队，对全区 12 个盟市的可移动文物普查工作进行了督查。

各督查组深入基层普查单位，宣传国家、自治区关于开展可移动文物普查的政策要求，在听取各单位基层干部汇报的同时，详细检查了普查档案，对普查工作进度管理及质量控制，普查经费、人员、设备、技术保障，文物认定、信息采集登录等情况进行了全面督查。对于普查工作中存在的困难和问题，督查组及时进行协调，要求研究制定科学的解决方案，采取有效措施，立行立改。

各盟市也都采取不同形式，对本地区普查工作进行督查，有效促进了普查工作的开展。

五、普查工作存在的困难和不足

在全区各级普查机构的共同努力下，我区普查工作取得了阶段性成果，但同时也面临一些问题，距国家要求还有差距。主要表现在以下几点：

（一）文物信息登录工作进展不平衡

各盟市文物信息登录工作进展不平衡，收藏文物较为集中的重要文物收藏单位登录进度缓慢，文博系统外的文物收藏单位对普查工作重视程度不够。

（二）与重点部门的协调沟通需进一步加强

一些盟市的重点行业系统，如教育、图书、档案等仍然存在登录文物不够积极主动，各地普查办主动上门服务工作意识不强等问题。

（三）普查经费保障仍需加强

各地反映的普查经费方面存在的主要问题，一是个别旗县区普查经费落实力度不够；二是行业外一些收藏文物普查经费不足。

（四）数据质量有待提高

一部分地区，特别是基层地区和文物系统外单位，因专业力量有限，文物基本指标项出现漏填、错填；照片质量不合格，未按规范拍摄，方位填写错误；在审核中放松要求，未组织专家逐条逐项进行审核，有的专家没有尽到应尽的义务；部分收藏单位未经审核直接提交上级普查办，增加了上级普查办的工作难度。

（五）存在未如实申报文物藏品数量的情况

个别收藏单位在平台申报的文物收藏量与馆藏实际数量不符。个别单位对普查范围的认识不准确，有瞒报、漏报现象。

（六）一些盟市普查队伍薄弱

部分盟市、旗县普查人员不足，人员经常调换，专业技术力量薄弱，跟不上文物认定及信息登录报送进度，影响了全区普查工作的开展。

六、下一步普查工作努力方向

距 2016 年年底普查结束还有一年的时间，根据国务院通知要求，结合普查整体目标和前一阶段工作中出现的重点、难点问题，下一步重点加强以下几方面工作：

（一）加强组织协调，保障普查工作有效完成

各地、各单位要抓基础、抓重点，解决普查进度不平衡的问题。各盟市级普查办要找准本地区进展不平衡的原因，明确各单位任务目标，分解任务，责任到人，加强督导，一些工作进展较快的地区也可抽调力量，援助支持其他地区。自治区文物局将加强对各盟市工作积极协调、支持。

（二）做好申报文物藏品数量的检查核对，确保普查数据真实完整

普查数据真实、完整、准确是普查工作成功的基础，各级普查机构要充分认识到如实申报藏品数量对全面掌握我区可移动文物资源现状的重要意义，严肃认真地开展相关工作，杜绝申报统计工作的随意性和盲目性，加大检查核对力度，对未如实申报藏品数量的单位要限期更正。

（三）加强信息数据审核，严把普查质量关

数据质量是普查工作的核心和关键，国务院领导同志对普查质量提出了要求。为加强质量管理，国家文物局印发《关于做好第一次全国可移动文物普查进度管理和质量控制的通知》和《质量控制自查表》，根据普查进度，细化并明确每个阶段工作目标。希望各地根据统一要求，建立健全普查进度管理和质量控制工作机制，通过自我检查、巡回检查、专项督查、专家议查、定期报告等多种方式充分保障普查质量。

（四）加强重点文物收藏单位普查工作，发挥引领示范作用

作为本次普查的重点，自治区级、盟市级博物馆等重要文物收藏单位应起到引领示范作用。在做好本单位普查工作的同时，积极指导各旗县区的普查工作，抽调技术人员到各文物收藏单位进行业务上的指导和帮助，及时解决普查工作中的问题。

（五）做好文博系统外普查服务工作，提高普查工作成果

各盟市旗县普查办要对文博系统外申报文物情况进行认真审核，特别是要做好图书、档案、

宗教、教育等系统国有文物收藏单位的普查组织协调工作，安排专业人员协助完成普查工作。

（六）树立服务意识，推动普查成果惠及社会

普查成果服务社会相关工作既是普查的目标，也是我们争取社会支持的关键。普查成果社会利用将综合考虑相关方的权利义务和责任收益，以"谁保管、谁受益、谁授权"为基本原则，出台相关办法。数据的利用，公益用途和商业用途将会有所区分，其中数据的商业使用将由收藏单位授权。各级普查办从有账号的人员管理出发，建立安全管理制度，明确安全责任。

（七）加强普查总结宣传，扩大普查工作影响力

全区各级普查机构要进一步加强普查宣传工作，及时宣传报道普查成果、重要发现、先进事迹、成果利用等，扩大普查工作影响力。

开展好普查总结工作，旗县级以上地方各级人民政府要对普查组织、业务培训、单位排查、文物调查与认定、数据登录、成果整合等工作进行全面总结，并根据规范要求，编写本行政区的《普查工作报告》。为发扬成绩、鼓励先进、总结经验，自治区普查领导小组也将汇总各盟市情况，召开全区第一次全国可移动文物普查工作总结表彰大会。盟市、旗县人民政府在此之前适时召开本行政区第一次全国可移动文物普查工作总结大会。

内蒙古自治区第一次全国可移动文物普查
工作简报

（第 26 期）

（内蒙古自治区第一次全国可移动文物普查领导小组办公室
2016 年 4 月 19 日印发）

自治区第一次全国可移动文物普查项目办公室召开一普工作推进会

2016 年 3 月 1 日，自治区第一次全国可移动文物普查项目办公室召开普查工作推进会议，项目办公室主任塔拉主持，参加会议的有侯俊、索秀芬、李少兵、李丽雅、玛雅，会议总结了自治区第一次全国可移动文物普查（以下简称一普）开展以来取得的成绩，分析了存在的问题，研究并安排了 2016 年一普工作。

一、工作进度和存在问题

全区第一次全国可移动文物普查工作科学、规范、有序、高效开展，普查工作快速推进，取得了显著成果。截止到 2016 年 3 月 1 日，全区申报藏品总数 1048125 件/套，已登录 1008153 件/套，报送进度 96.19%。已经完成报送任务的有呼和浩特市、包头市、乌海市、赤峰市、通辽市、呼伦贝尔市、兴安盟、锡林郭勒盟、阿拉善盟，接近完成任务的有鄂尔多斯市、巴彦淖尔市、乌兰察布市，中央属/省属单位报送 76.07%。绝大多数文博系统内收藏单位藏品报送进度较快，文博系统外的大多数单位一普速度慢，质量差。

经自治区一普项目办检查，各级项目办普遍审核不够严格，存在藏品报送信息不够全面和准确的问题，严重影响了我区一普质量。

二、2016 年工作安排

为了保证高质量地完成普查任务，自治区第一次全国可移动文物普查领导小组办公室 2016 年工作安排如下。

1. 没有完成藏品报送的项目办要加紧报送，要求内蒙古博物院在 6 月底，其余单位在 4 月底以前报送完毕。

2. 各项目办除了高质量完成文博系统内收藏单位藏品报送外，还要重点督导完成文博系统外的单位藏品数据采集和报送。

3. 各盟市旗县组织专家，严格按国家文物局普查办〔2015〕489 号文件进行审核，把差错率控制在 0.5% 以内。

　　4. 自治区普查办将派出专家组，请盟市旗县文博单位积极配合，完成全区文物定级工作。

　　5. 开展普查数据和资料的整理、汇总，数据库建设和公布普查成果等工作。

　　6. 根据国家文物局项目办统一部署，对在第一次全国可移动文物普查工作中业绩突出的单位和个人进行表彰，各项目办要积极发布先进事迹，加大一普宣传力度。

内蒙古自治区第一次全国可移动文物普查项目办公室对阿拉善盟开展了数据采集质量检查和文物定级工作

　　2015 年 11 月 9—14 日，内蒙古自治区第一次全国可移动文物普查项目办公室派专家组（索秀芬、丁勇、尹建光、苏东、娜仁高娃、玛雅）前往阿拉善盟进行了第一次全国可移动文物普查数据采集质量检查和文物定级工作，并对第一次全国可移动文物普查工作中存在的专业问题进行了答疑。

　　阿拉善盟第一次全国可移动文物普查数据采集工作已经接近尾声，专家组对阿拉善盟项目办、阿拉善左旗项目办、阿拉善右旗项目办、额济纳旗项目办采集数据质量进行了检查，发现还存在文物命名不够科学、年代不够准确、尺寸缺项、铜钱没有按枚计数等问题，进一步提高录入质量是阿拉善盟当前一普的主要工作，按国家文物局要求，将差错率控制在 0.5% 以内。

　　阿拉善博物馆、阿拉善右旗博物馆、额济纳旗博物馆首先筛选出需要定级文物，阿拉善盟专家组对此再提出了初步文物定级意见，自治区专家组进行了审核，自治区、阿拉善盟和旗县专家共同审定一批馆藏文物为珍贵文物等级。

　　自治区专家组会同阿拉善盟和旗县专家还对阿拉善盟各项目办第一次全国可移动文物普查工作中文物认定、命名、年代、摄影等存在的问题进行了解答。

内蒙古自治区第一次全国可移动文物普查办派专家组开展文物定级和数据审核督查工作

　　2016 年 1 月 13—28 日，内蒙古自治区第一次全国可移动文物普查项目办公室派索秀芬、郭治中、铁达、苏东、尹建光、玛雅组成的专家组对巴彦淖尔市、乌海市、鄂尔多斯市开展了文物定级和数据审核督查工作。

　　专家组按照国家文物局下发的珍贵文物定级标准，对三个盟市的文博系统内的文物单位未定级文物进行了定级，确定了一批珍贵文物。

　　专家组下到三个盟市 19 个旗县区第一次全国可移动文物普查项目办公室，以及盟市级博物馆、考古研究所、考古研究院、图书馆的一普项目办公室，展开数据审核督查工作。督查的三个盟市 2015 年数据上报迅速，乌海市上传率达到 100%，鄂尔多斯市和巴彦淖尔市接近 100%。照片基本合格，但有些采集数据的表格还存在一些问题，迫切需要盟市旗县专家介入审核过程，对文物藏品的定名、时代等项内容严格把关，务必将差错率控制在 0.5% 内，才能高质量完成普查任务。

专家组在完成文物定级和督查任务同时，帮助各盟市旗县区解决了一些文物认定、名称确定、时代判明等在第一次全国可移动文物普查中存在的疑难问题，积极推进一普工作保质保量完成。

巴彦淖尔市可移动文物普查专家组实地集中审核

巴彦淖尔市可移动文物普查现已进入审核阶段，在审核工作起步阶段，市普查办汇总专家意见，针对新发现的问题进行汇总。3 月 25 日，普查办组织专家组赴乌拉特前旗进行现场审核，在前旗文管所、公田村博物馆对照实物与前旗普查办交流了关于现代文物命名、分类等较为突出的问题并提出了修改意见，取得共识后在普查办对部分疑难文物进行了集中审核。

内蒙古自治区第一次全国可移动文物普查工作简报

（第 27 期）

（内蒙古自治区第一次全国可移动文物普查领导小组办公室

2016 年 6 月 16 日印发）

5·18 国际博物馆日——第一次全国可移动文物普查成果汇展工作简报

5 月 18 日，2016 年"5·18 国际博物馆日"中国主会场活动在内蒙古博物院开幕。

开幕式由国家文物局副局长关强主持，国家文物局党组书记、局长刘玉珠，自治区党委副书记、自治区代主席布小林出席开幕式并致辞，自治区副主席刘新乐出席开幕式。

今年是第 40 个"国际博物馆日"，中国主会场活动由国家文物局、内蒙古自治区人民政府主办，中国博物馆协会、自治区文化厅、自治区文物局、呼和浩特市人民政府协办，主题为"博物馆与文化景观"。为展览展示普查成果，由国家文物局主办，2016 年国际博物馆日主会场内蒙古自治区博物院承办，中国文物报社协办的"典守文明 识珍录宝——第一次全国可移动文物普查成果展（2012—2016）"于 5 月 18 日在内蒙古博物院开展。展览展示了第一次全国可移动文物普查成果、内蒙古自治区第一次全国可移动文物普查成果，主要展示第一次全国可移动文物普查启动的背景、部署与动员、实施与进展、取得的成果、新发现文物、成果应用与共享等。

内蒙古自治区第一次全国可移动文物普查工作取得阶段性成果，截至 5 月 18 日，所辖收藏单位共有 428 家，收藏单位收藏文物总数 1067968 件/套，上报文物（含自然类文物）1056643 件，完成收藏文物的 98.94%，其中上报文物 1044362 件/套，上报自然类文物 12281 件。通过对内蒙古自治区各文博直属单位和各盟市普查成果总结，我区普查的新发现文物数量增多，对我区文博工作起到了积极推动作用。

展览在内容上，通过呈现本次普查的对象包括各级国家机关、事业单位、国有企业和国有控股企业，以及中国人民解放军和武警部队等各类国有单位，涵盖国民经济全部行业类别涉及 20 个行业，100 余万个国有单位，包含文物、古籍、历史档案等近百种文物类型。展品包括考古新出土文物、博物馆新征集文物、执法部门新近移交文物；由于文物认知理念的改变，使得以往被忽视的文物种类得到认同与发掘；普查使文物的内涵不断深化，外延不断扩展，品类不断丰富。形式上，突出照明设计手法，以全国及自治区可移动文物普查新发现的文物图片及普查新发现的文物实物陈设作为展示核心，辅以实物、图表、文字等形式，集中反映可移动文物普查取得的丰硕成果，增强公众对普查文物的视觉感受与普查工作的认知。

通过普查进一步丰富和完善了我国文物数据库管理系统建设，以数字化的手段完善我国文物领域的国情资料，为各级政府和有关部门及时掌握文物现状，制订工作计划，加大文物保护力度等，提供科学依据和可靠保证。推动建立了国家文物资源总目录和可移动文物资源库，全面掌握文物保存状况和保护需求，实现了文物资源动态管理，切实提高文物保护、管理、利用工作的水平，健全了国家文物登录制度，体现了第一次全国可移动文物普查的顺利开展和显著成果。

自治区专家组前往包头市和呼和浩特市开展"一普"数据质量检查和文物定级工作

2016 年 3 月 8—23 日，内蒙古自治区第一次全国可移动文物普查项目办公室派郭治中、索秀芬、铁达、庆巴图、尹建光、李丽雅、玛雅七位专家前往包头市和呼和浩特市开展"一普"数据质量检查和文物定级工作。

8 日上午至 16 日上午，自治区专家组到包头市文管处、博物馆、昆都仑区、青山区、九原区、东河区、固阳县、达茂旗、土右旗"一普"项目办进行"一普"数据质量检查。包头市地区"一普"数据上传率已经达到 100%，已经完成上传任务，文物普查全面、深入、广泛，尤其宗教文物普查数量多。绝大部分照片质量合格，个别照片需要改进质量。

16 日下午至 23 日下午，自治区文物局专家组到呼和浩特市博物馆、呼和浩特市文管处、土左旗、托克托县、和林格尔县、将军衙署博物院、玉泉区、赛罕区、武川县、新城区项目办进行"一普"数据质量检查。呼和浩特市地区"一普"数据上传率已经达到 100%，但还存在照片数量少、质量不高的问题，尚需进一步改进。

自治区文物局专家组指出包头市和呼和浩特市不同程度地存在着名称、年代、分类、尺寸、质量等方面填写不够规范的问题，建议补充采集数据，启动专家审核机制，充分发挥专家作用，提高"一普"数据采集质量，务必将差错率控制在 0.5% 以内。

自治区文物局专家组在进行"一普"数据质量检查的同时，对包头市和呼和浩特市文化系统内的国有文物收藏单位进行了文物定级工作，有众多文物被认定为珍贵文物，达茂旗汪古部的一些遗物尤为珍贵。将军衙署博物院是第一次开展文物认定工作，珍贵文物众多。

通辽市普查办专家组到各旗县市区进行数据审核督导工作

通辽市普查办所辖下级收藏单位共有 40 家，收藏文物总数达 72891 件/套，共上报文物（含自然类文物）72891 件/套，完成收藏文物的 100%。已有 36 家收藏单位上报完成文物采集登录工作，还有 4 家收藏单位未开始上报文物，原因为经专家认定所收藏文物不属于本次普查范围内的文物。

第一次全国可移动文物普查现已进入文物数据审核阶段，这是普查工作最为核心关键的环节之一。为此，通辽市普查办组织专家，于 2 月 15 日起对通辽市所属的奈曼旗、库伦旗等各旗县普查办和文物收藏单位进行了为期半个月的专项数据审核检查。

此次专项检查，专家组每到一处，深入了解该单位的文物收藏情况，并对其所收藏文物的命名、断代及数据录入登录等做了具体的指导。由于部分旗县专业力量薄弱，市普查办专家组同时对一些单位的文物藏品命名和断代不准确等情况及时进行了纠正，各地普查办也正在加紧修改数据；通过为期半个月、行程近千公里的专家审核工作，通辽地区各国有文物收藏单位的整体文物数据质量得到了大幅提升。

内蒙古自治区第一次全国可移动文物普查
工作简报

（第 28 期）

（内蒙古自治区第一次全国可移动文物普查领导小组办公室
2016 年 6 月 30 日印发）

内蒙古自治区召开第一次全国可移动文物普查 2016 年度普查办主任
工作会议暨举办普查数据审核与总结报告编制培训班简报

为总结内蒙古自治区第一次全国可移动文物普查前一阶段的工作成果，部署下一步的工作任务——保证普查质量、做好普查成果、总结报告编制工作，2016 年 6 月 19 日，在包头市召开了 2016 年度全区第一次全国可移动文物普查办主任工作会议。会议由自治区文物局博物馆处侯俊处长主持，内蒙古自治区第一次全国可移动文物普查项目部主任、内蒙古文化厅党组成员、文物局副局长塔拉出席并发表讲话。包头市文化新闻出版广电局局长白清元出席会议。来自全区各盟市、旗县普查办、文物收藏单位的普查工作人员 260 余人参加了本次会议。

项目部主任塔拉介绍了全区普查工作的进展情况，同时指出了目前工作中存在的主要问题，部署了 2016 年下半年的主要工作任务。

会上来自呼和浩特市、包头市、赤峰市、兴安盟、通辽市、鄂尔多斯市、乌兰察布市、乌海市、呼伦贝尔市、锡林郭勒市、乌海市、阿拉善盟 12 个盟市代表进行了工作报告，乌兰察布市察右中旗、凉城县，呼伦贝尔市扎兰诺尔区、满洲里市、额尔古纳市，赤峰市巴林左旗、松山区，包头市五当召管理处，巴彦淖尔市磴口县、呼和浩特市图书馆 10 个项目办代表交流了普查工作经验和下一步工作打算。

为加快内蒙古自治区第一次全国可移动文物普查进度，提高普查质量，6 月 20 日，在包头市举办了普查数据审核与总结报告编制工作培训（第一期）。培训由自治区文物局博物馆处侯俊处长主持，来自内蒙古西部地区的呼和浩特市、包头市、乌兰察布市、鄂尔多斯市、巴彦淖尔市、乌海市、阿拉善盟八个西部地区及省直单位的 120 余名相关文物收藏单位审核员及业务人员参加了培训。包头市博物馆馆长谭士俊出席并发表讲话。谭馆长在讲话中介绍了包头市博物馆及包头市博物馆第一次全国可移动文物普查的相关情况。国家普查办王媛、何巧云两位老师分别讲解了离线审核流程、审核标准及总结报告编制工作，并现场答疑。6 月 29 日，在赤峰市举办了普查数据审核与总结报告编制工作培训（第二期）。来自内蒙古东部地区的赤峰市、通辽市、锡林郭勒盟、兴安盟、呼伦贝尔市东部地区的120余名相关文物收藏单位审核员及业务人员参加了培训。国家普查办徐鹏、赵菁两位老师分别讲解了离线审核流程、审核标准及总结报告编制工作，并现场答疑。

此次培训，对于各文物普查单位及各级普查办在审核数据中更加明确审核标准、职责，严把数据质量关，编制好内蒙古自治区普查工作的总结报告，按时保质保量完成第一次全国可移动文物普查的收官工作起了推进作用。

自治区文物局专家组前往乌兰察布市和锡林郭勒盟开展文物定级和"一普"数据质量检查工作

2016年4月16日—5月1日，内蒙古自治区第一次全国可移动文物普查办公室派索秀芬、铁达、苏东、庆巴图、尹建光、刘艳农六位专家前往乌兰察布市和锡林郭勒盟开展文物定级和第一次全国可移动文物普查数据质量检查工作。

2015年10月19—22日，内蒙古自治区第一次全国可移动文物普查办公室派索秀芬、尹建光、李丽雅、玛雅等专家对乌兰察布市进行了数据质量检查，专家组提出了一些修改意见，乌兰察布市第一次全国可移动文物普查办公室积极整改，已经组织专家进行数据审核，进度走在全区各盟市前列。2016年4月16—21日，自治区专家组对乌兰察布市卓资县博物馆、凉城县博物馆、乌兰察布市博物馆、兴和县文物管理所、察右中旗博物馆、四子王旗博物馆、察右后旗博物馆、商都县博物馆、化德县博物馆等单位进行了文物定级工作，其中乌兰察布市博物馆藏品中珍贵文物数量多，精品集中。

2016年4月22日—5月1日，自治区专家组对锡林郭勒盟镶黄旗文管所、镶白旗文管所、太仆寺旗文管所、正蓝旗博物馆、多伦县文物局、锡林郭勒盟文物站、锡林郭勒盟博物馆、锡林浩特市文物局、西乌珠穆沁旗文管所、西乌珠穆沁旗博物馆、乌拉盖管理区文管所、东乌珠穆沁旗博物馆、阿巴嘎旗博物馆、苏尼特左旗博物馆、二连浩特市文管所、苏尼特右旗博物馆等单位开展了"一普"数据质量检查和文物定级工作。锡林郭勒盟"一普"收录范围全部到1949年，而全国"一普"办公室要求博物馆、纪念馆、文管所等文物系统内收藏单位藏品收录范围是截止到2013年12月31日，图书馆、档案馆等文物系统外收藏单位藏品收录范围到1949年，锡林郭勒盟还需把文物系统内收藏单位藏品收录范围扩大至2013年12月31日。部分文物照片数量较少，不能充分反映文物特征，质量尚需加强。不同程度地存在着文物名称、年代、类别、尺寸、保存状况等项目不够准确。自治区文物局专家组要求锡林郭勒盟各普查办要加强采集数据的准确性，专家及早对数据进行审核，提高普查质量。专家组还对锡林郭勒盟内博物馆、文管所的文物进行了定级，认定了一批珍贵文物，其中元上都博物馆、锡林郭勒盟博物馆收藏的珍贵文物数量多，价值高。

阿拉善盟在博物馆日举办全盟第一次全国可移动文物普查成果展

5月18日，在第40个国际博物馆日来临之际，阿拉善博物馆围绕"博物馆与文化景观"这一主题，举办了一系列精彩纷呈、独具特色的主题活动，其中"阿拉善盟第一次全国可移动文物普查成果展"为群众献上了一场丰盛的文化大餐。

由阿拉善盟文广局、文物局主办，阿拉善博物馆承办的"阿拉善盟第一次全国可移动文物普查成果展"在阿拉善博物馆一楼临展大厅开展，展览共展出馆藏文物30件/套，展期45天。第一次全国可移动文物普查是新中国成立60余年来，我国首次针对可移动文物开展的普查，是在我国文化遗产领域开展的重大国情国力调查项目。阿拉善盟普查工作于2012年正式启动，经过4年的努力，截止到2015年12月31日，圆满完成了这次规模最大的可移动文物普查数据采集和上传工作。"阿拉善盟第一次全国可移动文物普查成果展"通过普查意义、普查组织机构、普查步骤、普查目标、普查范围、阿拉善盟第一次全国可移动文物普查情况、普查宣传等内容，全面介绍了阿拉善盟第一次全国可移动文物普查工作开展情况，展示了此次普查取得的阶段性成果。

内蒙古自治区第一次全国可移动文物普查
工作简报

（第 29 期）

（内蒙古自治区第一次全国可移动文物普查领导小组办公室
2016 年 7 月 5 日印发）

在 2016 年全区第一次全国可移动文物普查主任工作会议上的讲话

内蒙古自治区第一次全国可移动文物普查项目办公室主任塔拉

（2016 年 6 月 19 日）

同志们：

第一次全国可移动文物普查自 2012 年启动以来，在各部门各系统的大力配合、全区各级普查办的有效落实、各文物收藏单位的积极参与之下，全区可移动文物普查工作正在科学、规范、有序、高效地开展。特别是 2015 年普查工作快速推进，取得了显著成效。

2016 年是普查工作的收官之年，五月中旬召开了全区文物工作会议，传达了习近平总书记和李克强总理关于文物工作的重要指示批示及全国文物工作会议精神，自治区党委书记王君、自治区代主席布小林对会议做出重要批示。自治区副主席刘新乐出席会议并讲话，其中肯定了自治区普查工作取得的阶段性成果，特别提出要对普查的目标和任务加强领导，确保普查质量，推动建立文物登录制度，提升自治区文物科学保护、管理、利用水平，并作为 2016 年重点工作予以部署。

今天我们召开 2016 年度普查办主任工作会议，主要是为总结前一阶段的工作成果，下一步将加大力度推进普查进度，保障普查质量，做好普查成果、总结报告编制工作。我主要讲以下几方面的内容。

一、普查工作的进展情况

（一）普查联系机制建立并发挥作用

建立普查联系机制，加强各部门、各系统的协作，是实现普查目标的重要基础。自治区成立了普查领导小组办公室、项目部、专家组并有效发挥作用。在此基础上，自治区文物局与教育厅、民政局、档案局、国资委等部门联合转发通知，明确各部门系统的任务，共同部署普查工作。自治区建立了第一次全国可移动文物普查 QQ 群，加强普查工作的交流与沟通。

各盟市、旗县普查办都成立了相应的普查机构，积极发挥普查联系机制作用，共同部署工作，一些盟市文物部门还主动到文物系统外的单位指导文物认定，培训信息采集及登录工作，进一步推动各国有单位按时并保质保量完成普查工作。自治区普查办主动联络协调文物系统外的收藏单位，多次回访，重点推进，赢得了教育、图书、档案、宗教系统对普查工作的支持。在各行业各系统的共同努力下，文物系统外单位普查工作进展良好，目前普查统一平台已登录文物系统外的单位 257 家，其中 166 家单位已完成登录任务，91 家未报送文物数据。完成认定数据 64262 件/套。文物认定工作充分表明文物普查在全面掌握我区文物资源，加强国有文物监管、保护，提升全社会文物保护意识等方面的重要意义。一大批具有一定价值的文物得到发现和认定，纳入国家文物保护管理体系。

（二）普查保障工作有效落实

自治区文物局、各盟市文物部门和各级普查办，针对普查的关键环节，做好人员、经费、设备、技术等保障工作，确保各项工作科学、规范、有序推进。

1. 普查人员队伍建立并发挥重要作用

经过努力，我们基本建立起两支普查队伍。一支是普查员队伍，普查办向全区 958 名普查员发放普查证，各地还发挥高校学生和志愿者的力量，充实普查人员队伍。另一支是普查专家队伍，主要负责开展文物认定工作。以普查员为主体、普查专家为骨干、普查志愿者为补充、专兼结合的普查人才队伍全面建立并发挥重要作用。为加强普查人才队伍的建设，顺利推进普查进度，结合内蒙古自治区普查工作的实际情况，举办了各级普查培训 33 期，培训普查人员 1800 余人次。

2. 普查经费基本落实到位

自治区普查办编制了全区普查经费预算。2013 年自治区财政安排普查经费 400 万元，2014 和 2015 年每年安排 423 万元，2016 年安排 402 万元。为了有效促进盟市普查工作，自治区普查办对各盟市每年补助普查经费 15 万—45 万元。

各盟市为保障普查经费落实也做了大量工作。为保障普查经费落实到位，2014 年，我们配合财政部门开展了普查经费督查工作。从督查结果显示，2013 年全区盟市级经费落实 555.2 万元、旗县级普查经费落实 297.2 万元；2014 年全区盟市级经费落实 1128.92 万元、旗县级普查经费落实 558.92 万元；2015 年全区盟市级经费落实 833.37 万元、旗县级普查经费落实 397.37 万元。盟市级普查经费基本落实到位，个别旗县区普查经费没有落实。

3. 积极开展普查宣传工作

为扩大普查工作的影响力，争取社会广泛支持，全区各级普查办组织开展了丰富多彩的宣传活动。自治区普查办在内蒙古文化网、内蒙古日报、内蒙古社科动态等媒体开设了普查宣传专栏，出版普查宣传品《内蒙古自治区第一次全国可移动文物普查 800 问》，印发简报 27 期，利用中国文化遗产日、国际博物馆日、草原文化遗产日开展了普查宣传活动。今年"5·18 国际博物馆日"，内蒙古博物院作为国家主会场，成功举办了第一次全国可移动文物普查成果展及我区第一次全国可移动文物普查成果展，向社会各界和广大公众展示普查的重大成果和普查人爱岗敬业的精神。期间，包头市、呼伦贝尔市、阿拉善盟、巴彦淖尔市、乌海市、锡林郭勒盟、兴安盟、通辽市、呼和浩特市、乌兰察布市都举办了相应的宣传活动，赤峰市和阿拉善盟还举办了"一普"成果展。自治区文物局与《内蒙古日报·文化版》合作，发表了《我区可移动文物有了"身份证"》；安泳锝巡视员在《中国文化报》上以《让草原文物这张"金色名片"闪闪发光》为题答记者问，宣传自治区第一次全国可移动文物普查成果。

（三）文物信息采集登录审核工作顺利推进

自2014年6月全国可移动文物信息登录平台建成启用以来，藏品登录数量总数快速增长。所辖下级收藏单位共有428家，共有335家收藏单位上报了文物，还有93家收藏单位未开始上报文物。截止到6月18日，我区所辖下级收藏单位收藏文物总数1061762件/套，在全国排名第6，共上报文物（含自然类文物）1052932件/套，完成收藏文物的99.17%。其中上报文物1040651件/套；上报自然类文物12281件/套。其中一级文物有2698件/套；二级文物有4578件/套；三级文物有7927件/套；一般文物有587938件/套；未定级文物有458621件/套。

按单位类型分析，其中有博物馆、纪念馆126家，图书馆27家，美术馆0家，档案馆45家，其他类型230家。

全区博物馆、考古所、文物站、文管所、纪念馆等文物系统单位登录藏品总数988670件/套，全区非文物系统单位（包括图书馆、档案馆、宗教、其他收藏单位）登录藏品总数共计64262件/套。

普查员们在这项工作中非常敬业也非常辛苦，加班加点，一丝不苟，认真完成文物数据核心指标采集及影像拍照等工作。系统平台由于是网络上操作，常常高峰拥堵，为确保普查质量与进度，自治区普查项目办要求各文物收藏单位，各级普查项目办，要先在离线软件上录入文物数据信息，充分发挥专家的作用，在离线软件上对数据逐条进行规范审核，做好审核记录，严把质量关，确保每条数据的准确性和完整性。做到及时修改，由收藏单位法人也就是审核人最后审核通过，再直接上传到系统平台。

各盟市旗县普查办及时组织专家审核数据，专家必须尽职尽责发挥作用，普查办积极配合专家对错误数据及时修改上报，分配专家到基层单位驻点检查指导，责任到人，做好审核记录工作，有据可查。有些错误数据直接指导申报单位专业技术人员进行修改上报，确保上报数据的质量标准，将差错率控制在0.5%以内。

（四）钱币专项调查基本完成

2016年1月，内蒙古博物院承担了"内蒙古自治区第一次全国可移动文物普查钱币类文物专项调查项目"，该项目是依托第一次全国可移动文物普查成果，由国家文物局确立的专项调查项目之一。通过对内蒙古自治区钱币和北京钱币博物馆的专项调查，在完成了内蒙古地区的调查报告初稿后召开了专家评审会，吸取了专家们的建议和意见后修改完成第二稿。在广泛听取各方意见后，目前已经完成第三稿，等待国家文物局审核验收。

（五）普查督查工作有效开展

2015年年初，自治区普查办成立4个督查组，分别由自治区文化厅副厅长、文物局局长安泳锝，文物局副局长塔拉、王大方和有关处室负责人带队，对全区12个盟市的可移动文物普查工作进行了督查。各督查组深入基层普查单位，宣传国家、自治区关于开展第一次全国可移动文物普查的政策要求。各盟市也采取不同形式，对本地区普查工作进行督查，有效促进了普查工作的开展。

2015 年 10 月 19 日至 2016 年 6 月 17 日，自治区普查办组织专家组，前往乌兰察布市、阿拉善盟、巴彦淖尔市、乌海市、鄂尔多斯市、包头市、呼和浩特市、乌兰察布市、锡林郭勒盟、赤峰市和通辽市各项目办检查"一普"数据采集质量，进行文物专业指导。7 月中旬专家组有望完成兴安盟和呼伦贝尔市"一普"数据采集质量检查工作。

（六）文物定级工作顺利进行

2016 年 1 月 13 日至 6 月 17 日，自治区文物局派专家组，对阿拉善盟、巴彦淖尔市、乌海市、鄂尔多斯市、包头市、呼和浩特市、乌兰察布市、锡林郭勒盟、赤峰市和通辽市文物系统内国有收藏单位第一次全国可移动文物普查中新发现的文物进行了全面定级工作，各方向专家们认定一批一、二、三级珍贵文物，其中不乏国宝级文物。自治区文物局计划在 7 月底完成兴安盟、呼伦贝尔市文物定级工作。

二、目前工作存在的主要问题

在全区各级普查机构的共同努力下，我区普查工作取得了阶段性成果，但仍面临一些问题，距国家文物局要求还有一定差距，主要表现在以下两点。

（一）与重点部门、系统的协调沟通需进一步加强

一些重点行业系统，如教育、图书、档案等仍然存在经费落实情况不理想、登录文物不够积极主动等问题。例如：内蒙古公安厅博物馆一件文物未采集登录，属地管理单位把难以解决的问题反馈至自治区普查领导小组，领导小组协调解决但未果。各级普查办应加强服务意识，按照国有单位文物收藏情况摸底调查建立的工作模式和掌握的线索，主动上门做好服务工作。

（二）数据质量有待提高

一部分地区，特别是基层地区和文物系统外单位，因专业力量有限，文物基本指标项出现年代错误、错填，照片不符合要求，资料和文物界限不准确规范等问题。收藏单位、旗县级、盟市级审核把关不够严格，存在走过场的情况，无法保证普查质量。另有一部分收藏单位在平台申报的文物收藏量与馆藏实际数量严重不符，国家要求按照博物馆年检申报数量为准，严格遵照国家普查办普查审核标准审核数据质量。

三、2016 年重点任务

2016 年是普查收官之年，按照国务院通知要求，今年的重点任务是进行数据审核登录，普查资料的整理、汇总，普查报告编制、成果公布。2016 年主要工作目标包括如下九项。

1. 8 月底前完成文物信息登录和自治区级终审任务。

2. 10 月底前完成自治区普查报告，公布普查成果。

3. 年底前完成普查总结工作，召开自治区普查总结工作会议。

4. 建立国有可移动文物登录制度。

5. 利用普查成果，出版《内蒙古自治区普查成果集萃》，提升可移动文物管理利用水平。

6. 各级普查机构要加强质量控制，不遗不漏，实事求是；逐级验收，严格遵照国家普查办普查审核标准审核数据质量，将差错率控制在 0.5% 以内。

7. 完成由内蒙古博物院承担的国家文物局确立的专项调查项目——"第一次全国可移动文物普查钱币类文物专项调查项目"报告。

8. 宣传工作重点是宣传普查成果、发布普查数据。

9. 在全区第一次全国可移动文物普查基础上，完成文物定级工作，增加全区珍贵文物数量。

同志们，2016 年是普查收官之年，希望大家围绕重点工作，细化工作任务，充分保障质量，确保普查既定目标。以保护历史文物、传承传统文化的责任感和使命感，共同努力做好第一次全国可移动文物普查工作。

内蒙古自治区第一次全国可移动文物普查工作简报

（第 30 期）

（内蒙古自治区第一次全国可移动文物普查领导小组办公室
2016 年 7 月 10 日印发）

凉城县第一次全国可移动文物普查工作总结——在 2016 年自治区普查办主任会议上的发言

凉城县第一次全国可移动文物普查项目办

（2016 年 6 月 19 日）

凉城县位于内蒙古自治区中南部，总面积 3458 平方千米。通过第三次全国文物普查，共发现各时期文化遗址 574 处，以老虎山、园子沟和王墓山遗址为代表的环岱海遗址群 2001 年被国务院确定为第五批全国重点文物保护单位，自治区重点文物保护单位有贺龙革命活动旧址、淤泥滩古城、左卫夭古城、天成古庙、新堂天主堂。第一次全国可移动文物普查前馆藏文物 375 件，其中珍贵文物 15 件。众多的文化遗存构成了灿烂的"岱海文明"。

一、领导重视，保障有力

为认真贯彻落实国务院《关于开展第一次全国可移动文物普查工作的通知》精神，切实做好凉城县第一次全国可移动文物普查工作，凉城县人民政府下发了《关于在全县开展第一次全国可移动文物普查的通知》，成立了凉城县第一次全国可移动文物普查工作领导小组，制定了《凉城县第一次全国可移动文物普查实施方案》，组建了普查队伍，购置了普查必备的摄影器材、笔记本电脑及测量称重工具。为全县可移动文物普查工作的顺利开展奠定了基础。

二、措施得力，方法得当

2013 年 11 月，我县普查队员深入编办、质监局、工商局及各有关单位，通过走访、摸底、查阅档案等方式，整理出文物收藏单位调查名录，对全县 169 家具有法人资格、组织机构代码的机关事业单位及国有企业单位进行了调查。普查队员对重点行业及各乡镇多次上门协助调查，重点调查了相关单位的档案室、图书资料室、荣誉室等。涉及文物收藏单位 3 家，其中非文物系统单位 2 家，为下一阶段文物普查工作做好了准备。

进入文物数据采录阶段后，有计划、按步骤先后对本系统的贺龙革命活动旧址、凉城精粹文物陈列室及文物库房的藏品进行了采集录入工作，协助天城乡人民政府和永兴镇人民政府两家收藏单位进行了采录。

严格实行文物底账与实物对照，做到了不遗漏一件文物，采录过程按照定数量、分批次建立了藏品信息登记册，并对文物底册的登记事项进行了逐项核对，及时修正了部分文物名称、年代等错误信息，根据藏品信息登记册录入审核，进一步提高了普查效率。

三、群策群力，成效显著

普查期间得到了自治区、乌兰察布市两级文物专家的大力支持和指导，使我们的普查工作得以顺利进行。

在普查过程中，普查队员们克服各种困难，加班加点，按时、高质量地完成了普查、采录、上传任务，文物数据上传率达100%，共采录上传文物1394件，其中一级文物1件，二级文物10件，三级文物4件，一般文物504件，未定级文物875件；化石3件，钱币958件。凉城县文物管理所藏品1390件；永兴镇人民政府和天成乡人民政府藏品各2件，均未定级。

今后，我们将筛选各个时期具有代表性的文物，在新建的凉城博物馆陈列展出，让人们了解凉城，认识凉城，解读兼容并蓄、厚德载物的"岱海文明"。

包头市五当召管理处第一次全国可移动文物普查阶段性工作进展情况汇报——在2016年自治区普查办主任会议上的发言

包头市五当召管理处文物普查领导小组

（2016年6月19日）

为了贯彻落实《国务院关于第一次全国可移动文物普查的通知》和《关于对全市可移动文物普查第二阶段工作情况进行督查的通知》精神，按照包头市文物部门的要求，我们高度重视可移动文物普查工作，成立了文物普查工作领导小组，分工负责，协调配合，切实做好此次文物普查工作。

一、基本情况

一是制定了普查实施方案。我们召开专项会议，研究确定普查工作相关事宜，编制了普查方案，成立了普查工作领导小组，确定小组成员，统一部署，分工负责，紧密配合，包头市文物管理处拨付资金7万元，确保可移动文物普查工作真正落到实处。

二是参加培训。按照普查工作要求，为扎实做好五当召可移动文物普查工作，派出专人参加市文物部门关于普查工作的培训，主要进行文物数据资料采集、建档、整理、拍摄、录入等业务培训，规范操作程序，严格把关，争取做好此次文物普查工作。

三是组织实施。按照14项基本指标项，对可移动文物进行测量、拍摄、信息数据资料采集和登记，建立纸质和电子数据双套档案，并同步做好可移动文物信息管理平台联网上报。

由于五当召的文物数量多，包头市普查办对五当召集中重点帮扶。普查工作期间又有了新的发现，其中发现经版共计5000件，当中有雕刻释迦牟尼佛、长寿佛像经版，时轮金刚、金刚杵和曼陀罗、九宫八卦和吉祥八宝图案等精美图案经版等，最终采集录入信息6100件。

二、存在的问题及解决办法

一是文物照片采集技术不高。虽然派专人参加文物拍照技术的学习，但由于学习时间短等原因，掌握拍照技能不扎实，存在缺乏文物拍照专业技术人员的问题。我们已经请包头市文管处业务人员现场指导，提高了拍摄技术。

二是网络速度达不到要求。目前，五当召可用的网络速度慢，达不到上传图片要求，甚至有时图片根本不能够上传，存在网络速度慢的问题。我们请自治区第一次全国可移动文物普查项目办在后台上传数据，在2015年年底完成了上传任务。

2016年5·18博物馆日赤峰市举办第一次全国可移动文物普查成果展

2016年5月18日上午9点，由赤峰市文物局主办，红山区文物局、赤峰美术馆承办的赤峰市第一次全国可移动文物成果展在赤峰美术馆开展。赤峰市人大副主任李雪波出席活动，并做重要讲话。赤峰市自2013年开始第一次全国可移动文物普查工作以来，各地区高度重视，科学决策，按照国家和自治区的有关要求，稳步推进各项工作。2016年是普查工作的收官之年，此次展览以图文并茂的形式，通过100余块制作精美图片，以普查工作的时间、阶段性工作任务为脉络，以普查筹备、普查业务骨干培训、普查宣传、国有文物收藏单位调查、文物认定、新发现文物、信息采集登录、信息审核、领导视察等为内容，生动形象地梳理和总结了赤峰自开展普查工作以来取得的成绩。

自治区文物局派专家组前往赤峰市和通辽市开展第一次全国可移动文物普查质量检查和文物定级工作

2016年5月26日—6月17日，内蒙古自治区第一次全国可移动文物普查项目办公室派索秀芬、铁达、苏东、庆巴图、尹建光、玛雅六位专家，前往赤峰市和通辽市开展第一次全国可移动文物普查数据采集质量检查和文物定级工作。

2016年5月26日—6月8日，自治区文物局专家组在赤峰市克什克腾旗、林西县、松山区、喀喇沁旗、元宝山区、红山区、赤峰市博物馆、宁城县、敖汉旗、翁牛特旗、巴林右旗、巴林左旗第一次全国可移动文物普查项目办进行"一普"质量检查。截至2015年年底，赤峰市完成了36万件以上数据采集和上传任务，占整个自治区文物总量的三分之一以上。专家组认为赤峰市"一普"数据采集数量大，质量较高，但还存在对成套文物不当分拆的问题，个别旗县区在命名、年代、分类等方面不够准确，专家组建议赤峰市"一普"项目办尽早启动专家参与普查机制，做好盟市级审核工作。专家组还对克什克腾旗、林西县、松山区、赤峰市、宁城县、敖汉旗、翁牛特旗、巴林右旗、巴林左旗博物馆和文管所进行了文物定级工作。赤峰市不仅文物众多，而且拥有新石器时代玉器、青铜时代青铜器、辽代金银器、元代瓷器、清代丝织品等众多精品，珍贵文物数量多。

2016 年 6 月 9—17 日，自治区专家组在通辽市库伦旗、奈曼旗、开鲁县、通辽市博物馆、科左后旗、科左中旗、扎鲁特旗第一次全国可移动文物普查项目办进行"一普"质量检查。截至 2015 年年底，通辽市文物数据上传率达到百分之百。专家组认为普查的文物拍摄的照片质量都很高，但还存在着按组统计文物数量的问题，一些旗县在名称、时代、分类、完残状况等数据采集方面还需进一步完善，专家组建议通辽市要积极发挥专家作用，早日完成盟市级数据审核工作。专家组还对库伦旗博物馆和安代博物馆、开鲁县博物馆、通辽市博物馆、科左后旗僧格林沁博物馆、科左中旗博物馆、扎鲁特旗文管所等单位进行了文物定级工作，其中通辽市博物馆珍贵文物数量较多。

内蒙古自治区第一次全国可移动文物普查工作简报

（第 31 期）

（内蒙古自治区第一次全国可移动文物普查领导小组办公室
2016 年 7 月 15 日印发）

呼和浩特市图书馆第一次全国可移动文物普查工作汇报——
在 2016 年自治区普查办主任会议上的发言

呼和浩特市图书馆第一次全国可移动文物普查项目办

（2016 年 6 月 19 日）

根据《国务院关于开展第一次全国可移动文物普查的通知》（国发〔2012〕54 号）、国家文物局普查办《第一次全国可移动文物普查实施方案》（文物普查发〔2013〕6 号）、《内蒙古自治区第一次全国可移动文物普查实施方案》（内可移动文物普查发〔2013〕2 号）、《呼和浩特市第一次全国可移动文物普查实施方案》以及《呼和浩特市文物处第一次全国可移动文物普查实施方案》（呼文管字〔2013〕136 号）等文件精神和工作安排，2015 年 3 月底呼和浩特市图书馆全面开展了可移动文物（古籍）普查工作，现将我馆的可移动文物普查工作情况汇报如下。

此次全国文物普查首次将 1949 年以前具有历史、艺术、科学价值的手稿和图书资料等列入普查对象。《方案》在普查内容中对文物名称、类别、年代、外形尺寸、保存状态、入藏时间、收藏单位名称等 14 项基本指标进行了规定，这些规定在馆藏目录款目中都能得到体现，与图书馆业务具有关联性，大多数图书馆是可移动文物普查重要的参与单位，是展示馆藏的一次重要机遇，甚至比评估定级工作还要重要。

为做好此次可移动文物普查工作，呼和浩特市图书馆精心准备前期工作，以保障普查工作顺利完成。

一是成立组织机构。呼和浩特市图书馆成立第一次全国可移动文物普查组织领导机构，由馆长和业务副馆长亲自参与此项工作，明确分工、落实责任。

二是组织学习。组织业务人员参加呼和浩特市第一次全国可移动文物普查骨干培训，认真学习了国家和地方的《方案》及标准规范，同时重点学习了文物采集标准、照片命名规则、文物拍摄的要求及第一次全国可移动文物信息登录平台的操作使用。通过学习，图书馆业务人员把具体的操作和规程吃深吃透，严格按照操作标准规范，为做好可移动文物普查奠定基础。

三是购买设备。按照第一次全国可移动文物普查对文物信息采集及拍摄的要求，我馆购买了笔记本电脑、单反相机、摄影灯套装、卡尺、电子秤等相关设备。

呼和浩特市文新广局陶明杰副局长、呼和浩特市文物处池莉副处长、呼和浩特市博物馆武成馆长给予很大的帮助，在此表示感谢。

2015 年 4 月，上级普查办的专家领导认定组前来我馆认定不明确文物年代的古籍图书，认定结束后，我们开始了具体的采集录入工作。

为了推进工作进度，按照工作程序成立了采集组、摄像组、录入组和审核组。采集组负责采集图书信息，按要求采集图书的具体尺寸、每种书的质量并填写文物信息登记卡；再由摄像组按照古籍的采集书影要求对每一种图书的具体信息拍照；最后由录入员把文物信息登记卡和图片整理后，录入到电脑的离线平台，经过审核员审核后，上传到文物普查平台。这样的一条工作流程使得我们能够认真细致、有条不紊地完成此次文物普查的任务。

根据国家文物局《关于做好第一次全国可移动文物普查信息登录审核工作的通知》要求，截至 2015 年 7 月 5 日，呼和浩特市图书馆已上传至文物普查平台藏品总数 1020 件/套，实际数量为 7975 册，完成可移动文物的采集和登录工作，具体数字如下表。

本收藏单位统计		已采集藏品总数		已登录藏品总数		已登录珍贵文物		申报藏品总数（件/套）	申报珍贵文物（件/套）
		件/套	实际数量	件/套	实际数量	件/套	实际数量		
数量		1020	7975	1020	7975	0	0	1020	0
排名	全国	6094	6085	5781	5781	2190	2190	8212	3060
	全省	144	144	138	138	58	58	205	75
	全市	10	10	10	10	7	7	11	11
	全县	4	4	4	4	4	4	4	4

在文物普查工作中，我们还遇到了许多困难。

一、古籍图书的特殊性及首次接触文物普查工作，影响了古籍图书普查工作的推进。图书馆属于非文物系统，相对于文物系统对文物的规范和具体要求来说，古籍图书文物信息采集录入与文物系统的文物信息录入性质有差别，并且《规范》中没有实践性的参考标准，工作初始难度很大，很多信息项的填写录入时要通过与老师多次的询问和探讨，并与图书馆的同行们借鉴、沟通，工作逐步开始步入正轨。经过全国普查办多位老师的帮助和指导，并邀请自治区普查办老师亲自到我馆操作示范，解决了我们在工作中遇到的各种困难和问题。在平时的工作中市普查办的老师更是给予了大量的帮助和支持。在此对他们表示感谢，他们的帮助使我们能够顺利地完成普查平台上报工作。

二、工作初期，信息采集及拍摄不符合要求，工作推进慢。按可移动文物普查要求，采集员及录入员和拍摄书影的工作人员要掌握古籍图书业务知识，按照古籍普查登记规范要求进行图书的信息采集及古籍书影拍摄，开始进度很慢，通过学习，工作人员很快掌握了基本的古籍知识，逐步开展工作。在克服了古籍图书的霉菌、虫蛀和灰尘对身体的影响的情况下，坚持工作，不怕苦累，加班加点地完成了此次普查任务。

三、从 2015 年 6 月中旬开始，文物普查平台上传工作量激增，导致平台拥堵，文物信息上传及审核缓慢，甚至一度瘫痪导致工作无法进行。为了加快工作进度，避免上传平台拥堵，我馆工作人员利用 8 小时工作以外的时间及周末进行上传及审核工作，保证文物信息上传审核工作能够按时完成。

此次普查工作主要根据汇总的普查办文物登录信息，以实际登录文物件数为主要参数进行普查，呼和浩特市图书馆按照上级要求已完成本阶段的可移动文物普查工作。对于下一步工作安排，呼和浩特市图书馆首先要对照国家、自治区、呼和浩特市普查工作的标准和要求，继续做好可移动文物普查工作。首先对已经采集录入的藏品信息进行全面复查，查出的问题及时修改，提高采集数据的准确性。其次对本单位的藏品进行全面清理，对少报、漏报的藏品继续进行采集录入，提高采集的全面性。最后做好自治区市督查办的迎检验收工作。

自治区文物局派专家组前往兴安盟和呼伦贝尔市开展 "一普" 质量检查和文物定级工作

2016 年 6 月 18 日—7 月 14 日，内蒙古自治区第一次全国可移动文物普查项目办公室派索秀芬、铁达、苏东、庆巴图、尹建光、玛雅六位专家前往兴安盟、呼伦贝尔市开展第一次全国可移动文物普查质量检查和文物定级工作。

2016 年 6 月 18—23 日，自治区专家组在兴安盟科右中旗、突泉县、兴安盟博物馆、乌兰浩特市、内蒙古民族解放纪念馆、科右前旗、扎赉特旗第一次全国可移动文物普查项目办进行第一次全国可移动文物普查质量检查。截至 2015 年年底，兴安盟完成了数据采集和上传任务，但还存在着多件文物按一组采集数据的情况，在一些项目办文物名称、年代、分类等数据不够准确，照片质量尚需提高。专家组建议兴安盟项目办启动专家参与机制，严把质量关。专家组先后到科右中旗博物馆、兴安盟博物馆、内蒙古民族解放纪念馆、科右前旗博物馆、扎赉特旗文管所等国有文物系统单位进行了文物定级工作，认定了一批珍贵文物，科右前旗博物馆的一批辽代墓葬出土文物品相好、等级高。

2016 年 6 月 24 日—7 月 10 日，自治区专家组在呼伦贝尔市扎兰屯市、阿荣旗、莫力达瓦达斡尔族自治旗、鄂伦春族自治旗、根河市、额尔古纳市、满洲里市、扎赉诺尔区、新巴尔虎右旗、新巴尔虎左旗、陈巴尔虎旗、海拉尔区、呼伦贝尔民族博物馆、鄂温克族自治旗第一次全国可移动文物普查项目办公室进行采集数据质量检查，截至 2015 年年底呼伦贝尔市已经完成了全部数据的采集和上传，但还不同程度上存在着按组计算文物数量的问题，一部分旗县文物照片质量尚需提高，一些文物在名称、年代、分类等方面采集数据不够准确。自治区专家组建议呼伦贝尔市启动普查专家库盟市专家机制，让盟市专家积极参加数据审核工作，把好质量关。自治区专家组还到扎兰屯市中东铁路博物馆、乌兰夫纪念馆、伪兴安省历史陈列馆、鄂伦春民俗博物馆、阿荣旗王杰博物馆，莫力达瓦达斡尔族自治旗达斡尔族民族博物馆，鄂伦春族自治旗鄂伦春民族博物馆，根河市敖鲁古雅驯鹿文化博物馆，额尔古纳市俄罗斯民族博物馆，扎赉诺尔区博物馆，新巴尔虎右旗博物馆，新巴尔虎左旗博物馆，陈巴尔虎旗博物馆，呼伦贝尔民族博物馆，鄂温克族自治旗博物馆进行了文物定级工作，呼伦贝尔市民族众多，尤其达斡尔族、鄂伦春族、鄂温克族、俄罗斯族的四少数民族文物集中，特色鲜明。

内蒙古自治区第一次全国可移动文物普查
工作简报

（第 32 期）

（内蒙古自治区第一次全国可移动文物普查领导小组办公室
2016 年 7 月 20 日印发）

额尔古纳市第一次全国可移动文物普查工作汇报——在 2016 年
自治区普查办主任会议上的发言

额尔古纳市第一次全国可移动文物普查项目办

（2016 年 6 月 19 日）

额尔古纳市可移动文物种类丰富、数量较多、价值突显，是额尔古纳市历史文化的实物见证。随着第一次全国可移动文物普查的正式启动，我市可移动文物普查办根据上级的要求和部署，普查工作有序开展，进展顺利，现将我市第一次全国可移动文物普查前一阶段工作总结和下一步重点任务情况汇报如下。

一、领导重视，强化组织，保障文物普查工作顺利进行

2013 年 2 月 10 日，额尔古纳市正式启动第一次全国可移动文物普查工作，文物工作人员认真对各机关、事业单位和国有企业及各乡镇进行了可移动文物收藏保管情况的调查。额尔古纳市人民政府成立全市第一次全国可移动文物普查领导小组，负责全市普查工作的组织和领导，协调解决重大问题。领导小组组长由市政府副市长邱革评担任，副组长由市政府办公室副主任丁波担任，领导小组包括市文体广电局、财政局，各苏木、乡镇、办事处等 23 个成员单位。领导小组办公室设在市文体广电局，负责普查工作的日常组织和具体协调。制定了切合额尔古纳市实际情况的文物普查工作实施方案，对文物普查工作进行了详细安排部署。

二、精心组织，积极动员，保障文物普查工作顺利展开

（一）普查单位名录的确认、校对、分类和整理

额尔古纳市第一次全国可移动文物普查项目办工作人员发送《第一次全国可移动文物普查调查表》154 份，回收率达到 100%。同时对回收的文物调查表进行了分类汇总。

第二阶段普查工作，我市文物工作人员对普查出的可移动文物进行逐一认定和登记。并进行了确认、校对、分类和整理。我市普查工作人员将继续努力学习，提高文物普查队伍的整体

素质，不断拓宽视野和知识面，进一步加深对文物保护理念的理解，确保下一步工作的顺利开展。

（二）广泛动员、宣传到位

为使我市文物普查工作家喻户晓，人人皆知，掀起一场全民普查高潮，我市项目办认真策划普查宣传，充分利用电视滚动的播出形式，对可移动文物普查、文物知识和《文物保护法》进行了宣传。通过宣传活动，让广大群众了解保护文物的重要性，提高保护文化遗产的意识，积极提供文物线索，为我市实地开展文物普查工作奠定了基础。

（三）开展文物信息采集、登录工作

我市文物管理所和恩和俄罗斯民族博物馆严格按照《馆藏文物登录规范》的工作标准，保证采集文物信息的完整性、准确性、真实性、规范性，统计上来的 409 件文物已全部上传我市可移动文物普查办平台。

三、文物普查下一步重点任务

1. 集中精力，认真审核，确保所有文物的准确率达到 100%。确保此项工作按时完成。

2. 认真整理、汇总有关可移动文物普查的相关材料，确保此项工作顺利完成。

3. 精心准备，迎接上级领导对我市文物普查工作进行督导和验收。

4. 加大对普查新发现文物的保护力度。

5. 加大文物普查的宣传力度。

磴口县第一次全国可移动文物普查工作汇报——在 2016 年自治区普查办主任会议上的发言

磴口县第一次全国可移动文物普查项目办

（2016 年 6 月 19 日）

磴口县第一次全国可移动文物普查工作于 2013 年 6 月开始，根据上级普查办的具体要求，圆满完成各阶段普查任务，现将各阶段工作简要汇报如下。

一、准备阶段

本阶段工作主要内容是成立普查机构，进行人员培训，安排落实普查经费、器材，对全县国有单位进行摸底调查。

1. 成立普查机构

磴口县于 2013 年 8 月制定了《磴口县第一次全国可移动文物普查实施方案》，成立了由分管副县长任组长的磴口县第一次全国可移动文物普查领导小组，普查办设在县文体局，具体普查工作由县文物管理所负责实施。

2. 进行人员培训

抽调业务骨干参加自治区、巴彦淖尔市两级的相关专业培训，成立了普查工作小组。

3. 安排落实普查经费和器材

自治区下拨资金 2 万元，自筹资金 1 万元用于购买标准数据采集的电脑、硬盘、照相机、卡尺、电子秤等设备。

二、普查阶段

1. 对全县国有单位进行摸底调查

2013 年年底发放《国有单位文物收藏情况调查登记表》133 张，回收率 100%，上报国有文物收藏单位 5 家。其中 3 家为文物、博物馆系列，分别为内蒙古黄河工程管理局下设的三盛公黄河水文化博物馆、乌兰布和农场下设的内蒙古兵团博物馆和磴口县文物管理所；其余 2 家为三盛公天主教堂和县第一中学，县第一中学上报文物共计 1 件，在普查中认定为现代仿品，不属于普查范围。

2. 工作方法

对内设博物馆、藏品较多的黄河工程管理局及乌兰布和农场，普查办以可移动文物普查为契机，确定了在普查中培养收藏单位藏品管理骨干的思路，对收藏单位选派的技术骨干予以培训，由收藏单位自己来进行普查，普查办对其进行业务指导，并对数据质量严格把关；对人员、器材均无法保障的三盛公天主教堂，普查办采用代为普查的方式进行普查。

3. 普查成果

磴口县共普查各类文物 844 件/套，实际数量 1503 件，普查数据 32.4G，拍摄照片 4000 余幅。通过这次普查，摸清了本县国有收藏单位可移动文物的家底，锻炼了文博队伍，提高了收藏单位对藏品管理工作的认识，规范了收藏单位的藏品账册。

三、审核阶段

严格依照普查规范手册及上级普查办要求进行审核，严把器物名称、时代、类别以及图片等重要环节，力争数据差错率控制到最小。鉴于两处博物馆藏品多为现代的特点，对藏品的年代信息尽量精确，争取以藏品的具体年代来命名；对具体年代信息不详但地域或民族特色比较鲜明的藏品，以民族或地域来命名，尽量避免"现代某某"不科学的命名方式。

四、存在的问题

1. 近现代文物的命名、分类问题

主要表现在一些民俗类文物上，具体年代跨度较大，民族及地区特色不明显的藏品，如柳编笸箩，如归竹木雕似有些牵强；从新中国成立后各时期都有使用，命名为现代柳编笸箩感觉也不太稳妥。这一类的藏品是否能给一个规范性的要求？还得请求巴彦淖尔市和自治区普查办统一规范。

2. 岩石和矿物标本

博物馆展示的矿物、奇石、岩芯标本，年代信息无法填写，是否可按资料归类？还得请教自治区项目办在自治区终审时统一归类。

五、普查的收获与认识

1. 通过普查，使我们有了近距离接触文物的机会，每一件文物的细节、局部的细细端量，命名时的斟酌，断代和分类的考证，文物信息的掌握可以说是从未有过的。

2. 通过普查，锻炼了队伍，练就了一专多能。普查相关的各项工作，摄影、灯光、命名、断代分类、信息录入以至于审核，样样都能拿得起来。

3. 以普查为平台，加强了各区域文博队伍、人员的业务交流，增进了各文博单位的业务联系。

最后在这里要感谢自治区普查办各位老师对基层普查工作细致、耐心的指导。

内蒙古自治区第一次全国可移动文物普查
工作简报

（第 33 期）

（内蒙古自治区第一次全国可移动文物普查领导小组办公室
2016 年 7 月 25 日印发）

满洲里市第一次全国可移动文物普查工作总结——在 2016 年
自治区普查办主任会议上的发言

满洲里市第一次全国可移动文物普查项目办

（2016 年 6 月 19 日）

满洲里市第一次全国可移动文物普查工作在领导的高度重视和相关部门的大力配合下，从 2013 年开始，经过第一次全国可移动文物普查项目办公室所有成员的共同努力，于 2015 年年底完成了全部普查数据的平台上报工作，现将满洲里市第一次全国可移动文物普查情况汇报如下。

一、普查主要工作

2015 年是第一次全国可移动文物普查工作重要的一年，满洲里市普查办根据上级普查办的要求，认真做好文物普查信息录入上报工作。由满洲里市第一次全国可移动文物普查领导小组从其他部门抽调专人负责文物信息录入工作。在数据录入过程中，录入人员认真负责，面对重复的工作内容，克服急躁情绪，有条不紊地开展工作，及时和数据采集人员、审核人员进行沟通，保证了数据的准确及时录入。并根据信息登录平台工作日比较繁忙的实际情况，利用早晚和节假日时间进行平台报送，2015 年年底已上报完成满洲里市博物馆文物 1110 件/套、沙俄监狱陈列馆文物 263 件/套、中共六大展览馆文物 37 件/套，并对部分外借藏品的数据进行查缺补漏，对在普查初期拍摄的不符合要求的照片进行了重新拍摄。2016 年对已上报完成的文物信息正在进行初步的审核工作。

满洲里市普查办同时还借助 5·18 国际博物馆日和文化遗产日等活动，更好地宣传第一次全国可移动文物普查工作，不断提高民众对普查的了解与认知，让广大市民了解文物、关注文物、自觉自愿保护文物，由被动变主动积极参与到文物普查中来。宣传当天普查办工作人员走向街头发放宣传单，收到了良好的效果。

二、下一步重点任务

满洲里市第一次全国可移动文物普查各项工作正在有序开展，但离自治区普查办的要求还有差距，今后的工作任务还很艰巨。下一步我们将严格按照国家及自治区普查办的有关要求，在规定的时间内认真、细致、准确地完成文物信息审核工作，并做好第一次全国可移动文物普查的宣传工作，同时积极学习其他普查办的先进经验，不断提高普查的准确性和科学性，在实际工作中解决具体问题，继续扎实有效地推进普查工作，并以这次普查为契机，彻底清查国有文物单位文物，使满洲里市的文物工作再上一个新台阶。

三、在普查过程中的一些感受

一是强化了文物安全。普查工作是一次大规模的文物集中整理，参与的人员、整理的文物都是密集型的，极易产生安全隐患，因此在普查中要时刻把安全放在首位，及时排除安全操作隐患，总结规律。

二是促进了藏品的管理。完善博物馆的总账与分类账，藏品账目管理与文物普查同步进行。针对普查发现部分馆藏文物来源、入藏时间等信息不明确的问题，启用藏品老账，以器物或藏品卡片上的原始号为查找线索，基本查明了相关原始信息，使普查的信息录入更为准确。

三是加强了队伍建设。通过普查工作的开展，全面提高文保工作人员的科学知识、专业技能和管理水平，以普查促进博物馆专业人员的新老交替，梯队建设，文保管理人才的培养，为进一步建立具有现代化科学素养的博物馆专业队伍创造条件。

四、存在问题

根据国务院《关于开展第一次全国可移动文物普查的通知》要求，普查经费纳入各级政府年度财政预算，满洲里市普查经费有待落实。

扎赉诺尔区第一次全国可移动文物普查工作汇报
——在 2016 年自治区普查办主任会议上的发言

扎赉诺尔区第一次全国可移动文物普查项目办

（2016 年 6 月 19 日）

扎赉诺尔区第一次全国可移动文物普查工作在区领导的高度重视和相关部门的大力配合下，经过扎赉诺尔区普查项目办工作人员的共同努力，目前已完成全部数据的审核上报工作，现将我区第一次全国可移动文物普查情况汇报如下。

一、前一阶段已完成的工作

（一）部署动员

2014 年 3 月 19 日下午，扎赉诺尔区第一次全国可移动文物普查工作会议暨动员大会在区政府召开。区委常委、政府副区长姜东民，政府副秘书长王恩奇，区第一次全国可移动文物普查领导小组各成员单位负责人出席了会议。会议由区政府副秘书长王恩奇主持，区文物局局长、区普查工作领导小组办公室主任柴然对我区第一次全国可移动文物普查进行了工作安排，区委常委、政府副区长、区普查工作领导小组副组长姜东民做了动员讲话并强调：要求各部门、各单位要充分认识这次普查工作的必要性和重要性，各司其职，积极配合，明确责任和任务；加强可移动文物普查宣传和培训，按照普查方案及相关要求切实把普查的各项工作做好并落到实处，确保我区可移动文物普查工作的顺利开展。此次会议的召开，标志着我区可移动文物普查工作正式步入实施阶段。

（二）国有单位调查

自 2013 年我区全面开展第一次全国可移动文物普查工作以来，全区共发放《国有单位文物收藏情况调查登记表》600 份，回收 570 份，回收率 95%。主要对扎赉诺尔煤业公司、灵泉电厂、呼伦湖渔业公司、纪念馆、图书馆、档案馆等国有单位进行了文物调查工作。

（三）信息采集

扎赉诺尔区普查工作从 2013 年 11 月开始，目前已完成 905 件/套馆藏文物的信息采集和上报，同时完成满洲里市博物馆 459 件/套借调文物的信息采集工作。

扎赉诺尔区各部门工作人员互相配合、齐心协力，科学规范地开展普查工作。

一是明确责任分工。制定详细的普查计划，明确普查人员分工，工作人员加班加点进行文物信息的采集，并及时对普查阶段性成果进行分析和总结，确保普查工作能保质保量完成。

二是明确普查范围。组织普查人员对馆内藏品进行摸底，严格按照国家普查办的要求，对符合普查范围要求的藏品进行信息采集上报。

三是精心精细开展普查工作。此次普查要求严格，需对文物名称、类别、级别、年代、质地、外形尺寸、质量、完残程度等多项数据进行准确详细的采集。为多角度展示文物特征，拍摄了 7000 余张文物照片，文物尺寸测量精确到 0.1 厘米，文物质量精确到 0.001 克，确保了文物信息数据准确无误。

经过大家的不懈努力，于 2015 年 12 月底基本完成了馆藏文物的信息采集上报工作。

（四）宣传推广

普查期间，每年的 5 月 18 日，结合国际博物馆日的主题宣传我区第一次全国可移动文物普查取得的阶段性成果，共计发放《国际博物馆日专刊》1000 余份，通过汇总整理我区第一次全国可移动文物普查开始以来的普查各项工作的组织宣传、国有单位调查、文物信息登录和报送等情况，旨在向社会各界展示普查阶段性成果，进一步宣传可移动文物普查的重要意义，提升社会公众的认知度和普查的社会影响力。

（五）我区工作人员参加各期培训班

为提升业务人员业务水平，明确第一次全国可移动文物普查的收录范围、采集标准，我区积极派业务人员参加自治区和呼伦贝尔市的各类培训，取得了良好效果，大大提高了普查采集数据的质量。

（六）普查工作中新发现了一批重要文物

经过我区业务人员在"一普"中细致工作，发现了一批重要文物，经自治区文物局专家组认定为珍贵文物。

（七）主要的成果

1. 基本摸清了我区国有文物家底。截至 2013 年 12 月 31 日，扎赉诺尔区国有文物总共有 905 件/套。

2. 完善了馆藏文物数据。通过文物普查工作，对原账册中部分指标项如质量、时代和规格不全的进行了补充，尤其是贵金属文物和宝玉石文物的质量，通过这次普查全部补充完整，为下一步文物账册的重新建账创造了条件。

3. 建立起影像信息数据库。在文物普查工作中，对所有文物按照规范进行多方位的影像信息数据采集，建立了馆藏文物影像信息数据库。

4. 通过第一次全国可移动文物普查，锻炼了业务人员，提升了文物保管部门工作能力。

二、2016 年工作计划

为确保我区第一次全国可移动文物普查工作于 2016 年年内全面完成，工作计划如下。

一是文物数据的审核和复核。在普查工作中，主要是核对数据的准确性和规范性，对漏填的信息进行补充，尤其是命名中存在的信息不完整或信息不准确的问题，在审核和复核中进行逐项修改，保证文物数据信息的真实完整可靠。

二是继续做好普查成果和相关资料的收集、整理以及宣传报道工作，编写普查报告，按国家要求公布普查数据，使普查成果惠及社会。

内蒙古自治区第一次全国可移动文物普查
工作简报

（第 34 期）

（内蒙古自治区第一次全国可移动文物普查领导小组办公室
2016 年 7 月 30 日印发）

巴林左旗第一次全国可移动文物普查工作总结
——在 2016 年自治区普查办主任会议上的发言

巴林左旗第一次全国可移动文物普查办公室

（2016 年 6 月 19 日）

巴林左旗历史悠久，文化积淀浑厚，是"富河文化"的发祥地，更是积淀了千年文化古蕴的辽代古都，是大辽政治、经济、文化中心。我旗境内不可移动文化点 818 处，包括古遗址 501 处、古墓葬 304 处、古建筑 2 处、石窟寺及石刻 5 处、近现代重要史迹及代表性建筑 6 处。其中国家级文物保护单位 6 处，自治区级文物保护单位 14 处，市级文物保护单位 17 处。我旗文物丰富，珍品荟萃，此次共普查可移动文物 113945 件/套，巴林左旗辽上京博物馆馆藏文物 113888 件/套，一、二、三级文物 565 件/套。通过开展第一次全国可移动文物普查提升了我旗文物管理水平，全方位提升文物藏品信息化，基本实现了馆藏文物数字化。

一、基本情况

1. 建立组织机构

巴林左旗政府、旗委高度重视第一次全国可移动文物普查工作，根据《国务院第一次全国可移动文物普查实施方案》《内蒙古自治区第一次全国可移动文物普查实施方案》和《赤峰市第一次全国可移动文物普查实施方案》等文件精神，制定了《巴林左旗第一次全国可移动文物普查实施方案》。并于 2013 年 10 月成立第一次全国可移动文物普查领导小组，以分管副旗长为组长、文化体育广播电视局（文物局）局长和巴林左旗政府办公室主任任副组长，各有关部门负责人为主体成员，具体组织、协调可移动文物普查工作。普查领导小组制定了我旗的普查实施方案，对文物普查的目的和意义、工作范围和内容、时间安排、组织和实施形式等方面做了明确的要求和部署。

2. 领导重视，各方协作

这次普查工作得到旗委、政府的高度重视，旗政府将普查工作进展情况列为政府督察督办案件，要求文物普查办公室按时上报文物普查工作进展情况，对普查中出现的问题及时给予解决。分管副旗长鲍爱民同志多次过问，并深入辽上京博物馆了解工作开展情况。这次普查工作也得到了自治区、赤峰市主管部门的大力支持，文物专家多次深入我旗了解普查工作开展情况，并对普查中出现的问题做了指导。

3. 大力宣传

从 2013 年 9 月以来，普查小组认真策划宣传，充分利用广播电视、标语、宣传栏等平台进行第一次全国可移动文物普查、文物知识和《文物保护法》的宣传。普查标语 10 余条，文物普查宣传单 1000 余份，发放和张贴到全旗 12 个苏木、乡镇。通过宣传，让广大人民群众更加了解文物保护的重要性，进一步提高了保护文化遗产的意识，为我旗开展第一次全国可移动文物普查工作奠定了基础。

4. 参加普查培训

为切实推进我旗第一次全国可移动文物普查工作，加强普查专业人员队伍建设，自治区、赤峰市文物局多次举办第一次全国可移动文物普查培训班。巴林左旗文物局、巴林左旗辽上京博物馆等多名工作人员参加培训。文物普查工作要取得实实在在的成效，普查人员技术过硬，业务能力强是基础更是关键。针对可移动文物普查范围广、操作要求高、技术难度大等特点，辽上京博物馆自 2013 年 10 月下旬开始，组织文物普查人员参加本馆的培训，聘请有关专家对普查文物登记规范及普查工作流程等事项进行讲授示范。通过培训，学习业务知识，熟练掌握普查的各种技术规范。使文物普查人员业务能力得到了提升，为更高质量完成普查任务做好专业知识储备，为普查工作的全面高效推进奠定了坚实的基础。

二、普查成果

1. 巴林左旗可移动文物收藏调查阶段成果

为了确保可移动文物信息的完整性、真实性和准确性，我旗第一次全国可移动文物普查办公室从旗统计局、旗机构编制委员会等部门收集了全旗各个行政、国企、事业单位共计 245 余家名录，进行确认、校对、分类和整理。结合我旗实际，合理利用时间，合理制定普查路线，从而大大提高了工作效率。普查队员共分成四个小队，其中两个小队负责林东镇内普查，两个小队负责乡镇、苏木普查，有效地保障了普查质量。

在普查的过程中，虽然困难重重，但是没有一个队员抱怨，没有一个队员在困难面前退缩，出勤率达 100%。普查队员对各个单位进行了认真细致、严谨求实的调查、记录工作。普查小组共普查 243 个单位，其中行政机关 96 个，事业单位 137 个，国有企业 10 个。其中有可移动文物的单位 2 个，可移动文物 515 件/套。

2. 巴林左旗辽上京博物馆馆藏文物清库、信息采集、登录阶段成果

为按时保质完成普查任务，普查组严格按照可移动文物普查的标准规范开展文物测量、拍摄、信息数据采集、信息录入等各项工作。并按要求配置了摄影室和摄影设备、电子称量器具等数据采集用具，为文物普查工作的顺利开展打好了基础。

我们根据工作进度，明确了先库房，后展厅，先易后难的思路，按照工作内容组建两个文物影像信息采集小组。成员由文物保管员、摄影人员和协助人员组成，一组负责青铜器、铜钱，一

组负责陶器、瓷器、石器、骨器等文物。文物保管员负责文物的提取和入库、文物信息的补充，摄影人员负责具体文物影像信息的采集和数据整理，协助人员负责文物称重和尺寸的测量工作。同时确定专人负责文物普查工作所需用品的采购和管理工作。在具体工作中，文物保管部及时合理调配工作人员，始终确保两台数码相机正常工作。可移动文物普查对摄影要求很高，普查队员在办公室自己搭建简易的摄影架、摄影棚。因为普查队员不是专业摄影人员，面对文物影像数据的采集这一从未涉猎的新课题，有些文物照片没能达到要求，就得不断地重新拍照，经过几个月的摸索和钻研，终于熟练掌握了文物摄影技能，拍摄的文物照片得到了大家的一致好评。

在数据录入过程中，录入人员认真负责，面对重复的工作内容，克服急躁情绪，有条不紊地开展工作，及时和数据采集人员、审核人员进行沟通，保证了数据的准确及时录入。

这一阶段中，赤峰市第一次全国可移动文物普查督导组多次对我旗可移动文物普查工作进行督促和指导。全面了解我旗普查机构建设、人员配置、资金落实、普查进度等情况，对我旗普查工作予以充分肯定。

我旗第一次全国可移动文物普查工作在旗委、旗政府的领导下，在各个部门单位的大力支持下，完成了可移动文物普查的阶段任务，并有重要发现。

3. 文物信息上传阶段成果

在信息采集阶段结束以后，我馆三名普查队员专门负责文物数据汇总、信息上传工作。这一阶段的主要困难是上传网速慢、平台拥挤。为了克服这个困难，普查队员基本上都是夜间上传数据。经过普查队员不分昼夜的不懈努力，终于将我旗登记在册的 113945 件/套文物信息 100% 上传到国家可移动文物数据平台。

4. 文物信息数据审核阶段成果

2016 年 6 月巴林左旗第一次全国可移动文物普查工作接近尾声。我旗迎来自治区普查办项目部专家组到我旗进行可移动文物普查数据质量督查和文物定级工作。

自治区专家组对巴林左旗第一次全国可移动文物普查数据进行抽样核查，并对普查数据指标进行详细检查，提出修改完善意见，我旗普查人员对此认真详细地做了记录，对工作中存在的问题与专家组进行探讨，效果良好。

审核上报工作是文物收藏单位文物普查工作的最后一道工序。我馆文物数据审核上报工作由文物保管部负责。在具体工作中，主要是核对数据的准确性和规范性，对漏填的信息进行补充，尤其是命名中存在的信息不完整或信息不准确问题，在审核中都进行了逐项修改，保证了文物数据信息的真实完整可靠。

三、存在的问题

1. 经费不足

我旗第一次全国可移动文物普查工作从 2013 年 8 月开始至今，历时近 3 年。可移动文物普查工作经过文物收藏调查、文物信息采集、信息上传、文物数据审核四个阶段，购置大量的设备，耗费大量的财力。但普查经费目前只到位 2 万元整，普查工作受到掣肘，开展困难。

2. 人员短缺

我旗普查工作主要由巴林左旗辽上京博物馆担任，由于博物馆人员有限，普查工作基本上是全员上阵。为了按时完成普查任务，普查组人员经常加班加点，增大工作量。基于文物藏品的特殊性和专业性，普查组更是缺少文物鉴定专家和普查技术骨干。

四、工作体会

我馆职工是这次可移动文物普查工作的核心力量，在可移动文物普查过程中，体现出严谨细致的工作态度、吃苦耐劳的敬业精神，以高度的责任感和使命感积极投入到普查的各个环节。在长达三年的第一次全国可移动文物普查工作中，我馆全体职工以高度的主人翁精神，不论是在库房还是文物展厅，文物影像信息采集，还是《文物登记表》填写，都能克服工作枯燥和安全责任重大的压力，不计较个人得失，任劳任怨，踏实肯干，认真负责，在确保文物移动安全的前提下，完成了这次我馆规模最大的可移动文物普查工作。巴林左旗普查办下一步工作计划，是将可移动文物普查数据审核专家组发现的问题进行整改。主要是针对文物照片画面过暗导致无法辨识和成套文物缺少组成部分的个体图的问题，普查队员将对这两个问题进行认真修改。

通过这次普查，让我们初步积累了一些经验。首先，领导重视是前提。各级领导的重视以及在专业力量等方面的支持，为我们顺利开展普查工作提供了保障。第二，要有一套能持久作战的武器。普查工作中硬件设施十分重要，主要包括拍摄器材和电脑，在普查之前，这些必备器材必须到位。第三，要有一个技术性较强的普查队伍。参加普查队伍的人要有一定的专业知识和技能，各种人才相互配合，共同合作，才能保障普查工作顺利进行。

通过开展可移动文物普查，全面掌握了我旗现存可移动文物的数量、分布、本体特征、人文信息和保存情况，进一步丰富和完善了我旗文物数据库管理系统建设。提升了文物藏品管理水平，使相关部门及时掌握文物的现状，为文物保护工作提供科学依据和可靠保证。通过普查，锻炼了我旗文物工作者队伍，壮大了文博工作力量，提高了博物馆业务人员的整体水平，培养了一批文物知识和计算机知识兼备的信息化管理基层业务骨干，为馆藏文物研究提供方便。将馆藏文物的相关信息向公众开放，让文化遗产资源全民共享。

内蒙古自治区第一次全国可移动文物普查
工作简报

（第 35 期）

（内蒙古自治区第一次全国可移动文物普查领导小组办公室
2016 年 8 月 5 日印发）

松山区第一次全国可移动文物普查工作总结——在 2016 年
自治区普查办主任会议上的发言

松山区第一次全国可移动文物普查办公室

（2016 年 6 月 19 日）

自国务院全面启动第一次全国可移动文物普查工作以来，在各级政府、各行业和系统主管部门、各国有单位的大力支持和积极配合下，松山区的文物普查工作顺利开展，并全面完成国有单位文物收藏情况调查。全区共有 3 家文物收藏单位，其中文物系统内 1 家，即松山区文物管理所，申报文物数量 1891 件。文博系统外 2 家，总计 4 件文物。进入文物认定和数据采集、登录阶段后，其他两家的工作因为数量少，很快完成了。松山区文物管理所因需要解决工作场地，文物信息采集工作延迟了一段时间。

2014 年普查经费及普查设备就已落实。虽然工作延迟，但松山区文物管理所已经做好了普查工作的准备。

这段时间我们注意掌握普查相关规范、标准，抓紧时间提升专业技术水平。照相的工作人员抓紧熟悉拍摄技巧及照片数据采集规范；平台录入的工作人员利用单位原有的文物登记卡，按照《普查藏品登录操作手册》练习规范录入；审核的工作人员跟进国家文物局第一次全国可移动文物普查重要通知及相关技术要求，同时留意其他单位普查中遇到的问题，从中吸取经验。

2015 年 6 月，松山区文体局在临时办公楼——松山区交通局借到了 2 间办公室。一间 40 多平方米的办公室改做临时库房，配置了消防、安全、监控设备。一间 10 多平方米的房间作为摄影室。

2015 年 11 月 13 日，松山区文物管理所正式将 114 箱文物从赤峰市博物馆库房运至临时库房。11 月 16 日，正式进入库房进行整理工作。当时工作人员 4 人，3 名本单位工作人员，临时抽用 1 名专业摄影人员。19 日，正式开始文物数据采集工作。

时间紧迫，为了在短时间内完成普查任务，我们采取采集、建档、报送、审核、登录同步开展的方式。经过 40 多天的努力，2015 年 12 月 30 日，完成文物登录 2000 多件，超过了我们申报的数量。

2016 年 1 月，开始整理库房内没有登记入账的文物，到 2016 年 1 月底全部完成。至此，松山区采集文物数量 4382 件，新增 2491 件。

2016 年 6 月前后，经自治区专家组检查，我们的文物数据登录工作填报规范，数据完整，命名专业，数据质量走在了自治区的前列。能够在短时间内完成普查任务，有以下几个经验与大家分享，并请大家批评指正。

一、分工明确

第一阶段，2015 年 11 月 19 日—2015 年 12 月 30 日。普查工作组分两组：摄影组和文物信息采集组。

摄影组 2 人，1 名工作人员配合摄影师的工作，负责拍摄记录、存储、图片分类、拣选、裁切、命名，摄影师不到位的时候接替拍摄工作。

文物信息采集组 2—3 人，1 名工作人员负责离线数据登录，这是我们分配的专业最强的岗位，数据录入要达到审核标准，命名要规范，文物断代要准确，并且要控制照片质量，做到当天数据当天上传。另有 1—2 名工作人员负责文物取放、清洁、称重、测量及在线数据查错。

第二阶段，2016 年 1 月 3—30 日。整理库房内没有登记入账的文物，主要是铜钱、铜马具和零散的小件文物。工作人员 3 人。我们重新做了分工。钱币录入 1 人，先拣选分类、计数，再根据普查要求的铜钱命名规范登录。登录时同样款式的铜钱放在一起，这样可以批量复制，大大节省了时间，提高了效率。整理登录零散小件 1 人，由专业强的工作人员独立完成。文物摄影及图片处理 1 人。

二、保证普查质量和进度，普查进度以日计算

我们严格按照国家文物局规定的"统一标准、分类填报、规范登记、严格把关"的原则严把普查质量关。平台录入人员掌控全部数据的质量，为了保证数据准确，又安排一名工作人员在线查错。普查中谨慎对待存疑文物与断代不准的文物，公安局移交过来的文物，早期因缺乏认识，一些现代仿制品被登记入账，普查时注意甄别。断代不准的文物要多方求证。

为了保证文物拍摄进度，文物信息采集组的进度要做到前面，保证半天的拍摄富余量，让文物等摄影师。照片处理尽量当天完成，最多宽限 3 天，实在完成不了，其他人员给予支援。

2015 年 12 月 1 日，工作进行了 12 天后，我们进行了一次汇总，共开箱 16 箱；采集信息 290 件，平均每天 30 件，上报数据 120 条，平均每天 40 条。按照这个进度，以 2000 件馆藏文物计算，文物信息采集大约需要 66 个工作日。数据上报需要 50 个工作日，根本不可能在年底完成任务。

分析进度缓慢的原因有两个，一是照片处理跟不上进度，影响了数据整合和上传。二是由于库房空间狭小，搬运、开箱、装箱耗时耗工，需要再增加一名普查人员。经过改进，我们的效率也大大提高。

三、科学利用时间，有序开展工作

工作节点以 2 日计算，进行数据整合，这样发现问题，可以及时补救。时间的紧迫，让我们每个人都处于满负荷工作状态。工作的原则是保证同步工作的时间，人手一份 EXCEL 表，记录自己的工作进度及遇到的问题，以便于查询和解决。

个人服从全体，文物数据采集测量、称重与数据录入需要同步进行时，大家紧密配合；独立完成的工作找间隙时间完成。

数据上传的最佳时间在早上 8：30 之前和晚上 6：30 之后。文物录入人员就要在这个时间点加班，完成当天的数据上传。

一个工作日结束后，照片组工作人员要对一天的图片进行处理，时间点也在下班之后与上班之前。图片处理量大时，其他工作人员分担一部分，拿回家留待晚上处理。

四、团队的力量与奉献精神

我们这个团队最多的时候是 5 个人。摄影师因为母亲病重住院直至去世，不能保证工作时间，另一个人就接替他的工作，其他人再分担照片处理工作。

负责文物拿取的 2 个人，担负着繁重的体力劳动，因为库房搬迁，我们打制了 114 个大木箱，每个木箱重约 50—100 斤。由于库房空间狭小，木箱都是 4—5 层叠放，螺丝封箱。拿取文物要经过搬运、开箱、拆包、提取、登记、测量、拍照等环节，再逐一核对、包装、封箱、搬运、叠放。这两个人中一个是刚参加工作的小姑娘，一个是主动来帮忙的，但从没有喊过一声累，叫过一声苦。

这期间我们无法区分工作时间和个人时间，我们没有硬性规定，但大家都会在下一个工作日之前完成自己的工作。为了节省时间，午餐点外卖，什么时间送到，什么时候停止手头工作。晚上，已经是万家灯火了，同步工作结束，没有任务的可以回家，有任务的还要继续奋战。

松山区第一次全国可移动文物普查工作，虽然经历了太多的波折，但完成得不错，我们的普查成果得到自治区专家组的肯定和赞誉。对于下一步普查收尾阶段的工作任务，我们也要坚持标准，注重质量，将全力以赴，优质圆满地完成最后的普查工作。

察右中旗第一次全国可移动文物普查工作汇报——在 2016 年
自治区普查办主任会议上的发言

察右中旗第一次全国可移动文物普查项目办公室

（2016 年 6 月 19 日）

察右中旗第一次全国可移动文物普查工作在自治区、乌兰察布市普查办的大力支持下，从 2013 年 10 月开始，于 2015 年 12 月 20 日完成全部数据的审核上报工作，现将我旗第一次全国可移动文物普查情况汇报如下。

一、主要工作

1. 对全旗国有单位进行全面摸底调查

察右中旗普查办分 3 个小组，对全旗 142 个国有单位进行为期一个月的调查摸底，发放调查

表 221 份，收回 220 份。

2. 填写文物登记表

根据自治区普查办要求，对文物的馆藏号、名称、原名、时代、类别、质地、级别、数量、质量、尺寸、来源、入馆时间及完残程度等信息逐项采集填写，共完成《文物登记卡》383 份。

3. 文物影像信息采集工作

2014 年 4 月，察右中旗普查办成立文物影像采集组，负责具体文物影像信息的采集和数据整理，根据先易后难的思路，采集影像资料 3200 余张，于 2014 年 11 月月底完成影像采集工作。

4. 文物信息录入

由我旗第一次全国可移动文物普查领导小组从文广局抽调专人负责文物信息录入工作。录入人员根据《藏品登记表》提供的数据和相关文物的影像信息进行数据录入，录入 383 件/套。

5. 文物数据审核上报

审核上报工作是文物收藏单位文物普查工作的最后一道工序，但是由于服务器荷载量大，上传数据非常困难，录入员利用下班期间和双休日加班上传，经过半个月的时间，全部上传完成。

二、工作顺利完成的保障

1. 察右中旗成立可移动文物普查领导小组。

2. 先后派业务骨干参加自治区、乌兰察布市普查办培训，及时了解最新普查信息。

3. 相关科室的紧密配合。

三、取得的主要成果

1. 基本摸清了旗藏文物家底。

2. 完善了馆藏文物数据。

3. 建立起影像信息数据库。

4. 出版了《察右中旗古代文明撷英》一书。

四、存在问题

1. 专业技术人员少、水平低，在普查时对文物的鉴定不准确，出现问题较多，后通过乌兰察布市普查办指导组才得以解决。

2. 虽然聘请了专业摄影师，但是拍摄文物专业性更强，拍出的照片和规定还有一定差距。

3. 输入登录因网络拥堵上传太慢，以后需要改进技术手段。

内蒙古自治区第一次全国可移动文物普查工作简报

（第 36 期）

（内蒙古自治区第一次全国可移动文物普查领导小组办公室
2016 年 8 月 10 日印发）

包头博物馆第一次全国可移动文物普查工作汇报——在自治区普查数据审核与总结报告编制培训班上的发言

包头博物馆

（2016 年 6 月 20 日）

我馆根据《国务院关于第一次全国可移动文物普查的通知》和自治区文物局、包头市第一次全国可移动文物普查办制定的普查实施方案，从 2013 年 7 月开始进行普查的准备工作，组成普查队伍，制定普查实施方案，组织专业人员进行馆内培训，并且多次派专业人员参加内蒙古普查办组织的专业培训。培训结束后，按照普查办的统一要求，搭建摄影棚、摄影室，并且购置摄影器材、电脑等设备进行文物普查工作。2014 年年初着手开展文物普查工作，在克服我馆人手少、任务重、馆藏钱币数量众多的困难前提下，针对馆藏的 11 万余件文物开展测量、拍摄、信息数据采集、登记和上传工作，并且在 2015 年 8 月基本完成。不仅如此，我馆还利用文物普查的机会，对库房内的文物进行重新整理、归纳、登记，这对今后的库房管理以及文物修复工作都具有重要的意义。

2015 年 8 月，在我馆基本完成文物普查工作后，国家文物局下达新的普查要求，要求馆藏所有古代钱币逐枚进行信息采集，测量尺寸、重量，上传，审核并要求 2015 年年底完成，我馆现有古代钱币 10.6 万余枚，为保证能够按时完成任务，我馆与包头师范学院历史系协商，聘请该系大学四年级学生史永杰、郭振东、李瑜、徐少博、魏月馨、王东、侯建坤、杨艳飞、张晓飞、徐畅、吴磊等来馆协助我们进行普查工作。在我馆人员对大学生进行了普查知识的培训后，我们将钱币普查人员分 3 个小组，每个小组都由我馆人员和大学生分工配合，分组进行对钱币的数据采集工作，并同时进行数据整理及上传工作。在采集钱币数据的同时，进行已上传文物数据的审核报送工作。针对钱币普查工作时间紧的问题，工作人员多次在工作日加班加点，并且牺牲节假日进行普查，我们的平均工作效率是一天完成 2000 枚钱币的采集和上传。通过不断的努力，截至 2015

年 12 月 31 日完成所有钱币的信息采集和上报工作。

这一次全国可移动文物普查工作，对我馆各个方面的管理意义都是非常重大的。首先，它实现了对馆藏文物的信息化，建立了馆藏文物数据库，对今后查找文物资料，研究文物修复的方案都有非常积极的作用。其次，通过这次普查，我馆又培养了一批专业的技能人员，无论是文物摄影还是电脑操作，每个人都成为复合型的工作人员，这对今后的馆内日常工作有很大的帮助。再次，通过这次全国文物普查，锻炼了我馆工作人员的团结精神，建立了良好的团队协作。

总之，文物普查工作功在当代，利在千秋，即便工作难度大，但是我们通力协作，攻坚克难，最终按时保质地完成了祖国交给我们的任务，而我们自己，同时也受惠于这份工作带给我们积极的影响，感谢这次的工作带给我们的成长，感谢所有一起奋斗过的同事。

精心组织　科学摆布
努力做好第一次全国可移动文物普查工作

库伦旗第一次全国可移动文物普查工作办公室

（2016 年 8 月 1 日）

库伦旗地处内蒙古东部，科尔沁沙地与燕山余脉汇合处，总土地面积 4716 平方千米，辖 8 个苏木乡镇、1 个国营林场、187 个嘎查村，总人口 18 万，是一个以蒙古族为主体的多民族聚居旗。

库伦旗历史悠久，早在春秋战国时期就有人类在此征战、游牧。境内文物古迹繁多，有着深厚的文化底蕴，享有"中国安代艺术之乡""中国荞麦文化之乡""中国蒙医药文化之乡""中国历史文化名镇""全国特色景观旅游名镇"的美誉。

自第一次全国可移动文物普查工作启动以来，库伦旗认真贯彻落实自治区下发的《关于在全区开展第一次全国可移动文物普查的通知》精神，按照国务院、自治区和通辽市政府的统一部署，将这项工作作为确保文化遗产安全、推进社会主义文化大发展大繁荣的一项重要内容来抓，全面动员，精心部署，整体工作进展顺利，取得明显成效。

一、加强领导，强化组织，切实保障文物普查工作顺利启动

认真贯彻国务院、自治区和通辽市政府的总体部署，强化组织领导。国务院第一次全国可移动文物普查电视电话会议、自治区政府全区电视电话会议及通辽市第一次全国可移动文物普查工作调度会后，库伦旗立即召开会议，认真学习贯彻国务院和自治区会议精神，全面部署普查工作。成立了以政府分管副旗长为组长的第一次全国可移动文物普查领导小组，下设普查工作办公室，办公室设在库伦旗宗教博物馆，普查办又下设文物提取组、文物清理组、文物摄影组、文物测量组、采集数据录入组五个工作组。组建了由 10 人组成的有文博专业知识背景或文博系统单位任职经历、熟悉本地情况、计算机操作熟练、严谨细致、责任心强的专业普查队伍。

按照普查要求，旗第一次全国可移动文物普查办公室印发了《关于印发库伦旗第一次全国可移动文物普查宣传工作方案的通知》和《关于印发库伦旗第一次全国可移动文物普查实施方案的通知》，对文物普查的宣传和实施做了细致的安排和部署。

落实专项经费，采购普查设备。根据可移动文物普查调查范围广、汇总资料多等特点，为确保普查工作能够扎实有效地推进，根据可移动文物普查的标准和需求，我旗在财力困难的情况下，每年足额落实普查经费，并配备了照相机、笔记本电脑、移动硬盘等普查所需的设备，以确保普查的顺利展开。

组织人员培训。为切实推进我旗第一次全国可移动文物普查工作，加强普查专业人员队伍建设，我旗先后选派 12 人次参加了自治区和通辽市组织的第一次全国可移动文物普查培训班。由于针对性强，普查培训取得了良好效果，普查一线人员的业务能力和工作水平有了很大提高。

二、做好宣传动员，为文物普查工作营造良好的氛围

广泛深入的宣传，形成了文物保护工作良好的社会氛围。旗文物普查办在旗电视台开辟专栏并通过创办《文物普查工作动态》简报、举办展览、散发宣传品等方式，广泛宣传可移动文物普查知识，在全社会形成了重视和关心文物保护工作的良好氛围，有效增强了市民保护文物的意识，甚至不少居民、农牧民也自发加入到文物保护工作中来，纷纷主动报料，提供线索。普查专业人员深入各地现场，带动和影响了当地群众，帮助他们提高辨别文物的能力及保护文物的意识。

三、认真普查，科学认定，切实保障文物普查工作进度和质量

从 2014 年 3 月开始，库伦旗进行了第一次全国可移动文物普查国有单位文物收藏情况的调查摸底工作。为了确保可移动文物信息的完整性、真实性和准确性，我旗可移动文物普查办公室从旗统计局、机构编制委员会等部门收集了全旗各个行政事业单位和国有企业名录及各单位普查联络员的联系方式。并通过电话联系及发放调查表的形式，进行确认、校对、分类和整理，最后通过实地走访的形式对各单位上报的文物信息现场复核，最终确定文物收藏单位及其收藏文物具体情况。

全旗共调查国有企事业单位 247 家，其中认定收藏文物单位 3 家，分别是库伦旗宗教博物馆、库伦旗旅游局、库伦旗医院，共计普查文物 7294 件。

库伦旗宗教博物馆是我旗唯一一家文博系统收藏单位，馆内藏品总数共计 7282 件，主要是历史文物、民族文物、宗教文物等。库伦旗旅游局认定文物 10 件，以法器、石狮子和玛尼锅为主。库伦旗医院共认定文物 2 件，均为石狮子。

以上文物信息已全部录入第一次全国可移动文物信息登录平台。

对 8 个苏木乡镇进行了实地走访，踏查率达到 100%，圆满完成了第一次全国可移动文物普查任务。

在下一步工作中，我们将重点做好文物数据审核及上报工作，保证数据真实、完整。继续做好文物收藏单位调查工作，进一步扩大文物调查范围。建立文物普查专题网站，通过可移动文物普查的网络平台进一步加强对文物普查工作的宣传，使社会各界和广大群众更多地了解和参与普查工作。通过全旗上下的共同努力，圆满完成库伦旗第一次全国可移动文物普查工作。

内蒙古自治区第一次全国可移动文物普查工作简报

（第 37 期）

（内蒙古自治区第一次全国可移动文物普查领导小组办公室
2016 年 8 月 15 日印发）

11 多万件文物有了身份证——包头博物馆第一次全国可移动文物普查

随着第一次全国可移动文物普查工作的顺利开展，内蒙古包头博物馆馆藏的 11 多万件/套文物终于全部有迹可循、有案可查，包头市可移动文物的"身份"得以确认。

一、可移动文物亟待身份认同

包头博物馆馆藏的 11 多万件/套文物，以质地划分涵盖了骨器、石器、金属器、陶器、瓷器等，以用途划分囊括了 6000 多年来包头地区人类生产、生活、宗教、文娱、习俗等。这 11 多万件/套文物，清晰地描绘了包头的历史脉络，揭示了一座城市从无到有的发展历程，是包头人心中的无价瑰宝。

1998 年建馆以来，内蒙古包头博物馆有关人员参与了第三次全国不可移动文物普查，摸清了包头市不可移动文物的家底，为全市工作的顺利完成贡献了力量。但馆藏的数量更多、种类更为丰富的 11 多万件/套文物，却因为种种原因一直未能展开普查，全市可移动文物总体资源不清、保管状况不明等问题始终没有得到根本解决，文物的身份亟待认同。

2012 年，国务院印发《关于开展第一次全国可移动文物普查的通知》，决定开展第一次全国可移动文物普查。《通知》一下达，内蒙古包头博物馆高度重视，确定了"既专且细、又好又快"的工作方针，以文物保管部门为工作重心，统筹调配其他部门人员开展工作，全力以赴投入到这项浩大的工程之中。

二、"不差钱"也有大烦恼

包头博物馆藏有古代钱币 10 万多枚，有春秋战国时期的刀币、布币，汉代的五铢，唐代的开元通宝，有宋代极具艺术水准的皇宋元宝、圣宋元宝，也有包头地区作为西夏属地时锈蚀的铁钱；从质地优良的乾隆通宝，到残损不堪的咸丰通宝，见证了清王朝由盛转衰的全过程；以机器铸造的民国货币和伪满洲国货币，让人想起了课本上新中国成立前期通货膨胀、人民生活困苦不堪的历史。可以说，10 万多枚钱币记录了包头地区几千年的记忆。

但对普查工作人员来说，这些见证着历史变革的钱币，却是整个普查工作中最难啃的一块硬骨头。根据自治区文物局要求，所有钱币必须以枚为单位，纳入到信息采集、整理和录入过程中，这是包头博物馆自建馆以来最浩大的工程。因为文物的信息采集，需要鉴定质地、年代、完残程度、来源、称重（精确到毫克）、测量尺寸（精确到毫米）、记录数据及入藏时间、拍照等多道程序，现有的人手是无法在 2015 年年底前完成的。为此，普查工作组在原有工作人员的基础上，与包头市师范学院历史系协调，抽调了 8 名大学四年级学生参与到普查工作中。

同时，为了让每一枚钱币都能得到妥善的保存，包头博物馆特地通过网络购买了 10 多万个档案整理专用的塑胶袋，印制了 10 多万张登记卡片，并购置了手套、口罩等防护器具，避免文物因与人手接触造成损坏。

三、文物终有了"身份证"

可移动文物普查工作是国家层面的一项重要工作，到具体操作时，面对十几万的工作量、十多道工作程序，人员的职业素养和忘我的工作态度则是保证这项工作顺利完成的前提。

普查工作共分为六个小组，三个组负责文物拍照、数据记录和卡片登记，三个组负责图文数据上传，如同三条流水线。刚开始因为不够熟练，每天只能完成 200 枚的任务量，到后来每天能做 600 枚，每个人都成了机器人，重复着一个动作。

给文物拍照需要大型闪光灯，每个组两部，拍摄时的闪光强度能从屋内照亮半个走廊。因为不间断的闪光，刚开始很多普查人员的眼睛受不了这样的刺激，头疼眼睛疼是常有的事；10 万多枚钱币，有的是出土文物，有的是民间征集、追缴，年代久远，布满了锈迹和积年的尘土，工作时戴的手套一天就变黑；工作区域暖气不好，天冷时写完一天的卡片手都会抽筋；拍照工作需要站立低头略弯着腰盯着取景框，几个月下来，摄像师都落下了颈椎病、腰椎病……

然而，这看似烦琐冗余的工作，对普查人员来说，却最有意义，正因为他们加班加点的重复劳动，一丝不苟的团队协作，让包头博物馆的每一件馆藏文物从此有了详尽的档案，好比是给每件文物落了户、办了身份证。同时，普查工作也让大家近距离地接触了每一件文物，得到了宝贵的第一手资料和对文物最直观的印象。俗话说，外行看热闹，内行看门道，拿古代钱币来说，普通人眼中的每一个时期的钱币似乎都是相同的，但"阅币无数"后，每一枚钱币都有它的不同之处，颇有乐趣。比如宋钱，好看在于钱币上的字，或楷书，或隶书，当书法临摹都不为过，因为宋朝是中国古代人文艺术的顶峰。比如新莽时期的钱，王莽被现在人戏称为"穿越时空的改革家"，他的一些政策从钱币上也能看出来，短短十几年，货币政策改革了五次。比如清朝钱币，康乾时期质地优良，到了咸丰年间，钱币质量大幅下跌，这和当时的内忧外患，即西方列强入侵和太平天国运动密不可分……

带着这样的工作热情，内蒙古包头博物馆可移动文物普查工作交出了满意的答卷，11 多万件文物也有了自己的"身份证"。

内蒙古自治区第一次全国可移动文物普查工作简报

（第 38 期）

（内蒙古自治区第一次全国可移动文物普查领导小组办公室
2016 年 8 月 20 日印发）

内蒙古第一次全国可移动文物普查钱币类文物
专项调查项目顺利开展
内蒙古自治区第一次全国可移动文物普查项目办公室

按照《国务院关于开展第一次全国可移动文物普查的通知》（国务院文件国发〔2012〕54号），自 2012 年开展的第一次全国可移动文物普查历时五年已取得了丰硕的成果。2016 年 1 月，内蒙古博物院承担了"内蒙古自治区第一次全国可移动文物普查钱币类文物专项调查项目"，该项目是依托第一次全国可移动文物普查成果，由国家文物局确立的专项调查项目之一，对内蒙古自治区国有单位钱币文物的保管现状与研究和利用进行调查。该项调查目的一是通过这项工作摸清钱币类文物的家底，发现钱币新品和珍品；二是探索创新一套钱币类文物普查工作流程、工作机制、管理机制的模式，发现普查工作和管理工作中存在的问题并提出解决问题的建议。

通过内蒙古自治区第一次全国可移动文物普查，截至目前，自治区共有 428 家国有收藏单位，其中有 335 家收藏单位上报了文物；文物总数量达到 1067968 件/套，其中收藏钱币文物的单位有 108 家，共计收藏钱币 807985 件/套，其中包括珍贵钱币类文物 831 件/套，一般钱币类文物 516936 件/套，未定级钱币类文物 290218 件/套。因为钱币类文物数量巨大，且具有很高的研究价值，因此也发现存在着部分文物收藏单位多年来基础工作薄弱，专业人员力量不足、文物家底不清、藏品档案登记不全面、保管条件有限、安全措施和保管技术落后，专业人员缺乏、管理不到位等问题，导致大量古钱币被装入麻袋、包在纸包或放在容器中堆放在库房一角，很多已锈蚀成块，在文物账本上只是有一个大致的数量或质量，钱币类文物进行专项调查、认定、登记、管理、保护的具体工作刻不容缓。

自治区钱币专项工作组在第一次全国可移动文物普查成果的基础上，通过国有文物收藏单位调查摸底，给 155 家发放了调查问卷，收到回复的有效问卷达 98 份。其中有些国有文物收藏单位所收藏的钱币类文物不符合我们此次普查规范要求，没有进行收录，对 36 家国有普查单位进行了实地调查。

内蒙古自治区作为文物资源大省，钱币类文物数量较大，种类繁多，且具有北方少数民族地区特色。内蒙古文物遗存极为丰富，历代钱币也较多，分布地域广泛。这次普查从原始社会到抗日战争、解放战争时期历代货币，在各个盟市几乎都有发现和收藏。其品种有贝币（包括海贝、骨贝、玉贝、陶贝、铜贝）、刀币、布币、泉货、五铢、通宝、元宝、机制币、银圆、银锭、钞票等；从质地上来讲有金、银、铜、铁、铅、镍、纸币等。同时，普查中又发现了不少钱币珍品和新品。具有内蒙古地区特色的北方少数民族货币，特别是辽、金、西夏、元四朝货币的藏品数量又有了增长，出土范围也有所扩大。此外，草原丝绸之路货币也是内蒙古钱币类文物中的一个特点。

通过对自治区钱币专项调查，钱币类藏品管理中存在的问题有征集来源佚失、鉴定工作较少、钱币鉴定技术问题、登记信息缺失、分类方式失当、缺少修复和预防性保护、缺少专业人才、缺少延伸性研究和利用。针对钱币类藏品管理存在的问题，要加强管理，建立起钱币的征集机制、鉴定机制、登记机制、分类机制、库房保管机制等。

内蒙古自治区第一次全国可移动文物普查
工作简报

（第 39 期）

（内蒙古自治区第一次全国可移动文物普查领导小组办公室
2016 年 8 月 25 日印发）

赤峰市实施"两级联审"模式，加快推进普查数据审核
赤峰市第一次全国可移动文物普查项目部办公室

为贯彻落实 2016 年度全区普查办主任会议精神，加快推进赤峰市普查"抢抓进度，把控质量"总要求，全面完成普查数据审核工作，6 月 23 日，赤峰市文物局（市普查办）组织启动市、旗县区级普查办联合审核模式。7 月 30 日，已完成 12 个旗县区 36 万件/套数据离线审核任务，探索出数据审核的有效机制，为全面完成赤峰市可移动文物普查打牢基础。

截止到 6 月 20 日，赤峰市已登录普查平台的文物藏品数据 34 余万件/套，但大多数尚未完成普查技术要求的县级、市级审核。市普查办立足现实，精心谋划，根据藏品总量和行政区域分布，把全市分成 2 个数据审核片区，按照"分区划片、集中审核、逐一解决"的思路加快推进数据审核。同时，专门下发《关于加快推进全市第一次全国可移动文物普查数据审核工作的通知》，进一步明确工作职责和数据审核实施方案等内容，为数据审核提供制度保障。

赤峰市各级文博单位服从全局，积极选派专家骨干投入全市审核；聘请、抽调的专家组成员克服舟车劳累，战高温、斗酷暑，"五加二、白加黑"工作连轴转，集中审核、逐条审看、挑错修改；各旗县区普查办服务大局，创造条件提供后勤保障，营造出各旗县区互帮互助、团结协作的良好氛围，形成全市一盘棋的普查工作态势，并锻造出一支经验丰富、技术全面、乐于奉献、能打硬仗的普查骨干队伍。

依照"逐条审核、保质争优"的原则，赤峰市普查办在征求自治区普查办意见和借鉴兄弟盟市经验基础上，研究制定"离线数据、两级联审、实地开展"的工作模式，既化解了逐级审核的普查技术难点，又实地解决了基层审核的诸多问题，有效实现数据质量和审核效率的"双提高"。数据审核小组奔赴各旗县开展普查数据"两级联审"，审核小组利用一个月的时间，圆满完成审核任务。下一步，赤峰市普查办将继续统筹协调，加快推进，克服困难，确保全市普查按时、保质、保量完成。

通辽市完成第一次全国可移动文物普查数据审核工作

通辽市第一次全国可移动文物普查项目部办公室

2016 年是普查收官之年，按照国普办和内蒙古普查办要求，为迎接自治区可移动文物普查数据的终审，通辽市普查办积极行动，认真落实普查要求，在 2016 年 6 月 9 日至 17 日之间，配合自治区专家组在通辽市库伦旗、奈曼旗、开鲁县、通辽市博物馆、科左后旗、科左中旗、扎鲁特旗对"一普"质量进行检查，对自治区专家组提出的名称、时代、分类等问题进行了及时的整改。为了进一步提高文物数据的质量，迎接自治区终审，通辽市普查办在 7 月 21 日举办了通辽市可移动文物普查数据审核培训班，邀请了内蒙古普查办的老师为来自通辽市各文物收藏单位和普查办的相关人员进行了业务上的指导。通辽市组织工作人员和专家到呼市进行了通辽地区的数据终审，在这次终审中，自治区专家对通辽地区的数据认真进行了审核，提出了不少修改意见和建议，同时通辽普查办的工作人员做了认真的修改，在区专家的指导下，通过为期一个星期的修改，通辽地区的可移动文物数据的质量得到了大幅度的提升，为后期报送到国家普查办的数据打下来良好的基础。

内蒙古自治区第一次全国可移动文物普查工作简报

（第 40 期）

（内蒙古自治区第一次全国可移动文物普查领导小组办公室
2016 年 8 月 30 日印发）

兴安盟第一次全国可移动文物普查工作审核阶段亮点突出

兴安盟第一次全国可移动文物普查办公室

　　2012 年 10 月第一次全国可移动文物普查项目的开展是新中国成立 60 余年来我国首次针对可移动文物的普查，是在我国文化遗产领域开展的重大国情国力调查项目。兴安盟委、行署高度重视第一次全国可移动文物普查工作项目开展情况，此项目目的在于对我盟可移动文物进行全面调查登记，并建立全盟可移动文物信息登录平台和数据库，从而实现全盟文物信息资源的整合利用和动态管理。2016 年 7 月，兴安盟第一次全国可移动文物普查工作进入到审核阶段，此项工作兴安盟文体新广局也提出了新的要求和工作方向，积极组织开展初审和数据提交工作，审核期间全盟共有 11 家收藏单位 35 名专家及专业技术人员参与文物普查和数据整理工作，共谱查文物 18044 件/套。

　　审核环节是第一次全国可移动文物普查工作重要阶段，全盟文物普查工作呈现良好局面。一是盟级初审，积极整改。兴安盟文体新广局指派兴安盟文物站和兴安盟博物馆对全盟数据进行初步审核。针对初步审核发现的问题，各收藏单位根据初审问题反馈进行了积极整改。二是利用资源优势，解决专业问题。充分利用内蒙古自治区文物普查群的资源优势，结合现代网络信息技术开展初审工作。根据群内资源信息共享，解决工作中的技术问题，并针对专业性问题咨询群内资深专家。三是邀请专家，技术提升。各收藏单位针对各类审核中出现的技术问题进行认真整改。并有针对性地聘请内蒙古博物院文物摄影专家到我盟进行现场指导，使全盟可移动文物普查数据质量整体提升。四是自查确保质量，专家现场修改。为确保全盟可移动文物普查工作提交数据的质量，在自治区普查项目办的支持下，盟文体新广局指派兴安盟文物管理站、兴安盟博物馆领导带领各收藏单位技术人员到内蒙古博物院，利用一周时间，在博物院相关专家现场指导下对数据进行修改。修改后由各收藏单位互审数据，进行查缺补漏。最后由兴安盟博物馆专家统一对全盟数据进行审核。五是通过终审，认真整改报送。自治区普查项目办组织专家对兴安盟普查数据进行自治区级终审。专家逐条审核后认为，数据符合标准，对个别问题进行修改后可以上报。盟博物馆指派专家指导各收藏单位针对上述问题进行了认真整改，并配合自治区普查项目办将终审后离线数据上交国家文物局信息中心。

文物普查是在文化遗产领域开展的国情国力调查，是一项旨在全面掌握我国文物资源、加强文物保护、建设文化遗产强国的国家工程。此次全盟可移动文物普查审核阶段工作主要围绕数据质量开展，注重细节方面提升。各收藏单位认真对待每次审核意见建议，细致修改，查缺补漏。做好可移动文物普查不仅仅是调查统计文物数据，而是在此基础上更好发挥文物信息的价值和作用，让藏在馆中的文物活起来，服务人民群众。

内蒙古自治区第一次全国可移动文物普查工作简报

（第 41 期）

（内蒙古自治区第一次全国可移动文物普查领导小组办公室
2016 年 9 月 5 日印发）

巴彦淖尔市一普文物数据审核情况

巴彦淖尔市第一次全国可移动文物普查项目办公室

在自治区一普办的领导下，在巴彦淖尔市一普办的指导和全市一普工作人员的辛勤工作下，截至 2016 年 3 月 17 日，巴彦淖尔市 26 家有文物的国有单位，全部完成了文物数据的采集工作，共上报文物数据 9665 件/套。即将进入专家网上审核和现场复核工作阶段。

在文物数据采集上报初期，由于自治区普查办对文物上传平台的时间要求较紧，导致上传文物数据的质量方面存在较多问题，主要表现在文物的类别、时代划分、近现代文物的命名等方面，对审核工作造成极大困扰，加之巴彦淖尔市审核专家只有四人，无法对错误数据一一修改。鉴于以上情况，为使普查工作更加规范，促进审核工作的正常开展，市普查办没有走常规性的专家网上审核流程，即专家网上审核数据，发现问题再反馈回各国有文物单位，各国有文物单位再在网上修改的这一常规做法，而是先开展了旗县（区）普查办间互查互评暨专家实地审核工作。即由 4 名市普查办专家带领 6 名旗县区普查办负责数据录入、审核人员组成的工作小组在 2016 年 4 月 11—16 日间对巴彦淖尔市 7 个旗县区普查办的数据进行了实地检查，通过专家组对审核流程的讲解、实地审核提出的修改意见、各基层普查办骨干异地观摩以及部分资料与实物比对等工作方法，使各级普查办的业务骨干在短期内对文物普查的业务水平有了明显提升，在数据修改中遇到的疑难问题得到了解决。同时市普查办也将这次检查结果记录备案，作为今后总结表彰的重要依据。通过这次活动也提升了旗县文体局对一普工作的认识程度，促进了各级普查办间的业务互动，有力地推动了巴彦淖尔市第一次全国可移动文物普查工作的有序开展。在这一活动结束后，各国有文物收藏单位的普查人员按照在活动中专家提出的指导意见，对本单位有问题的文物数据逐一进行了修改，在 4 月 30 日前全部修改完毕，从 2016 年 5 月 9 日开始，巴彦淖尔市专家网上审核工作全面启动，4 位专家开始对已提交巴彦淖尔市普查办的文物数据进行认真细致的审核。由于我市普查办的 4 位专家都是双肩挑工作人员，就是说，他们既是专家，同时又担任一定的行政领导职务，因此，日常工作任务特别的繁重，文物数据的审核主要利用晚上的时间来进行。胡延春在担任巴彦淖尔市文物局副局长的同时，还担任着河套文化博物院院长、市考古研究所所长；赵占魁同时担任我市河套文化博物院副院长兼蒙元博物馆筹备处主任；王浩担任磴口文管所副所长的同时，兼磴口粮仓博物馆的馆长，王雅琪担任市考古所副所长。这些专家在白天基本就没有时间去进行网上数据的审核工作，但为了完成审核任务，不拖全自治区一普工作的后腿，他们几乎日日都是挑灯夜战，戴着老花镜奋斗在电脑屏幕前，默默无闻地工作着。在他们的辛勤工作下，截至2016年6月24日自治区召开可移动文物普查数据审核与管理培训班时，我市的数据审核工作已基本完成。在此次培训会议后，巴彦淖尔市普查办决定，文物数据不分配回各国有单位进行离线审核，直接分配给市普查办的4位专家进行审核，避免了时间的浪费，保证了文物数据的质量。4位专家毫无怨言地继续战斗在电脑屏幕前，并且对每条数据至少审核三遍。在此基础上，市普查办又组织各位专家进行了文物数据互审，这样每一条文物数据至少被审核6遍，保证了每一条文物数据的质量。2016年7月16日，巴彦淖尔市文物数据市级专家审核工作全面完成，数据被报送到自治区普查办等待下一步审核。2016年7月17日，自治区普查办组织专家对巴彦淖尔市报送的9665条文物数据进行了认真细致的审核，同时提出了修改意见，我市的工作人员现场进行了修改，经过专家们一天的辛劳，巴彦淖尔市所有文物数据通过了自治区专家组的审核，审核结论全部为合格，是自治区第一家通过审核的盟市。目前文物数据已报国家普查办，等待下一步审核。

内蒙古自治区第一次全国可移动文物普查工作简报

（第42期）

（内蒙古自治区第一次全国可移动文物普查领导小组办公室
2016年9月10日印发）

包头市第一次全国可移动文物普查数据完成市级审核

包头市第一次全国可移动文物普查办

文物普查是夯实文物基础工作，确保我国文化遗产安全的战略工程，也是建设社会主义先进文化，促进经济社会发展的重大举措。我市第一次全国可移动文物普查自2012年启动以来，在各部门各系统的大力配合、各区旗县普查办的有效落实、各文物收藏单位积极参与之下，全市可移动文物普查工作科学、规范、有序、高效地开展。特别是2015年普查工作快速推进，取得了显著成效。

截至2015年12月底，包头市22家文物收藏单位的12万余件/套文物已全部完成普查工作第二阶段——数据采集阶段，并已报至国家文物局。

2016年是普查工作的收官之年，3月初自治区文物普查督查组到我市进行了文物普查督查和指导。之后按照自治区督查组指导意见和规范要求，进入普查工作第三阶段——数据的完善和规范阶段。我市普查办组织9个区旗县文物管理单位工作人员开展数据完善和规范工作，确保每件文物普查资料准确、完整、翔实。经过紧张而又忙碌的5个月数据完善和规范工作，完成了市级审核工作。

按照自治区普查办数据报送时间安排，8月11日我市普查办领导和工作人员携带全市12万余件/套数据报送至自治区普查办，专家组对我市文物数据进行了现场审核。

根据自治区普查办专家组的修改意见，我市普查办工作人员加班加点、利用周末时间，对全市普查数据进行了修改，最终通过自治区审核。

呼伦贝尔市第一次全国可移动文物普查市级审核简报

呼伦贝尔市第一次全国可移动文物普查办

2016年是一普工作的收官之年，呼伦贝尔市普查办高度重视第一次全国可移动文物普查审核工作，自2016年7月起，由呼伦贝尔市专家组开展了为期近一个月的市级数据审核工作，市普查办主要领导深入一线，积极协调，加强督导，狠抓落实；各直属单位和区县普查办积极配合，全力以赴，有力地保证了市级普查审核工作的全面开展和顺利完成。

市普查办专家组严格按照国普办馆藏文物登录、数据审核相关规范和标准，对呼伦贝尔市上报数据按照文物、标本、资料三种类型进行了逐条审核，确定藏品性质并进行登记。专家组共审核普查数据34776件/套，照片125634张，数据差错率控制在0.5%以内，其中文物33704件/套，标本化石297件/套，资料775件/套。全体审核人员和专家克服重重困难，加班加点，奋战在数据审核第一线，最终圆满地完成了市级审核任务。此次审核的呼伦贝尔市3万余条数据中民族文物约占45%，主要以蒙古族、鄂温克族、鄂伦春族、达斡尔族等民族文物为主；钱币约占文物总数的15%。

市级普查办将审核数据报送自治区普查办，并根据自治区普查办审核反馈的修改意见对文物信息及时进行修改，顺利通过自治区普查办审核。目前已上报至国家文物局等待审核验收。

呼伦贝尔市普查办将按照国家普查办、自治区普查办的要求，积极开展普查总结、验收等工作，顺利完成呼伦贝尔市的第一次全国可移动文物普查工作。

内蒙古自治区第一次全国可移动文物普查工作简报

（第 43 期）

（内蒙古自治区第一次全国可移动文物普查领导小组办公室
2016 年 9 月 15 日印发）

阿拉善盟普查办第一次全国可移动文物普查完成盟级审核

阿拉善盟第一次全国可移动文物普查办公室

自 2013 年 8 月以来，我盟普查办严格按照自治区普查办的统一安排部署，稳步推进阿拉善盟第一次全国可移动文物普查工作。

2016 年是第一次全国可移动文物普查工作的收官之年，我盟普查工作紧张有序进行。6 月 10 日开始，盟普查办开展盟级文物数据审核工作，为确保工作按时高效地完成，分别从三旗抽调了专业人员，全盟由 8 名专家组成了三个专家组开展审核工作，对阿拉善盟上报至国家文物局平台的数据进行在线审核。为加快审核数据的效率，普查组加班加点并充分利用晚间和周末开展审核工作。由于在线审核受到网速和平台登录量的影响，审核数据进展缓慢，效率不高。

自治区普查办考虑到在线数据审核会影响到整个审核进度，遂向国家信息中心申请拷贝了全区上传至国家平台的数据，6 月 20 日，我盟审核组及时拿到了从自治区普查办拷贝回的报送数据，开始采取离线审核的方式对全盟 20 家文物收藏单位的 42718 件/套文物进行了审核。

专家组对藏品数据的名称、年代、文物类别、质地等指标项逐条核查。在审核过程中，对发现的定名不准、年代不符、照片数量不够等问题及时进行了修正和完善。

离线软件的使用大大提高了工作效率，高级查找功能的应用也为核查文物数据提供了更加快捷简便的方法。全体审核人员为了保质保量完成审核任务，本着对工作认真负责的态度，克服身体不适，牺牲业余时间，晚上加班至子夜，不休节假日，经过为期一个月的辛勤努力，最终于 2016 年 7 月 11 日，完成了盟级普查办的审核工作。

我们在审核过程中也遇到很多困难，对审核要求不明确的地方，经常向自治区普查办咨询相关审核细节，数据经过反复核对，查找问题，解决问题，现已将审核后的数据报送至自治区普查办，自治区普查办审核中发现的问题我们也及时进行了修正，确保上传平台的数据质量，严格按照时间节点完成普查工作任务。

乌海市第一次全国可移动文物普查完成市级审核工作

乌海市第一次全国可移动文物普查项目办

7月12日至15日，乌海市文物普查办专家组对全市4家文物收藏单位开展可移动文物普查数据市级审核工作。

我市现全部完成文物信息采集和登录任务，全市4家文物收藏单位共采集和登录藏品总数7879件/套。其中乌海市博物馆采集数据5143件/套，海勃湾区博物馆采集数据2480件/套，乌海市图书馆采集数据247件/套（1077册），乌海市海南区拉僧庙镇满巴拉僧庙旅游景区采集数据9件/套。

2016年是第一次全国可移动文物普查工作的收官之年，此次可移动文物普查数据集中审核是可移动文物普查收官工作的关键技术环节。市普查办高度重视审核工作，主要领导亲自抓，提前谋划，深入一线，加强督导。各文物收藏单位和区普查办积极配合，全力以赴，有力地保证了市级普查审核的全面开展和顺利推进。

市文物普查办专家组对各单位上报的数据进行细致审核，提出修改意见。审核内容主要包括文物的名称、类别、级别、年代、质地、外形尺寸、质量、完残程度、保存状态、包含数量、来源方式、入藏时间、藏品编号、收藏单位名称14项基本指标项和11类附录信息以及照片影像资料、收藏单位基本情况等，涵盖了可移动文物的基本信息、客观信息、保存管理状况。全体审核人员和专家克服重重困难，经常加班加点，挑灯夜战，奋战在普查审核第一线，最终圆满地完成了市级终审任务。

内蒙古自治区第一次全国可移动文物普查工作简报

（第 44 期）

（内蒙古自治区第一次全国可移动文物普查领导小组办公室
2016 年 9 月 20 日印发）

乌兰察布市第一次全国可移动文物普查数据完成市级审核
乌兰察布市第一次全国可移动文物普查办公室

自 2015 年 10 月自治区专家组督查我市第一次全国可移动文物普查工作以来，针对文物信息登录、命名规范、文物照片拍摄等诸多问题，乌兰察布市可移动文物普查项目组为认真贯彻落实自治区有关指示精神，加快普查速度，确保数据质量，圆满完成普查工作，做了以下工作。

2015 年 11 月开始，乌兰察布市第一次全国可移动文物普查领导小组决定，组织我市的业务骨干，分六个专家小组对各旗县市区的可移动文物普查工作进行技术支持及业务辅导，取得良好效果。

2016 年 7 月 22 日，乌兰察布市普查办召开了全市第一次全国可移动文物普查数据集中审核会议。市普查办专家组及来自 11 个旗县市区普查办的业务骨干参加了会议。会议讨论并规范了可移动文物普查数据审核的标准及重点，并于 7 月 22 日至 7 月 25 日，在乌兰察布博物馆分六个专家组开展了联合审核工作，将信息审核、数据修改两者相结合，采用离线方式，一次性完成数据审核工作，各旗县市区数据全部通过市级专家审核。

7 月 27 日至 28 日，乌兰察布市第一次全国可移动文物普查数据通过自治区终审，8 月底将全市藏品数据全部入库。

鄂尔多斯市第一次全国可移动文物普查数据完成市级审核
鄂尔多斯市第一次全国可移动文物普查项目办

2016 年 8 月上旬，鄂尔多斯市第一次全国可移动文物普查办公室组织专家，对全市各旗区、市直文博单位、市图书馆和成吉思汗陵园管委会等共 35 家收藏单位的数据进行离线集中审核。

鄂尔多斯市第一次全国可移动文物普查登记文物收藏单位共计 35 家，登录文物数量 39145

件/套，标本化石共计786件/套。从8月1日至6日，市普查办组织工作人员到各个收藏单位进行初审，初审按照国务院通知第一次全国可移动文物普查审核精神和自治区组织集中培训的实施方法、具体要求，将全部39931件/套文物及标本化石等藏品逐一审核。每件藏品的审核内容，按照《第一次全国可移动文物普查数据质量评定标准》将照片、定名、年代、类别、质地、数量、质量、尺寸和完残状况等21个具体项进行审核，并提出整改意见。各单位按照专家提出的意见在离线平台修改数据。从8月7日至9日，市普查办组织6位专家，接收各单位送审数据，按照各单位的文物数量安排时间，并有序排队。把文物收藏单位分为6组，按照文物类别的比例确定分给专项专家，作为市级审核的终审，以确保数据质量。最后给出审核结论。

通过普查工作，鄂尔多斯市摸清了文物家底，对全市藏品数据有了全面的认识，宏观上对藏品有了整体把握。自此，鄂尔多斯市第一次全国可移动文物普查工作的文物数据采集、上传和审核等工作顺利完成，取得了阶段性成果。

紧张有序的审核和修改完成后，全市普查数据于8月10日送自治区普查办审核。并得到了自治区专家们对鄂尔多斯市普查工作的一致认可和好评。

内蒙古自治区第一次全国可移动文物普查工作简报

（第 45 期）

（内蒙古自治区第一次全国可移动文物普查领导小组办公室
2016 年 9 月 25 日印发）

呼和浩特市普查办对全市可移动文物普查数据进行专家审核

呼和浩特市第一次全国可移动文物普查项目办

2016 年 3 月 16—23 日，由索秀芬处长带队的内蒙古自治区项目部专家组一行 8 人对呼和浩特市可移动文物普查数据完成情况进行工作督导。

呼和浩特市第一次全国可移动文物普查项目办在自治区专家督导结束后，结合自治区专家们所提出的修改意见和我市各文物收藏单位的具体情况提出有针对性的修改意见。市普查办下发了《关于对呼和浩特市第一次全国可移动文物普查数据中存在问题进行整改的通知》，对全市可移动文物普查数据修改进行了详细说明，并按照相关修改意见督促各文物收藏单位修改数据。2016 年 6 月 19 日自治区可移动文物普查办主任会议结束后，呼和浩特市普查办再次下发《关于推进呼和浩特市第一次全国可移动文物普查数据审核工作的通知》，对数据审核标准、数据审核的重要性和各单位上报数据的时间节点做出了相关说明。

为了保证我市可移动文物普查工作保质保量地完成，市普查项目办派出由呼和浩特博物馆武成馆长带队，市文物事业管理处包小民、市博物馆张敏超、市文物处青亮组成的工作督导组对全市 9 个旗县区的可移动文物普查数据进行现场审核。工作组对全市 9 个旗县区和市直属单位的数据进行了严格审核，逐一审核每条数据的 14 项基本信息和图片情况。对旗县区普查办在审核工作中遇到的难点、疑点进行现场解决，将不合格的数据扼杀在萌芽状态。经过专家组的努力，我市可移动文物普查数据完成了市级审核工作。

8 月 10—11 日，呼和浩特市第一次全国可移动文物普查数据通过自治区专家审核，8 月底送交国家一普数据库，上传至国家可移动文物数据平台。

锡林郭勒盟一普数据经过盟市级审核

锡林郭勒盟第一次全国可移动文物普查项目办

2016 年 4 月 21 日，由内蒙古自治区文物局博物馆处副处长索秀芬带队，一行 7 人组成的专家组赴我盟 13 个旗县市进行了为期 10 天的一普采集数据质量检查以及文物定级工作。在检查过程中发现诸多问题，例如文物定名、尺寸、类别等方面存在较大问题。各旗县市区文物普查员在专家耐心指导下对数据进行了认真的修改，同时专家还对一普新增加文物进行了认定和定级工作。

2016 年 5 月 23 日至 5 月 25 日，锡林郭勒盟普查办及一普项目部（文物站）召集各旗县一普业务人员于锡林浩特市举办了一普数据审核培训班。针对录入数据和拍摄所存在的问题进行了集中修改，旨在培训中将存在的问题逐一解决，统一标准，提升质量。内容包括命名、断代、保存状态等方面的填写。此次培训聘请了摄影老师对照片拍摄角度和照片清晰度的问题进行重点讲解。6—7 月，我盟专家对一普采集数据离线进行了集中逐条审核。

8 月 9 日，自治区一普项目办组织专家对锡林郭勒盟普查办所辖 49 个收藏单位采集数据进行审核，总共数据 8564 件/套，实际数量 16749 件，顺利通过终审。

8 月底，全盟第一次全国可移动文物普查数据全部上传至国家可移动文物普查平台，等待国家审核。

内蒙古自治区第一次全国可移动文物普查工作简报

（第 46 期）

（内蒙古自治区第一次全国可移动文物普查领导小组办公室
2016 年 9 月 30 日印发）

内蒙古专家对第一次全国可移动文物普查数据进行自治区级终审工作简报

内蒙古自治区第一次全国可移动文物普查项目办公室

依据国普办《关于发布第一次全国可移动文物普查数据审核工作管理办法的通知》，自治区第一次全国可移动文物普查项目部按照国普办审核工作方案：审核范围覆盖全部收藏单位，覆盖全部文物类别，三级以上的文物逐条审核的原则，自治区普查项目部邀请《内蒙古自治区第一次全国可移动文物普查实施方案》中公布的专家，每次按各盟市文物数据情况，选出六至八位不同专长的专家和一名组长，进行数据审核。

2016 年 7 月 13 日—8 月 18 日，内蒙古自治区专家先后对阿拉善盟、巴彦淖尔市、兴安盟、乌兰察布市、赤峰市、通辽市、乌海市、锡林郭勒盟、呼和浩特市、包头市、鄂尔多斯市、呼伦贝尔市普查办提供的第一次全国可移动文物普查数据进行自治区级离线终审，总计审核收藏单位 429 家，数据 1073219 件/套，实际数量 1542862 件。

内蒙古自治区第一次全国可移动文物普查自治区级审核统计表

盟市	审核时间	单位数量	文物（件/套）	文物实际数量（件）
阿拉善盟	2016 年 7 月 13—14 日	22	42762	49782
巴彦淖尔市	2016 年 7 月 15—16 日	33	10254	19965
兴安盟	2016 年 7 月 15—16 日	11	18044	23911
乌兰察布市	2016 年 7 月 27—28 日	34	61220	72747
赤峰市	2016 年 7 月 30—31 日	49	345240	382111
通辽市	2016 年 8 月 1—2 日	40	77555	86488
乌海市	2016 年 8 月 4 日	4	8113	11368
锡林郭勒盟	2016 年 8 月 9 日	49	8564	16749
呼和浩特市	2016 年 8 月 10—11 日	47	292765	587898

盟市	审核时间	单位数量	文物（件/套）	文物实际数量（件）
包头市	2016 年 8 月 11—12 日	24	140941	188762
鄂尔多斯市	2016 年 8 月 12—13 日	57	31066	49149
呼伦贝尔市	2016 年 8 月 17—18 日	59	36695	53932
合计		429	1073219	1542862

终审发现全区数据采集整体状况良好，但也存在一些问题，归纳如下。

1. 定名不准确，其中文物名称中缺少质地是比较常见的问题，另外还有时代有误、特征描述不正确或缺少特征描述的情况。革命文物定名问题较为严重，在名称前未添加具体年代。

2. 文物名称与年代、质地等指标项不符，前后矛盾。

3. 具体年代应填写而未填写的，器物（图片）本身显示有具体年代信息，而在文物名称中未体现具体年代，并且在具体年代一栏中也未填写。革命文物的具体年代填写不准确。

4. 文物归类错误也较为常见，其中将陶俑、铜像、铁像等归为陶器、铜器、铁器而非塑像的情况最多，另外将现代武器错误地归为其他的也不少，还有将钱币错误地归为铜器。

5. 质地选择错误，单一质地选成了复合质地，无机质选成了有机质等。

6. 文物数量把握不准确，成套的文物分成几件登录，或是本应单独登录的文物成套登记。

7. 尺寸描述不清，如：一个陶罐的尺寸，填写了通高、通长、通宽，这样无法得知通长、通宽是指陶罐的口径、腹径还是底径，这种情况应该在具体尺寸一栏分别填写口径、腹径、底径的尺寸。

8. 完残程度选择基本完整、残缺或严重残缺后，必须在完残状况一栏填写文物具体的完残情况，很多数据未填写，应该按照规范填写具体情况。

9. 图片不符合规范，有的器物图片只有正视图，没有侧视图、局部特征图等。第一张必须是正视图。有的单位不是此件文物的图片由于编号错误，图片信息放置错误。

自治区普查项目部进行终审后，将审核后数据及专家意见表及时由所辖普查办通知收藏单位，进行修改。并专门准备了修改数据的会议室，以及审核专家的电话，供各普查办及时修改数据。

各收藏单位根据自治区专家终审意见进行了修改，各盟市项目办将数据交自治区普查办统一报送国家普查办等待审核，8 月 20 日，自治区普查项目部顺利完成了数据的离线审核及报送工作。

第四章　普查宣传

首次全国可移动文物普查为文物办"身份证"

（《内蒙古日报》2016 年）

院秀琴*

呼和浩特龟背形刮削器再现了 50 万年前内蒙古大地上人类生产和生活工具，赤峰的红山文化玉龙说明辽河流域是中华文明重要起源地，乌兰察布战国虎衔鹰金牌展示了早期草原游牧民族精湛的工艺，锡林郭勒北朝银鎏金浮雕西洋人物花卉纹钵见证了北朝时期中西方文化的交流，阿拉善元代纸币"中统元宝交钞"展示出我国纸币早期的形态，蒙古族各部妇女头饰体现了蒙古族丰富多彩的文化……当我区第一次全国可移动文物普查办公室工作人员收到各盟市旗县上报的文物普查信息时，忍不住感叹：原来咱内蒙古还有这些宝贝！

从 2012 年至今，全区的文物工作者都紧紧地绷着一根弦，他们除了要完成日常工作外，还有一项重要的国家任务——进行第一次全国可移动文物普查（简称"一普"）。自治区党委宣传部副部长、文化厅厅长佟国清表示，"一普"就是要摸清我区国有可移动文物收藏总量的家底，并给这些文物办理"身份证"。自治区文化厅、文物局巡视员、第一次全国可移动文物普查领导小组副组长、领导小组办公室主任安泳锝说这是一次涉及面广、烦琐复杂的文物基础调查，小到一枚铜钱，大到一辆勒勒车，文物工作者都要进行登记备案。此次普查是新中国成立以来我国首次针对可移动文物开展的普查，意义非同寻常，是一次关于可移动文物的国情大调查。

"普查进行至今，让我们几多欢喜、几多忧愁。"我区第一次全国可移动文物普查进入到最后的数据审核阶段，自治区文物局副局长、内蒙古博物院院长、自治区第一次全国可移动文物普查领导小组办公室副主任、项目办公室主任塔拉用"喜忧相伴"向记者总结了此次调查情况。

最让塔拉欢喜的是，通过第一次全国可移动文物普查，我区文物总量由 50 万件/套增加到 100 多万件/套，藏品数量增加了一倍。然而这其中，有一些文物已经由于自然老化等原因遭到了不同程度的损坏，普查过程中，系统外单位普查工作难、旗县区文博单位设备差及一些文物得不到良好的保存和及时的修复，这些问题牵动着普查工作人员的心。

压箱底的宝贝重见天日

随着普查工作的推进，不断有珍稀文物被发现。

从 2015 年 11 月开始，自治区文物局组织专家，由博物馆处副处长、"一普"专家组专家索秀芬研究员带队进行全区文物定级工作。已经完成了阿拉善盟、巴彦淖尔市、乌海市、鄂尔多斯市、

---

* 《内蒙古日报》记者。

包头市、呼和浩特市、乌兰察布市、锡林郭勒盟"一普"中的文物定级工作，计划 6 月底完成其余盟市的文物定级工作，届时我区珍贵文物数量将大大增加，"一普"不仅增加了我区文物收藏数量，也将大大提升我区可移动文物的品质。

自治区文物局副局长、第一次全国可移动文物普查领导小组办公室副主任王大方告诉记者，通过第一次全国可移动文物普查，全区文物总量由普查前的 50 万件/套增加到目前的 100 多万件/套，藏品数量增加了一倍。文物收藏总量名列全国各省自治区前列，成为名副其实的文物大省。

不仅如此，"一普"的工作效率也走在全国前列。内蒙古博物院文物保护信息中心主任、自治区第一次全国可移动文物普查项目办公室李少兵研究员向记者展示了我区"一普"的进展：截至 5 月 3 日，我区共上报文物（含自然类文物）100 余万件/套，完成收藏文物的 97.51%，报送率居全国第四。按自治区"一普"领导小组工作计划，6 月底完成全部收藏文物的上报任务，8 月底完成自治区级审核，10 月底完成普查报告和公布普查结果，年底完成普查总结工作。"一普"摸清了可移动文物家底，有助于建立国有可移动文物登录制度，提升可移动文物管理水平。

"系统地掌握国有可移动文物的数量、分布、保存现状等基本状况，工程量浩大，是我们动员了文博系统所有业务人员和专家力量，花了 5 年时间才获得的第一手资料。我们这么高的报送率，是各级领导的高度重视，以及社会各界的广泛支持的结果。"自治区文物局博物馆处处长侯俊说。

是脑力活也是体力活

一进门，扑面而来的寒意让人忍不住想打哆嗦，河套文化博物院副院长赵占魁和其他工作人员身穿厚重的棉服，手上套着白色棉手套，忙进忙出，提取 2 米高的文物架子上珍藏着的文物。这里是中国河套文化博物院的库房，由于恒温恒湿项目还未申请下来，为了控制温度和湿度，这个房间自 2012 年建成起，一直没有暖气。

赵占魁摘下手套，搓了搓手，开始介绍："河套文化博物院是围绕阴山岩画在 2012 年新落成的博物院，所以我们的普查工作实际是从去年 7 月才开始，再加上文物不光集中在库房，还有分散在各个展柜的重要文物，时间紧，工程量大，但是我们博物院年轻人多，不怕吃苦，加班加点是家常便饭。"

库房的一角，一名工作人员蹲在地上，用卷尺测量一件汉代青铜器，他的同伴抱着笔记本电脑，把他测量的 14 类基本指标项和 11 类附录信息逐一录入，另一名同伴则用照相机将青铜器从 6 个不同的侧面全方位地记录了下来。

在别人眼里，文物保护与研究是简单而清闲的工作，外界也许想象不到，博物院的库房里如此繁忙，并且又要求特别细致和专业。尘封了数十年的箱子，尤其是墓葬出土的文物，或者皮毛类文物，打开时总会有一股奇怪的味道，但是从文物普查工作开始之后，工作人员每天都要在库房里待很长时间。

然而这并不是"一普"工作的全部。此前，普查组的成员在上岗前都经过了数十次的培训。4 月 13 日，自治区第一次全国可移动文物普查项目办公室李丽雅再次坐上了去往北京的列车，参加普查数据审核与总结报告编制培训班。5 年来，她已经记不清有多少次奔波在参加培训的路上。

对这样的辛苦深有体会的，也不只李丽雅和赵占魁。

"不可移动文物普查累的是身体，可移动文物普查是身心俱疲。"二连浩特市普查队队长毕力格对记者坦言，系统外单位是"一普"的难点。

2013年10月，我区第一次全国可移动文物普查的工作进入到发放《第一次全国可移动文物普查单位登记表》和《第一次全国可移动文物普查文物登记表》的阶段。

由于这次可移动文物普查涉及文物系统外的众多国有单位，尽管普查明确规定不改变文物的保管现状和所属权，但不少单位出于种种考虑，对普查并不配合。"有些单位会担心将来自己对文物的处置权会受到限制。还有部分单位甚至连文物是什么都不知道，也不认为自己单位有文物。"毕力格说。

当时二连浩特的文物普查队只有毕力格一人，他不得不骑着自行车一趟又一趟地奔波在二连浩特市的大街小巷，走遍了二连浩特市近100个机关单位，不管寒风凛冽，还是烈日当头。半年下来，毕力格黑了、瘦了。

一组数据也印证了毕力格的说法：我区所辖收藏单位共有425家，其中博物馆、纪念馆有125家，图书馆27家，档案馆46家，其余227家均为系统外国有机关、事业单位、企业等，占收藏单位总数的半数以上。

此外，二连浩特拥有330多件动植物化石，这些化石不少都在50、100千克以上，有的甚至有500多千克。搬运化石也给毕力格和他的伙伴们增加了不小的工作难度。"提取、拍照、测量、称重、重新入库，需要把化石来回抬起来好几次，我们普查队人手不足，我只好请其他科室的人过来帮忙。"毕力格甚至还自己掏钱租来了推车。"进度特别慢，一天最多能采集10个，这些化石登记了1年多。"毕力格说。

枯燥普查是保护文物的必经之路

与不可移动文物普查相比，"一普"显得分外枯燥，它没有像不可移动文物普查那样跋山涉水的艰辛和乐趣，文物工作者每天需要做的就是小心翼翼地提取出一件件文物，进行测量、拍照、数据采集和登记，完成后再收好放入库房和展室。5年来，全区几千人都在重复做着这项工作，就是为了将自己的家底登记清楚。

然而在安泳锝看来，"一普"却是文物工作走向社会化的必经之路，更是一件功德无量的事情。我区幅员辽阔，历史悠久，孕育着北方少数民族生息繁衍的文明史，是当之无愧的文物大区，但真正拥有什么，如果不是文博系统工作人员的辛劳付出，很难知晓。因此，普查结束后，根据普查结果建立的普查档案和本行政区域内的国有可移动文物名录，就是让每件文物"入住"数据库，就像让居民入户、办理"身份证"一样，"这是更好保护文物的必经之路，只有知道我们自己有什么，才能知道怎样更好地去保护它们，才能更好地发挥它们的社会教育功能和文化价值"，安泳锝说。

此前，在不少文博系统外的国有单位看来，只要不把文物拿出来，就能确保其万无一失。其实不然，塔拉在普查工作中发现，"一普"工作最重要的作用在于能及早发现文物的安全隐患，及早预防，特别是可以帮助文博行业外单位，更好地保护现有文物。

此外，为了让"一普"工作最大限度地惠及社会大众，自治区文博界正在为5月18日的国际博物馆日"全国一普成果展"忙碌着。安泳锝告诉记者："全国'一普'成果展能在我区展出，离不开自治区领导的重视，也离不开全体文博工作者的团结协作，是国家文物局对我区'一普'工作的肯定。这次展览，不仅能让公众亲眼看到不同风格、不同时代、不同地域的文化珍品，开拓公众眼界，增长公众的历史文化常识，还是最好的、最生动的社会宣传教育的途径。"

相关链接：

"可移动文物"指馆藏文物（可收藏文物），即历史上各时代重要实物、艺术品、文献、手稿、图书资料、代表性实物等，分为珍贵文物和一般文物。珍贵文物分为国家一级文物、二级文物、三级文物。国务院于 2012 年至 2016 年开展的第一次全国可移动文物普查，主要对国有单位收藏保管的可移动文物的数量、分布、保存现状及国有文物收藏单位现状等基本情况进行普查统计。

普查的文物包括：1949 年（含）以前，历史上各时代珍贵的艺术品、工艺美术品，历史上各时代重要文献资料以及具有历史、艺术、科学价值的手稿和图书资料等，反映历史上各时代、各民族社会制度、社会生产、社会生活有关的代表性实物，1949 年后，由博物馆、纪念馆收藏登记的藏品，列入国家文物局公布的 1949 年后已故著名书画家作品、限制出境的鉴定标准范围的作品，具有科学价值的古脊椎动物化石和古人类化石。

《内蒙古日报》2016 年 5 月 5 日第 6 版

内蒙古100多万件文物有了"身份证",数量居全国第五

(《北方周末报》2016年)

梅　刚　于欣莉[*]

"5年文物普查,全面掌握了内蒙古现存可移动文物数量,对文物收藏单位的隶属关系、单位性质、单位类型和行业归属的分布情况进行了首次统计。"12月20日,回忆起5年普查经历,内蒙古第一次全国可移动文物普查项目部主任塔拉得意之情溢于言表。

5年间,内蒙古文物普查专家们忙碌着一件事——建立内蒙古可移动文物"身份证",这是内蒙古普查文物重大收获,许多珍贵文物家底被摸清。而如何利用文物服务社会,文物专家们已有谋划。

428家国有单位"寻宝"

文物是人类文明的记忆和见证,是国家和民族的"金色名片",但我国国有收藏单位的文物长年"深锁闺中",真实家底不详。2012年10月,国务院开展第一次全国可移动文物普查,建立中央、省、市、县、收藏单位的五级普查体系,国家文物局建立统一数据库,各级普查机构和收藏单位进行数据报审,建立全国的"文物身份证"和信息管理体系。这是新中国成立以来,首次对可移动文物进行普查,涉及150多万个国有单位。

同年10月底,内蒙古启动了可移动文物普查,各盟市文管机构专家、工作人员及志愿者组成普查组,进行文物现状调查和基本信息登记。塔拉说:"内蒙古可移动文物种类丰富、数量庞大、价值突出,但由于组织、技术等方面限制,可移动文物存在数量不清、保管状况不明等问题。"

此次可移动文物普查,首次在内蒙古文博系统以外进行摸底,内蒙古各级图书馆、档案馆、大学的图书馆、博物馆、纪念馆馆藏精品,同样有价值连城者。在内蒙古428家国有收藏单位里,有349家单位上报了文物,文物数量达到1067968件/套,其中新增文物500370件/套。

内蒙古第一次全国可移动文物普查项目办主任安泳锝说:"此次普查范围广泛,包括历史文物、近现代民族民俗文物、革命文物、工业遗产等,内蒙古可移动文物数量位居全国第五,新发现了很多珍贵文物,我区珍贵文物数据量有了很大提高,称为精品的文物不胜枚举。"

据介绍,第一次全国可移动文物普查范围包括国家机关、事业单位、国有企业及国有控股企业、人民解放军及武警部队四大类国有单位,涉及19个行业和系统。普查对象为具有重要历史、

---

[*] 《北方周末报》记者。

艺术、科学价值的珍贵艺术品、工艺美术品，重要古籍、文献资料、手稿，与各民族社会制度、社会生产、社会生活有关的代表性实物及具有科学价值的古生动物化石和古人类化石。

浩如烟海的文物，随着普查揭开历史的面纱。赤峰上报的"陶塑人像"，是首次发现的红山文化身躯较为完整的陶塑人像；鄂尔多斯上报的"带鞘短刀"，是第一次发现装饰如此繁复的青铜短削刀，较为罕见；绥远城将军文瑞为贡生阿其格题写的"贡元"匾额，是研究清代科举制度及绥远城将军文瑞的重要历史资料；包头市五当召藏的印经版，人物造型吸收了西藏佛教萨迦派与尼泊尔佛像艺术因素，是中国清代佛教版画中不同凡响的巨制；内蒙古民族大学博物馆等藏的科尔沁蒙古族绣花短坎肩、蒙古族兽医工具、花鸟纹戏装木橱等，有着独特的文物价值，也首次以文物身份进行登记。

国有收藏单位有遗珠

在此次普查中，一些国有单位的文物由于种种原因被深锁库房，而这次引来专家重新审视。

呼和浩特博物馆藏的黄绿彩迦陵频伽浮雕，出自元代，模制而成，泥质红胎，胎质坚硬，堪称文物精品。

除了陶瓷、佛像等"宝贝"外，普查人员还发现了清代"蒙古汗廷乐谱"和《旅蒙商手写账簿、信稿》。"蒙古汗廷乐谱"藏于赤峰市阿鲁科尔沁旗档案馆。1955年，根丕庙达瓦喇嘛，将一部蒙古古代歌曲献给了五世云增活佛。"文化大革命"中，曲本被破坏，仅留下《牧马歌》《短歌》《铁骊》和《吉祥师》等15首宫廷宴乐歌曲，残存56页。经研究证明，残存的曲本是乾隆年间修订的《律吕正义后篇》中由满、汉、蒙三种文字编撰的《蒙古族宫廷音乐》的一部分。

而《旅蒙商手写账簿、信稿》是在鄂尔多斯市图书馆发现的，共130册，其中账簿清朝时期36册，民国82册，新中国成立后2册。信稿年代均为民国，共10册。这些账簿、信稿均为祥泰隆商号，均为抄本且保存完整。

还有清代的无量寿佛曼陀唐卡、中华民国国民政府外交部护照、象牙灵塔、银鎏金舍利瓶、东北抗联义士用过的砚台等一大批遗落的"宝贝"，这里不乏国家级文物。

珍贵的手迹、题词，同样是富矿。在内蒙古民族解放纪念馆，有1950年春乌兰夫驻京时期，写下的"民族平等团结""建立民族大家庭"等手迹。还有1958年老舍先生为内蒙古百万民歌展览会题词，"心热冬天花也开，百万民歌内蒙来，来到北京人人爱，都说群众是天才。"这都是原稿真迹，是珍贵的史料。

重新定义钱币价值

此次普查中，内蒙古发现的历代钱币类文物数量最大、品种繁多。同时也发现内蒙古部分文物收藏单位专业力量不足、藏品档案登记不全面、专业管理不到位等问题。

塔拉说："这导致大量古钱币被装入麻袋、包在纸包或放在容器中堆放在库房，很多已锈蚀成块，在文物账本上只有一个大致数量或质量。"因此，国家文物局将钱币类文物作为专项调查对象，委托内蒙古博物院开展钱币类文物保护、研究、利用方面工作。钱币调查项目组调研并梳理了内蒙古钱币类文物的分布、保存、建档、研究等现状，最终完成了专项调查项目，在全国具有重要意义。

通过"钱币调查"一系列工作，实现在规范钱币类文物的建档、管理、文物保护、人才培养等方面形成工作机制，将钱币类文物保管纳入全国文物保护目标。

"钱币类文物调查、认定、登记及管理机制研究，是一次非常有益的尝试，也为钱币类文物调查认定工作机制、探索创新文物登记管理模式积累经验。"内蒙古第一次全国可移动文物普查项目部业务负责人李丽雅说。

值得一提的是，同内蒙古普查办李丽雅的身份一样，内蒙古有两千多名普查员。

建立文物大数据平台

内蒙古文物局副局长王大方表示，通过文物普查，首次全面掌握了国有可移动文物的数量分布、保存状况、保管权属和使用管理等情况，对未来可移动文物制定科学的保护政策和规划提供了依据。

王大方指出，新发现的 50 多万件文物涵盖了 12 个盟市，通过普查，不仅摸清文物数量，不少文物的价值也得到重新认识。官方数据显示，内蒙古国有单位收藏文物总数 1061762 件/套，其中一级文物 2698 件/套，二级文物 4578 件/套，三级文物 7927 件/套，一般文物 587938 件/套。

目前，国家文物局设有"全国可移动文物信息登录平台"，全国各地普查成果已经汇总于此，内蒙古可移动文物居全国第五。这一举措让文物有据可查，相当于给文物发了一张"身份证"。

"对可移动文物进行全面调查登记后，还要建立内蒙古可移动文物信息登录平台和数据库，并使之成为文物业务管理与社会服务的公共平台。"塔拉说。

作为可移动文物普查的试点地区，内蒙古将文物普查与数字博物馆建设相结合，以文物普查信息化、数字化为契机，全面助推数字化、智慧化博物馆建设，全力构建文物信息的"云时代"。

据悉，平台不仅服务于普查登录、审核文物信息，还将在普查结束后继续在文化遗产保护领域发挥作用。比如，文物有了电子身份证后，能随时随地在系统里查询到相关信息。因此，可移动文物普查是一项系统工程。

《北方周末报》2016 年 12 月 29 日 "指闻内蒙古"

统揽全局，摸清自治区可移动文物"家底"

——记第一次全国可移动文物普查先进集体
内蒙古自治区第一次全国可移动文物普查办公室

（《内蒙古文物》2017 年）

闻 悟*

为贯彻执行《国务院关于开展第一次全国可移动文物普查的通知》和国家文物局《关于落实国务院通知精神认真做好第一次全国可移动文物普查的通知》精神，我区高度重视第一次全国可移动文物普查工作。自治区普查领导小组办公室针对普查的关键环节，做好人员、经费、设备、技术、宣传等保障工作，确保各项工作科学、规范、有序推进。

建立健全普查机构，加强普查工作的组织领导

2013 年 4 月 16 日，自治区人民政府下发了《内蒙古自治区人民政府关于在全区开展第一次全国可移动文物普查的通知》，成立了内蒙古自治区第一次全国可移动文物普查领导小组，负责全区普查工作的组织和领导，协调解决重大问题。

为了合理统筹安排全区普查各项工作，加强对普查工作的指导，保质保量完成普查任务，2013 年 5 月 13 日，成立了内蒙古自治区第一次全国可移动文物普查领导小组办公室，办公室设在自治区文物局博物馆处，负责普查工作的日常组织和具体协调，组建自治区普查项目部、专家组，指导各盟市旗县成立各辖区内普查领导小组、普查办公室、项目部和专家组。

组织召开各类普查会议，全面安排部署普查工作

为全面安排部署普查工作，自治区普查办公室多次召开会议，安排部署普查相关工作。2013 年 4 月 18 日，组织全区各盟市旗县及相关部门收听收看国务院可移动文物普查电视电话会议，进行第一次全国可移动文物普查动员部署。2013 年 7 月 16 日，组织召开了内蒙古自治区可移动文物普查电视电话会议，动员部署我区第一次全国可移动文物普查工作。

2013—2016 年，普查领导小组办公室每年组织召开一次自治区普查主任会议，总结以往工作，部署新的一年普查工作，积极推进普查工作顺利开展。普查办公室每个月月底召开一次普查推进会，汇总普查中存在问题，协商各方，及时解决问题，高效推进普查工作。

编制普查计划和方案，确保普查工作科学有序推进

2013 年 5 月 2 日，根据《国务院第一次全国可移动文物普查实施方案》，内蒙古自治区第一

---

* 《内蒙古文物》记者。

次全国可移动文物普查领导小组办公室制定了《内蒙古自治区第一次全国可移动文物普查实施方案》，明确了普查的意义、目标、范围、内容、技术路线、组织、时间、实施步骤、数据管理、成果应用、经费、宣传、总结等方面内容，确保普查工作科学有序推进。

为了合理统筹安排全区普查工作，确保普查各项工作有序进行，2013 年 6 月 14 日，内蒙古自治区第一次全国可移动文物普查领导小组办公室编制了《内蒙古自治区可移动文物普查时间表、任务书、责任人一览表》，安排了普查各段时间的工作内容，落实到责任单位和责任人。

自治区普查办指导各盟市旗县编制了各辖区内的普查实施方案和普查时间表、任务书、责任人一览表，安排了盟市旗县普查各段时间的工作内容，落实到责任单位和责任人。

加强部门联动，保障普查协调开展

第一次全国可移动文物普查是一项重大的国情国力调查，涉及范围广，技术要求高，调查任务重，工作难度大，需各有关部门的积极参与和配合。

2013 年 6 月 18 日，自治区普查领导小组办公室分别与自治区档案局、教育厅、民政厅、文化厅、国资委、财政厅、新闻出版局七部门联合转发了国家七部门的通知，与党史办、发展改革委、教育厅、民政厅、财政厅、国土资源厅、文化厅、人民银行、统计局、宗教局、档案局、文物局、军区政治部、自治区科协密切合作，分别就各部门各系统的普查工作做出统一安排部署，同时要求各地各部门按照通知要求，各司其职，协调配合，统筹安排，共同做好全区各相关系统的可移动文物普查工作。

建立三支普查队伍，各自发挥重要作用

为确保普查高质量按时完成，我区普查办建立起三支普查队伍。一支是普查队员队伍，一支是普查专家队伍，一支是普查志愿者队伍，形成了以普查员为主体，普查专家为骨干，普查志愿者为补充，专兼结合的普查人才队伍全面建立并发挥重要作用。

普查办向全区国有单位 958 名普查员发放了普查证，成立了 263 人的专家组，吸收普查志愿者 621 人，全自治区共投入普查人员 1842 人。

加大培训力度，为普查工作提供技术人才保障

为了加强普查人才队伍建设，自治区普查办派人参加了国家文物局举办的培训班，自治区共举办培训班 13 期，指导盟市旗县举办培训班 274 次，我区总计举办培训班 287 期，培训人员达 4306 人次。培训内容包括第一次全国可移动文物普查标准规范、工作要求、信息采集、数据登录、工作管理、在线填报、审核流程、离线填报、单位及用户管理、信息管理操作、报告编写等内容。

通过多次培训，各地可移动文物普查业务骨干迅速熟练掌握了第一次全国可移动文物普查技术，解决了工作中遇到的问题，为保质保量完成全区第一次全国可移动文物普查任务奠定了坚实的基础。

认真落实普查经费，为普查工作提供保障

按照国家普查支出预算标准，自治区普查办编制了《内蒙古自治区第一次全国可移动文物普查预算》，指导盟市旗县普查办编制了各辖区普查预算，2013—2016 年自治区级经费落实总计1648 万元，盟市级经费落实总计 1529.3 万元，旗县区经费落实总计 1070.8499 万元，全区普查投入经费总计 4248.1499 万元。普查经费基本到位，为普查工作提供资金保障。

积极开展普查宣传，扩大普查工作影响力

为扩大普查工作影响力，争取社会广泛支持，内蒙古自治区第一次全国可移动文物普查领导小组办公室编制了《内蒙古自治区可移动文物普查宣传方案》，对普查宣传的意义、目标、内容、形式、实施步骤、组织、经费做了明确规定，覆盖报纸、杂志、广播、电视、网络、移动传媒等各类媒体，组织开展了丰富多彩的宣传活动。自治区普查领导小组办公室印发普查简报 51 期，及时报道自治区普查最新进展。

2016 年 5·18 国际博物馆日，国家文物局主会场设在内蒙古博物院，内蒙古自治区文物局承办了这次活动，第一次全国可移动文物普查领导小组办公室组织了一系列有关第一次全国可移动文物普查的活动，国家文物局举办了第一次全国可移动文物普查图片展，同时我区举办了普查成果展，广泛宣传可移动文物普查取得的阶段成果，配合国家文物局顺利完成了博物馆日各项活动。

开展钱币专项调查，深化可移动文物普查工作

2016 年内蒙古自治区第一次全国可移动文物普查领导小组办公室组织自治区钱币专家承担了"内蒙古自治区第一次全国可移动文物普查钱币类文物专项调查项目"，该项目是依托第一次全国可移动文物普查成果，由国家文物局确立的专项调查项目之一，对内蒙古自治区国有单位钱币文物的保管现状与研究和利用进行调查。

该项调查目的一是通过这项工作摸清了钱币类文物的家底，发现了钱币新品和珍品；二是探索创新一套钱币类文物普查工作流程、工作机制、管理机制的模式，发现了普查工作和管理工作中存在的问题并提出了解决问题的建议。

通过对自治区钱币的专题调查，深化和拓展了自治区第一次全国可移动文物普查工作，对我区乃至全国钱币调查、信息化管理、保护和研究具有指导意义。

成果显著，圆满完成任务

内蒙古自治区第一次全国可移动文物普查在自治区普查领导小组的领导下，在普查领导小组办公室精心安排下，普查科学有序地开展。经过全区普查人员共同努力，圆满完成了国有可移动文物调查、认定、数据采集、审核、上报、定级、普查报告编写、验收等一系列工作。

内蒙古自治区国有文物收藏单位 430 家，在这次普查范围内的有 341 家。上传文物数量超过 110 万件/套，名列全国各省文物总量前列，文物数量比普查前文物数量翻了一番。国有单位收藏文物上传率达到了 100%，全面完成了国有文物普查工作。

自治区普查领导小组办公室出色完成了国家文物局安排的普查任务，摸清了家底，为建立文物登录制度，实现文物资源动态和信息化管理，推进信息资源社会共享这一重大宏伟目标打下良好基础。

深化可移动文物普查，践行让文物活起来

为深化内蒙古自治区第一次全国可移动文物普查，内蒙古自治区第一次全国可移动文物普查领导小组办公室决定在 2016 年全国普查工作结束之后，利用三年时间继续大力宣传普查成果，举办可移动文物登录平台培训班，召开总结大会，出版系列成果一套 20 册。三年总体预算是 1020

万元，2017 年 220 万元已经到位，2018 年和 2019 年已经向内蒙古自治区财政厅申请经费 800 万元，全面出版内蒙古自治区珍贵文物，向社会展示内蒙古自治区具有民族特色的文物风采，弘扬传统文化遗产，丰富人民文化生活，惠及民众。

在内蒙古自治区第一次全国可移动文物普查过程中，自治区普查领导小组办公室按照国务院和国家文物局统一部署，在内蒙古自治区第一次全国可移动文物普查领导小组领导下，出色完成了各项任务，开拓进取，业绩突出，成果丰硕，特此推荐内蒙古自治区第一次全国可移动文物普查办公室为先进集体。

《内蒙古文物》2017 年第 2 期，第 15～17 页

全力推进可移动文物普查

——记第一次全国可移动文物普查先进集体赤峰市文物局

（《内蒙古文物》2017 年）

闻　悟[*]

根据国家和自治区的相关文件精神，赤峰市于 2013 年 4 月正式开展第一次全国可移动文物普查工作，成立了普查领导小组和普查领导小组办公室。赤峰市第一次全国可移动文物普查领导小组办公室承担着整个赤峰地区文物普查的指导工作，经过三年的不懈努力，赤峰地区的普查工作顺利圆满完成。

各部门通力合作，圆满完成赤峰地区国有单位文物收藏情况调查

国有文物收藏单位分为文博系统和行业系统，共普查国有单位 1825 家，统计收藏文物总数达 36 万余件/套。在普查工作过程中，各旗县区普查办都采取不同方式对辖区内的国有单位展开了可移动文物收藏情况的调查，全市共调查文物系统单位 15 家，收藏文物总数达 36 万余件/套；文物系统外的国有行业单位 1810 家，其中确认有文物收藏的单位 28 家，收藏文物总数达 1000 余件/套。

完成文物认定工作，并新发现一批重要文物

赤峰市开展可移动文物普查工作以来，得到了社会各界的关注，在对全市国有单位收藏调查的基础上，市普查办组织专家完成了国有收藏单位可移动文物初步鉴定工作。经认定，赤峰地区的文物系统单位、乡镇政府、档案馆、图书馆、高等院校、宗教部门等 35 家国有单位收藏保管有可移动文物，其中文物系统外单位收藏可移动文物主要为考古出土品、古籍文献、历史档案、宗教用品和历史时期的生产生活用具等类别。市普查办按照工作要求，组织普查专家小组根据各旗县区普查办提供的《鉴定藏品清单》，对上报的 2000 余件/套藏品进行了珍贵等级、真伪、名称、时代、材质、内涵等初步鉴定，并提出了具体的意见和建议。最终鉴定为文物 1663 件/套，其中初步鉴定为一级文物 19 件/套，二级文物 50 件/套，三级文物 378 件/套。

通过初步鉴定还新发现一批珍贵可移动文物，如翁牛特旗档案馆 13 册新中国成立前档案，阿鲁科尔沁旗档案馆的 4 件清代五彩圣旨，克什克腾旗庆宁寺收藏的手书经卷等大批珍贵可移动文物。

---

* 《内蒙古文物》记者。

高度重视，认真负责，全面完成普查数据信息采集和登录工作

在赤峰市普查办的认真指导下，截止到 2015 年 12 月份，共完成 362974 件/套数据的采集和登录工作，数据报送进度为 100%，全面完成了普查数据信息采集和登录工作。

组织专家组，攻坚克难，采取"两级联审"模式，高质量完成全市数据审核工作

赤峰市普查办立足现实，精心谋划，根据藏品总量和行政区域分布，把全市分成 2 个数据审核片区，按照"分区划片、集中审核、逐一解决"的思路加快推进数据审核。同时，专门下发《关于加快推进全市第一次全国可移动文物普查数据审核工作的通知》，进一步明确工作职责和数据审核实施方案等内容，为数据审核提供制度保障。

赤峰市各级文博单位服从全局，积极选派专家骨干投入全市审核；聘请、抽调的专家组成员克服舟车劳累，战高温、斗酷暑，"五加二、白加黑"工作连轴转，集中审核、逐条审看、挑错修改，依照"逐条审核、保质争优"的原则，赤峰市普查办在征求自治区普查办意见和借鉴兄弟盟市经验基础上，研究制定"离线数据、两级联审、实地开展"的工作模式，既化解了逐级审核的普查技术难点，又实地解决了基层审核的诸多问题，有效实现数据质量和审核效率的"双提高"，赤峰市 36 万余件/套文物数据顺利通过自治区和国家审核。

多措并举，大力宣传赤峰市可移动文物普查成果

赤峰市普查办充分利用国际博物馆日、节庆活动、网络媒体、纸质媒体，积极宣传普查现阶段取得的成果，做好对社会公众的宣传和信息发布。对于普查中新发现和新认定的具有重要价值文物，以及普查工作中涌现的先进事迹和人物，给予重点报道。2016 年是普查工作的收官之年，此次普查成果展以图文并茂的形式，通过 100 余块制作精美的图片，以普查工作的时间、阶段性工作任务为脉络，以普查筹备、普查业务骨干培训、普查宣传、国有文物收藏单位调查、文物认定、新发现文物、信息采集登录、信息审核、领导视察等为内容，生动形象地梳理和总结了赤峰自开展普查工作以来取得的成绩。

采用梯队培训，骨干带头，重点馆示范，有序推进可移动文物普查培训工作

作为全区的文物大市，普查面临的问题突出表现在：一是普查文物数量巨大、人手缺乏；二是一般文物信息整理基础工作比较薄弱；三是软件使用、信息采集专业要求高。针对此种情况，赤峰市普查办从 2013 年 5 月开始，相继完成了可移动文物普查第一阶段自治区级和市级培训工作，并结合实际，制定了市级培训计划，采取梯队培训，培养骨干带动队伍。普查技能方面，由骨干人员培训普查工作小组全体成员，针对普查范围、内容、标准及普查软件的应用开展详细的培训，理论培训与实地操作培训结合，达到参与此项工作的每个人员掌握技能的目的。这种边培训边开展工作的形式，在时间紧要求高的普查工作中非常有效，在实际工作中建立起了一支普查骨干队伍。目前，市级培训可移动文物普查骨干 170 人次。赤峰市博物馆作为全市可移动文物普查工作的项目部，率先开展了普查的相关工作，并配合赤峰市普查办为全市各国有博物馆和文物收藏单位进行普查工作的技术指导。

建立健全普查工作的文物安全预案和保障制度

在市普查办的部署下，各国有博物馆和文物收藏单位相继制定了可移动文物普查工作期间的文物安全预案和保障制度，强化文物安全。普查工作是一次大规模的文物集中整理，参与的人员、整理的文物都是密集型的，极易产生安全隐患，因此在普查中要时刻把安全放在首位，及时排除安全操作隐患，总结规律，制定科学完善的《可移动文物普查藏品安全操作规程》。

采用传帮带，多技术岗位配合等方式促进我市复合型文物保护队伍建设

通过普查工作的开展，全面提高文物保护工作人员的科学知识、专业技能和管理水平，以普查促进博物馆专业人员的新老交替，梯队建设，软件专家、复合型文物保护管理人才的培养，为进一步建立具有现代化科学素养的博物馆专业队伍创造条件。例如，在赤峰市普查办的部署下，启动藏品账目整理工作过程中，安排两名新老藏品账目管理人员，在工作中传帮带。保管部的管理人员与技术人员，配合参与全区集中培训和全市普查骨干的培训，通过培训授课，传授经验。

采用"互联网＋"模式，促进可移动文物普查公众联系与服务

赤峰市第一次全国可移动文物普查工作网站于 2014 年 3 月正式开通。该网站是赤峰市第一次全国可移动文物普查领导小组办公室利用互联网开展全市可移动文物普查工作的一次探索尝试和工作创新，也是深入开展文物普查工作的重要组成部分。网站的开通为文物普查工作开辟了一个良好的宣传阵地和一个崭新的平台。网站设有普查资讯、普查通知、普查机构、普查简报、旗县区动态、文博之窗及文件资料等 13 个栏目，宣传报道可移动文物普查工作的重要新闻和公开信息，及时更新网站内容，使全市各级可移动文物普查工作成果得到集中展示。

在赤峰市普查办的带领下，各旗县区普查办和文物收藏单位全体工作人员的不懈努力下，已经摸清了赤峰地区国有可移动文物的家底，目前已经完成了普查报告的编制工作。

《内蒙古文物》2017 年第 2 期，第 18～19 页

专家作用在"一普"中尽情发挥

——记第一次全国可移动文物普查先进个人索秀芬

(《内蒙古文物》2017 年)

朴 察[*]

索秀芬同志是内蒙古自治区文物考古研究所研究员，热爱文物工作，有强烈的事业心和责任感，模范遵守社会公德，践行职业道德，具有较高的思想政治素质、高尚的道德品质、优良的工作作风和广泛的群众基础。在普查中出色地完成了组织全区文物普查工作，充分发挥专家作用，在普查的五年中做出了卓越贡献。并在普查圆满结束后计划继续编辑出版普查系列成果，充分利用普查成果，积极保护传统文化遗产。

全程参与普查，践行让文物活起来

为贯彻执行国务院和国家文物局开展第一次全国可移动文物普查统一部署，2013 年 4 月 16 日，自治区人民政府成立了内蒙古自治区第一次全国可移动文物普查领导小组，下设领导小组办公室、项目部、专家组，索秀芬同志是专家组成员，参加了全区 980 个国有收藏单位（其中 430 家有文物收藏，341 家文物收藏在第一次全国可移动文物普查范围内，上传了文物资料）文物认定工作，出色地完成了全区文物认定工作。

2014 年，索秀芬同志从内蒙古自治区文物考古研究所到自治区文物局挂职，开始在文物处锻炼。为了加强自治区第一次全国可移动文物普查领导小组办公室力量，博物馆处特别请示自治区文物局领导同意，经过自治区文化厅党组研究，把索秀芬同志调到博物馆处，参与全区可移动文物普查领导小组办公室工作。2016 年开始分管全区可移动文物普查工作，全面组织我区开展普查工作，除了积极推进国家文物局对可移动文物普查统一部署外，还发挥她专家业务特长，重点抓普查宣传、普查进度、普查质量、文物定级、审核、总结和验收等工作，效果明显，成绩突出。

为了拓展普查深度和广度，索秀芬同志发扬连续作战精神，2016 年 10—12 月，向自治区财政厅申请了 2017 年国有可移动普查经费 220 万元，2018 年和 2019 年向自治区财政厅各申请 400 万元。2017 年经费已经获得批准，2017—2019 年计划召开普查总结大会、进行成果宣传、举办培训班、出版系列普查成果一套 20 册，充分利用普查成果，弘扬传统文化，丰富群众文化生活。

---

* 《内蒙古文物》记者。

积极推进上传进度，确保普查如期完成

2014 下半年至 2015 年上半年，索秀芬同志在全区范围内重点督查各盟市旗县经费落实、文物信息采集、录入和登录进度，以及全区业务人员培训、宣传等普查工作，发现问题，积极与各方面协调，立行立改。

内蒙古进行第一次全国可移动文物普查面临资金短缺、业务人员短缺等不利情况。为了解决普查中的困难，索秀芬同志经常下到基层，为了解决一个单位问题，有时要见单位普查员、领导、文化局、文物局领导，旗县、盟市领导，详细讲解文物政策和普查意义，调动业务人员普查积极性，多方协调，帮助解决经费和设备短缺等问题，积极推动普查工作顺利开展。

在全区共同不懈努力下，到 2015 年年底，除内蒙古博物院上传文物数量为 75% 外（藏品为 15 余万件/套），其余收藏单位上传文物数量均达到 100%，达到了国家文物局要求的普查进度。到 2016 年 8 月，我区上传文物数据达 110 多万件/套，文物收藏总数名列全国各省前列，成为名副其实的文物大省。上传文物达 100% 以上，全面完成文物登录工作，并顺利通过国家文物局的专家审核。

全面审核，严把质量关

在我区普查进度基本完成后，国家文物局又提出普查要严把质量关，将差错率控制在 0.5% 的要求，自治区普查领导小组办公室责成索秀芬同志组织并带领自治区专家组深入到全区 12 个盟市 102 个旗县区项目办，从 2015 年 10 月至 2016 年 7 月，在全区各收藏单位传授文物知识、讲解普查规范、审核普查数据、提升普查质量。为确保我区保质保量完成普查工作，历时 10 个月 300 多天，连续作战，驱车行程三万五千多千米，在专家组成员不断轮换情况下，索秀芬同志作为组织者兼专家始终坚守，积劳成疾，体重锐减 20 多斤，靠每天用大量药物维持才最终走完全区普查国有收藏文物单位，短暂住院治疗后又投入到繁忙的普查工作中，在普查中起到了模范带头作用，敬业精神可嘉，也正是因为她的无私奉献，大大提高了内蒙古自治区第一次全国可移动文物普查数量和质量，2016 年 12 月顺利通过国家普查办专家审核和国家文物局的验收，圆满完成了内蒙古自治区的普查任务。

为提高普查质量，自治区文物局动用了我区所有文物方面专家，专家组到全区 12 个盟市 102 旗县区普查项目办，全面审查普查数据。在伸手不见五指的雾霾中开车摸索翻越贺兰山，在风沙肆虐的沙尘暴中艰难行进在锡林郭勒草原，在鄂尔多斯高原严寒中冻伤手脚，在呼伦贝尔草原酷暑中昏迷，经过酷暑严冬，历经风霜雨雪，一批专家累倒了，又一批专家顶上，从不计较个人得失，正是他们的恪尽职守大大提高了我区普查质量，他们无畏艰险的优秀品质、无私奉献的敬业精神将鼓励我区文博战线工作人员不断进取，工作精益求精，保质保量地完成了普查工作。

开展文物定级，增加珍贵文物数量

2015 年 11 月至 2016 年 7 月，历时 9 个月时间，在索秀芬同志带领自治区专家组在全区进行普查质量大审核同时，还开展了全区第一次全国可移动文物普查中的新发现文物定级工作，新增加了一大批反映内蒙古民族特色和地域特色的珍贵文物，并提出具体建议及时进行保护，建立了完备的珍贵文物档案。

2016 年 12 月 21—27 日，自治区文物局派索秀芬同志前往呼伦贝尔市海拉尔区组织了全区文物定级培训班，同时召开全区文物专家委员会扩大会议，审核并通过了全区第一次全国可移动文物普查新增珍贵文物，大大提高了自治区可移动文物品质。

加大宣传，扩大普查影响力

2016 年 5·18 国际博物馆日，国家文物局主会场设在内蒙古博物院，国家文物局举办了第一次全国可移动文物普查图片展，同时我区举办了普查成果展，索秀芬同志参与展览策划，负责撰写展览文字和新闻媒体稿件，大力宣传可移动文物普查，配合国家文物局顺利完成博物馆日各项活动。

为及时报道国家、自治区、盟市、旗县各级普查信息，自治区普查领导小组办公室共计编辑《内蒙古自治区第一次全国可移动文物普查工作简报》51 期，索秀芬同志参与编写了 1—24 期，主持编写了 25—51 期，起到了沟通各方面信息和积极推进普查顺利开展的良好效果。

为扩大普查宣传力度，索秀芬同志与记者共同撰写了多篇宣传文章，2016 年 5 月 5 日在《内蒙古日报》文化版上发表了《我区可移动文物有了"身份证"》，宣传普查作用和普查先进事迹。2016 年 5 月 20 日，在《中国文化报》上以《让草原文物这张"金色名片"闪闪发光》为题进行报道，宣传自治区第一次全国可移动文物普查成果和意义。2016 年 12 月 29 日，在《北方周末报》"指闻内蒙古"版上发表了《内蒙古 100 多万件文物有了"身份证"数量居全国第五》，报道了内蒙古第一次全国可移动文物普查开展以来取得的成果。

克服困难，圆满收官

索秀芬同志勇于承担重任，克服年终普查经费短缺和人员严重不足困难，2016 年 9 月组织了对全区普查验收工作。2016 年 10—11 月，独自承担撰写了《内蒙古自治区第一次全国可移动文物普查工作报告》（大约 3 万字）和《内蒙古自治区第一次全国可移动文物普查验收报告》（大约 2 万字），同时校对了《内蒙古自治区第一次全国可移动文物普查验收统计表》和《内蒙古自治区第一次全国可移动文物普查国有收藏单位名录》。2016 年 12 月，经领导批准，将普查报告、验收报告、普查验收统计表、国有收藏单位名录上报国家文物局普查办公室，并顺利通过验收，不辱使命圆满完成了普查任务。

《内蒙古文物》2017 年第 2 期，第 20～21 页

肩挑"一普"重任前行

——记第一次全国可移动文物普查先进个人李丽雅

(《内蒙古文物》2017 年)

朴　察[*]

李丽雅，第一次全国可移动文物普查普查员，从 2013 年开始参加并负责第一次全国可移动文物普查项目组的业务工作，她迅速融入自己的普查角色，投入了极大的工作热情。四年来在完成日常业务工作外，她几乎把所有时间都投入到了普查工作中。她任劳任怨，一丝不苟，得到了领导的信任与支持。她参与完成自治区普查实施方案的编写、专家组的建立以及对各盟市旗县区的指导、培训、联络、部署、督察等大量普查工作，悉心研究普查工作规范，细致、周密调控全区普查工作进度，每一个普查环节都付出她的辛勤与汗水。目前，自治区登录数据量排名全国前列，全面完成数据审核及平台的登录工作，普查工作取得丰硕成果。

万事开头难

自普查工作启动以来，李丽雅常常告诫自己，做好这项工作不仅仅是一份满满的信任，更是一份沉甸甸的责任。

普查的第一要务是文物收藏情况调查登记，保证普查的覆盖率和回收率是首要目标。为此，她利用 QQ 群、电话等指导各个普查办工作人员收集本辖区内国有单位名录，开展普查员培训，以属地调查为主线，进行国有单位收藏情况大摸底大调查。有的单位不了解普查的意义，觉得跟他们不相干，更有的单位觉得普查员是"骗子"，不配合普查工作……对于不配合单位，她主动前去沟通，拿着联合发文与大学、档案局、图书馆、宗教系统等普查领导小组成员单位联系，对于他们提出的问题她不厌其烦地一一作答，有时同一个问题要回答几遍。她常说做普查工作没有耐心是不行的，毕竟我们的普查需要各个国有单位的配合才能顺利开展。经过她不断地答疑解惑，悉心劝导，才使得一个个难题迎刃而解。就这样经过了一个时期紧张忙碌的工作，她与同事们终于收获了可喜的成果。可移动文物普查前期工作圆满完成，全区共调查国有单位 17778 个，其中，国家机关 6832 个，事业单位 8965 个，国有企业及国有控股企业 1642 个，宗教寺庙 349 个。共发放调查表 17778 份，其中除部分单位由于迁移合并等原因未回馈《登记表》外，共计收回 16556 份，回收率达 93%。

* 《内蒙古文物》记者。

永远在路上

2014 年 10 月底，她赶赴阿拉善盟做普查督查工作，审核了采集数据质量及登录情况，并利用离线软件帮助修改文物数据，对阿拉善右旗巴丹吉林庙做了实地调查，给住持耐心讲解普查的重要性，得到许可后，她亲自采集符合此次普查规范的相关文物数据及影像数据，完成巴丹吉林庙的文物普查工作。2015 年正月初八，春节的欢娱气氛还未散尽，她又与普查项目部主任塔拉一同赴包头市开展可移动文物普查督查工作，听取 9 个旗县区的工作汇报，到包头博物馆、包头文物管理所、土右旗普查办认真查看了普查调查表及采集数据情况，实地指导数据规范采集录入工作。

随后，又到内蒙古师范大学与学院国资处、博物馆、美术系、图书馆主任及相关普查业务人员 16 人座谈，介绍全区普查具体实施情况及工作程序，国资处领导当即保证一周内所有普查设备到位，其他文物收藏单位也保证年底完成报送工作，她带领他们到博物院进行普查工作的观摩学习。8 月期间，她多次前往内蒙古图书馆、内蒙古档案馆、呼和浩特市图书馆、内蒙古党校、教育系统、师范大学博物馆等单位指导文物的认定、普查采集、录入、登录等工作，帮助非文物系统的国有文物收藏单位顺利完成文物认定及信息采集工作。

她带队组织普查办专家一行五人完成乌兰察布市 11 个旗县区的可移动文物普查数据录入质量督查工作，对存在的问题进行汇总、离线软件数据修改工作，正式启动了乌兰察布市专家组的工作。还组织专家对阿拉善盟、乌海、鄂尔多斯、巴彦淖尔市、包头市、呼和浩特市、赤峰市、通辽市共计 86 个旗县区普查办及文物收藏单位进行数据审核及文物督查工作，一路上要克服晕车带来的困扰，时间不够就连晚上她都要对数据进行分类审核，对存在的问题都以书面形式提出，详细记录问题出现的地方、原因并指导如何进行修改，要求错误及时修改，不留情面。

朴实的引路人

人们常常把教育工作者比喻为开荒勤植的园丁，那么对于可移动文物普查工作来说，普普通通的普查员李丽雅就堪比朴实热情的荒原引路人。她不仅对上级交代的本职工作保质保量地完成，而且凭借对普查工作的全方面了解，她对于普查中复杂辛苦的工作都积极地承担在自己身上，从安装软件、电脑插件，到数据的采集、信息录入、登录平台，无一不是熟练工，即使是交代给同事们的工作，只要是她熟悉，她都会热情主动地去协助他们完成。有的时候口头讲解不容易让人理解，她还会进入库房亲自进行文物信息采集工作的示范，防止同事们走弯路，影响普查进度报送。

不仅如此，她还负责组织召开各盟市旗县普查办主任工作会议及全区普查培训工作，普查期间她共负责举办全区普查培训 14 次，参加各盟市旗县普查培训班授课 33 次，其中艰辛几人知。会议对普查工作的进展起到了很好的推进作用。她承担了举办全区东、西部地区的所辖盟市旗县普查人员可移动文物普查培训班，并亲自参加授课讲解，培训普查学员共计 2000 余人次。在培训期间，由于劳累她的颈椎病犯了，头晕呕吐，但她简单地吃了点药后依然坚持为普查人员归纳总结培训中发现的问题，并一一做详细的解答。

始终如一

历时四年的普查工作也接近尾声了，大多数普查工作者也都松了一口气，可是她纤瘦的身影又无声无息地忙碌起来。

2016 年 7 月，普查工作进入自治区终审阶段，她组织专家组对各文物收藏单位逐一进行数据审核。专家们没有休息日，仅 1 个月的时间，完成 12 盟市 335 家文物收藏单位的数据审核工作，而这一切工作，她从来都是从头跟到最后……

普查中她顶着各方压力，坚持按照文物登录规范的要求来采集数据，让长期堆积在库房角落中大量钱币，由原来的一个总登记号几万枚，按照出土地点、出土窖藏、年代等信息，重新进行分类；按其特点特征，品相好的要一枚一枚的进行信息采集，工作之细致得到国普办的认可。内蒙古自治区作为文物资源大省，钱币类文物数量较大，种类繁多，分布地域广泛，且具有北方少数民族地区特色。因此，她又承接了国家文物局委派内蒙古自治区博物院开展的《第一次全国可移动文物普查钱币类文物专项调查》的报告编写工作。调研并梳理了内蒙古自治区钱币类文物的分布、管理、保存、建档、研究利用等现状，最终完成了本次专项调查的预定计划。同时，理清了现阶段钱币类文物存在的具体问题。对国有文物收藏单位进行调查摸底，给 155 家发放了调查问卷，收到回复的有效问卷 98 份。通过对 56 家国有普查单位进行的实地调查，结合前期掌握的数据和材料，顺利完成钱币调查项目。李丽雅认真负责的工作态度，赢得了领导和同事的信任，得到了一致赞誉。

花期一度水一重，四载文普百年功。红叶岂止香山有，北疆倏然遍映彤。可移动文物普查是一项利国利民的文化事业，在这项工作中，不仅让我们看到了像李丽雅同志这样脚踏实地，认真严谨，把握大局，关注细节的工作态度，也让我们用心感受到了作为一个普通职业者最真挚的敬业情怀和无私的奉献精神。

《内蒙古文物》2017 年第 2 期，第 22~23 页

内蒙古召开全区文物安全工作暨可移动
文物普查工作电视电话会议

（中国文物信息网 2017 年）

王大方[*]

　　9 月 14 日，内蒙古自治区人民政府在呼和浩特召开全区文物安全工作暨第一次全国可移动文物普查工作电视电话会议。会议的主要任务是：深入学习贯彻全国文物安全电视电话会议精神，安排部署全区文物安全工作，总结第一次全国可移动文物普查工作，表彰先进集体和个人。自治区副主席刘新乐出席会议并讲话。

　　刘新乐要求，全区各级政府要深入学习贯彻习近平总书记重要指示批示精神，牢固树立文物安全大局意识、责任意识，加强文物安全工作。一是深入开展全区打击文物犯罪专项行动，形成高压态势。自治区公安厅要精心组织、突出重点，严厉打击盗掘古文化遗址、古墓葬等各种文物犯罪，坚决遏制文物犯罪高发态势，自治区文化、文物、工商等部门要积极配合。二是深入开展文物流通市场专项治理行动，规范文物市场。自治区工商局牵头负责，自治区文化、文物等部门积极配合，对全区文物流通市场进行一次全面整顿，严厉查处擅自从事文物经营、买卖国家禁止买卖的文物等违法行为，清理非法经营主体，坚决堵住非法文物销赃渠道。三是持续推进文物法人违法案件专项整治行动，通过一系列行之有效的重大行动和举措，坚决遏制法人违法破坏文物案件高发态势。四是持续推进全区重点文物保护、维修、展示工作。

　　刘新乐对第一次全国可移动文物普查工作所取得的成果表示祝贺，对受表彰的先进集体和个人表示祝贺，要求各地充分发挥文物普查新成果的重要作用，通过一系列行之有效的行动加强文物宣传工作。

　　自治区文化厅厅长佟国清通报了全区文物安全、文物普查工作成果及全区文物重点工作。自治区公安厅副厅长张晓敏通报了全区公安机关开展打击文物违法犯罪、维护文物安全的工作进展情况。自治区工商局副局长霍武通报了会同文物部门开展全区文物市场专项整顿工作情况。自治区公务员局副局长张金马宣读了自治区第一次全国可移动文物普查工作办公室、人社厅、文化厅、公务员局、文物局《关于表彰全区第一次全国可移动文物普查工作先进集体和个人的决定》。赤峰市人民政府副市长周金桩介绍了赤峰市开展第一次全国可移动文物普查工作的先

---

　　* 内蒙古自治区文物局副局长、内蒙古自治区第一次全国可移动文物普查领导小组办公室副主任。

进经验。

　　自治区各盟行政公署、市人民政府分管文物工作负责人，满洲里市、二连浩特市人民政府，各旗县人民政府分管文物工作负责人；自治区文化厅、文物局、公安厅、工商局等有关部门负责人以及全区各级文化、文物、博物馆负责人和专家学者参加会议。

中国文物信息网　2017 年 9 月 19 日

家底厚实的内蒙古可移动文物

（《内蒙古日报》2017 年）

院秀琴*

第一次全国可移动文物普查是继第三次全国不可移动文物普查之后，国家在文化遗产领域开展的又一次重要的国情国力大调查。如果说不可移动文物普查相当于文化遗产领域的"不动产登记"，那么可移动文物普查则是对文物"家底"的进一步清查。

自 2012 年以来，我区严格按照国务院统一部署，顺利完成文物摸底调查、文物认定、数据采集、登录、审核、总结报告编写、验收报告编写等各项工作，至 2016 年 12 月通过验收。登记文物总量翻番、总量排名全国第六的普查成果，为自治区成立 70 周年献上一份厚礼。

成果：文物总量排名全国第六

相对于建筑、遗址等这些无法移动的文物，可移动文物指馆藏文物，即历史上各时代重要实物、艺术品、文献、手稿、图书资料、代表性实物等，分为珍贵文物和一般文物。

"2012 年以来，按照国务院和自治区政府的总体要求和统一部署，我区可移动文物普查工作科学、规范、有序、高效开展。"自治区党委宣传部副部长、文化厅厅长佟国清告诉记者。到 2016 年 8 月 31 日，我区完成了 12 个盟市全部第一次全国可移动文物普查数据的自治区终审工作，审核数据率达到 100%，将普查数据全部上传至国家第一次全国可移动文物普查平台，登录率达 100%。

5 年耕耘，成就喜人！数据显示，截至 2016 年 12 月 31 日，全区共上报文物 1125464 件/套，共计 1506421 件，其中珍贵藏品 16054 件/套，文物古籍类珍贵文物 15916 件/套，珍贵化石标本 138 件/套。文物古籍类中一级珍贵文物 2152 件/套，二级珍贵文物 5397 件/套，三级珍贵文物 8367 件/套。

作为普查工作的一项重要成果，我区按要求编制了《内蒙古自治区第一次全国可移动文物普查收藏单位名录》。摸清了我区国有文物收藏单位的基本情况，为下一步文物保护措施的制订、实施、利用等提供了必备依据。

今年 4 月，国家文物局公布的第一次全国可移动文物普查成果显示，我区国有文物收藏单位为 442 家，在这次普查范围内的有 357 家。上报文物 1125464 件/套，登记文物总量翻了一番，在全国各省市区中排名第六。

---

* 《内蒙古日报》记者。

更为可喜的是，通过第一次全国可移动文物普查，我区国有收藏单位的藏品实现了由纸质账本到信息化和数字化飞跃，藏品管理水平大大提高。实现馆藏文物信息化，为馆藏资源共享、文物定级、文物保护修复、普查相关课题研究等工作奠定了良好的基础。

保障：5 年投入 4457 余万元

第一次全国可移动文物普查是一项重大的国情国力调查，涉及范围广，技术要求高，调查任务重，工作难度大。为此，自治区文物局分别与自治区档案局、教育厅、民政厅、文化厅、国资委、财政厅、新闻出版局七部门联合转发国家七部门的通知，对全区各部门各系统的普查工作做出统一安排部署。

2013 年 5 月 2 日，自治区第一次全国可移动文物普查领导小组办公室根据国家要求，制定了《内蒙古自治区第一次全国可移动文物普查实施方案》，明确了普查的意义、目标、范围、内容、经费保障等。随后，自治区第一次全国可移动文物普查领导小组办公室编制完成了《内蒙古自治区第一次全国可移动文物普查时间表、任务书、责任人一览表》，层层压实责任。

自治区文化厅副厅长李鸿英介绍，5 年间，全区普查投入经费总计 4457 余万元，主要用于购买可移动文物普查设备和人员培训等普查工作，为全区第一次全国可移动文物普查工作的顺利开展提供了经费保障。为了有效促进盟市普查工作，自治区普查办对各盟市旗县区每年补助普查经费 10 万至 50 万元。

在自治区第一次全国可移动文物普查工作过程中，各级普查办都加强了本辖区的普查档案建设管理工作，对普查各工作环节所形成的文件资料、调查表、总结汇报、普查数据等内容都进行了及时地收集与归档整理，完整记录和保存了普查工作的工作过程、工作方法和普查文物数据。各级普查办和收藏单位逐步完善藏品账目及档案资料，对所收藏藏品均已建立起了纸质和电子档案，相互对照，加强可移动文物管理。

充满历史感的普查工作，被新时期文博工作者注入了"现代感"。

为了便于工作联络，自治区普查领导小组办公室建立了第一次全国可移动文物普查 QQ 群，加强全区普查工作人员的交流与沟通，随时解决普查工作中出现的问题。

2013 年 12 月 10 日，涵盖普查基本要求，历史、民族基础知识等内容的简明知识读本《内蒙古自治区第一次全国可移动文物普查 800 问》编辑出版并在全区发放，起到了有效的科普教育作用。乌兰察布市博物馆拍摄的公益宣传片《可移动文物普查进行时》在第二届中国公共考古仰韶论坛中荣获考古动漫微电影类一等奖。

队伍：2820 名普查人员参与

自治区文物局、各盟市旗县区文物部门和各级普查办，针对普查的关键环节，确保各项工作科学、规范、有序推进。

自治区文物局王大方副局长告诉记者，为确保普查高质量按时完成，我区建立起普查队员、普查专家、普查志愿者 3 支普查队伍，共投入普查人员 2820 人。向全区国有单位 958 名普查员发放了普查证，全区总计参与普查专家 263 人，普查志愿者 621 人。

为了加强普查人才队伍建设，全区上下共举办各类培训班 289 期，培训人员 4480 人次，培训了第一次全国可移动文物普查标准规范、工作要求、信息采集、数据登录、工作管理、在线填报、审核流程、离线填报、单位及用户管理、信息管理操作、报告编制、文物定级等内容，让各地可移动文物普查业务骨干迅速熟练掌握了第一次全国可移动文物普查技术。

从 2015 年 11 月 9 日到 2016 年 7 月 14 日，由自治区文物局博物馆处索秀芬副处长带队，组织于宝东、郭治中、苏东、铁达、庆巴图、尹建光、丁勇、娜仁高娃等自治区文物专家以及盟市旗县区文物专家共同参与，行程 3.5 万千米，对 12 个盟市 102 个旗县区的 86 家文博单位进行了文物定级的初步筛查。

2016 年 12 月 21 日至 27 日，自治区文物专家委员会对初步定级文物进行了审核，最终确定 3284 件/套为珍贵文物，其中一级文物 189 件/套，二级文物 651 件/套，三级文物 2444 件/套。

普查实施五年来，全区各级普查机构和广大普查工作人员，牢记使命、恪尽职守、克服困难、任劳任怨，按时、按质、高效地完成了可移动文物普查各项工作任务，涌现出了一大批工作成绩突出、精神风貌高尚的先进集体和先进个人，为普查工作的顺利推进发挥了重要作用。

2017 年 4 月 7 日，国务院在北京召开了第一次全国可移动文物普查总结电视电话会议，自治区文物局博物馆处（自治区第一次全国可移动文物普查领导小组办公室）、赤峰市文物局（赤峰市第一次全国可移动文物普查领导小组办公室）荣获第一次全国可移动文物普查先进集体，自治区文物局博物馆处索秀芬副处长、内蒙古博物院李丽雅研究馆员荣获第一次全国可移动文物普查先进个人。

9 月 14 日，内蒙古自治区政府在呼和浩特市召开了内蒙古自治区第一次全国可移动文物普查总结电视电话会议，呼和浩特博物馆等 59 个单位为内蒙古自治区第一次全国可移动文物普查先进集体，王太平等 159 名同志为内蒙古自治区第一次全国可移动文物普查先进个人。

这些先进集体和个人为自治区第一次全国可移动文物普查做出了突出贡献，为文物工作树立了楷模。

保护：为珍贵文物提高"待遇"

在第一次全国可移动文物普查过程中，我区发现大量馆藏藏品亟须保护，因而围绕各类珍贵文物开展了文物保护修复工作。

自治区文物局马天杰副局长告诉记者，内蒙古博物院开展了馆藏壁画、皮毛文物，自治区文物考古研究所开展了漆器、金属器、丝织品、纸质文物，赤峰市文物局开展了辽代壁画、纸质文物、青铜器文物，兴安盟博物馆开展了丝织品文物等专题保护修复工作。各收藏单位对普查中发现的濒危文物都进行了紧急修复，防止文物进一步损毁。

针对普查中发现文物保护环境欠佳的问题，呼伦贝尔民族博物院、兴安盟博物馆、鄂尔多斯博物馆、扎赉特旗文物管理所向国家文物局申请了馆藏文物预防性保护项目，获批经费用于馆藏文物环境监测、购买恒温恒湿设备、定制文物架柜和囊匣等文物预防性保护设施。

这些文物保护和修复项目的实施，不仅有效保护了一批珍贵文物，也促使博物馆文物保护研究工作走向更高的水平，同时也为我区博物馆事业培养了更多的文物保护业务技术骨干。

2016 年 1 月至 10 月，自治区普查项目部依托第一次全国可移动文物普查成果，承担了"内蒙古自治区第一次全国可移动文物普查钱币类文物专项调查项目"。这次由国家文物局确立的专项调查项目的顺利完成,对于钱币类藏品管理上存在的征集来源佚失、鉴定工作较少、钱币鉴定技术问题、登记信息缺失、分类方式失当、缺少修复和预防性保护、缺少专业人才、缺少延伸性研究和利用等,提出了包括建立钱币的征集机制、鉴定机制、登记机制、分类机制、库房保管机制等一系列对策建议。

利用:让文物价值充分释放

自治区文物局博物馆处侯俊处长告诉记者,这次普查工作完成后,我区公布藏品单位276家,其中博物馆类和纪念馆类国有收藏单位绝大多数藏品以各类展览、研究报告等多种形式向社会公开,丰富多彩的藏品,弘扬了民族文化,丰富了人民的文化生活。

2016年5·18国际博物馆日期间,中国主会场设在内蒙古博物院,国家文物局举办的第一次全国可移动文物普查成果展和自治区文物局举办的内蒙古自治区第一次全国可移动文物普查成果展同时开展,展览以"典守文明 识珍录宝"为题,时间从5月18日持续至7月18日。全区普查新发现文物集中展示,惠及公众。

这次成果展分为图片和新发现文物展两部分,展出图片500多张,新发现文物300余件/套,文字1万多字。文物、文字、图片相结合,全面介绍了我区第一次全国可移动文物普查开展以来取得的成果,展览在社会上引起强烈反响,取得良好社会效果,参观人数达10万余人次。

2014—2017年的国际博物馆日、中国文化遗产日、草原文化遗产日期间,赤峰市、阿拉善盟、乌兰察布市、锡林郭勒盟、兴安盟、巴彦淖尔市、鄂尔多斯市等盟市旗县文物部门举办了24次第一次全国可移动文物普查成果展,图文并茂,展示了盟市旗县普查所取得的丰硕成果和重大新发现,社会效果良好,参观人数达50万余人次。

2017年9月6日草原文化遗产日期间,由内蒙古自治区第一次全国可移动文物普查领导小组办公室主办,内蒙古自治区文物局承办的大型展览"内蒙古自治区第一次全国可移动文物普查成果展"与观众见面,制作展板47块,自治区普查项目部、内蒙古博物院、内蒙古自治区文物考古研究所、12个盟市参与展出,全面展示我区普查成果,弘扬民族文化精神,为"建设亮丽内蒙古,共圆伟大中国梦"做出贡献。

《内蒙古日报》2017年10月13日第12版

第一次全国可移动文物普查
内蒙古交出了一份满意答卷

（《内蒙古日报》2017 年）

院秀琴*

第一次全国可移动文物普查是继第三次全国不可移动文物普查之后，国务院在文化遗产领域开展的又一次重要的国情国力大调查。今年，国家文物局公布的第一次全国可移动文物普查成果显示：在内蒙古的国有文物收藏单位为 442 家，在这次普查范围内的有 357 家；上报文物 1125464 件/套，文物总量排在全国各省市自治区第六名，在册文物总量翻了一番。

这次普查工作自 2012 年 12 月开始，至 2016 年 12 月完成。4 年间，内蒙古文物普查工作者付出了怎样的艰辛，才取得了如此丰硕的成果？就此，我们专访了内蒙古自治区文物局王大方副局长。

问：第一次全国可移动文物普查工作在我区是如何推进的？

答：按照国务院和自治区政府的总体要求和统一部署，我区普查分三个阶段进行。第一阶段为普查准备阶段，2012 年 12 月开始至 2013 年 5 月，普查主要任务为成立机构、编制经费预算和普查方案等工作；第二阶段从 2013 年 6 月至 2016 年 8 月，主要任务是以县域为基本单元，实地开展文物调查、认定、信息采集、数据登录和审核；第三阶段从 2016 年 9 月至 12 月，主要任务是开展普查数据和资料的整理、汇总，数据库建设，总结和验收等工作。自 2012 年以来，我区的可移动文物普查工作科学、规范、有序、高效开展。

问：我区在此次普查工作中的组织保障方面有哪些亮点？

答：我区高度重视第一次全国可移动文物普查工作，2013 年 4 月 16 日，自治区人民政府印发了《内蒙古自治区人民政府关于在全区开展第一次全国可移动文物普查的通知》（内政发〔2013〕33 号），成立了内蒙古自治区第一次全国可移动文物普查领导小组，负责全区普查工作的组织和领导，协调解决重大问题，成员单位包括发展改革委、教育厅、民政厅、财政厅、国土资源厅、文化厅、人民银行、统计局、宗教局、档案局、文物局、军区政治部、自治区科协等 15 个相关厅局参加的自治区普查领导小组，并指定了各行业系统具体负责人。12 个盟市成立了盟市级第一次全国可移动文物普查领导小组，领导小组组长都是由分管文物的副盟市长担任。102 个旗县区成立了旗县区级第一次全国可移动文物普查领导小组，领导小组组长都是由分管文物的副旗县区长

---

* 《内蒙古日报》记者。

担任。2013 年 5 月 13 日，设在自治区文化厅、文物局的内蒙古自治区第一次全国可移动文物普查领导小组办公室成立，负责普查工作的日常组织和具体协调。12 个盟市成立了盟市级第一次全国可移动文物普查领导小组办公室，由盟市文化局分管文物的副局长（文物局长）担任领导小组办公室主任。102 个旗县区成立了第一次全国可移动文物普查领导小组办公室，由旗县区文化局分管文物的副局长（文物局长）担任普查领导小组办公室主任。2013 年 5 月 13 日，成立了内蒙古自治区第一次全国可移动文物普查领导小组办公室项目部，办公室设在内蒙古博物院，负责文物认定、信息登录和数据管理工作，加强了对普查工作的技术指导，保质保量完成文物认定、信息采集、汇总、上报等普查任务，各盟市主要文博业务单位领导为项目部成员。盟市旗县区也都成立了相应的第一次全国可移动文物普查领导小组办公室项目部，成立了 12 个盟市级项目部和 102 个旗县区级项目部，主任由盟市旗县区文物业务单位主要领导担任。

问：普查工作的顺利完成，离不开一支得力的普查队伍，我们是怎么做到的？

答：为确保普查高质量按时完成，我区建立起三支普查队伍。一支是普查队员队伍，向全区国有单位 958 名普查员发放了普查证，其中自治区级 46 人、盟市级 276 人、旗县区级 636 人，负责采集普查数据。一支是普查专家队伍，抽调自治区各类专家，于 2013 年 5 月 13 日成立了内蒙古自治区第一次全国可移动文物普查专家组，主要负责普查的文物认定、定级和审核工作。公布了专家组人员名单，各方面专家共计 26 人。由于普查涉及不同行业和系统，为加强在整个普查过程中有关业务的咨询和指导，进行自治区级数据审核，自治区文物局决定加强专家参与力度，于 2016 年 7 月 29 日，自治区新增专家 10 人。旗县区级专家 133 人，盟市专家 94 人，自治区专家 36 人，全区总计参与普查专家 263 人。一支是普查志愿者队伍，为扩大普查队伍，充分调动社会力量，各地将在校大学生、文博爱好者等纳入到普查志愿者队伍中，还有一些有摄影特长的志愿者参与藏品拍摄和有电脑特长的志愿者参与数据录入上传登录等工作中，全区普查志愿者共有 621 人。以普查员为主体，普查专家为骨干，普查志愿者为补充，专兼结合的普查人才队伍全面建立并发挥重要作用，全自治区共投入普查人员 2820 人。

为了加强普查人才队伍建设，自治区派人参加了国家文物局举办的培训班（共 8 期），培训 56 人次。自治区共举办培训班 15 期，共培训人员 1779 人次。盟市级举办培训班 55 期，培训人员 1514 人次。旗县级举办培训 219 期，培训人员 1187 人次。我区总计举办培训班 289 期，培训人员 4480 人次。通过多次培训，各地可移动文物普查业务骨干迅速熟练掌握了第一次全国可移动文物普查技术，解决了工作中遇到的问题，为保质保量完成全区第一次全国可移动文物普查任务奠定了坚实的基础。

问：在经费保障方面，我们都做了哪些工作？

答：按照国家普查支出预算标准，自治区普查办编制了《内蒙古自治区第一次全国可移动文物普查预算》。2013 年自治区财政安排普查经费 400 万元，2014 和 2015 年每年安排 423 万元，2016 年安排 402 万元，2017 年安排 209 万元。为了有效促进盟市普查工作，自治区普查办对各盟市旗县区每年补助普查经费 10 万—50 万元。

盟市按照自治区普查预算标准，编制了各盟市普查预算。旗县区按照本盟市普查预算标准，编制了各旗县区普查预算。2013 年全区盟市级经费落实 293 万元，旗县区级普查经费落实 252.1075 万元。2014 年全区盟市级经费落实 564 万元，旗县区级普查经费落实 388.2174 万元。2015 年全区盟市级经费落实 353 万元，旗县区级普查经费落实 252.107 万元。2016 年全区盟市级经费落实 319.3 万元，旗县区级普查经费落实 178.418 万元。

五年自治区级经费落实总计 1857 万元，盟市级经费落实总计 1529.3 万元，旗县区经费落实总计 1070.8499 万元，全区普查投入经费总计 4457.1499 万元。普查经费基本到位，为普查工作提供了资金保障。

经费做到了专款专用，主要用于购买可移动文物普查设备（电脑、移动硬盘、照相机、三脚架、灯光器材、复印机、置物架、背景纸、测量仪器等设备）和人员培训等普查工作，为全区第一次全国可移动文物普查工作的顺利开展提供了经费保障。

问：可以说，内蒙古这次交出了一份满意答卷！请您介绍一下普查工作的主要成果。

答：截至 2016 年 12 月 31 日，全区共上报文物（含自然类）1125464 件/套，共计 1506421 件，其中珍贵藏品 16054 件/套，文物古籍类珍贵文物 15916 件/套，珍贵化石标本 138 件/套。文物古籍类一级珍贵文物 2152 件/套，二级珍贵文物 5397 件/套，三级珍贵文物 8367 件/套。文物总量排在全国各省市自治区第六名，比普查前文物总量翻了一番。经内蒙古自治区专家组审核，12 个盟市普查数据全部合格。经内蒙古自治区第一次全国可移动文物普查领导小组办公室验收，12 个盟市全部合格。内蒙古自治区第一次全国可移动文物普查按国务院和国家文物局统一部署，顺利完成普查工作准备、普查实施和验收汇总工作，经第一次全国可移动文物普查领导小组办公室验收，自治区第一次全国可移动文物普查验收结论为合格。

《内蒙古日报》2017 年 10 月 13 日第 11 版

内蒙古自治区第一次全国可移动文物普查数据公报

(《内蒙古日报》2017 年)

内蒙古自治区第一次全国可移动文物普查领导小组办公室　内蒙古自治区文物局

按照《国务院关于开展第一次全国可移动文物普查的通知》（国发〔2012〕54 号）和《内蒙古自治区人民政府关于在全区开展第一次全国可移动文物普查的通知》（内政发〔2013〕33 号）要求，我区开展了第一次全国可移动文物普查。本次普查的标准时点为 2013 年 12 月 31 日，普查对象是我区境内各级国家机关、事业单位、国有企业和国有控股企业、中国人民解放军和武警部队等各类国有单位收藏保管的可移动文物，包括普查前已经认定和在普查中新认定的国有可移动文物。

通过普查，全面掌握了我区现存国有可移动文物的数量分布、保存现状、保管权属和使用管理等情况。通过对 12 个盟市的数据质量抽查，数据填报差错率低于 0.5%，达到质量控制要求。

截至 2016 年 12 月 31 日，内蒙古自治区按照普查统一标准登录文物信息的国有可移动文物 1125464 件/套（共计 1506421 件），其中文物古籍类 1112253 件/套，标本化石类 13211 件/套。现将相关数据公布如下。

一、可移动文物基本情况

（一）类别

按文物古籍类别统计，数量最多的五个类别分别是钱币 844388 件/套，数量占比 75.92%；石器、石刻、砖瓦 31616 件/套，数量占比 2.84%；铜器 31508 件/套，数量占比 2.83%；古籍图书 27383 件/套，数量占比 2.46%；瓷器 24947 件/套，数量占比 2.24%。以上五个类别合计 959842 件/套，数量占比 86.30%（表 1）。

表 1　按文物古籍类别统计

文物古籍类别	文物古籍数量（件/套）	数量占比（%）
合计	1112253	100.00
玉石器、宝石	5997	0.54
陶器	21630	1.95
瓷器	24947	2.24
铜器	31508	2.83
金银器	6344	0.57

文物古籍类别	文物古籍数量（件/套）	数量占比（%）
铁器、其他金属器	9068	0.82
漆器	271	0.02
雕塑、造像	22732	2.04
石器、石刻、砖瓦	31616	2.84
书法、绘画	4934	0.44
文具	1127	0.10
甲骨	18	0.00
玺印符牌	6922	0.62
钱币	844388	75.92
牙骨角器	3204	0.29
竹木雕	5511	0.50
家具	2645	0.24
珐琅器	262	0.02
织绣	6036	0.54
古籍图书	27383	2.46
碑帖拓本	1093	0.10
武器	11440	1.03
邮品	4242	0.38
文件、宣传品	5892	0.53
档案文书	13738	1.24
名人遗物	686	0.06
玻璃器	1438	0.13
乐器、法器	2577	0.23
皮革	2629	0.24
音像制品	459	0.04
票据	3863	0.35
交通、运输工具	531	0.05
度量衡器	817	0.07
其他	6305	0.57

按标本化石类别统计，数量最多的三个类别分别是古生物化石10857件/套，数量占比82.18%；现生动物和现生植物2004件/套，数量占比15.17%；岩石和矿物331件/套，数量占比2.50%（表2）。

表 2 按标本化石类别统计

标本化石类别	标本化石数量（件/套）	数量占比（%）
合计	13211	100.00
古生物化石	10857	82.18
古人类化石	17	0.13
现生动物和现生植物	2004	15.17
岩石和矿物	331	2.50
其他	2	0.02

（二）年代

本次普查使用了六种年代表示方式对文物古籍的年代进行登录，分别是地质年代（41 件/套，数量占比 0.00%）、考古学年代（29404 件/套，数量占比 2.64%）、中国历史学年代（1068585件/套，数量占比 96.08%）、公历纪年（9999 件/套，数量占比 0.90%）、其他（3255 件/套，数量占比 0.29%）、年代不详（969 件/套，数量占比 0.09%）（表 3）。

表 3 按文物古籍年代统计

文物古籍年代表示方式	文物古籍数量（件/套）	数量占比（%）
合计	1112253	100.00
地质年代	41	0.00
考古学年代	29404	2.64
中国历史学年代	1068585	96.08
公历纪年	9999	0.90
其他	3255	0.29
年代不详	969	0.09

使用考古学年代和中国历史学年代登录的文物古籍合计 1097989 件/套。其中，数量最多的五个年代分别是宋 485694 件/套，数量占比 44.23%；清 227399 件/套，数量占比 20.71%；唐144588 件/套，数量占比 13.17%；中华民国 59537 件/套，数量占比 5.42%；汉 38533 件/套，数量占比 3.51%。以上五个年代合计 955751 件/套，数量占比 87.05%（表 4）。

表 4 按文物古籍考古学年代和中国历史学年代统计

考古学年代和中国历史学年代	文物古籍数量（件/套）	数量占比（%）
合计	1097989	100.00
旧石器时代	1734	0.16
新石器时代	27670	2.52
夏	1273	0.12
商	452	0.04
周	19550	1.78
秦	502	0.05

考古学年代和中国历史学年代	文物古籍数量（件/套）	数量占比（%）
汉	38533	3.51
三国	37	0.00
西晋	54	0.00
东晋十六国	34	0.00
南北朝	2429	0.22
隋	342	0.03
唐	144588	13.17
五代十国	1404	0.13
宋	485694	44.23
辽	21963	2.00
西夏	10169	0.93
金	5123	0.47
元	17083	1.55
明	2698	0.25
清	227399	20.71
中华民国	59537	5.42
中华人民共和国	29721	2.71

（三）级别

按可移动文物级别统计，珍贵藏品共计 16054 件/套（文物古籍类珍贵文物 15916 件/套，珍贵标本化石 138 件/套），数量占比 1.43%；一般文物 553843 件/套，数量占比 49.21%；未定级文物 555567 件/套，数量占比 49.36%（表 5）。

表 5　按可移动文物级别统计

可移动文物级别	可移动文物数量（件/套）	数量占比（%）
合计	1125464	100.00
珍贵	16054	1.43
一般	553843	49.21
未定级	555567	49.36

按文物古籍级别统计，珍贵文物 15916 件/套，数量占比 1.43%；一般文物 549748 件/套，数量占比 49.43%；未定级文物 546589 件/套，数量占比 49.14%（表 6）。

表 6　按文物古籍级别统计

文物古籍级别	文物古籍数量（件/套）	数量占比（%）
合计	1112253	100.00
珍贵	15916	1.43
一般	549748	49.43
未定级	546589	49.14

按文物古籍类珍贵文物级别统计，珍贵文物 15916 件/套，其中一级文物 2152 件/套，数量占比 13.52%；二级文物 5397 件/套，数量占比 33.91%；三级文物 8367 件/套，数量占比 52.57%（表7）。

表7　按文物古籍类珍贵文物级别统计

文物古籍类珍贵文物级别	文物古籍类珍贵文物数量（件/套）	数量占比（%）
合计	15916	100.00
一级	2152	13.52
二级	5397	33.91
三级	8367	52.57

按标本化石级别统计，珍贵标本化石 138 件/套，数量占比 1.04%；一般标本化石 4095 件/套，数量占比 31.00%；未定级标本化石 8978 件/套，数量占比 67.96%（表8）。

表8　按标本化石级别统计

标本化石级别	标本化石数量（件/套）	数量占比（%）
合计	13211	100.00
珍贵	138	1.04
一般	4095	31.00
未定级	8978	67.96

（四）来源

按可移动文物来源统计，主要是以下三种：征集购买 304656 件/套，数量占比 27.07%；旧藏 226042 件/套，数量占比 20.08%；发掘 222859 件/套，数量占比 19.80%。以上三种来源合计 753557 件/套，数量占比 66.96%（表9）。

表9　按可移动文物来源统计

可移动文物来源	可移动文物数量（件/套）	数量占比（%）
合计	1125464	100.00
征集购买	304656	27.07
接受捐赠	36584	3.25
依法交换	155	0.01
拨交	119803	10.65
移交	178059	15.82
旧藏	226042	20.08
发掘	222859	19.80
采集	32487	2.89
拣选	2274	0.20
其他	2545	0.23

（五）入藏时间

按可移动文物入藏时间统计，主要是以下三种：1977—2000 年入藏 566698 件/套，数量占比 50.35%；2001 年至今入藏 354461 件/套，数量占比 31.49%；1949 年 10 月 1 日—1965 年入藏 136789 件/套，数量占比 12.16%。以上三段时间入藏合计 1057948 件/套，数量占比 94.00%（表 10）。

表 10　按可移动文物入藏时间统计

可移动文物入藏时间范围	可移动文物数量（件/套）	数量占比（%）
合计	1125464	100.00
1949 年 10 月 1 日前	10288	0.92
1949 年 10 月 1 日—1965 年	136789	12.16
1966—1976 年	57228	5.08
1977—2000 年	566698	50.35
2001 年至今	354461	31.49

（六）完残程度

按文物古籍完残程度统计，完整文物 154498 件/套，数量占比 13.89%；基本完整文物 887415 件/套，数量占比 79.79%；残缺文物 66556 件/套，数量占比 5.98%；严重残缺（含缺失部件）文物 3784 件/套，数量占比 0.34%（表 11）。

表 11　按文物古籍完残程度统计

文物古籍完残程度	文物古籍数量（件/套）	数量占比（%）
合计	1112253	100.00
完整	154498	13.89
基本完整	887415	79.79
残缺	66556	5.98
严重残缺（含缺失部件）	3784	0.34

（七）保存状态

按文物古籍保存状态统计，状态稳定，不需修复文物 399186 件/套，数量占比 35.89%；部分损腐，需要修复文物 703572 件/套，数量占比 63.26%；腐蚀损毁严重，急需修复文物 4949 件/套，数量占比 0.44%；已修复文物 4546 件/套，数量占比 0.41%（表 12）。

表 12　按文物古籍保存状态统计

文物古籍保存状态	文物古籍数量（件/套）	数量占比（%）
合计	1112253	100.00
状态稳定，不需修复	399186	35.89
部分损腐，需要修复	703572	63.26
腐蚀损毁严重，急需修复	4949	0.44
已修复	4546	0.41

二、珍贵藏品基本情况

（一）类别

按文物古籍类珍贵文物类别统计，数量最多的五个类别分别是铜器 2485 件/套，数量占比 15.61%；瓷器 2226 件/套，数量占比 13.99%；钱币 2022 件/套，数量占比 12.70%；陶器 1331 件/套，数量占比 8.36%；石器、石刻、砖瓦 960 件/套，数量占比 6.03%。以上五个类别合计 9024 件/套，占珍贵文物总量的 56.70%（表 13）。

表 13　按文物古籍类珍贵文物类别统计

文物古籍类珍贵文物类别	文物古籍类珍贵文物数量（件/套）	数量占比（%）
合计	15916	100.00
玉石器、宝石	626	3.93
陶器	1331	8.36
瓷器	2226	13.99
铜器	2485	15.61
金银器	802	5.04
铁器、其他金属器	240	1.51
漆器	43	0.27
雕塑、造像	936	5.88
石器、石刻、砖瓦	960	6.03
书法、绘画	391	2.46
文具	78	0.49
甲骨	2	0.01
玺印符牌	366	2.30
钱币	2022	12.70
牙骨角器	124	0.78
竹木雕	348	2.19
家具	82	0.51
珐琅器	41	0.26
织绣	561	3.52
古籍图书	94	0.59
碑帖拓本	1	0.01
武器	333	2.09
邮品	6	0.04
文件、宣传品	162	1.02
档案文书	175	1.10
名人遗物	29	0.18
玻璃器	33	0.21
乐器、法器	178	1.12

文物古籍类珍贵文物类别	文物古籍类珍贵文物数量（件/套）	数量占比（%）
皮革	211	1.33
音像制品	25	0.16
票据	646	4.06
交通、运输工具	29	0.18
度量衡器	58	0.36
其他	272	1.71

（二）年代

按文物古籍类珍贵文物年代表示方式统计：地质年代 0 件/套，数量占比 0.00%；考古学年代 882 件/套，数量占比 5.54%；中国历史学年代 14977 件/套，数量占比 94.10%；公历纪年 12 件/套，数量占比 0.08%；其他 43 件/套，数量占比 0.27%；年代不详 2 件/套，数量占比 0.01%（表 14）。

表 14　按文物古籍类珍贵文物年代统计

文物古籍类珍贵文物年代表示方式	文物古籍类珍贵文物数量（件/套）	数量占比（%）
合计	15916	100.00
地质年代	0	0.00
考古学年代	882	5.54
中国历史学年代	14977	94.10
公历纪年	12	0.08
其他	43	0.27
年代不详	2	0.01

使用考古学年代和中国历史学年代登录的文物古籍类珍贵文物合计 15859 件/套。其中数量最多的五个年代分别是中华民国 3226 件/套，数量占比 20.34%；清 2988 件/套，数量占比 18.84%；辽 2906 件/套，数量占比 18.32%；周 1555 件/套，数量占比 9.81%；元 1269 件/套，数量占比 8.00%。以上五个年代合计 11944 件/套，数量占比 75.31%（表 15）。

表 15　按文物古籍类珍贵文物考古学年代和中国历史学年代统计

考古学年代和中国历史学年代	文物古籍类珍贵文物数量（件/套）	数量占比（%）
合计	15859	100.00
旧石器时代	14	0.09
新石器时代	868	5.47
夏	114	0.72
商	50	0.32
周	1555	9.81

考古学年代和中国历史学年代	文物古籍类珍贵文物数量（件/套）	数量占比（%）
秦	8	0.05
汉	920	5.80
三国	5	0.03
西晋	16	0.10
东晋十六国	0	0.00
南北朝	190	1.20
隋	23	0.15
唐	173	1.09
五代十国	53	0.33
宋	197	1.24
辽	2906	18.32
西夏	163	1.03
金	440	2.78
元	1269	8.00
明	186	1.17
清	2988	18.84
中华民国	3226	20.34
中华人民共和国	495	3.12

（三）来源

从珍贵藏品的来源看，主要是下列五种：征集购买 6137 件/套，数量占比 38.23%；发掘 2972 件/套，数量占比 18.51%；旧藏 2411 件/套，数量占比 15.02%；拨交 1842 件/套，数量占比 11.47%；移交 1161 件/套，数量占比 7.23%。以上五种来源合计 14523 件/套，占珍贵藏品总量的 90.46%（表 16）。

表 16 按珍贵藏品来源统计

珍贵藏品来源	珍贵藏品数量（件/套）	数量占比（%）
合计	16054	100.00
征集购买	6137	38.23
接受捐赠	802	5.00
依法交换	2	0.01
拨交	1842	11.47
移交	1161	7.23
旧藏	2411	15.02
发掘	2972	18.51
采集	680	4.24
拣选	21	0.13
其他	26	0.16

（四）入藏时间

按文物古籍类珍贵文物入藏时间统计，主要是以下三种：1977—2000 年入藏 7500 件/套，数量占比 47.12%；1949 年 10 月 1 日—1965 年入藏 4331 件/套，数量占比 27.21%；2001 年至今入藏 2829 件/套，数量占比 17.78%。以上三段时间入藏文物古籍类珍贵文物合计 14660 件/套，数量占比 92.11%（表 17）。

表 17　按文物古籍类珍贵文物入藏时间统计

文物古籍类珍贵文物入藏时间	文物古籍类珍贵文物数量（件/套）	数量占比（%）
合计	15916	100.00
1949 年 10 月 1 日前	435	2.73
1949 年 10 月 1 日—1965 年	4331	27.21
1966—1976 年	821	5.16
1977—2000 年	7500	47.12
2001 年至今	2829	17.78

（五）完残程度

按文物古籍类珍贵文物完残程度统计，完整文物 7199 件/套，数量占比 45.23%；基本完整文物 4868 件/套，数量占比 30.59%；残缺文物 3314 件/套，数量占比 20.82%；严重残缺（含缺失部件）文物 535 件/套，数量占比 3.36%（表 18）。

表 18　按文物古籍类珍贵文物完残程度统计

文物古籍类珍贵文物完残程度	文物古籍类珍贵文物数量（件/套）	数量占比（%）
合计	15916	100.00
完整	7199	45.23
基本完整	4868	30.59
残损	3314	20.82
严重残缺（含缺失部件）	535	3.36

（六）保存状态

按文物古籍类珍贵文物保存状态统计，状态稳定，不需修复文物 9585 件/套，数量占比 60.22%；部分损腐，需要修复文物 5835 件/套，数量占比 36.66%；腐蚀损毁严重，急需修复文物 170 件/套，数量占比 1.07%；已修复文物 326 件/套，数量占比 2.05%（表 19）。

表 19　按文物古籍类珍贵文物保存状态统计

文物古籍类珍贵文物保存状态	文物古籍类珍贵文物数量（件/套）	数量占比（%）
合计	15916	100.00
状态稳定，不需修复	9585	60.22
部分损腐，需要修复	5835	36.66
腐蚀损毁严重，急需修复	170	1.07
已修复	326	2.05

三、收藏单位数量分布情况

（一）按行政区划统计收藏单位数量

收藏单位数量最多的五个盟市分别是呼伦贝尔市 46 个，数量占比 12.89%；呼和浩特市 44 个，数量占比 12.33%；赤峰市 43 个，数量占比 12.05%；通辽市 39 个，数量占比 10.92%；锡林郭勒盟 38 个，数量占比 10.65%。以上五个盟市收藏单位合计 210 个，占收藏单位总量的 58.82%（表 20）。

表 20　按行政区划统计收藏单位数量

盟市	收藏单位数量（个）	数量占比（%）
合计	357	100.00
呼和浩特市	44	12.33
包头市	23	6.44
乌海市	4	1.12
赤峰市	43	12.05
通辽市	39	10.92
鄂尔多斯市	36	10.08
呼伦贝尔市	46	12.89
巴彦淖尔市	25	7.00
乌兰察布市	25	7.00
兴安盟	12	3.36
锡林郭勒盟	38	10.65
阿拉善盟	22	6.16

（二）按收藏单位隶属关系统计收藏单位数量

从收藏单位隶属关系看，旗县区属收藏单位数量最多，共计 233 个，数量占比 65.27%；盟市属收藏单位共计 74 个，数量占比 20.73%。以上两个隶属关系收藏单位合计 307 个，占收藏单位总量的 86.00%（表 21）。

表 21　按收藏单位隶属关系统计收藏单位数量

收藏单位隶属关系	收藏单位数量（个）	数量占比（%）
合计	357	100.00
中央属	2	0.56
自治区属	14	3.92
盟市属	74	20.73
旗县区属	233	65.27
苏木乡镇街道属	27	7.56
其他	7	1.96

（三）按收藏单位性质统计收藏单位数量

从收藏单位性质看，事业单位数量最多，共 254 个，数量占比 71.15%；国家机关单位共 64 个，数量占比 17.93%。以上两个性质收藏单位合计 318 个，占收藏单位总量的 89.08%（表 22）。

表 22　按收藏单位性质统计收藏单位数量

收藏单位性质	收藏单位数量（个）	数量占比（%）
合计	357	100.00
国家机关	64	17.93
事业单位	254	71.15
国有企业	7	1.96
其他	32	8.96

（四）按收藏单位类型统计收藏单位数量

从收藏单位类型看，其他类型单位数量最多，共计 167 个，数量占比 46.78%；博物馆、纪念馆共计 123 个，数量占比 34.46%。以上两个类型收藏单位合计 290 个，占收藏单位总量的 81.23%（表 23）。

表 23　按收藏单位类型统计收藏单位数量

收藏单位类型	收藏单位数量（个）	数量占比（%）
合计	357	100.00
博物馆、纪念馆	123	34.46
图书馆	28	7.84
美术馆	5	1.40
档案馆	34	9.52
其他	167	46.78

（五）按收藏单位所属行业统计收藏单位数量

从收藏单位所属行业看，属于文化文物、体育和娱乐业的收藏单位 205 个，数量占比 57.43%；属于公共管理和社会组织的收藏单位 111 个，数量占比 31.09%；属于教育行业的收藏单位 21 个，数量占比 5.88%。以上三个行业收藏单位合计 337 个，占收藏单位总量的 94.40%（表 24）。

表 24　按收藏单位所属行业统计收藏单位数量

收藏单位所属行业	收藏单位数量（个）	数量占比（%）
合计	357	100.00
农、林、牧、渔业	5	1.40
采矿业	2	0.56
制造业	1	0.28

续表 24

收藏单位所属行业	收藏单位数量（个）	数量占比（%）
住宿和餐饮业	2	0.56
金融业	2	0.56
水利、环境和公共设施管理业	2	0.56
居民服务和其他服务业	2	0.56
教育	21	5.88
卫生、社会保障和社会福利业	4	1.12
文化文物、体育和娱乐业	205	57.43
公共管理和社会组织	111	31.09

四、可移动文物数量分布情况

（一）按行政区划统计可移动文物数量

可移动文物数量最多的五个盟市分别是赤峰市 362974 件/套，数量占比 32.25%；呼和浩特市 318082 件/套，数量占比 28.26%；包头市 142448 件/套，数量占比 12.66%；通辽市 78142 件/套，数量占比 6.94%；乌兰察布市 61159 件/套，数量占比 5.43%。以上五个盟市数量合计 962805 件/套，占可移动文物总量的 85.54%（表 25）。

表 25　按行政区划统计可移动文物数量

盟市	可移动文物数量（件/套）	数量占比（%）
合计	1125464	100.00
呼和浩特市	318082	28.26
包头市	142448	12.66
乌海市	7879	0.70
赤峰市	362974	32.25
通辽市	78142	6.94
鄂尔多斯市	40121	3.57
呼伦贝尔市	34606	3.07
巴彦淖尔市	10254	0.91
乌兰察布市	61159	5.43
兴安盟	18071	1.61
锡林郭勒盟	8965	0.80
阿拉善盟	42763	3.80

（二）按收藏单位隶属关系统计可移动文物数量

按收藏单位隶属关系统计，盟市属收藏可移动文物数量最多，共计 532267 件/套，数量占比 47.30%；旗县区属收藏可移动文物 407344 件/套，数量占比 36.19%；自治区属收藏可移动文物

182114 件/套，数量占比 16.18%。以上三个隶属关系收藏单位可移动文物数量合计 1121725 件/套，占可移动文物总量的 99.67%（表 26）。

表 26　按收藏单位隶属关系统计可移动文物数量

收藏单位隶属关系	可移动文物数量（件/套）	数量占比（%）
合计	1125464	100.00
中央属	16	0.00
自治区属	182114	16.18
盟市属	532267	47.30
旗县区属	407344	36.19
苏木乡镇街道属	2856	0.25
其他	867	0.08

（三）按收藏单位性质统计可移动文物数量

按收藏单位性质统计，事业单位收藏可移动文物数量最多，共计 1115865 件/套，数量占比 99.14%（表 27）。

表 27　按收藏单位性质统计可移动文物数量

收藏单位性质	可移动文物数量（件/套）	数量占比（%）
合计	1125464	100.00
国家机关	8163	0.73
事业单位	1115865	99.14
国有企业	421	0.04
其他	1015	0.09

（四）按收藏单位类型统计可移动文物数量

按收藏单位类型统计，博物馆、纪念馆收藏可移动文物数量最多，共计 1044071 件/套，数量占比 92.77%（表 28）。

表 28　按收藏单位类型统计可移动文物数量

收藏单位类型	可移动文物数量（件/套）	数量占比（%）
合计	1125464	100.00
博物馆、纪念馆	1044071	92.77
图书馆	20752	1.84
美术馆	854	0.08
档案馆	1999	0.18
其他	57788	5.13

（五）按收藏单位所属行业统计可移动文物数量

按收藏单位所属行业统计，文化文物、体育和娱乐业收藏可移动文物 1100618 件/套，数量占比 97.80%；公共管理和社会组织收藏可移动文物 14616 件/套，数量占比 1.31%；教育行业收藏可移动文物 8905 件/套，数量占比 0.79%。以上三个行业合计收藏可移动文物 1124139 件/套，数量占比 99.90%（表 29）。

表 29   按收藏单位所属行业统计可移动文物数量

收藏单位所属行业	可移动文物数量（件/套）	数量占比（%）
合计	1125464	100.00
农、林、牧、渔业	984	0.09
采矿业	24	0.00
制造业	49	0.00
住宿和餐饮业	11	0.00
金融业	26	0.00
水利、环境和公共设施管理业	163	0.01
居民服务和其他服务业	19	0.00
教育	8905	0.79
卫生、社会保障和社会福利业	49	0.00
文化文物、体育和娱乐业	1100618	97.80
公共管理和社会组织	14616	1.31

执笔：索秀芬　李丽雅　杨锐　张敏超

《内蒙古日报》2017 年 10 月 13 日第 10—11 版

《中国文物报》2017 年 12 月 8 日第 6—7 版

第五章　验收报告

内蒙古自治区第一次全国可移动文物普查验收报告

内蒙古自治区第一次全国可移动文物普查领导小组办公室　内蒙古自治区文物局

第一次全国可移动文物普查是继第三次全国不可移动文物普查之后，国务院在文化遗产领域开展的又一次重要的国情国力大调查。按照国务院和自治区政府的总体要求和统一部署，我区普查分三个阶段进行。第一阶段为工作准备，2012年12月至2013年5月，普查主要任务为成立机构、编制经费预算和普查方案等工作；第二阶段为2013年6月至2016年8月，主要任务是以县域为基本单元，实地开展文物调查、认定、信息采集、数据登录和审核；第三阶段为2016年1月至2017年12月，主要任务是开展普查数据和资料的整理、汇总，数据库建设和总结等工作。自2012年以来，我区的可移动文物普查工作科学、规范、有序、高效开展，2016年9—12月，我区普查办及时开展了验收工作，现将验收情况报告如下。

一、普查的组织

为贯彻执行《国务院关于开展第一次全国可移动文物普查的通知》（国发〔2012〕54号），以及国家文物局《关于落实国务院通知精神认真做好第一次全国可移动文物普查的通知》（文物普查发〔2012〕14号）精神，我区高度重视第一次全国可移动文物普查工作。

（一）普查组织机构

2013年4月16日，自治区人民政府印发了《内蒙古自治区人民政府关于在全区开展第一次全国可移动文物普查的通知》（内政发〔2013〕33号），成立了内蒙古自治区第一次全国可移动文物普查领导小组，负责全区普查工作的组织和领导，协调解决重大问题。由自治区人民政府分管文物的副主席刘新乐任组长，副组长由自治区人民政府副秘书长杨玺，自治区政协秘书长、文化厅厅长王志诚，自治区文化厅副厅长、文物局局长安泳锝担任，成立由发展改革委、教育厅、民政厅、财政厅、国土资源厅、文化厅、人民银行、统计局、宗教局、档案局、文物局、军区政治部、自治区科协等15个相关部委组成的自治区普查领导小组，并指定了各行业系统具体负责人。2013年8月，内蒙古自治区文化厅厅长周纯杰接替王志诚任内蒙古自治区第一次全国可移动文物普查领导小组副组长。2015年5月22日，由内蒙古自治区文化厅厅长佟国清接任周纯杰为内蒙古自治区第一次全国可移动文物普查领导小组副组长。12个盟市成立了盟市级第一次全国可移动文物普查领导小组，领导小组组长都是由分管文物的副盟市长担任。102个旗县区成立了旗县区级第一次全国可移动文物普查领导小组，领导小组组长都是由分管文物的副旗县区长担任。

为了合理统筹安排全区普查各项工作，加强对普查工作的指导，保质保量完成普查任务，

2013 年 5 月 13 日，成立了内蒙古自治区第一次全国可移动文物普查领导小组办公室，办公室设在自治区文化厅、文物局，负责普查工作的日常组织和具体协调。由自治区文化厅副厅长、文物局局长安泳锝兼任主任，由内蒙古博物院院长塔拉，内蒙古自治区文化厅、文物局文物处处长王大方为副主任。2016 年 7 月 31 日，增加内蒙古自治区文物局副局长马天杰为内蒙古自治区第一次全国可移动文物普查领导小组办公室副主任。2016 年 10 月 8 日，由内蒙古自治区文化厅厅长佟国清接任安泳锝兼任内蒙古自治区第一次全国可移动文物普查领导小组办公室主任。2017 年 8 月，由内蒙古自治区文化厅副厅长李鸿英接任佟国清兼任内蒙古自治区第一次全国可移动文物普查领导小组办公室主任。12 个盟市成立了盟市级第一次全国可移动文物普查领导小组办公室，由盟市文化局分管文物的副局长（文物局长）担任领导小组办公室主任。102 个旗县区成立了第一次全国可移动文物普查领导小组办公室，由旗县区文化局分管文物的副局长（文物局长）担任普查领导小组办公室主任。

为了有效开展全区普查工作，加强对普查工作的技术指导，保质保量完成文物认定、信息采集、汇总、上报等普查任务，2013 年 5 月 13 日，成立了内蒙古自治区第一次全国可移动文物普查领导小组办公室项目部，办公室设在内蒙古博物院，负责文物认定、信息登录和数据管理工作。内蒙古博物院院长塔拉兼任主任，内蒙古自治区文化厅博物馆处副处长富永军、内蒙古博物院副院长付宁、内蒙古自治区文物保护中心主任曹建恩为副主任。2016 年 2 月 15 日，内蒙古自治区文化厅博物馆处处长侯俊、副处长索秀芬接任富永军为内蒙古自治区第一次全国可移动文物普查领导小组办公室项目部副主任，各盟市主要文博业务单位领导为项目部成员。盟市旗县区也都成立了相应的第一次全国可移动文物普查领导小组办公室项目部，成立了 12 个盟市级项目部和 102 个旗县区级项目部，主任由盟市旗县区文物业务单位主要领导担任。

2013 年 5 月 2 日，根据《国务院第一次全国可移动文物普查实施方案》，内蒙古自治区第一次全国可移动文物普查领导小组办公室制定了《内蒙古自治区第一次全国可移动文物普查实施方案》，明确了普查的意义、目标、范围、内容、技术路线、组织、时间、实施步骤、数据管理、成果应用、经费、宣传、总结等方面内容，确保普查工作科学有序推进。各盟市旗县区根据自治区普查实施方案制定了本地区普查实施方案，制定盟市级普查实施方案 12 个、旗县区普查实施方案 102 个。各级普查方案对普查工作的整体实施进行了具体部署，对普查的阶段工作进行了任务分解和责任明确。

为了合理统筹安排全区普查工作，确保普查各项工作有序进行，2013 年 6 月 14 日，内蒙古自治区第一次全国可移动文物普查领导小组办公室编制了《内蒙古自治区可移动文物普查时间表、任务书、责任人一览表》，安排了普查各段时间的工作内容，落实到责任单位和责任人。各盟市旗县区都编制了本地区的普查时间表、任务书、责任人一览表，盟市级普查时间表、任务书、责任人一览表 12 个，旗县区普查时间表、任务书、责任人一览表 102 个。

（二）普查联系协调机制

第一次全国可移动文物普查是一项重大的国情国力调查，涉及范围广，技术要求高，调查任务重，工作难度大，需各有关部门的积极参与和配合。自治区文物局已分别与自治区档案局、教育厅、民政厅、文化厅、国资委、财政厅、新闻出版局七部门联合转发了国家七部门的通知，与党史办、发展改革委、教育厅、民政厅、财政厅、国土资源厅、文化厅、人民银行、统计局、宗教局、档案局、文物局、军区政治部、自治区科协密切合作，分别就各部门各系统的普查工作做出统一安排部署，同时要求各地各部门按照通知要求，各司其职，协调配合，统筹安排，共同做好全区各相关系统的可移动文物普查工作。国有文物收藏单位均建立联系制度，并确定专人负责可移动文物普查工作。各单位积极组织专人参加全区各类可移动文物普查培训班，为普查工作奠定了坚实的基础，也确保了重点行业、系统按时圆满完成普查工作。

自治区普查领导小组办公室建立了第一次全国可移动文物普查 QQ 群，加强全区普查工作人员的交流与沟通，随时解决普查工作中出现的问题。

盟市旗县区根据本辖区具体情况，与当地的档案局、教育局、民政局、国资委、财政局、新闻出版局等部门建立普查联系协调机制，共同做好普查工作。为了保证文物系统外收藏单位的文物登记、数据采集规范，各级普查办及时向系统外文物收藏单位发布普查工作实施方案、有关技术要求、工作信息简报。在普查培训工作中将文物系统外收藏单位作为重点培训对象，并派出普查业务骨干及专家进行现场技术指导、文物认定，共同协商完成普查相关工作。

（三）普查各工作环节档案留存情况

在第一次全国可移动文物普查工作过程中，各级普查办都加强了本辖区的普查档案建设管理工作，对做好普查形成的具有保存价值的各类文件材料、音像等整理归档，确保普查档案的完整、真实和规范。同时指定专门的档案管理人员，做好文物档案的管理工作，防止档案遗失和泄密事件的发生。

对普查各工作环节所形成的文件资料、国有单位调查表、培训工作、会议记录、信息报送、总结汇报、普查数据等方面的内容都进行了及时地收集与归档整理，做到了归档齐全、完整，并由专人存档、管理。根据我区可移动文物普查开展情况，我区普查档案共分为国有单位调查表档案、国有单位名录、可移动文物普查相关文件、普查会议及培训档案、普查宣传档案、普查信息档案、普查工作档案、普查文物信息登记册、普查数据收集相关资料等几类。这些普查档案不仅完整记录和保存了普查工作的工作过程、工作方法和普查文物数据，而且也是今后开展普查工作的重要基础和参考。

针对大量一般文物档案信息不全的问题，我区各国有文物收藏单位都采取了相应措施。在进行信息采集工作中启动藏品原始账目整理工作，并根据普查工作信息采集的顺序建立新的档案账目，在具体实施中合理利用已有的数据与资源，采用高效的工作模式，突破难点。首先做到合理归类，利用已完成的馆藏信息数据库管理系统建设成果，结合藏品管理中的分类原理和实际工作经验，将目标普查藏品划分为已有数据待转换部分（主要为三级以上珍贵藏品）、已认定的一般文物、未认定藏品三个部分。其次完善各收藏单位的总账与分类账，藏品账目管理与文物普查同步进行，实现藏品动态化管理。针对普查发现部分馆藏文物来源、入藏时间等信息不明确的问题，启用藏品老账，以器物或藏品卡片上的原始号为查找线索，基本查明了相关原始信息，使普查的信息录入更为准确。

二、普查保障措施

自治区文物局、各盟市旗县区文物部门和各级普查办，针对普查的关键环节，做好人员、经费、设备、技术、宣传等保障工作，确保各项工作科学、规范、有序推进。

（一）普查人员

为确保普查高质量按时完成，我区建立起三支普查队伍。一支是普查队员队伍，向全区国有单位 958 名普查员发放了普查证，其中自治区级 46 人、盟市级 276 人、旗县区级 636 人，负责采集普查数据。一支是普查专家队伍，抽调自治区各类专家，于 2013 年 5 月 13 日成立了内蒙古自治区第一次全国可移动文物普查专家组，主要负责普查的文物认定、定级和审核工作。公布了专家组人员名单，各方面专家共计 26 人。由于普查涉及不同行业和系统，为加强在整个普查过程中有关业务的咨询和指导，进行自治区级数据审核，自治区文物局决定加强专家参与力度，于 2016 年 7 月 29 日，自治区新增加专家 10 人，旗县区级专家 133 人，盟市专家 94 人，自治区专家 36 人，全区参与普查专家总计 263 人。一支是普查志愿者队伍，为扩大普查队伍，充分调动社会力量，各地将在校大学生、文博爱好者等纳入到普查志愿者队伍中，还有一些有摄影特长的志愿者参与藏品拍摄和有电脑特长的志愿者参与数据录入上传登录等工作中，全区普查志愿者共有 621 人。形成了以普查员为主体，普查专家为骨干，普查志愿者为补充，专兼结合的普查人才队伍并发挥重要作用，全自治区共投入普查人员 2820 人。

为了加强普查人才队伍建设，自治区派人参加了国家文物局举办的培训班（共 8 期），培训 56 人次。自治区共举办培训班 15 期，共培训人员 1779 人次。2013 年举办全区可移动文物普查骨干培训班 2 期，培训人员 316 人次。2014 年举办内蒙古自治区第一次全国可移动文物普查登录信息平台骨干培训班 3 期，培训人员 412 人次。2015 年举办内蒙古自治区第一次全国可移动文物普查数据采集培训班 5 期，培训人员 515 人。2016 年举办内蒙古自治区第一次全国可移动文物普查数据审核与总结报告编制培训班 3 期，培训人员 362 人；举办内蒙古自治区第一次全国可移动文物普查定级培训班 1 期，培训人员 40 人次。2017 年举办内蒙古自治区第一次全国可移动文物普查信息平台（二期）培训班，培训人员 134 人。盟市级举办培训班 55 期，培训人员 1514 人次。旗县级举办培训 219 期，培训人员 1187 人次。我区总计举办培训班 289 期，培训人员 4480 人次。培训内容包括第一次全国可移动文物普查标准规范、工作要求、信息采集、数据登录、工作管理、在线填报、审核流程、离线填报、单位及用户管理、信息管理操作、报告编制、文物定级等内容。通过多次培训，各地可移动文物普查业务骨干迅速熟练掌握了第一次全国可移动文物普查技术，解决了工作中遇到的问题，为保质保量完成全区第一次全国可移动文物普查任务奠定了坚实的基础。

（二）普查经费

按照国家普查支出预算标准，自治区普查办编制了《内蒙古自治区第一次全国可移动文物普查预算》。2013 年自治区财政安排普查经费 400 万元，2014 年和 2015 年每年安排 423 万元，2016 年安排 402 万元，2017 年安排 209 万元。为了有效促进盟市普查工作，自治区普查办对各盟市旗县区每年补助普查经费 10 万—50 万元。

盟市按照自治区普查预算标准，编制了各盟市普查预算。旗县区按照本盟市普查预算标准，编制了各旗县区普查预算。2013 年全区盟市级经费落实 293 万元，旗县区级普查经费落实 252.1075 万元。2014 年全区盟市级经费落实 564 万元，旗县区级普查经费落实 388.2174 万元。2015 年全区盟市级经费落实 353 万元，旗县区级普查经费落实 252.107 万元。2016 年全区盟市级经费落实 319.3 万元，旗县区级普查经费落实 178.418 万元。

四年自治区级经费落实总计 1857 万元，盟市级经费落实总计 1529.3 万元，旗县区经费落实总计 1070.8499 万元，全区普查投入经费总计 4457.1499 万元。普查经费基本到位，为普查工作提供了资金保障。

经费做到了专款专用，主要用于购买可移动文物普查设备（电脑、移动硬盘、照相机、三脚架、灯光器材、复印机、置物架、背景纸、测量仪器等设备）和人员培训等普查工作，为全区第一次全国可移动文物普查工作的顺利开展提供了经费保障。

（三）普查宣传

为扩大普查工作影响力，争取社会广泛支持，全区各级普查机构组织开展了丰富多彩的宣传活动。

2013 年 6 月 5 日，为了做好普查宣传工作，扩大普查工作的影响力，提升全社会文物保护意识，争取各方面的参与与支持，内蒙古自治区第一次全国可移动文物普查领导小组办公室编制了《内蒙古自治区可移动文物普查宣传方案》，对普查宣传的意义、目标、内容、形式、实施步骤、组织、经费做了明确规定。盟市旗县区根据本地特点，制定了本辖区的普查宣传方案，盟市级普查宣传方案 12 个，旗县区普查宣传方案 102 个。

根据普查的不同阶段分别确定相应的重点内容。第一阶段，重点宣传开展普查的目标意义、对象范围、内容方法、程序步骤等。第二阶段，集中宣传与普查有关的法律法规、普查标准规范、普查工作进展、普查先进事迹等。第三阶段，追踪宣传普查数据处理进展情况，发布普查成果，报道文物事业在增强文化软实力、构建和谐社会、推动社会经济发展方面的积极作用。

全区各普查机构把普查作为本行政区域内重点文化工作进行宣传，并根据普查的不同阶段分别确立了相应的重点内容。此次普查宣传主要采取了阶段性集中宣传与长期宣传相结合的形式，覆盖报纸、杂志、广播、电视、网络、移动传媒等各类媒体。通过在报刊开设可移动文物普查专栏，发放宣传页和海报，开设网站，在公共场合播放普查信息或公益宣传短片，利用博物馆日、文化遗产日、草原文化遗产日集中宣传，通过手机平台发布普查公益短信等多种宣传形式，扩大普查工作影响力。

在内蒙古文化网、《内蒙古日报》、内蒙古社科动态等媒体开设普查宣传专栏，利用电视、微博、微信、QQ、LED 屏等多媒体多方宣传第一次全国可移动文物普查工作。

2013 年 8 月 6 日，自治区人民政府新闻办公室在呼和浩特市召开自治区第一次全国可移动文物普查新闻发布会，内蒙古日报、内蒙古电视台、内蒙古电台等 30 余家媒体参加了新闻发布会并进行了宣传报道。

自治区普查领导小组办公室与《内蒙古日报·文化版》合作，于 2016 年 5 月 5 日发表了《我区可移动文物有了"身份证"》,宣传普查作用和普查先进事迹。2016 年 5 月 20 日,安泳锝巡视员在《中国文化报》上以"让草原文物这张'金色名片'闪闪发光"为题答记者问,宣传自治区第一次全国可移动文物普查成果和意义。2016 年 12 月 29 日,在《北方周末报》"指闻内蒙古"版上发表了《内蒙古 100 多万件文物有了"身份证",数量居全国第五》,报道了内蒙古第一次全国可移动文物普查开展以来取得的成果。

2013 年 12 月 10 日,由内蒙古自治区第一次全国可移动文物普查领导小组办公室编辑出版普查宣传手册《内蒙古自治区第一次全国可移动文物普查 800 问》,内容涵盖普查基本要求,历史、民族基础知识,可移动文物知识等,是一部了解可移动文物普查的简明知识读本,印刷 3500 册,在全区发放,得到了社会各界的广泛好评。

内蒙古自治区第一次全国可移动文物普查领导小组办公室印发普查简报 46 期,及时报道自治区普查最新进展。赤峰市、乌兰察布市、呼和浩特市、呼伦贝尔市、巴彦淖尔市等盟市领导小组办公室印发了多期普查简报,报道本地区普查进展情况和先进事迹。

盟市旗县区开展了丰富多彩的普查宣传活动。在中国文化遗产日、国际博物馆日、草原文化遗产日通过悬挂宣传标语、展出展板、散发传单和册页的方式向广大群众进行可移动文物普查知识宣传。利用网络、电台、报纸等新闻媒体广泛宣传第一次全国可移动文物普查成果、意义。

乌兰察布市博物馆拍摄的公益宣传片《可移动文物普查进行时》在第二届中国公共考古仰韶论坛中荣获考古动漫微电影类一等奖。该片讲述了乌兰察布市博物馆第一次全国可移动文物普查工作情况,是我区可移动文物普查工作的真实缩影。

2017 年 4 月 7 日,国务院召开第一次全国可移动文物普查总结会议,表彰了全国普查先进集体和先进个人,自治区文物局在《内蒙古文物》2017 年第 2 期上对我区先进集体(内蒙古自治区文物局博物馆处、赤峰市文物局)和先进个人(索秀芬、李丽雅)的先进事迹进行报道。2017 年 9 月 14 日,内蒙古自治区人民政府召开内蒙古自治区第一次全国可移动文物普查总结会议,表彰先进集体 59 个、先进个人 159 人,其名单公布在《内蒙古文物》2017 年第 5 期上,媒体广泛宣传普查中的先进人物和先进事迹。

2017 年 10 月 12 日,内蒙古自治区政府召开内蒙古自治区第一次全国可移动文物普查成果新闻发布会,三十多家媒体到会,自治区文物局公布了普查成果,就普查背景和意义及其普查成果利用回答了记者提问。2017 年 10 月 13 日,在《内蒙古日报》上发表了《内蒙古自治区第一次全国可移动文物普查工作报告》《内蒙古自治区第一次全国可移动文物普查工作数据公报》《第一次全国可移动文物普查内蒙古交出了一份满意答卷》《家底厚实的内蒙古可移动文物》;在 2017 年 12 月 8 日《中国文物报》上发表了《内蒙古自治区第一次全国可移动文物普查工作报告》《内蒙古自治区第一次全国可移动文物普查工作数据公报》;在《内蒙古文化》2017 年第 5 期上发表了《内蒙古自治区第一次全国可移动文物普查工作报告》,广泛宣传普查成果。

通过这些宣传活动,广大群众了解到文物保护的重要性,提高了保护文化遗产的意识,积极提供文物线索,为我区实地开展文物普查工作奠定了基础,在全社会形成了重视和关心文物保护工作的良好氛围。

三、国有单位文物收藏情况摸底调查

2013 年 6—12 月，全区通过发放、填写、回收调查表与实地核对相结合方式，开展国有单位调查。全区各级普查办印制了《国有单位文物收藏情况调查登记表》，向各国有单位发放，全面开展国有单位调查摸底工作。经过全区各级普查人员的努力，完成了《内蒙古自治区国有单位文物收藏情况调查工作总结》《内蒙古自治区国有单位文物收藏情况调查汇总表》《内蒙古自治区申报文物数量统计表》《内蒙古自治区文物数字化现状调查表》《内蒙古自治区初始化信息表》《内蒙古自治区收藏单位初始化信息统计表》，国有单位文物收藏情况调查工作全面高效完成。

（一）调查表发放范围

在国有文物收藏单位调查工作中，范围包括国家机关、事业单位、国有企业及国有控股企业三大类国有单位，涉及农、林、牧、渔业，采矿业，制造业，电力、燃气及水的生产和供应业，建筑业，交通运输、仓储和邮政业，信息传输、计算机服务和软件业，批发和零售业，住宿和餐饮业，金融业，房地产业，租赁和商务服务业，科学研究、技术服务和地质勘查业，水利、环境和公共设施管理业，居民服务和其他服务业，教育，卫生、社会保障和社会福利业，文化文物、体育和娱乐业，公共管理和社会组织 19 个行业和系统（内蒙古自治区没有国际组织）。

（二）调查表发放数量及回收数量

各级普查机构充分利用和发动政府管理的力量和资源，旗县区以乡镇、苏木、街道、社区的网格化为片区单元，开展调查表发放和回收工作，全区共向国有单位发放调查登记表 17778 份，共计收回 16556 份，回收率达 96%。

调查登记的国有单位 17778 个，其中国家机关 6832 个，事业单位 8965 个，国有企业及国有控股企业 1632 个，宗教寺庙 349 个。

调查中反馈收藏有文物的国有单位共 980 个，占所有调查国有单位的 5.9%，其中博物馆、纪念馆 247 个，图书馆 219 个，美术馆 204 个，档案馆 138 个，其他机关事业单位 172 个。980 个国有文物收藏单位中中央、自治区属单位 15 个，占所有调查单位的 0.08%；盟市级单位 397 个，占所有调查单位的 1.8%；旗县区及以下级别单位共 568 个，占所有调查单位的 3.4%。按照单位性质划分，国有文物收藏单位主要集中在文化、体育、娱乐行业，共计 673 个，占国有文物收藏单位的 68.7%；其次是公共管理和社会组织行业，共计 273 个，占国有文物收藏单位的 27.9%；其余的 3.4% 分布在教育、服务、卫生以及社会保障等行业。

（三）调查覆盖率不足 100% 的主要原因

由于部分单位迁移、合并、取消等原因未反馈《登记表》，还有部分单位没有组织机构代码证，无法填写表格。其余国家机关、事业单位、国有企业及国有控股企业全部反馈了《登记表》。

通过此次调查工作，全面掌握了我区国有可移动文物收藏单位的性质、行业分布和收藏文物的数量、种类、保护管理等情况，为下一步开展文物认定、信息采集、登录等工作打下坚实基础。

四、文物认定及相关工作

为做好可移动文物普查文物认定工作，自治区普查办印发了《关于做好全区第一次全国可移动文物普查文物认定工作的通知》，内容包括文物认定的单位和对象、认定依据、认定原则、定名

标准、认定工作任务分解、认定工作程序、认定时间安排等。各盟市、旗县区已按通知要求，全面进行了文物认定工作。

2013 年 12 月至 2014 年 6 月，全区文物认定工作全面展开，文物认定的重点是文物系统外单位，自治区普查办派出专家先后对 980 家回馈有国有文物单位进行文物认定工作，确定全区国有文物收藏单位共有 430 家，全区新认定文物共 55207 件/套。一些具有一定价值的文物被发现和认定，纳入国家文物保护管理体系。

五、文物信息采集登录

2014 年 6 月至 2016 年 8 月，全区完成了文物信息采集、登录和审核工作。

（一）收藏单位登录情况

国有单位摸底调查反馈有文物的国有单位 980 家，认定有文物的收藏单位共有 430 家。

按单位性质分析，国家机关 100 家，事业单位 279 家，国有企业 15 家，其他类型 36 家。

按单位类型分析，博物馆、纪念馆 126 家，图书馆 28 家，美术馆 5 家，档案馆 45 家，其他类型 226 家。

按隶属关系分析，中央所属单位 2 家，省属单位 13 家，地市所属单位 83 家，县区属单位 296 家，乡镇街道所属单位 27 家，其他单位 9 家。

截至 2016 年 12 月 31 日，共有 357 家收藏单位上报了文物，还有 73 家收藏单位未上报文物。没有文物信息登录的注册单位有的藏品经各级普查办专家实地认定，不属于此次可移动文物普查范围，所以未向国家数据平台上报信息；还有的单位文物采集信息归入其他单位登录，如锡林郭勒盟苏尼特左旗文物所归入苏尼特左旗博物馆，苏尼特左旗文物所未按照原注册登录单位上报文物。还有一个单位几个牌子的情况，如额济纳旗博物馆还挂额济纳旗文物管理所和额济纳旗文物局的牌子，几个单位的文物都归额济纳旗文物局一家登录，而额济纳旗博物馆和额济纳旗文物管理所没有登录文物。

（二）信息登录情况

1. 单位信息填报准确性

经各级普查办对上报收藏单位信息的复核，填报的各单位隶属关系、单位性质、单位类型、行业、系统等信息真实准确。

2. 文物信息填报准确性

依据国普办《关于发布第一次全国可移动文物普查数据审核工作管理办法的通知》，自治区第一次全国可移动文物普查项目部按照国普办审核工作方案：审核范围覆盖全部收藏单位，覆盖全部文物类别，三级以上的文物逐条审核的原则，自治区普查项目部邀请《内蒙古自治区第一次全国可移动文物普查实施方案》中公布的专家，每次按各盟市文物数据情况，选出六至八位不同专长的专家和一名组长进行数据审核。

2016 年 7 月 13 日—8 月 18 日，内蒙古自治区专家先后对阿拉善盟、巴彦淖尔市、兴安盟、乌兰察布市、赤峰市、通辽市、乌海市、锡林郭勒盟、呼和浩特市、包头市、鄂尔多斯市、呼伦贝尔市普查办提供的第一次全国可移动文物普查数据进行自治区级离线终审，总计审核收藏单位 357

家，数据 1073219 件/套，实际数量 1506421 件。终审发现全区数据采集整体状况良好，但也存在个别藏品定名、年代、藏品分类、质地选择、文物数量、尺寸描述、质量测量等方面不够准确，完残程度与完残状况不匹配，照片不规范等问题。存在以上问题的原因主要是文博系统业务技术人才严重缺乏，业务水平有待提高。而文博系统外的藏品收藏单位业务力量不足，导致数据采集出现偏差。

经过自治区专家终审后，将审核后数据及专家意见表及时由所辖普查办通知收藏单位，各收藏单位在专家指导下进行修改，将差错率控制在 0.5% 之内，达到合格要求。

3. 采集和登录数量

截至 2016 年 12 月 31 日，共上报文物（含自然类）1125464 件/套，1506421 件，其中珍贵藏品共计 16054 件/套（文物古籍类珍贵文物 15916 件/套，珍贵标本化石 138 件/套），数量占比 1.43%；一般文物 553843 件/套，数量占比 49.21%；未定级文物 555567 件/套，数量占比 49.36%。文物古籍类珍贵文物 15916 件/套，占总数的 1.414%；一级文物 2152 件/套，占总数的 0.191%；二级文物 5397 件/套，占总数的 0.480%；三级文物 8367 件/套，占总数的 0.743%。文物总量排在全国各省市自治区第 6 名，比普查前文物总量翻了一番。

（三）总体工作进度

1. 文物登录进度

截止到 2016 年 8 月 31 日，我区将普查数据全部上传至国家第一次全国可移动文物普查平台，登录率达 100%，全面完成了普查数据信息采集和上报工作。

2. 数据审核进度

截止到 2016 年 8 月 31 日，我区完成了 12 个盟市全部第一次全国可移动文物普查数据的自治区终审工作，审核数据达到 100%，完成了自治区数据终审。

六、普查总结

（一）国有可移动文物收藏单位名录编制情况

2016 年 9—11 月，我区按照《国有可移动文物普查——收藏单位名录编制规范（试行）》《国有可移动文物普查——文物名录编制规范（试行）》要求，编制了 341 家国有可移动文物收藏单位目录——《内蒙古自治区第一次全国可移动文物普查收藏单位名录》。12 月将我区古籍类、字画、档案等类藏品数据库导入可移动文物平台后，我区国有可移动文物收藏单位增至 357 家，都编入了我区国有可移动文物收藏单位目录。摸清了内蒙古自治区国有文物收藏单位的基本情况，为下一步文物保护措施制定、实施、利用等提供依据。

（二）普查工作报告编制情况

按照国家统一制定的《第一次全国可移动文物普查——工作报告编制规范》的要求，本着全面性、完整性、真实性、规范性的原则，我区辖区内各级普查机构于 2016 年 9 月已启动可移动文物普查报告编制工作，到 2016 年 12 月底全部完成报告编制工作。报告主要内容为我区普查工作部署、资源总体情况和特点、普查主要成绩和意义、普查数据、可移动文物数量及分布、普查工作组织实施、普查成果、建议等内容，全面总结普查工作。

七、在普查中开展的其他相关工作

（一）藏品管理

1. 藏品账目及档案建设

我区各级普查办和收藏单位在普查过程中逐步完善藏品账目及档案资料，对所收藏藏品均已建立起了纸质和电子档案，相互对照，加强可移动文物管理。

2. 馆藏资源信息化

通过第一次全国可移动文物普查，我区国有收藏单位的藏品实现了由纸质账本到信息化和数字化飞跃，大大提高了对藏品的管理水平。实现馆藏文物信息化，为馆藏资源信息化、文物定级、文物保护修复、普查相关课题研究等工作奠定了良好的基础。

3. 文物定级

从2015年11月9日开始，到2016年7月14日结束，由自治区文物局博物馆处索秀芬副处长带队，先后组织尹建光、丁勇、苏东、娜仁高娃、郭治中、铁达、庆巴图、于宝东等各领域自治区专家以及盟市旗县区专家共同参与，行程3.5万千米，对我区12个盟市102个旗县区的86家文博单位进行了文物定级的初步筛查。2016年12月21—27日召开自治区专家委员会对初步定级文物进行了审核，自治区文物局最终确定3284件/套为珍贵文物，其中一级文物189件/套、二级文物651件/套、三级文物2444件/套。

4. 文物保护修复

在第一次全国可移动文物普查过程中，发现大量馆藏藏品急需保护，我们围绕着各类珍贵文物开展文物保护修复工作，内蒙古博物院开展了馆藏壁画、皮毛文物，内蒙古自治区文物考古研究所开展了漆器、金属器、丝织品、纸质文物，赤峰市文物局开展了辽代壁画、纸质文物、青铜器文物，兴安盟博物馆开展了丝织品文物等专题保护修复工作。各收藏单位在普查中发现严重破坏的文物都进行了紧急修复，防止文物进一步损毁。

在普查中发现有的国有单位文物保存环境堪忧，呼伦贝尔民族博物院、兴安盟博物馆、鄂尔多斯博物馆、扎赉特旗文物管理所向国家文物局申请了馆藏文物预防性保护项目，获得批准，经费用于馆藏文物环境监测、购买恒温恒湿设备和藏品柜、囊匣定制等文物预防性保护措施。

这些文物保护修复项目的实施，不仅有效地保护了一批珍贵文物，也促使博物馆文物保护研究工作走向更高的水平，同时也为我区博物馆事业培养更多的文物保护业务技术骨干。

5. 普查相关课题研究

2016年1—10月，内蒙古自治区普查项目办承担了"内蒙古自治区第一次全国可移动文物普查钱币类文物专项调查项目"，该项目是依托第一次全国可移动文物普查成果，由国家文物局确立的专项调查项目之一，对内蒙古自治区国有单位钱币文物的保管现状与研究和利用进行调查。该项调查目的一是通过这项工作摸清了钱币类文物的家底，发现了钱币新品和珍品；二是探索创新一套钱币类文物普查工作流程、工作机制、管理机制的模式，发现了普查工作和管理工作中存在的问题并提出了解决问题的建议。

通过内蒙古自治区第一次全国可移动文物普查，截至目前，自治区共有357家国有收藏单位，其中收藏钱币文物的单位有 108 家，共计收藏钱币 844388 件/套，占总数的 75.92%。因为钱币类文物数量巨大，且具有很高的研究价值，因此也发现存在着部分文物收藏单位多年来基础工作薄弱、专业人员力量不足、文物家底不清、藏品档案登记不全面、保管条件有限、安全措施和保管技术落后、专业人员缺乏、管理不到位等问题。导致大量古钱币被装入麻袋、包在纸包或放在容器中堆放在库房一角，很多已锈蚀成块，在文物账本上只是有一个大致的数量或质量，钱币类文物进行专项调查、认定、登记、管理、保护的具体工作刻不容缓。

自治区钱币专项工作组在第一次全国可移动文物普查成果的基础上，通过国有文物收藏单位调查摸底，给 155 家发放了调查问卷，收到回复的有效问卷达 98 份。其中有些国有文物收藏单位所收藏的钱币类文物不符合我们此次普查规范要求，没有进行收录，对 36 家国有普查单位进行了实地调查。

内蒙古自治区作为文物资源大省，钱币类文物数量较大，种类繁多，且具有北方少数民族地区特色。内蒙古文物遗存极为丰富，历代钱币也较多，分布地域广泛。这次普查从原始社会到抗日战争、解放战争时期历代货币，在各个盟市几乎都有发现和收藏。其品种有贝币（包括海贝、骨贝、玉贝、陶贝、铜贝）、刀币、布币、货泉、五铢、通宝、元宝、机制币、银圆、银锭、钞票等；从质地上来讲有金、银、铜、铁、铅、镍、纸币等。同时，普查中又发现了不少钱币珍品和新品。具有内蒙古地区特色的北方少数民族货币，特别是辽、金、西夏、元四朝货币的藏品数量又有了增长，出土范围也有所扩大。此外，草原丝绸之路货币也是内蒙古钱币类文物中的一个特点。

通过对自治区钱币专项调查，钱币类藏品管理中存在的问题有征集来源佚失、鉴定工作较少、钱币鉴定技术问题、登记信息缺失、分类方式失当、缺少修复和预防性保护、缺少专业人才、缺少延伸性研究和利用。针对钱币类藏品管理存在的问题，要加强管理，建立起钱币的征集机制、鉴定机制、登记机制、分类机制、库房保管机制等。

（二）普查成果开发利用

1. 收藏单位藏品资源公开情况

我区公布藏品单位 276 个，其中博物馆类和纪念馆类国有收藏单位的绝大多数藏品以各类展览形式公开，考古所类、文物管理所类国有收藏单位藏品主要用于研究，以发掘简报、报告、论文等研究成果形式公开，一些精品也参与展览，面向观众。博物馆、考古所、文物管理所利用藏品出版图录和音像制品等出版物。图书馆、档案馆类国有收藏单位藏品主要以借阅和查阅形式公开。宗教场所类国有收藏单位藏品主要以展示形式公开。我区公布的丰富多彩的藏品，丰富了人们的文化生活。

2. 利用普查成果举办展览情况

2016 年 5·18 国际博物馆日期间，国家文物局主会场设在内蒙古博物院，国家文物局举办的第一次全国可移动文物普查成果展和内蒙古自治区文物局举办的内蒙古自治区普查工作暨成果展同时开展，展览以"典守文明 识珍录宝"为题，时间从 5 月 18 日至 7 月 18 日。全区普查新发现文物集中展示，惠及公众。

内蒙古自治区第一次全国可移动文物普查成果展分为图片和新发现文物展两部分，文物、文字、图片相结合，全面介绍内蒙古自治区第一次全国可移动文物普查开展以来取得的成果，展览在社会上引起强烈反响，取得良好的社会效果，参观人数达 10 万余人次。

在 2017 年 9 月 6 日草原文化遗产日活动期间，内蒙古自治区第一次全国可移动文物普查领导小组办公室、内蒙古自治区文化厅、内蒙古自治区文物局举办了"内蒙古自治区第一次全国可移动文物普查成果展"，分为前言、内蒙古自治区第一次全国可移动文物普查项目办公室、内蒙古博物院、内蒙古自治区文物考古研究所、呼和浩特市、包头市、呼伦贝尔市、兴安盟、通辽市、赤峰市、锡林郭勒盟、乌兰察布市、鄂尔多斯市、乌海市、巴彦淖尔市、阿拉善盟、结语等部分，共计 47 块展板，图文并茂，全面展示内蒙古自治区第一次全国可移动文物普查成果，参观人数达1 万余人，弘扬了草原文化。

2014—2017 年，国际博物馆日期间，赤峰市、阿拉善盟、乌兰察布市、锡林郭勒盟、兴安盟、巴彦淖尔市、鄂尔多斯市等盟市旗县文物局举办了 25 次第一次全国可移动文物普查成果展，图文与藏品相结合，展示盟市旗县普查所取得的丰硕成果和重大新发现，社会效果良好，参观人数达12 万余人次。

八、验收结论

自 2012 年内蒙古自治区第一次全国可移动文物普查以来，我区严格按照国家文物局统一部署，顺利完成文物摸底调查、文物认定、数据采集、登录、审核、总结报告编写、编写验收报告等普查工作。

经内蒙古自治区专家组审核，12 个盟市普查数据全部合格。经内蒙古自治区第一次全国可移动文物普查领导小组办公室验收，12 个盟市普查总结报告、验收报告和表格全部合格。内蒙古自治区第一次全国可移动文物普查按国务院和国家文物局统一部署，顺利完成普查工作准备、普查实施和验收汇总工作，经国家文物局第一次全国可移动文物普查工作办公室验收，内蒙古自治区第一次全国可移动文物普查验收结论为合格。

附件　第一次全国可移动文物普查验收表

内蒙古自治区第一次全国可移动文物普查验收表

一、普查组织

	行政区	省级	所辖地市数量	所辖区县数量
	行政区数量（个）	1	12	102
序号	验收内容	省级总体情况	地市总体情况	区县总体情况
1	组建普查领导小组（个）	1	12	102
2	成立普查工作办公室（个）	1	12	102
3	建立普查工作机制的行业系统（个）	19	15	12
	建立普查工作机制的收藏单位（个）	13	75	233
4	印发普查通知（个）	27	28	29
5	印发普查实施方案（个）	1	12	102
6	开展普查工作档案整理的行政区（个）	1	12	102

*此表格含 11 项内容，由省级普查办汇总地市级、区县级情况填写。

二、人员保障　　　　　　　　　　　　　　　（单位：人）

序号	行政区	各级普查办	收藏单位	普查专家	普查志愿者	合计
7	省级	44	186	36	38	304
	地市级合计	216	204	94	261	775
	区县级合计	627	659	133	322	1741

*此表格填写省本级、地市本级、区县本级人员情况，包括参与普查工作的全部人员，即持有"普查员证"的人员和未申领普查员证的人员。

三、经费保障　　　　　　　　　　　　　　　（单位：万元）

序号	行政区	合计	2013 年	2014 年	2015 年	2016 年	2017 年
8	全省各级总计	4457.1499	945.1075	1375.2174	1028.107	899.718	209
	省级	1857	400	423	423	402	209
	地市级	1529.3	293	564	353	319.3	
	区县级	1070.8499	252.1075	388.2174	252.107	178.418	

*此表格分年度填写省本级、地市本级、区县本级经费情况。

四、普查培训

序号	行政区划	年度	培训次数（次）	培训人数（人）
9	省级	2013 年	2	316
		2014 年	3	412
		2015 年	5	515

续表

序号	行政区划	年度	培训次数（次）	培训人数（人）
9	省级	2016 年	4	402
		2017 年	1	134
		合计	15	1779
	地市级	2013 年	14	690
		2014 年	15	364
		2015 年	13	253
		2016 年	13	207
		合计	55	1514
	区县级	2013 年	44	576
		2014 年	69	255
		2015 年	46	215
		2016 年	60	141
		合计	219	1187
	共计		289	4480

＊此表格填写省本级、地市本级、区县本级培训情况。

五、普查宣传

序号	项目		合计	省级	地市级	区县级
10	组建宣传机构（个）		115	1	12	102
11	制定宣传方案（个）		115	1	12	102
12	宣传方式	电视（次）	295	11	98	186
		互联网（次）	331	15	127	189
		报刊（次）	232	8	109	115
		海报（份）	37262	5068	9097	23097
		册页（份）	165046	3500	91208	70338
		上报普查信息（次）	920	8	96	816
		举办普查成果展（个）	25	1	12	12
		展板进入社区宣传（次）	106	5	33	68

＊此表格填写省本级、地市本级、区县本级宣传情况。"宣传方式"为选填项，如有其他宣传方式，可根据实际情况填写。

六、国有可移动文物收藏单位调查

序号	行政区划	辖区内国有单位数量（家）	国有单位可移动文物收藏情况调查表		
			发放（张）	回收（张）	反馈收藏有可移动文物的国有单位（家）
13	中央、省级	1863	1863	1671	15
	地市级总体情况	5634	5634	5137	398
	县级总体情况	10281	10281	9748	567

*此表格填写省本级、地市本级、区县本级国有单位调查情况。

七、文物认定及建档

序号	行政区划	文博系统单位					非文博系统单位				
		收藏单位数量（家）	新发现、新认定藏品数量（件/套）	新建/重建藏品账目及档案的单位数量（家）	新建/重建藏品账目及档案的文物数量（件/套）	完成藏品账目及档案信息化的单位数量（家）	收藏单位数量（家）	新发现、新认定藏品数量（件/套）	新建/重建藏品账目及档案的单位数量（家）	新建/重建藏品账目及档案的文物数量（件/套）	完成藏品账目及档案信息化的单位数量（家）
14	省级	2	2638	2	3547	2	7	182	7	263	7
	地市级总体情况	21	31175	21	154312	21	53	8214	53	7790	53
	区县级总体情况	121	4653	121	257320	121	135	8345	135	9649	135

八、收藏单位登录情况　（单位：家）

序号	行政区	摸底调查阶段反馈收藏有文物的国有单位数量	已登录文物的收藏单位数量	已注册账号但未登录文物的收藏单位数量
15	省级	13	13	0
	地市级总体情况	84	75	9
	区县级总体情况	296	233	63

*此表格填写省本级、地市本级、区县本级收藏单位登录情况。

"已注册账号但未登录文物的收藏单位"指在统一平台登录文物数量为0的单位。

九、文物信息登录和数据审核　（单位：家）

序号	行政区	是否完成文物信息登录工作	完成比例	未完成的工作进度安排	是否完成数据审核工作	完成比例	未完成的工作进度安排
16	省级	是	100%		是	100%	
	地市级总体情况	是	100%		是	100%	
	区县级总体情况	是	100%		是	100%	

*此表格填写省本级、地市本级、区县本级文物信息登录和数据审核工作进度。

十、普查成果开发、利用（选填）

序号	行政区	是否有单位 公开藏品资源	已公开藏品资源 的单位数量	是否举办普查主题 展览（含网络展览）	展览数量
17	省级	是	5	是	2
	地市级总体情况	是	21	是	13
	区县级总体情况	是	185	是	12

* 此表格填写省本级、地市本级、区县本级普查成果开发、利用情况。

藏品资源公开情况

序号	已公开藏品资源的单位名称	公开藏品数量（件/套）	公开方式
1	内蒙古博物院	5265	展览、出版图书
2	内蒙古自治区将军衙署博物院	651	展览
3	呼和浩特市文物事业管理处	108	展览、出版图书
4	呼和浩特博物馆	2271	展览
5	呼和浩特市档案局	91	查阅
6	呼和浩特市图书馆	99	借阅
7	呼和浩特市新城区档案局	5	查阅
8	呼和浩特市新城区图书馆	18	借阅
9	内蒙古自治区美术馆	46	展览
10	乌兰夫纪念馆	318	展览
11	内蒙古医学院图书馆	108	借阅
12	呼和浩特民族美术博物馆	5	展览
13	呼和浩特市佛教协会乌素图召管理组	15	展示
14	呼和浩特市清真北寺	2	展示
15	清真大寺	8	展示
16	呼和浩特市佛教协会大召管理委员会	18	展示
17	呼和浩特市玉泉区观音寺	4	展示
18	呼和浩特市佛教协会席力图召管理委员会	14	展示
19	内蒙古社会科学院图书馆	3346	借阅
20	内蒙古大学图书馆	2458	借阅
21	中国共产党内蒙古自治区委员会党校 （内蒙古自治区行政学院）	586	借阅
22	呼和浩特市赛罕区档案局	55	查阅
23	内蒙古自治区文物考古研究所	845	出版图书、展览
24	内蒙古大学民族博物馆	201	展览
25	内蒙古师范大学博物馆	189	展览
26	呼和浩特市赛罕区文物管理办公室	2	出版图书
27	内蒙古图书馆	8042	借阅

续表

序号	已公开藏品资源的单位名称	公开藏品数量（件/套）	公开方式
28	呼和浩特市土左旗文物馆	8	展览
29	呼和浩特市土默特左旗喇嘛洞召	1	展示
30	呼和浩特市托克托县图书馆	12	借阅
31	呼和浩特市托克托县博物馆	1127	展览
32	呼和浩特市和林格尔盛乐博物馆	196	展览
33	呼和浩特市和林格尔县文物保护管理所	13	出版图书
34	清水县教育史馆	8	展览
35	呼和浩特市清水河县文物管理所	14	出版图书
36	呼和浩特市武川县文物保护管理所	18	出版图书
37	包头市东河区革命烈士陵园	3	展览
38	包头市东河区文物管理所	6	出版图书
39	包头市东河区福徵寺	5	展示
40	包头市东河区妙法寺	4	展示
41	内蒙古包头博物馆	2356	展览、出版图书
42	包头市文物管理处	247	出版图书、展览
43	包头美术馆	15	展览
44	包头市昆都仑召庙管会	58	展示
45	包头师范学院	192	展览
46	包头市石拐区文物管理所	5	出版图书
47	包头市五当召文物管理所	187	展览
48	包头市白云区文物管理所	8	出版图书
49	包头市九原区梅力更召	9	展示
50	包头市九原区文物管理所	25	出版图书
51	包头市土右旗文物管理所（美岱召）	157	展览
52	包头市土右旗敕勒川博物馆	263	展览
53	包头市固阳县文物管理所	241	展览
54	包头市达茂旗档案局	5	查阅
55	包头市达茂旗广福寺庙管理委员会	15	展示
56	包头市达茂旗文物管理所	6	出版图书
57	包头市达茂旗博物馆	257	展览
58	乌海博物馆	368	展览
59	乌海市图书馆	115	借阅
60	乌海市渤海湾区博物馆	178	展览
61	乌海市海南区拉僧庙镇满巴拉僧庙旅游景区	3	展示
62	赤峰学院	38	展览
63	赤峰市博物馆	2578	展览、出版图书

序号	已公开藏品资源的单位名称	公开藏品数量（件/套）	公开方式
64	赤峰市图书馆	22	借阅
65	红山区档案局	9	查阅
66	红山区文物局	45	展览
67	红山区图书馆	705	借阅
68	元宝山区文物管理所	17	出版图书
69	赤峰市松山区档案局	3	查阅
70	赤峰市松山区文物管理所	258	展览
71	阿鲁科尔沁旗博物馆	176	展览
72	阿鲁科尔沁旗档案馆	7	查阅
73	巴林左旗档案局	89	查阅
74	巴林左旗格力布尔召教管会	2	展示
75	巴林右旗档案馆	25	查阅
76	巴林右旗博物馆	268	展览、出版图书
77	巴林左旗辽上京博物馆	277	展览、出版图书
78	巴林右旗民俗博物馆	105	展览
79	林西县博物馆	201	展览
80	克什克腾旗档案局	18	查阅
81	克什克腾旗博物馆	107	展览
82	克什克腾旗经棚庆宁寺	9	展示
83	翁牛特旗档案局	23	查阅
84	翁牛特旗博物馆	213	展览、出版图书
85	喀喇沁旗王府博物馆	120	展览
86	喀喇沁旗文物局	59	出版图书
87	宁城县档案局	6	查阅
88	宁城县辽中京博物馆	212	展览、出版图书
89	宁城县图书馆	18	借阅
90	敖汉旗博物馆	287	展览、出版图书
91	内蒙古民族大学	120	展览
92	通辽市博物馆	2565	展览、出版图书
93	通辽市图书馆	1	借阅
94	通辽市档案局	7	查阅
95	科尔沁区图书馆	3	借阅
96	科尔沁区档案局	1	查阅
97	莫力庙苏木集宁寺	3	展示
98	莫力庙苏木史前石器博物馆	2	展览
99	科尔沁左翼中旗档案局	25	查阅

序号	已公开藏品资源的单位名称	公开藏品数量（件/套）	公开方式
100	科尔沁左翼中旗文物管理所	28	出版图书
101	科尔沁左翼后旗文物管理所	35	出版图书
102	科尔沁左翼后旗档案局	78	查阅
103	开鲁县档案局	21	查阅
104	开鲁县文物管理所	18	出版图书
105	开鲁县图书馆	14	借阅
106	库伦旗宗教博物馆	188	展览
107	奈曼旗王府博物馆	164	展览
108	吉祥寺	4	展示
109	扎鲁特旗档案局	6	查阅
110	扎鲁特旗文物管理所	25	出版图书
111	鄂尔多斯市图书馆	75	借阅
112	鄂尔多斯博物馆	2578	展览、出版图书
113	鄂尔多斯市文物考古研究院	56	出版图书、展览
114	鄂尔多斯青铜器博物馆	2435	展览、出版图书
115	鄂尔多斯革命历史博物馆	108	展览
116	鄂尔多斯市东胜区文物管理所	23	出版图书
117	鄂尔多斯广稷农耕博物馆	89	展览
118	达拉特旗图书馆	1	借阅
119	达拉特旗档案局	5	查阅
120	达拉特旗文物管理所	62	展览
121	展旦召	6	展示
122	阿什泉林召	3	展示
123	塔并召	15	展示
124	准格尔旗博物馆	148	展览
125	准格尔召（宝堂寺）寺庙管理委员会	13	展示
126	鄂托克前旗文物管理所	36	出版图书
127	鄂托克旗档案馆	12	查阅
128	鄂托克旗文物保护管理所	86	出版图书
129	鄂托克旗查布恐龙博物馆	92	展览
130	杭锦旗文物管理所	25	展览
131	杭锦旗图书馆	30	借阅
132	沙日特莫图博物馆	86	展览
133	鄂尔多斯市乌审旗文物局	72	出版图书
134	鄂尔多斯市乌审旗博物馆	138	展览
135	鄂尔多斯市乌审旗档案局	2	查阅

序号	已公开藏品资源的单位名称	公开藏品数量（件/套）	公开方式
136	伊金霍洛旗文物保护管理所	107	展览
137	成吉思汗陵管理委员会	88	展览
138	呼伦贝尔市海拉尔区文物管理所	3	出版图书
139	海拉尔博物馆	68	展览
140	海拉尔要塞遗址博物馆	147	展览
141	哈克遗址博物馆	358	展览
142	呼伦贝尔民族博物院	2357	展览、出版图书
143	呼伦贝尔市美术馆	2	展览
144	阿荣旗博物馆	56	展览
145	莫力达瓦达斡尔族自治旗档案史志局	65	查阅
146	莫力达瓦达斡尔族自治旗达斡尔民族博物馆	218	展览
147	莫力达瓦达斡尔族自治旗图书馆	13	借阅
148	莫力达瓦达斡尔族自治旗腾克达斡尔民俗陈列馆	87	展览
149	鄂伦春自治旗档案史志局	2	查阅
150	鄂伦春自治旗博物馆	129	展览
151	鄂温克族自治旗鄂温克博物馆	168	展览
152	鄂温克族自治旗巴彦塔拉达斡尔民族博物馆	88	展览
153	鄂温克族自治旗锡尼河布里亚特博物馆	91	展览
154	鄂温克族自治旗锡尼河庙	4	展示
155	陈巴尔虎旗民族博物馆	187	展览
156	新巴尔虎左旗巴尔虎博物馆	176	展览
157	诺门罕战役遗址陈列馆	105	展览
158	新巴尔虎右旗巴尔虎博物馆	153	展览
159	思歌腾博物馆	87	展览
160	满洲里市博物馆	201	展览
161	满洲里市扎赉诺尔博物馆	187	展览
162	满洲里市沙俄监狱陈列馆	65	展览
163	满洲里市中共六大展览馆	28	展览
164	扎赉诺尔矿山博物馆	17	展览
165	伪兴安东省历史陈列馆	135	展览
166	呼伦贝尔中东铁路博物馆	161	展览
167	扎兰屯市历史博物馆	207	展览
168	扎兰屯市乌兰夫同志纪念馆	37	展览
169	扎兰屯市档案史志局	5	查阅
170	成吉思汗镇东德胜村史陈列馆	48	展览
171	萨马街鄂温克民俗馆	53	展览

序号	已公开藏品资源的单位名称	公开藏品数量（件/套）	公开方式
172	南木鄂伦春民俗博物馆	67	展览
173	达斡尔民俗博物馆	58	展览
174	成吉思汗镇梧琼花朝鲜民俗博物馆	45	展览
175	萨马街索伦部落民俗博物馆	65	展览
176	恩和俄罗斯民族博物馆	20	展览
177	额尔古纳市文物管理所	13	展览
178	敖鲁古雅乡驯鹿文化博物馆	105	展览
179	根河市文物管理所	17	展览
180	内蒙古河套文化博物院	1586	展览
181	巴彦淖尔市文物工作站	158	出版图书
182	黄河水利文化博物馆	97	展览
183	巴彦淖尔市图书馆	104	借阅
184	五原县博物馆	151	展览
185	磴口县文物管理所	86	展览
186	磴口县乌兰布和农场	108	展览
187	磴口县三盛公天主教堂	4	展示
188	乌拉特前旗西小召镇公田村民俗博物馆	118	展览
189	乌拉特前旗博物馆（文物管理所）	105	展览
190	乌拉特前旗图书馆	5	借阅
191	乌拉特前旗档案局	12	查阅
192	乌拉特中旗博物馆	103	展览
193	乌拉特中旗文物管理所	13	展览
194	乌拉特中旗档案管理局	3	查阅
195	乌拉特后旗博物馆	122	展览
196	乌兰察布市博物馆	1581	展览
197	乌兰察布市图书馆	15	借阅
198	集宁区文物管理所	3	出版图书
199	集宁战役纪念馆	109	展览
200	卓资县文物管理所	36	展览
201	化德县文物管理所	89	展览
202	商都县档案局	8	查阅
203	商都县文物管理所	261	展览
204	商都图书馆	7	借阅
205	商都美术馆	19	展览
206	兴和县文化广播电视局	27	出版图书
207	凉城县文化局	76	展览

序号	已公开藏品资源的单位名称	公开藏品数量（件/套）	公开方式
208	察哈尔右翼前旗文物管理所	31	出版图书
209	察哈尔右翼中旗博物馆	89	展览、出版图书
210	察哈尔右翼后旗文物管理所	58	展览
211	察哈尔右翼后旗档案局	16	查阅
212	四子王旗博物馆	147	展览
213	四子王旗文物管理所	12	出版图书
214	丰镇市文物管理所	3	出版图书
215	兴安盟博物馆	1051	展览、出版图书
216	内蒙古民族解放纪念馆	368	展览
217	乌兰浩特市文物管理站	5	出版图书
218	乌兰浩特市图书馆	8	借阅
219	乌兰浩特市城市建设档案馆	3	查阅
220	乌兰浩特市史志档案局	12	查阅
221	科尔沁右翼前旗博物馆	256	展览
222	科尔沁右翼中旗博物馆	287	展览
223	科尔沁右翼中旗档案局	2	查阅
224	扎赉特旗文物管理所	3	出版图书
225	突泉县文物管理所	5	出版图书
226	二连浩特市国土资源局	36	展览
227	二连浩特市伊林驿站遗址博物馆	108	展览
228	二连浩特市文物保护管理所	41	展览
229	二连浩特市档案史志局	8	查阅
230	锡林郭勒盟文物保护管理站	15	出版图书
231	锡林郭勒盟博物馆	501	展览
232	锡林郭勒盟图书馆	12	借阅
233	锡林浩特市文物事业管理局	103	出版图书
234	锡林浩特市贝子庙管理委员会	3	展示
235	锡林郭勒盟档案局	5	查阅
236	阿巴嘎旗博物馆	118	展览
237	阿巴嘎旗档案局	2	查阅
238	阿巴嘎旗汉贝庙	11	展示
239	阿巴嘎旗杨都庙	12	展示
240	苏尼特左旗博物馆	108	展览
241	苏尼特右旗文物保护管理所	89	展览
242	苏尼特右旗档案史志局	25	查阅
243	东乌珠穆沁旗文物保护管理所	30	出版图书

序号	已公开藏品资源的单位名称	公开藏品数量（件/套）	公开方式
244	东乌珠穆沁旗博物馆	121	展览
245	乌拉盖博物馆	20	展览
246	西乌珠穆沁旗文物保护管理所	19	展览
247	西乌珠穆沁旗博物馆	121	展览
248	太卜寺旗档案局	13	查阅
249	太卜寺旗图书馆	3	借阅
250	太卜寺旗文物管理所	46	展览
251	镶黄旗档案局	22	查阅
252	镶黄旗蒙古马文化博物馆	86	展览
253	镶黄旗文物保护管理所	2	出版图书
254	正镶白旗博物馆	105	展览
255	正镶白旗文物保护管理所	5	出版图书
256	正镶白旗档案局	3	查阅
257	正蓝旗元上都遗址文物事业管理局	189	展览
258	多伦县文物局	25	出版图书
259	阿拉善博物馆	1592	展览
260	阿拉善王府博物馆	82	展览
261	阿拉善左旗图书馆	35	借阅
262	阿拉善左旗档案史志局	3	查阅
263	阿拉善盟图书馆	10	借阅
264	阿拉善左旗文化馆	2	出版图书
265	阿拉善左旗妙华寺	5	展示
266	阿拉善左旗巴音牧仁清真大寺	1	展示
267	阿拉善左旗广宗寺	3	展示
268	阿拉善左旗昭化寺	2	展示
269	阿拉善左旗延福寺	2	展示
270	阿拉善左旗福因寺	1	展示
271	阿拉善左旗承庆寺	2	展示
272	阿拉善左旗达里克庙	3	展示
273	阿拉善左旗沙尔扎庙	12	展示
274	阿拉善右旗博物馆	215	展览
275	阿拉善盟额济纳旗文物局	189	展览
276	阿拉善盟额济纳旗档案史志局	1	查阅
		64118	

利用普查成果举办展览情况（含网络展览）

序号	展览名称	展览形式	展出地点	展出藏品量	参观人次
1	典守文明 识珍录宝——第一次全国可移动文物普查成果展	陈列展览	内蒙古博物院展厅	300 件/套	100000
2	内蒙古自治区第一次全国可移动文物普查成果展	展板	内蒙古博物院广场	未展出文物藏品	10000
3	巴彦淖尔市第一次全国可移动文物成果展	展柜	河套文博院 1 楼展厅	21 件/套	10000
4	巴彦淖尔市一普成果集萃	网络	河套文化博物院微信平台	35 件/套	1000
5	巴彦淖尔市一普成果集萃	网络	巴彦淖尔市文新广局网络平台	35 件/套	1000
6	阿拉善盟第一次全国可移动文物普查成果展	图片与实物相结合的形式	阿拉善博物馆	39 件/套	2100
7	阿拉善王府博物馆"一普"成果展	展厅展出	阿拉善左旗定远营阿拉善王府博物馆	485 件/套	8000
8	阿拉善右旗第一次全国可移动文物普查成果展	制作宣传展板	阿拉善右旗博物馆	未展出文物藏品	3000
9	额济纳旗第一次全国可移动文物普查成果展	制作宣传展板	额济纳博物馆	未展出文物藏品	5000
10	2014 年 5·18 国际博物馆日暨赤峰市第一次全国可移动文物普查成果展	图片展	红山区美术馆广场	未展出文物藏品	3000
11	2015 年 5·18 国际博物馆日暨赤峰市第一次全国可移动文物普查成果展	图片展	赤峰市文博大厦广场	未展出文物藏品	2800
12	2016 年 5·18 国际博物馆日暨赤峰市第一次全国可移动文物普查成果展	图片展	红山区美术馆广场	未展出文物藏品	7600
13	赤峰市第一次全国可移动文物普查成果展	图片展	红山区美术馆	未展出文物藏品	20000
14	巴林左旗第一次全国可移动文物普查成果展	图片、文字	巴林左旗辽上京博物馆	未展出文物藏品	3000
15	世界博物馆日可移动普查文物展	图片、文字	巴林左旗辽上京博物馆	未展出文物藏品	2000
16	文化遗产日可移动普查文物展	图片、文字	巴林左旗辽上京博物馆	未展出文物藏品	2000
17	克什克腾旗文物普查成果展	临展	克什克腾旗博物馆	39 件/套	1000
18	宁城县第一次全国可移动文物普查成果展	联合展出	宁城县辽中京博物馆	9 件/套	4500

续表

序号	展览名称	展览形式	展出地点	展出藏品量	参观人次
19	敖汉旗可移动文物图片展	图片	敖汉旗博物院	未展出文物藏品	4000
20	锡林郭勒盟可移动文物普查成果展	图文简介及实物展览	锡林郭勒盟博物馆	110 件/套	5000
21	东乌旗一普成果展	展板、实物形式	乌珠穆沁博物馆	238 件/套	4000
22	镶黄旗一普成果展	展板、实物形式	黄旗旧幼儿园一楼	16 件/套	4500
23	2016 年 5·18 乌兰察布市普查成果展	展板展出	乌兰察布市博物馆	未展出文物藏品	5000
24	乌兰察布市图书馆古籍书展览	实物展出	乌兰察布市图书馆	366 件/套	1000
25	商都县可移动文物普查成果展	实物展出	商都县水漩公园	125 件/套	2000
26	兴安盟第一次全国可移动文物普查成果展	图版及实物相结合	兴安盟博物馆临时展厅	60 件/套	10000
27	丝路华章　草原撷萃	图片、文字、文物	鄂尔多斯博物馆	300 件/套	16000

十一、普查总结

序号	行政区	是否已编制辖区内国有文物收藏单位名录	是否已编写普查工作报告
18	省级	是	是
	地市级总体情况	是	是
	区县级总体情况	是	是

＊此表格填写省本级、地市本级、区县本级普查总结相关事宜情况。

执笔：索秀芬

图表：李丽雅　玛雅　商玮钰　张煜鹏

呼和浩特市第一次全国可移动文物
普查验收报告

呼和浩特市第一次全国可移动文物普查领导小组办公室　　呼和浩特市文物局

根据国务院和内蒙古自治区人民政府《国务院关于开展第一次全国可移动文物普查的通知》《内蒙古自治区人民政府关于在全区开展第一次全国可移动文物普查的通知》文件精神，我市于2013年8月正式开展第一次全国可移动文物普查工作。经过四年的辛勤工作，我市可移动文物普查已全面完成文物信息采集、登录、审核、报送、国家审核工作。根据国家文物局《关于做好第一次全国可移动文物普查验收工作的通知》（办普查函〔2016〕904号）文件要求，我市普查办及时展开验收工作，现将我市第一次全国可移动文物普查情况汇报如下。

一、普查的组织

（一）呼和浩特市可移动文物普查组织机构概况

呼和浩特市总面积1.72万平方千米，市辖4个行政区、4个县、1个旗和1个国家级开发区。全市常住人口286.66万人。

2013年4月18日，第一次全国可移动文物普查电视电话会议召开，对普查工作进行全面部署。2013年5月7日，自治区第一次全国可移动文物普查领导小组办公室召开工作会议。国务院和自治区人民政府相继下发《国务院关于开展第一次全国可移动文物普查的通知》《内蒙古自治区人民政府关于在全区开展第一次全国可移动文物普查的通知》等文件。

呼和浩特市人民政府对此次普查工作给予高度重视，下发《呼和浩特市人民政府关于认真做好第一次全国可移动文物普查工作的通知》（呼政发〔2013〕98号），成立了呼和浩特市第一次全国可移动文物普查领导小组。2013年8月23日下午，呼和浩特市在市政府和林厅会议室组织召开了呼和浩特市第一次全国可移动文物普查工作协调会。呼和浩特市第一次全国可移动文物普查领导小组副组长、市政府副秘书长刘月平主持了会议，传达了国家、自治区有关文物普查的文件精神。会议讨论决定由副市长白金祥同志任组长，亲自负责、指导呼和浩特市第一次全国可移动文物普查各项工作的开展。各参与行业、系统成员共同组成呼和浩特市第一次全国可移动文物普查领导小组，指定本行业系统具体负责人，组织、协调本行业、系统的可移动文物普查工作。

领导小组下设普查办公室，呼和浩特市第一次全国可移动文物普查办公室设在市文化新闻出版广电局，主要负责普查相关文件的转发，普查经费的分配和安排，普查档案的整理、保存，市普查办与旗县区普查办、市属单位之间沟通协调等日常工作。普查办公室下设项目组、专家组、宣传组。项目组设在呼和浩特博物馆，承担我市可移动文物普查技术指导，可移动文物普查各项工作的实施和推进，上级普查办下发文件的处理、汇总，本市普查办文件、通知的草拟，全市普查工作总结和汇报材料的编制，普查数据的审核和上传等工作。宣传组设在呼和浩特市文物事业管理处，负责我市可移动文物普查工作简报的收集、编辑，我市可移动文物普查的宣传、报道等工作。在我市文博、图书系统中抽调业务骨干组成专家组，负责我市可移动文物普查文物认定和普查数据市级审核工作。

为了进一步做好我市可移动文物普查工作，呼和浩特市人民政府、市文新广电局多次下文推进工作进展。市属文博单位和主要行业、系统均按照本单位实际，组建了普查工作小组，切实将可移动文物普查工作落到实处。同时，全市 9 个旗县区也都成立了相应的普查工作领导机构。领导小组组长都是由分管副旗（县、区）长或者主要负责人担任。各级领导机构的成立，从组织上保证了普查工作的顺利开展。

市普查办成立后，马上组织项目组工作人员编制《呼和浩特市第一次全国可移动文物普查实施方案》和《呼和浩特市第一次全国可移动文物普查宣传方案》，并下发到各市属文博单位、相关行业及旗县区普查办，保证我市可移动文物普查工作的顺利进行。

（二）呼和浩特市普查联系协调机制建设情况

本次可移动文物普查涵盖多个行业和系统，旨在摸清国有单位文物收藏数量。呼和浩特市作为内蒙古自治区的首府所在地，辖区内分布着大量中央属、省属单位，市普查办承载着巨大的工作压力。市普查办经过和市教育局的多次沟通，市教育局成立系统普查办，负责本系统的可移动文物普查工作。我市回民区、玉泉区、土默特左旗为典型的少数民族聚居区，辖区内民族、宗教场所较多，市普查办、辖区普查办和这些文物收藏单位多次沟通，取得对方的信任和理解，平稳、安全、友好地推进本次普查工作。我市新城区、赛罕区辖区内省属、市属图书、档案、高校、文博单位较多，辖区普查办工作推进难度较大，在自治区普查办、市普查办的支持和共同努力下，这些单位和部门都参与到本次普查中来。

（三）呼和浩特市普查各工作环节档案留存情况

市普查办领导小组办公室设专人和专门的卷柜保管我市可移动文物普查工作档案。全市 9 个旗县区和市属单位的表 1（国有单位文物收藏情况调查登记表）、表 3（可移动文物信息认定登记表）均按照属地管理原则妥善保存在市可移动文物普查办公室。我市的表 2（国有单位文物收藏情况调查汇总表）及 2013—2016 年各级普查文件收发文和各级普查工作简报、工作汇报、总结也都按照年度分门别类存档、保存。档案工作有理、有序、规范、完整，待 2016 年年底可移动文物普查工作结束之后，进行统一封存管理。

二、普查保障措施

（一）普查人员及培训

我市共有 11 个各级普查办（含 1 个市级普查办，9 个旗县区普查办，1 个系统普查办），下辖51 家文物收藏单位，其中 24 家文物收藏单位成立了普查工作组。全市参加文物普查工作的成员中，市本级单位一百多人，旗县区工作人员两百多人，58 位参与者持有国家下发的"普查员证"。这些参与者中，有一百多位为各级普查工作组成员，有三十多位为各级普查办专家组成员。收藏单位的工作人员占了参与人员的绝大多数，很多人员既是本收藏单位的工作人员，也是普查办公室的成员。很多专家既是本级普查办的专家组成员，也是其他级普查办的专家组成员。三百多人的工作队伍在数目巨大的文物数据面前，每位参与者都是身兼数职、以一当十。为了弥补普查工作人手不足带来的不便，我市一些收藏单位及旗县区普查办还招募了志愿者帮忙处理本次普查的相关工作，这些新鲜血液的加入极大地提高了普查工作的效率，保证了普查工作的顺利进行。

2013 年 11 月 15 日呼和浩特市第一次全国可移动文物普查骨干培训班召开，拉开了我市第一次全国可移动文物普查的序幕。市普查办项目组请来了内蒙古自治区文化厅、内蒙古博物院、中国文物信息咨询中心、呼和浩特博物馆、呼和浩特市摄影家协会等单位的专家结合各自专业所长和第一次全国可移动文物普查的工作特点对全体学员进行了集中授课。课程内容包括《内蒙古自治区第一次全国可移动文物普查简述及实施方案解读》《第一次全国可移动文物普查——登记表及说明》《第一次全国可移动文物普查——文物登录规范解读》《信息登录平台 & 信息采集软件》《信息采集软件（V1.4）——基础篇》《信息采集软件（V1.4）——提高篇》《信息采集软件（V1.4）——问题 & 总结》《第一次全国可移动文物普查工作流程》《第一次全国可移动文物普查工作注意的问题》《文物影像数据采集及操作辅导》等。来自我市新城区、回民区、赛罕区、玉泉区等旗县区的文化局、档案局、教育局、市教育局、市民政局、市民族宗教事务委员会、市档案局以及市属内蒙古将军衙署博物院、呼和浩特市文物事业管理处、呼和浩特博物馆等单位 140 余人参加了本次培训。此后因自治区可移动文物普查专业培训（西部区）班基本上都在我市召开，我市各文物收藏单位均在培训通知范围之内，我市普查办就未再次组织市级培训，而是采取自治区专业培训和市普查办项目组单独辅导相结合的方式对全市文物收藏单位进行业务培训。

（二）2013—2016 年各级普查经费落实情况

我市可移动文物普查经费主要来自上级主管部门拨款和本级财政拨款，2013—2016 年共落实普查经费 307 万元。2013 年市本级财政拨款 100 万元作为我市可移动文物普查启动经费和普查设备采购费，年底上级主管部门追加 20 万元作为普查经费。从 2014 年开始市本级财政不再拨款，只有上级主管部门每年拨款 20 万元作为本年度普查经费。2016 年上级主管部门拨款 15 万元。四年下来普查经费累计 175 万元。我市普查经费主要用于普查设备的购置和市属单位、各旗县区普查办普查经费的发放，保证普查专款专用。市普查办在普查经费到账后，按照各单位和各辖区的实际情况对普查经费进行分配。对于一些文物数量较大的收藏单位和当地财政比较困难的辖区普查办给予适当的照顾。为了弥补基层普查经费的短缺，市普查办在下属辖区普查办争取旗县区财政拨款时提供全力支持，提供相关文件和标准。在各级普查办的努力下，争取到旗县区级补贴 132 万元。我市旗县区 2013 年得到本级财政拨款 63 万元，2014 年得到本级财政拨款 47 万元，2015 年得到本级财政拨款 5 万元，2016 年得到本级财政拨款 17 万元。这些经费极大地缓解了旗县区普查办经费不足的窘境，保证了普查工作的顺利进行。

（三）宣传工作开展情况

呼和浩特市十分重视普查的宣传工作，市各级普查机构充分利用各种机会和场合进行社会公众的宣传和信息发布。我市可移动文物普查宣传组设在呼和浩特市文物事业管理处，全面负责我市第一次全国可移动文物普查宣传、报道工作。我市多家单位各种宣传方式多管齐下，宣传形式百花齐放。电视方面，宣传集中在 2013 年启动阶段，多次上过本市新闻，2014—2016 年保证每年 3—4 次的频率。互联网方面，市主要文博单位的网站开辟可移动文物普查版块，及时更新可移动文物普查工作进展情况。报刊方面在 2013—2016 年保证每年 3—4 次的频率，市直属文博单位也多次投稿汇报本单位可移动文物普查工作进展情况。我市普查办印制、发放宣传海报 2000 余份、宣传册页 3500 余份。几年间编辑我市可移动文物普查工作简报 32 期，印刷、邮寄 1000 余份。市主要文博单位也在本单位的信息专讯上多次报道本单位的可移动文物普查进展情况。

除了这些常规的宣传方式，我市普查办宣传组还采取在每年的博物馆日、文化遗产日、草原文化遗产日活动现场悬挂条幅，发放宣传材料的现场宣传方式和最新异军突起的微信公众号宣传、LED 宣传屏滚动宣传。多种宣传方式极大地扩大了本次可移动文物普查的知名度，普及了本次文物普查的重要性和必要性，为我们工作顺利开展提供了便利。

三、国有单位文物收藏情况摸底调查

（一）调查表发放数量和发放范围

截至 2013 年 12 月 31 日，我市根据各旗县区普查办前期摸底所反馈回来的信息，共发放了 1844 张调查表。调查范围涵盖中央属、省属、地市属、县区属、乡镇街道属的各级机关、事业单位、国有企业及国有控股企业及其他组织（含公布为各级文物保护单位的宗教活动场所）。

（二）调查表回收数量

我市共发放了 1844 张调查表，最后回收了 1771 张调查表，其中个别调查表因为信息不完善退回到收藏单位重新填写，最终存档时收回 1741 张。

（三）调查覆盖率不足 100% 的主要原因

按照属地管理原则，大量中央属、省属、地市属单位集中在我市普查办辖区内。有些机关和事业单位消极对待本次普查工作，门难进，脸难看，对于普查员送来的调查表未给予重视，污损、遗失调查表，或者干脆拒绝普查人员的进入。即便普查人员携带有效工作证件和普查办文件通知也很难说服对方积极配合。这种情况导致至普查结束节点，我市也未回收到全部调查表。

四、文物认定及相关工作情况

从 2015 年 3 月开始，市普查办组织专家组对我市非文物系统的收藏单位进行了文物认定。专家组的各位老师完成了呼和浩特市档案局、呼和浩特市教育系统和呼和浩特市赛罕区、回民区、新城区、玉泉区等 23 家文物收藏单位的文物认定工作。经过各位专家严谨、认真地工作，专家组共认定文物 817 件/套。

2016 年 3 月，自治区专家督导组对我市可移动文物普查工作进行工作督导时，对我市文博系统内的文物收藏单位的文物藏品进行等级认定，共有 299 件/套文物藏品进入到复核阶段。

五、文物信息采集登录

（一）收藏单位登录情况

1. 摸底调查阶段反馈有文物的收藏单位注册情况

在 2013 年的普查摸底工作结束之后，我市反馈有文物的单位 51 家。其中，省属单位 11 家、地市属单位 18 家、县区属单位 19 家、街乡属单位 2 家、其他单位 1 家；按单位类型来看，有 28

家属于专业文物收藏单位，其中博物馆 13 家、图书馆 8 家、美术馆 2 家、档案馆 5 家，另外 23 家则属于非专业收藏单位。51 家文物收藏单位均在平台上进行账号注册，保证每个收藏单位都拥有自己的账号，普查注册率 100%。

2. 已注册单位登录情况

51 家文物收藏单位，有 44 家已进行文物信息登录，还有 7 家未进行登录。7 家未登录单位为内蒙古公安厅、呼和浩特市教学研究室、呼和浩特市新城区精神文明建设办公室、呼和浩特市新城区太清宫、内蒙古隆寿寺（乃莫齐召）、呼和浩特市托克托县档案事业管理局、呼和浩特市和林格尔县档案管理局。这些单位中有的是经过各级普查办专家认定，认为这些文物藏品不在本次普查调查范围内，准备上报自治区普查办做账号删除处理。有些单位是以缺乏普查经费、人手为借口，不配合普查活动的进展。即使在接收到自治区、市级文件后还是不推进工作进度，甚至拉黑普查工作人员的联系方式，不让普查人员进门。

（二）信息登录情况

1. 单位信息填报准确性

已登录平台的文物收藏单位的单位信息填报准确，隶属关系、单位性质、单位类型、行业、系统等信息如实填写。但是有些单位不具有独立法人资格，没有组织机构代码证。有些单位没有网站，单位也没有电子邮箱。

2. 文物信息填报准确性

信息采集、审核工作是本次普查工作的重中之重，我市普查办要求各文物收藏单位严格按照国家普查办和自治区普查办的要求，认真采集、填报文物信息，并对已采集的数据进行层层审核，力保每一条数据的准确性。除了上述措施外，呼和浩特市普查办还将文物信息的准确性纳入到市普查办工作督导的内容之中，纳入对各级普查办领导的业务考核之中。

逐级审核中发现我市一些单位文物收藏数量变动较大，这是因为我市一些文物收藏单位按照自治区普查办所下发新的文物数量计量方法对文物数量进行调整。此外还存在年代、名称不规范，文物类别、质地选择不当，图片构图不合理等问题。

发现这些问题后，市普查办项目组工作人员将文物收藏单位的工作人员集中到一起，进行现场修改、指导，当场发现问题当场解决，再次对文物数据进行审核修改，保证提交到自治区普查办的数据标准规范准确。

3. 截至 2016 年 8 月 31 日已登录文物数量、已采集文物数量

截至 2016 年 8 月 31 日，呼和浩特市已采集藏品总数 318082 件/套，已登录藏品总数 318082 件/套。其中一级文物有 904 件/套，二级文物有 2337 件/套，三级文物有 3020 件/套，一般文物有 137569 件/套，未定级文物有 174252 件/套。

（三）总体工作进度

1. 文物登录进度

2015 年下半年，我市各文物收藏单位陆续结束文物信息采集阶段，进入到文物审核、上传阶段。2016 年上半年，呼和浩特市普查办展开工作督导，督促各收藏单位再次核查本单位文物数据

采集、登录情况。2016 年 6 月，内蒙古自治区普查办会议结束后，我市各文物收藏单位结束普查数据上传、审核工作。截至 2016 年 8 月 31 日，我市完成全部文物的登录工作。

对于我市普查办下辖的文物数量为零的文物收藏单位账号，我市普查办将按照自治区普查办的相关要求进行处理。

2. 数据审核进度

我市在 2016 年 8 月 10 日已完成省级审核工作，并在 8 月 16 日按照自治区普查办专家组所提出的修改要求将修改好的数据以离线数据的方式提交到中国文物信息咨询中心（国家文物局数据中心），待国家抽审结束后，确定文物数据无须再修改后，覆盖原始数据，形成最终的可移动文物普查数据。

六、普查的总结

（一）国有可移动文物收藏单位名录编制情况

我市普查办将结合项目组的电子版资料与普查办公室存档的纸质材料开始编制辖区内国有文物收藏单位名录，逐一核实对照，保证数据的真实、可靠性。

（二）普查工作报告编制情况

我市普查办项目组已经开始着手本市普查工作报告的编写，对于一些项目数据的真实性进行二次核对，保证普查报告能够真实、有效地反映我市第一次全国可移动文物普查工作的全貌。

七、在普查中开展的其他相关工作

（一）藏品管理

本次可移动文物普查旨在摸清家底，掌握我国文物资源的分布和基本情况。依托本次可移动文物普查，我市对全市文物收藏单位现状和文物资源分布有了一个清晰的认识，对于我市文化资源整合、合理利用与保护有了明确的方向。同时，这次普查活动锻炼了很多年轻人，调动起大家的工作热情，通过普查工作的朝夕相处，老同志们将自己的专业知识全面、系统地传递给年轻人，年轻人结合自己的兴趣爱好，对自己的本职工作有了更深刻的认识，形成一个良性的工作循环。本次普查是对我市文博系统的一次大练兵，为我市的文博专业培养了新生力量。

借助本次普查，很多单位摸清了家底，给每一件文物建立了自己的档案和身份，实现了藏品管理的信息化和档案化，这对我们以后各项工作的开展都提供了极大的便利。

（二）普查成果开发、利用

1. 收藏单位藏品资源公开情况

我市现有 30 家文物收藏单位向社会公布藏品资源，文博系统以自己的本职岗位为窗口，做好本职工作的同时，努力为社会公众提供更多更好的文化服务。非文博系统的则以出版图录等方式宣传本次普查成果，加强人们的文物保护意识和参与意识。

2. 利用普查成果举办展览情况

我市大部分文物藏品以收藏单位常设展览和对外开放的形式长期面向社会公众公开，我市提供了 13 件文物藏品在 2016 年的"5·18 国际博物馆日"参加了在内蒙古博物院举办的"识珍录宝 典守文明——第一次全国可移动文物普查成果展"，该展览作为今年博物馆日的主题展览之一吸引了众多参观者。

八、验收结论

经验收，呼和浩特市第一次全国可移动文物普查验收结论为合格。

附件　第一次全国可移动文物普查验收表

呼和浩特市第一次全国可移动文物普查验收表

一、普查组织

行政区	地市级普查领导小组数量（个）	地市级普查工作办公室（个）	建立普查工作机制的行业系统（个）	建立普查工作机制的收藏单位（个）	印发地市级普查通知（份）	印发地市级普查实施方案（份）	开展普查工作档案整理的地市数量（个）
地市级合计	10	10	1	24	44	44	44
具体情况	是否组建地市级普查领导小组	是否成立地市级普查工作办公室	建立普查工作机制的行业系统（个）	建立普查工作机制的收藏单位（个）	是否印发普查通知	是否印发普查实施方案	是否开展普查工作档案整理
呼和浩特市本级	1	1	1	5	9	9	9
呼和浩特市9个旗县区	9	9	0	19	35	35	35
新城区	1	1	0	5	4	4	4
回民区	1	1	0	1	9	9	9
玉泉区	1	1	0	0	3	3	3
赛罕区	1	1	0	6	10	10	10
土默特左旗	1	1	0	1	2	2	2
托克托县	1	1	0	1	2	2	2
和林格尔县	1	1	0	2	2	2	2
清水河县	1	1	0	2	2	2	2
武川县	1	1	0	1	1	1	1

　　*此表格含11项内容，由各地市级普查办填写，省级普查办汇总。区县级验收表格可参照此表。

二、人员保障

行政区	各级普查办	收藏单位	普查专家	普查志愿者	合计
地市级合计	104	161	36	63	364
呼和浩特市本级	30	93	26	7	156
呼和浩特市9个旗县区	74	68	10	56	208
新城区	5	2	0	1	8
回民区	15	1	0	42	58
玉泉区	6	8	0	1	15

续表

行政区	各级普查办	收藏单位	普查专家	普查志愿者	合计
赛罕区	18	14	0	11	43
土默特左旗	5	8	1	0	14
托克托县	6	8	1	0	15
和林格尔县	8	13	6	0	27
清水河县	3	8	1	1	13
武川县	8	6	1	0	15

*此表格填写地市本级情况。应包括参与普查工作的全部人员，即持有"普查员证"的人员和未申领普查员证的人员。

三、经费保障

行政区	合计（万元）	2013 年（万元）	2014 年（万元）	2015 年（万元）	2016 年（万元）
地市级总计	307	183	67	25	32
呼和浩特市	175	市本级：100 万；自治区：20 万	自治区：20 万	自治区：20 万	自治区：15 万
呼和浩特市 9 个旗县区	132	63	47	5	17
新城区	32	0	32	0	0
回民区	17	5	5	5	2
玉泉区	10	0	10	0	0
赛罕区	41	41	0	0	0
土默特左旗	7	7	0	0	0
托克托县	15	0	0	0	15
和林格尔县	10	10	0	0	0
清水河县	0	0	0	0	0
武川县	0	0	0	0	0

*此表格填写地市本级经费情况，不含所辖区县。

四、普查培训

行政区	合计		2013 年		2014 年		2015 年		2016 年	
	次数（次）	人数（人）	次数（次）	人数（人）	次数（次）	人数（人）	次数（次）	人数（人）	次数（次）	人数（人）
地市级合计	3	350	3	350	0	0	0	0	0	0
呼和浩特市本级	1	140	1	140	0	0	0	0	0	0
呼和浩特市 9 个旗县区	2	210	2	210	0	0	0	0	0	0
新城区	0	0	0	0	0	0	0	0	0	0
回民区	1	150	1	150	0	0	0	0	0	0
玉泉区	0	0	0	0	0	0	0	0	0	0
赛罕区	0	0	0	0	0	0	0	0	0	0

续表

行政区	合计		2013 年		2014 年		2015 年		2016 年	
	次数（次）	人数（人）	次数（次）	人数（人）	次数（次）	人数（人）	次数（次）	人数（人）	次数（次）	人数（人）
土默特左旗	0	0	0	0	0	0	0	0	0	0
托克托县	0	0	0	0	0	0	0	0	0	0
和林格尔县	0	0	0	0	0	0	0	0	0	0
清水河县	0	0	0	0	0	0	0	0	0	0
武川县	1	60	1	60	0	0	0	0	0	0

* 此表格填写地市本级培训情况，不含所辖区县。

五、普查宣传

行政区	组建地市级宣传机构（个）	制定地市级宣传方案（个）	宣传方式									
			电视（次）	互联网（次）	报刊（次）	海报（份）	册页（份）	广播	悬挂条幅	简报	信息	LED 屏宣传
地市级合计	10	10	21	35	15	4000	4200	6	34	49	3	5
呼和浩特市	1	1	18	30	8	2000	3500	5	7	32	3	4
呼和浩特市 9 个旗县区	9	9	3	5	7	2000	700	1	27	17	0	1
新城区	1	1	0	0	0	200	200	1	7	2	0	0
回民区	1	1	0	1	0	100	0	0	2	2	0	0
玉泉区	1	1	0	1	0	100	0	0	2	2	0	0
赛罕区	1	1	0	1	7	800	500	0	8	5	0	1
土默特左旗	1	1	1	1	0	500	0	0	2	1	0	0
托克托县	1	1	1	1	0	100	0	0	2	2	0	0
和林格尔县	1	1	1	1	0	100	0	0	2	1	0	0
清水河县	1	1	0	0	0	50	0	0	0	1	0	0
武川县	1	1	0	0	0	50	0	0	2	1	0	0

* "宣传方式"为选填项，如有其他宣传方式，可根据实际情况填写。

六、国有可移动文物收藏单位调查

行政区划	辖区内国有单位数量（家）	国有单位可移动文物收藏情况调查表		
		发放（张）	回收（张）	反馈收藏有可移动文物的国有单位（家）
地市级合计	1844	1844	1771	51
呼和浩特市	34	34	28	10
呼和浩特市 9 个旗县区	1810	1810	1743	41

续表

行政区划	辖区内国有单位数量（家）	国有单位可移动文物收藏情况调查表		
		发放（张）	回收（张）	反馈收藏有可移动文物的国有单位（家）
新城区	316	316	255	7
回民区	252	252	252	9
玉泉区	159	159	159	4
赛罕区	254	254	251	10
土默特左旗	250	250	250	2
托克托县	174	174	171	3
和林格尔县	97	97	97	3
清水河县	144	144	144	2
武川县	164	164	164	1

＊此表格填写地市本级国有单位调查情况。

七、文物认定及建档

行政区划	文博系统单位					非文博系统单位				
	收藏单位数量（家）	新发现、新认定藏品数量（件/套）	新建/重建藏品账目及档案的单位数量（家）	新建/重建藏品账目及档案的文物数量（件/套）	完成藏品账目及档案信息化的单位数量（家）	收藏单位数量（家）	新发现、新认定藏品数量（件/套）	新建/重建藏品账目及档案的单位数量（家）	新建/重建藏品账目及档案的文物数量（件/套）	完成藏品账目及档案信息化的单位数量（家）
地市级合计	28	299	1	22663	26	23	817	18	817	18
呼和浩特市	5	289	1	22663	5	5	663	4	663	4
呼和浩特市9个旗县区	23	10	0	0	21	18	154	14	154	14
新城区	4	0	0	0	4	3	7	0	7	0
回民区	3	0	0	0	3	6	42	6	42	6
玉泉区	0	0	0	0	0	4	71	3	71	3
赛罕区	7	1	0	0	7	3	9	3	9	3
土默特左旗	1	0	0	0	1	1	1	1	1	1
托克托县	3	9	0	0	2	0	0	0	0	0
和林格尔县	3	0	0	0	2	0	0	0	0	0
清水河县	1	0	0	0	1	1	24	1	24	1
武川县	1	0	0	0	1	0	0	0	0	0

＊此表格填写地市本级文物认定情况，按照文博系统单位和非文博系统单位分别填写。其中"新建/重建藏品账目及档案的单位数量（家）""新建/重建藏品账目及档案的文物数量（件/套）""完成藏品账目及档案信息化的单位数量（家）"为选填项。

八、收藏单位登录情况

（单位：家）

行政区	摸底调查阶段反馈收藏有文物的国有单位数量	已登录文物的收藏单位数量	已注册账号但未登录文物的收藏单位数量
地市级合计	51	44	7
呼和浩特市	10	9	1
呼和浩特市 9 个旗县区	41	35	6
新城区	7	4	3
回民区	9	9	0
玉泉区	4	3	1
赛罕区	10	10	0
土默特左旗	2	2	0
托克托县	3	2	1
和林格尔县	3	2	1
清水河县	2	2	0
武川县	1	1	0

＊此表格填写省本级、地市本级、区县本级收藏单位登录情况。

"已注册账号但未登录文物的收藏单位"指在普查平台登录文物数量为 0 的单位。

九、文物信息登录

（单位：家）

行政区	已完成文物信息登录工作（家）	未完成文物信息登录工作（家）	完成比例
地市级合计	44	7	86.27%
呼和浩特市	9	1	90%
呼和浩特市 9 个旗县区	35	6	85.37%
新城区	4	3	57.14%
回民区	9	0	100%
玉泉区	3	1	75%
赛罕区	10	0	100%
土默特左旗	2	0	100%
托克托县	2	1	66.67%
和林格尔县	2	1	66.67%
清水河县	2	0	100%
武川县	1	0	100%

＊此表格填写地市本级可移动文物登录情况。

十、普查成果开发、利用（选填）

行政区	是否有单位公开藏品资源	已公开藏品资源的单位数量	是否举办普查主题展览（含网络展览）	展览数量
地市级合计	■是　□否	30	■是　□否	1
呼和浩特市	■是　□否	9	■是　□否	1
呼和浩特市 9 个旗县区	■是　□否	21	□是　■否	0
新城区	■是　□否	4	□是　■否	0

续表

行政区	是否有单位公开 藏品资源	已公开藏品资源的 单位数量	是否举办普查主题 展览（含网络展览）	展览数量
回民区	■是 □否	3	□是 ■否	0
玉泉区	□是 ■否	0	□是 ■否	0
赛罕区	■是 □否	7	□是 ■否	0
土默特左旗	■是 □否	1	□是 ■否	0
托克托县	■是 □否	2	□是 ■否	0
和林格尔县	■是 □否	2	□是 ■否	0
清水河县	■是 □否	1	□是 ■否	0
武川县	■是 □否	1	□是 ■否	0

＊此表格填写地市级普查成果开发、利用情况。

利用普查成果举办展览情况（含网络展览）

序号	展览名称	展览形式	展出地点	展出藏品量	参观人次
	典守文明 识珍录宝 ——第一次全国可移动 文物普查成果展	文物实物加辅助 图片、资料	内蒙古博物院	13 件/套	

十一、普查的总结

行政区	是否已编制辖区内国有文物收藏单位名录	是否已编写普查工作报告
地市级合计	■是 □否	■是 □否
呼和浩特市本级	■是 □否	■是 □否
呼和浩特市 9 个旗县区	■是 □否	■是 □否
新城区	■是 □否	□是 ■否
回民区	■是 □否	■是 □否
玉泉区	■是 □否	■是 □否
赛罕区	■是 □否	■是 □否
土默特左旗	■是 □否	□是 ■否
托克托县	■是 □否	■是 □否
和林格尔县	■是 □否	■是 □否
清水河县	■是 □否	□是 ■否
武川县	■是 □否	■是 □否

＊此表格填写地市级普查总结相关事宜情况。

执笔：张敏超

包头市第一次全国可移动文物普查验收报告

包头市第一次全国可移动文物普查领导小组办公室

一、普查的组织

2012 年 10 月 1 日，国务院下发了《关于开展第一次全国可移动文物普查工作的通知》（国发〔2012〕54 号），2013 年 4 月 16 日，内蒙古自治区人民政府印发了《内蒙古自治区人民政府关于开展第一次全国可移动文物普查的通知》（内政发〔2013〕33 号），2013 年 6 月 18 日，包头市人民政府下发了《包头市人民政府关于在全市开展第一次全国可移动文物普查的通知》（包政发〔2013〕59 号），组建成立了包头市第一次全国可移动文物普查工作领导小组及文物普查办公室，同时对我市开展文物普查工作的组织和实施、普查范围和内容、时间安排、普查经费等做出了明确的规定。

2013 年 6 月 18 日，包头市成立了第一次全国可移动文物普查领导小组，下设办公室。办公室设在包头市文物管理处，组织领导全市的文物普查工作，同时对全市的文物普查工作进行监督，确保第一次全国可移动文物普查工作能够保质保量按时完成。

开展第一次全国可移动文物普查，是国务院做出的重要决策。国务院专门成立了第一次全国可移动文物普查领导小组，负责全国普查工作的组织领导，协调解决普查工作中的重大问题。包头市人民政府按照国务院、内蒙古自治区人民政府的统一部署，设立了相应的普查工作机构。

此次文物普查工作开展了阶段性的集中宣传和长期宣传活动。新闻中心充分利用报纸、广播、电视、互联网等现代传媒，及时报道普查工作的进展情况以及取得的成绩，特别是对内涵不断丰富发展的文物遗产新品类进行重点宣传和报道，广泛深入地宣传开展第一次全国可移动文物普查工作重要意义，宣传文物工作在新时期构建和谐社会中所应发挥的作用。

二、普查保障措施

为认真贯彻《国务院关于开展第一次全国可移动文物普查的通知》（国发〔2012〕54 号文件）和《内蒙古自治区人民政府关于开展第一次全国可移动文物普查的通知》（内政发〔2013〕33 号）文件精神，结合我市实际，合理统筹安排文物普查各阶段工作，更好地集中人力、物力、财力等优势，切实组织开展第一次全国可移动文物普查工作，制定了《包头市第一次全国可移动文物普查工作方案》，并经市人民政府同意印发全市各部门、单位。

为切实做好第一次全国可移动文物普查工作，市人民政府与各旗县区政府签订了《普查责任状》。市和旗县区政府负责监督普查工作的日常组织工作和本地区文物普查工作的具体实施。

包头市第一次全国可移动文物普查工作的日常组织工作和全市文物普查工作由包头市文物管理处负责，普查队由市文物管理处业务人员负责。

为全面推进包头市第一次全国可移动文物普查工作，进一步提高全市文物普查实地文物调查质量，深入交流普查工作经验，2013 年 8 月下旬举办了包头市文物普查培训班。在文物专家的指导下，接受培训的学员们认真听课，努力学习《第一次全国可移动文物普查培训教材》的理论知识，并学习操作专业设备。在此基础上，学员们按照教材，运用所学的理论知识进行了规范的普查操作实践。随后，市普查办又组织了包头市"一普"工作强化培训班。文物普查人员通过学习业务能力得到了较大提升，为高质量完成普查任务做好专业知识储备。经过认真学习，强化了所有普查队员对文物普查工作重要性的理解，扎实掌握一定的文普业务知识，为我市开展文物普查工作打下坚固的基础。

2013 年 10 月，全市文物普查工作进入实地文物调查阶段，到 2015 年 12 月底全面完成了这一阶段的普查任务。

2015 年 12 月，自治区专家组对全市实地文物调查《可移动文物登记表》进行了审核验收。全市顺利通过验收。

包头市文物普查工作能顺利开展并通过自治区阶段性验收，离不开社会各界的鼎力支持与帮助。在此次文物普查实地文物调查阶段，曾涌现出许多社会志愿者，他们的工作值得称颂。

为了提高效率，普查办协调陕西师范大学、内蒙古大学、内蒙古师范大学、包头师范学院等十余名大学生于 2014 年 8 月至 12 月到市文物管理处参加普查。普查办根据普查任务将所有工作人员分成三个工作小组，分别为钱币组、民俗文物组、木质家具组。三组同时进行工作，互不影响，并且每个工作组指派 1 名人员为组长，统揽本小组的各项事务，小组内成员分工明确，各负其责。市文物处库房设在地下，通风条件特别差，库房内又阴又冷，还有一股呛鼻的气味，就在这样的条件下工作人员戴着口罩，穿着厚衣服，克服重重困难每天按时上下班，并放弃节假日的休息坚守在一线岗位上，保质保量进行文物普查工作。

市财政局落实普查经费，普查队伍所需工作经费列入地方财政预算。文物收藏单位要按照《中华人民共和国文物保护法》的要求，积极配合普查机构和普查人员做好普查工作。

根据普查相关文件的要求，包头市财政 2014 年度拨付了 300 万元，2015 年拨付了 52 万元，2016 年拨付了 16.3 万元的普查经费，用于全市普查设备的购置、信息的采集等。市普查办给各旗县区发放了普查设备，包括笔记本电脑、照相机等。

各旗县区 2014 年政府拨付经费共计 26.3 万元用于普查工作，其中昆都仑区 3 万，青山区 5 万，九原区 2.8 万，土默特右旗 10 万，固阳县 2 万，达尔罕茂明安联合旗 3.5 万元。

三、国有单位文物收藏情况摸底调查工作

2013 年 10 月，全市文物普查工作进入实地文物调查阶段，到 2015 年 12 月底全面完成这一阶段的普查任务。

在内蒙古"一普"领导小组的统一领导下，包头市进行了第一次全国可移动文物普查国有单位文物收藏情况的调查摸底工作。全市共调查国有单位 1046 个，经反馈有文物收藏的国有单位共 23 家，其中文博系统单位 20 家，非文博系统国有单位 3 家，涉及政府、教育、档案、图书、宗教等部门。在普查中，普查队员们做到了图片完整规范，照片准确反映文物的本体及结构特征。填写文物普查登记表均按照国家档案要求规范来做。

2015 年 12 月，自治区专家组对全市实地文物调查《可移动文物登记表》进行了审核验收。全市顺利通过验收。

四、文物认定及相关工作情况

2016 年 3 月 8 日，内蒙古文物局索秀芬副处长及自治区专家一行 8 人对包头市可移动文物进行定级及普查数据质量督查，走访了全市 9 个旗县区及 1 个宗教类文物收藏单位五当召文物管理所。

专家们对我市普查工作给予了充分肯定，提出四个亮点。第一个亮点是我们的业务人员都能全力以赴地完成数据采集和上传工作；第二个亮点是数量多，质量高，从开始上报的 1 万多件/套文物数量升级为 12 万多件/套，其中对达茂旗文物定级 44 件珍贵文物、包头博物馆定级 71 件/套珍贵文物、土右旗美岱召博物馆定级 16 件珍贵文物、土右旗敕勒川博物馆定级 38 件珍贵文物，共计 169 件/套；第三个亮点是普查范围全面、广泛；第四个亮点是包头博物馆的钱币管理得非常好，达到数字化、系统化的管理。

五、文物信息采集登录

在抓好普查进度和拓宽普查领域的同时，严格做好质量控制工作。充分发挥专家的作用，结合普查进度和各种专项调查对普查人员深化培训，全面提高普查队伍的文物认定和信息采集工作能力。对调查成果进行定期检验，确保采集数据质量。

首先，从源头抓质量。基础数据的采集是普查质量控制的关键。无论是清查登记阶段，还是信息采集阶段，由于基层普查员的业务水平参差不齐，市普查办针对这一情况把全市的普查员集中在一起培训，教授普查员数据如何采集、表格如何填写，确保普查质量。

其次，从录入阶段抓质量。数据录入工作是抓好数据质量的重要环节。市普查办适时开展边审边录、自审自验，及时核实、更正、增补和剔除，对相关普查对象的数据逐个进行复核和确认，对不合理的数据进行详细分析并查找基础原因，进行整改，尽量将数据质量问题消灭在数据处理初期。

再次，加强技术指导工作。此项工作是搞好可移动文物普查质量控制工作的一个重要手段，对基层提出的技术问题，市普查办和项目部技术人员进行协商沟通解决，确保技术指导工作取得实效。

此外，加强文物信息质量抽查和预审工作。事中质量抽查工作是可移动文物普查质量控制工作的重要方法，市普查办严格执行有关质量控制的要求和规定，采取多种方法进行质量抽查工作。

2015 年 12 月，内蒙古自治区文化厅、文物局领导，验收专家组成员、自治区"一普"办人员一行在包头市文物管理处对全市文物普查工作进行了指导。

专家组听取了包头市"一普"领导小组就文物普查组织管理、经费落实、培训和宣传工作等方面的情况汇报；核对了包头市《第一次全国可移动文物普查文物登记表》总量及纸质、电子文本数量；使用第一次全国可移动文物普查数据采集软件，对实地文物文本内容、审定流程进行了逻辑审查；选取了昆都仑召进行实地验证。专家验收组经过认真检查、核对、校验，一致认为包头市文物普查机构健全，组织管理工作落实到位、经费安排保障合理，保证了普查工作的顺利进行；数据资料完整、准确。

同时，包头市普查队工作人员对专家组针对验收中提出的文物信息填报和文物摄影两个突出的问题，进行了认真详细地记录，本着对历史负责、对工作负责的态度，验收结束后普查队工作人员立即修改了验收中专家组提出的问题，使文物信息填报和文物摄影工作在进度和质量上有了很大的提高。

经过一年多的实地文物调查，包头市普查工作走遍了辖区内的所有乡镇，我市共普查登记可移动文物142448件/套，普查完成率为100%。普查登记表填写规范，内容翔实、有针对性，照片齐全，说明准确。

2016年是普查工作的收官之年，3月初，自治区文物普查督查组到我市进行了文物普查督查和指导。之后按照自治区督查组指导意见和规范要求，我市进入普查工作第三阶段——数据的完善和规范阶段。我市普查办组织9个区旗县文物管理单位工作人员开展数据完善和规范工作，确保每件文物普查资料准确、完整、翔实。

经过紧张而又忙碌的5个月数据完善和规范工作，按照自治区普查办数据报送时间安排，8月11日，我市普查办领导和工作人员携带全市14万余件/套数据报送至自治区普查办，专家组对我市文物数据进行了现场审核。由于我市文物数量较多，审核时间仅为1天，在时间短任务重的情况下，审核专家从早上八点开始，午饭过后继续数据审核，直至晚上八点结束审核。8月正值三伏天气，内蒙古地区一年四季中最热的时间，室内温度高达30多摄氏度，专家们顶着酷热、克服各种困难进行审核，现场对部分文物数据进行修改，有的提出修改意见。

根据自治区普查办专家组的修改意见，我市普查办工作人员加班加点，利用周末时间，对全市普查数据进行了修改。修改后的文物数据在8月底已全部报至国家文物局，待国普办专家组抽查。

截至2016年8月31日，包头市23家文物收藏单位的142448件/套文物已全部完成普查工作第二阶段——数据采集阶段，并已报至国家文物局。

六、普查的总结

根据《包头市第一次全国可移动文物普查实施细则》，包头市文物普查办将准备编写《包头市可移动文物精品集》，该名录将录入包头市辖区内可移动文物142448件/套。现正在编制辖区内国有文物收藏单位名录及辖区内各级普查机构工作报告的编写。

七、在普查中开展的其他相关工作

包头市普查队在实地文物调查阶段由专人负责资料数据的记录，负责人对在实地文物调查工作中形成的原始数据和资料及时整理归档。实地文物调查阶段结束后，由包头市文物管理处对所有原始资料进行归纳、整理、建档，并对档案进行备份、保存、管理，从而方便日后工作中的查阅，发挥出应有的作用。

电子档案的保管工作也由专人负责，并由专用的计算机进行存储保管，定期备份。实行纸质文本和电子文本双套制的工作模式，做到普查数据整理有序、管理科学、有效利用，基本实现第一次全国可移动文物普查档案的信息化管理，增加普查档案管理的科技含量，这些信息将为我市当前和今后一个时期文物事业的发展提供最为翔实的基础资料和参考依据。

包头市文物管理处对全市第一次全国可移动文物普查的所有资料都进行了认真分类、整理，并准备编制目录索引。对电子文本备份管理，以保证电子文本内容逻辑上的准确为原则。保存原始文本的电子图像，对电子档案载体进行定期有效的检测与维护，以确保电子档案信息的完整性和可靠性。

八、验收结论

经验收，包头市第一次全国可移动文物普查验收结论为合格。

附件　第一次全国可移动文物普查验收表

包头市第一次全国可移动文物普查验收表

一、普查组织

序号	行政区	地市级普查领导小组数量(个)	地市级普查工作办公室(个)	建立普查工作机制的行业系统(个)	建立普查工作机制的收藏单位(个)	印发地市级普查通知(份)	印发地市级普查实施方案(份)	开展普查工作档案整理的地市数量(个)
1	地市级合计	1	1	9	9	23	23	0
	具体情况	是否组建地市级普查领导小组	是否成立地市级普查工作办公室	建立普查工作机制的行业系统(个)	建立普查工作机制的收藏单位(个)	是否印发普查通知	是否印发普查实施方案	是否开展普查工作档案整理
	包头市昆都仑区	■是　□否	■是　□否	1	1	■是　□否	■是　□否	□是　■否
	包头市东河区	■是　□否	■是　□否	1	1	■是　□否	■是　□否	□是　■否
	包头市青山区	■是　□否	■是　□否	1	1	■是　□否	■是　□否	□是　■否
	包头市固阳县	■是　□否	■是　□否	1	1	■是　□否	■是　□否	□是　■否
	包头市土右旗	■是　□否	■是　□否	1	1	■是　□否	■是　□否	□是　■否
	包头市石拐区	■是　□否	■是　□否	1	1	■是　□否	■是　□否	□是　■否
	包头市九原区	■是　□否	■是　□否	1	1	■是　□否	■是　□否	□是　■否
	包头市白云区	■是　□否	■是　□否	1	1	■是　□否	■是　□否	□是　■否
	包头市达茂旗	■是　□否	■是　□否	1	1	■是　□否	■是　□否	□是　■否

＊此表格含 11 项内容，由各地市级普查办填写，省级普查办汇总。区县级验收表格可参照此表。

二、人员保障

(单位：人)

序号	行政区	各级普查办	收藏单位	普查专家	普查志愿者	合计
2	地市级合计	10	23	10	30	73
	包头市昆都仑区	16	16	10	30	47
	包头市东河区	3	4	0	0	7
	包头市青山区	3	2	0	0	5
	包头市九原区	2	2	0	0	4
	包头市固阳县	2	4	0	0	6
	包头市土右旗	3	6	0	0	9
	包头市石拐区	3	4	0	0	7
	包头市白云区	2	2	0	0	4
	包头市达茂旗	2	4	0	0	6

＊此表格填写地市本级情况。应包括参与普查工作的全部人员，即持有"普查员证"的人员和未申领普查员证的人员。

三、经费保障

(单位：万元)

序号	行政区	合计	2013 年	2014 年	2015 年	2016 年
3	地市级总计	300	0	220	52	16.3
	包头市昆都仑区	3	0	3	0	0
	包头市青山区	5	0	5	0	0
	包头市东河区	0	0	0	0	0
	包头市九原区	2.8	0	2.8	0	0
	包头市固阳县	2	0	2	0	0
	包头市土右旗	10	0	10	0	0
	包头市石拐区	0	0	0	0	0
	包头市白云区	0	0	0	0	0
	包头市达茂旗	3.5	0	3.5	0	0

＊此表格填写地市本级经费情况，不含所辖区县。

四、普查培训

序号	行政区	合计		2013 年		2014 年		2015 年		2016 年	
		次数 (次)	人数 (人)	次数 (次)	人数 (人)	次数 (次)	人数 (人)	次数 (次)	人数 (人)	次数 (次)	人数 (人)
4	地市级合计	5	181	1	60	2	61	1	30	1	30
	包头市	5	80	1	16	2	32	1	16	1	16

＊此表格填写地市本级培训情况，不含所辖区县。

五、普查宣传

序号	行政区	组建地市级宣传机构（个）	制定地市级宣传方案（个）	宣传方式						
				电视（次）	互联网（次）	报刊（次）	海报（份）	册页（份）	……	……
5	地市级合计	1	1	1		4	0	500		
	具体情况	是否组建地市级宣传机构	是否制定地市级宣传方案							
	包头市昆都仑区	■是　□否	■是　□否							
	包头市东河区	■是　□否	■是　□否							
	包头市青山区	■是　□否	■是　□否							
	包头市九原区	■是　□否	■是　□否							
	包头市固阳县	■是　□否	■是　□否							
	包头市土右旗	■是　□否	■是　□否							
	包头市石拐区	■是　□否	■是　□否							
	包头市白云区	■是　□否	■是　□否							
	包头市达茂旗	■是　□否	■是　□否							

＊ "宣传方式"为选填项，如有其他宣传方式，可根据实际情况填写。

六、国有可移动文物收藏单位调查

序号	行政区划	辖区内国有单位数量（家）	国有单位可移动文物收藏情况调查表		
			发放（张）	回收（张）	反馈收藏有可移动文物的国有单位（家）
6	地市级合计	1046	1046	1046	23
	包头市昆都仑区	86	86	86	5
	包头市青山区	118	118	118	2
	包头市东河区	69	69	69	4
	包头市九原区	98	98	98	2
	包头市固阳县	371	371	371	1
	包头市土右旗	66	66	66	2
	包头市石拐区	54	54	54	2
	包头市白云区	42	42	42	1
	包头市达茂旗	142	142	142	4

＊此表格填写地市本级国有单位调查情况。

七、文物认定及建档

序号	行政区划	文博系统单位					非文博系统单位				
		收藏单位数量（家）	新发现、新认定藏品数量（件/套）	新建/重建藏品账目及档案的单位数量（家）	新建/重建藏品账目及档案的文物数量（件/套）	完成藏品账目及档案信息化的单位数量（家）	收藏单位数量（家）	新发现、新认定藏品数量（件/套）	新建/重建藏品账目及档案的单位数量（家）	新建/重建藏品账目及档案的文物数量（件/套）	完成藏品账目及档案信息化的单位数量（家）
7	地市级合计	20	1631	20	2354	0	3	5212	3	5212	3
	包头市昆都仑区	4	71	4	249	0	1	50	1	50	1
	包头市青山区	1	401	1	401	0	1	162		162	1
	包头市东河区	4	253	4	253	0					
	包头市九原区	2	115	2	115	0					
	包头市固阳县	1	563	1	563	0					
	包头市土右旗	2	54	2	213	0					
	包头市石拐区	1	90	1	90	0	1	5000		5000	1
	包头市白云区	1	40	1	40	0					
	包头市达茂旗	4	44	4	430	0					

＊此表格填写地市本级文物认定情况,按照文博系统单位和非文博系统单位分别填写。其中"新建/重建藏品账目及档案的单位数量（家）""新建/重建藏品账目及档案的文物数量（件/套）""完成藏品账目及档案信息化的单位数量（家）"为选填项。

八、收藏单位登录情况

（单位：家）

序号	行政区	摸底调查阶段反馈收藏有文物的国有单位数量	已登录文物的收藏单位数量	已注册账号但未登录文物的收藏单位数量
8	地市级合计	23	23	0
	包头市昆都仑区	5	5	0
	包头市青山区	2	2	0
	包头市东河区	4	4	0
	包头市九原区	2	2	0
	包头市固阳县	1	1	0
	包头市土右旗	2	2	0
	包头市石拐区	2	2	0
	包头市白云区	1	1	0
	包头市达茂旗	4	4	0

＊此表格填写省本级、地市本级、区县本级收藏单位登录情况。

"已注册账号但未登录文物的收藏单位"指在普查平台登录文物数量为0的单位。

九、文物信息登录

（单位：家）

序号	行政区	是否完成文物信息登录工作	完成比例	未完成的工作进度安排
9	地市级	■是　□否	100%	0
	包头市昆都仑区	■是　□否	100%	0
	包头市青山区	■是　□否	100%	0
	包头市九原区	■是　□否	100%	0
	包头市东河区	■是　□否	100%	0
	包头市固阳县	■是　□否	100%	0
	包头市土右旗	■是　□否	100%	0
	包头市石拐区	■是　□否	100%	0
	包头市白云区	■是　□否	100%	0
	包头市达茂旗	■是　□否	100%	0

＊此表格填写地市本级可移动文物登录情况。

十、普查成果开发、利用（选填）

序号	行政区	是否有单位收公开藏品资源	已公开藏品资源的单位数量	是否举办普查主题展览（含网络展览）	展览数量
10	地市级合计	□是　■否		□是　■否	
	包头市昆都仑区	□是　■否		□是　■否	
	包头市青山区	□是　■否		□是　■否	
	包头市东河区	□是　■否		□是　■否	
	包头市九原区	□是　■否		□是　■否	
	包头市固阳县	□是　■否		□是　■否	
	包头市土右旗	□是　■否		□是　■否	
	包头市石拐区	□是　■否		□是　■否	
	包头市白云区	□是　■否		□是　■否	
	包头市达茂旗	□是　■否		□是　■否	

＊此表格填写地市级普查成果开发、利用情况。

十一、普查的总结

序号	行政区	是否已编制辖区内国有文物收藏单位名录	是否已编写普查工作报告
11	地市级合计	□是　■否	■是　□否
	包头市昆都仑区	□是　■否	■是　□否
	包头市青山区	□是　■否	■是　□否
	包头市东河区	□是　■否	■是　□否
	包头市九原区	□是　■否	■是　□否
	包头市固阳县	□是　■否	■是　□否
	包头市土右旗	□是　■否	■是　□否
	包头市石拐区	□是　■否	■是　□否
	包头市白云区	□是　■否	■是　□否
	包头市达茂旗	□是　■否	■是　□否

＊此表格填写地市级普查总结相关事宜情况。

执笔：王英泽

呼伦贝尔市第一次全国可移动文物
普查验收报告

呼伦贝尔市第一次全国可移动文物普查领导小组办公室　呼伦贝尔市文物局

自 2012 年 10 月 8 日国务院下发《国务院关于开展第一次全国可移动文物普查的通知》（国发〔2012〕54 号）以来，内蒙古自治区人民政府为贯彻落实文件精神，提高我区文化遗产保护管理水平，建设民族文化强区，下发了《内蒙古自治区人民政府关于在全区开展第一次全国可移动文物普查工作的通知》（内政发〔2013〕33 号文件）；2013 年 6 月，呼伦贝尔市人民政府下发了《呼伦贝尔市关于开展第一次全国可移动文物普查的通知》（呼政发〔2013〕89 号）；根据上级文件精神及要求，呼伦贝尔市第一次全国可移动文物普查工作拉开了帷幕。

一、普查组织

2013 年 6 月，呼伦贝尔市成立了呼伦贝尔市第一次全国可移动文物普查领导小组，设立了普查领导小组办公室；成立了办公室项目部、专家组。

1. 办公室主任由呼伦贝尔市文化新闻出版广电局党组书记、局长何涛担任；副主任由呼伦贝尔市文化新闻出版广电局党组成员、呼伦贝尔民族博物院院长白劲松担任；成员由各旗市文体广电局主管文物局长及博物院相关部室主任组成；同时印发了可移动文物普查时间表、文物普查宣传方案。

2. 办公室项目部主任，由呼伦贝尔市文化新闻出版广电局党组成员、呼伦贝尔市文物局副局长、呼伦贝尔民族博物院院长、文博研究员白劲松担任；成员由各旗市文博单位主要负责人及呼伦贝尔民族博物院相关人员组成。

3. 专家组成员由呼伦贝尔市文博副高级以上职称人员担任，分别负责相关旗市工作。

4. 下半年各旗市也根据文件要求，成立了各级普查办。普查办成立后根据上级文件要求制定了宣传方案，成立领导小组、办公室等。

5. 各旗市区也制定了相应的普查宣传方案。

二、工作开展情况

1. 业务培训

2013 年 7 月，自治区普查办举办了第一次全国可移动文物普查工作业务骨干培训班，呼伦贝尔市有 20 人参加了本次培训。

2013 年 8 月，呼伦贝尔市举办了全市第一次全国可移动文物普查工作培训班，参加此次培训班共有 70 人，这 70 人不仅有全市文博系统的业务人员，还有来自非文博系统的银行、教育局、档案局、民政局的人员，呼伦贝尔市是内蒙古自治区盟市级第一个举办一普培训班的盟市。

2013 年年末 2014 年年初，鄂温克族自治旗、鄂伦春自治旗等旗市也举办了旗市级培训班，参加人员为本行政区域内文博系统及乡镇文化站的工作人员。

2014 年 12 月，呼伦贝尔市又派 20 人参加了自治区举办的第一次全国可移动文物普查工作培训班（东部区），2015 年 9 月、2016 年 1 月，呼伦贝尔市又有近 70 人参加了自治区举办的一普业务工作培训班，截止到 2016 年，呼伦贝尔市共有约 500 人次参加了第一次全国可移动文物普查工作的培训班，通过培训和学习提高了普查人员的业务水平，提升了普查队伍的整体实力。

2. 普查经费

为确保普查工作能够扎实有效推进，根据可移动文物普查工作的要求和标准，各旗市区都匹配了一定的资金用于文物普查工作所需器材设备的购置，确保了可移动文物普查工作的顺利进行。

3. 宣传工作

为做好第一次全国可移动文物普查宣传工作，让更多的人了解什么是一普，为什么要进行第一次全国可移动文物普查工作，我们下发普查工作宣传方案到微信平台，每年的国际博物馆日、文化遗产日、草原文化遗产日等重要文化节日开展可移动文物普查工作的宣传。

4. 国有单位文物收藏情况调查

呼伦贝尔市共发放国有单位文物收藏情况调查表 2847 份，回收了 2847 份，通过调查走访，呼伦贝尔地区共确定有文物收藏单位 44 家。

5. 文物认定工作

在本次可移动文物普查过程中，新认定非文博系统 7 家收藏单位的文物共计 4248 件/套。

6. 文物信息采集登录

（1）收藏单位

此次呼伦贝尔市一普文物收藏单位共上报 65 家，经过走访、调查、认定其中有 21 家没有文物藏品，账号已注销，最后确定 44 家单位进入文物信息登录平台。

（2）数据报送

根据工作安排，2016 年 7 月起开始组织专家开展了数据审核工作，经过近一个月的工作，专家组对全市上报的 34776 条数据逐条进行审核，并于 8 月上报至自治区，通过自治区专家组的审核，上报至国家文物局数据中心。

7. 普查成果开放、利用工作

根据自治区文物局要求，呼伦贝尔市选取本次可移动文物普查登记录入的 46 件/套文物，在呼和浩特市参加了全国可移动文物普查成果展。其余进入文物信息平台的文物也在本院的基本陈列和临时展览中进行展出。

三、普查工作总结

自 2013 年 6 月呼伦贝尔市第一次全国可移动文物普查工作开展以来，至今已有 4 年多的时间。这四年来全市上下共同努力，各级普查机构的工作人员，克服困难，全力推进一普工作。此次一普工作不仅仅是一次简单的可移动文物普查工作，更是对我们文博系统专业人员的业务水平、工作能力、适应能力以及与各国有单位之间沟通能力的一次考核。一普工作的有序推进，不仅让社会各界对可移动文物保护与利用有了一个新的认知，同时也使呼伦贝尔市的文博队伍业务能力整体上有了提升。文物数据已报送至国家文物局数据中心，我们还将继续认真开展可移动文物普查数据安全管理、整理并补充普查工作档案、公布普查成果、编制呼伦贝尔市第一次全国可移动文物普查工作报告等一系列后续工作，为呼伦贝尔市第一次全国可移动文物普查工作画上一个完美的句号。

附件　第一次全国可移动文物普查验收表

呼伦贝尔市第一次全国可移动文物普查验收表

一、普查组织

序号	行政区	地市级普查领导小组数量（个）	地市级普查工作办公室（个）	建立普查工作机制的行业系统（个）	建立普查工作机制的收藏单位（个）	印发地市级普查通知（份）	印发地市级普查实施方案（份）	开展普查工作档案整理的地市数量（个）
	地市级合计	14	14	32	44	100	100	14
	具体情况	是否组建地市级普查领导小组	是否成立地市级普查工作办公室	建立普查工作机制的行业系统（个）	建立普查工作机制的收藏单位（个）	是否印发普查通知	是否印发普查实施方案	是否开展普查工作档案整理
1	呼伦贝尔市	■是 □否	■是 □否	3	1	■是 □否	■是 □否	■是 □否
	满洲里市	■是 □否	■是 □否	1	3	■是 □否	■是 □否	■是 □否
	额尔古纳市	■是 □否	■是 □否	11	2	■是 □否	■是 □否	■是 □否
	海拉尔区	■是 □否	■是 □否	3	3	■是 □否	■是 □否	■是 □否
	鄂温克族自治旗	■是 □否	■是 □否	2	4	■是 □否	■是 □否	■是 □否
	鄂伦春族自治旗	■是 □否	■是 □否	1	1	■是 □否	■是 □否	■是 □否
	莫力达瓦达斡尔族自治旗	■是 □否	■是 □否	1	6	■是 □否	■是 □否	■是 □否
	陈巴尔虎旗	■是 □否	■是 □否	1	1	■是 □否	■是 □否	■是 □否
	新巴尔虎左旗	■是 □否	■是 □否	1	2	■是 □否	■是 □否	■是 □否
	新巴尔虎右旗	■是 □否	■是 □否	1	2	■是 □否	■是 □否	■是 □否
	阿荣旗	■是 □否	■是 □否	1	3	■是 □否	■是 □否	■是 □否
	扎兰屯市	■是 □否	■是 □否	2	12	■是 □否	■是 □否	■是 □否
	根河市	■是 □否	■是 □否	2	2	■是 □否	■是 □否	■是 □否
	扎赉诺尔区	■是 □否	■是 □否	2	2	■是 □否	■是 □否	■是 □否

* 此表格含 11 项内容，由各地市级普查办填写，省级普查办汇总。区县级验收表格可参照此表。

二、人员保障　　　　　　　　　　　　　　　　　　　　　　（单位：人）

序号	行政区	各级普查办	收藏单位	普查专家	普查志愿者	合计
2	地市级合计	127	210	23	24	384
	呼伦贝尔市直属	23	31	8		62
	满洲里市	6	10	3	1	20
	额尔古纳市	3	6（其中3人无普查证）			9
	海拉尔区	5	5	1		11
	鄂温克族自治旗	10	10	2		22
	鄂伦春族自治旗	16	54（其中32人无普查证）	2		72
	莫力达瓦达斡尔族自治旗	3	18（其中15人无普查证）	2	6	29
	陈巴尔虎旗	14	15（其中5人无普查证）	2		31
	新巴尔虎左旗	5	8			13
	新巴尔虎右旗	14	5（其中1人无普查证）	1		20
	阿荣旗	6	11（其中6人无普查证）	2	5	24
	扎兰屯市	15	20（其中14人无普查证）		10	45
	根河市	2	9（均无普查证）		2	13
	扎赉诺尔区	5	8			13

＊此表格填写地市本级情况。应包括参与普查工作的全部人员，即持有"普查员证"的人员和未申领普查员证的人员。

三、经费保障　　　　　　　　　　　　　　　　　　　　　　（单位：万元）

序号	行政区	合计	2013年	2014年	2015年	2016年
3	呼伦贝尔市总计	165.4299	34.4875	37.8174	39.507	53.618
	呼伦贝尔民族博物院	37	15		7	15
	满洲里市					
	额尔古纳市	9	7	2		
	海拉尔区					
	鄂温克族自治旗	25		10	10	5
	鄂伦春族自治旗	35	5	10	10	10
	莫力达瓦达斡尔族自治旗	15	5			10
	陈巴尔虎旗	28		8	10	10
	新巴尔虎左旗					
	新巴尔虎右旗					
	阿荣旗	6	2	2	2	
	扎兰屯市	7.5		5.5		2
	根河市	2.9299	0.4875	0.3174	0.507	1.618
	扎赉诺尔区					

＊此表格填写地市本级经费情况，不含所辖区县。

四、普查培训

序号	行政区	合计		2013 年		2014 年		2015 年		2016 年	
		次数（次）	人数（人）	次数（次）	人数（人）	次数（次）	人数（人）	次数（次）	人数（人）	次数（次）	人数（人）
4	呼伦贝尔市	1	70	1	70						

＊此表格填写地市本级培训情况，不含所辖区县。

五、普查宣传

序号	行政区	组建地市级宣传机构（个）	制定地市级宣传方案（个）	宣传方式						
				电视（次）	互联网（次）	报刊（次）	海报（份）	册页（份）	……	……
5	地市级合计	12	13	31	22	5	2000	8800		
	具体情况	是否组建地市级宣传机构	是否制定地市级宣传方案							
	呼伦贝尔市直属	■是　□否	■是　□否	1						
	满洲里市	□是　■否	□是　■否							
	额尔古纳市	■是　□否	■是　□否	1			200			
	海拉尔区	■是　□否	■是　□否	1			400			
	鄂温克族自治旗	■是　□否	■是　□否	1						
	鄂伦春族自治旗	■是　□否	■是　□否	1	1	1	1000			
	莫力达瓦达斡尔族自治旗	■是　□否	■是　□否				3000			
	陈巴尔虎旗	■是　□否	■是　□否	2						
	新巴尔虎左旗	■是　□否	■是　□否	6	2	2	300	400		
	新巴尔虎右旗	□是　■否	■是　□否	7				500		
	阿荣旗	■是　□否	■是　□否	7				2000		
	扎兰屯市	■是　□否	■是　□否		10			2000		
	根河市	■是　□否	■是　□否	5	5		500	500		
	扎赉诺尔区	■是　□否	■是　□否	1	2	2				

＊"宣传方式"为选填项，如有其他宣传方式，可根据实际情况填写。

六、国有可移动文物收藏单位调查

序号	行政区划	辖区内国有单位数量（家）	国有单位可移动文物收藏情况调查表		
			发放（张）	回收（张）	反馈收藏有可移动文物的国有单位（家）
6	呼伦贝尔市	2891	2847	2847	44

＊此表格填写地市本级国有单位调查情况。

七、文物认定及建档

序号	行政区划	文博系统单位					非文博系统单位				
		收藏单位数量（家）	新发现、新认定藏品数量（件/套）	新建/重建藏品账目及档案的单位数量（家）	新建/重建藏品账目及档案的文物数量（件/套）	完成藏品账目及档案信息化的单位数量（家）	收藏单位数量（家）	新发现、新认定藏品数量（件/套）	新建/重建藏品账目及档案的单位数量（家）	新建/重建藏品账目及档案的文物数量（件/套）	完成藏品账目及档案信息化的单位数量（家）
7	地市级合计	35	372	20	10788	25	9	36	5	4214	7
	呼伦贝尔市直属	1									
	满洲里市	3	2	3	1410	1					
	额尔古纳市	2	43	1	444						
	海拉尔区	3			3						
	鄂温克族自治旗	3				1					
	鄂伦春族自治旗	1			1095	1	1	2	1	2	1
	莫力达瓦达斡尔族自治旗	2	41	1	170	2	4		4	4212	4
	陈巴尔虎旗	1			1						
	新巴尔虎左旗	2	120	1	878	1					
	新巴尔虎右旗	2			2						
	阿荣旗	2	5								
	扎兰屯市	10	129	10	5379	10	2	15			2
	根河市	2	32	2	456	2					
	扎赉诺尔区	1		2	956	2	1	19			

＊此表格填写地市本级文物认定情况，按照文博系统单位和非文博系统单位分别填写。其中"新建/重建藏品账目及档案的单位数量（家）""新建/重建藏品账目及档案的文物数量（件/套）""完成藏品账目及档案信息化的单位数量（家）"为选填项。

八、收藏单位登录情况

（单位：家）

序号	行政区	摸底调查阶段反馈收藏有文物的国有单位数量	已登录文物的收藏单位数量	已注册账号但未登录文物的收藏单位数量
8	地市级合计	44	44	
	呼伦贝尔市直属	1	1	
	满洲里市	3	3	
	额尔古纳市	2	2	
	海拉尔区	3	3	
	鄂温克族自治旗	4	4	
	鄂伦春族自治旗	2	2	
	莫力达瓦达斡尔族自治旗	6	6	
	陈巴尔虎旗	1	1	
	新巴尔虎左旗	2	2	
	新巴尔虎右旗	2	2	
	阿荣旗	2	2	
	扎兰屯市	12	12	
	根河市	2	2	
	扎赉诺尔区	2	2	

＊此表格填写省本级、地市本级、区县本级收藏单位登录情况。

"已注册账号但未登录文物的收藏单位"指在普查平台登录文物数量为0的单位。

九、文物信息登录

（单位：家）

序号	行政区	是否完成文物信息登录工作	完成比例	未完成的工作进度安排
9	呼伦贝尔市	■是　□否	100%	
	呼伦贝尔市直属	■是　□否	100%	
	满洲里市	■是　□否	100%	
	额尔古纳市	■是　□否	100%	
	海拉尔区	■是　□否	100%	
	鄂温克族自治旗	■是　□否	100%	
	鄂伦春族自治旗	■是　□否	100%	
	莫力达瓦达斡尔族自治旗	■是　□否	100%	
	陈巴尔虎旗	■是　□否	100%	
	新巴尔虎左旗	■是　□否	100%	
	新巴尔虎右旗	■是　□否	100%	
	阿荣旗	■是　□否	100%	
	扎兰屯市	■是　□否	100%	
	根河市	■是　□否	100%	
	扎赉诺尔区	■是　□否	100%	

＊此表格填写地市本级可移动文物登录情况。

十、普查成果开发、利用（选填）

序号	行政区	是否有单位公开藏品资源	已公开藏品资源的单位数量	是否举办普查主题展览（含网络展览）	展览数量
10	地市级合计	■是　□否	1	■是　□否	4
		□是　□否		□是　□否	
		□是　□否		□是　□否	
		□是　□否		□是　□否	

＊此表格填写地市级普查成果开发、利用情况。

藏品资源公开情况

序号	已公开藏品资源的单位名称	公开藏品数量	公开方式
1	呼伦贝尔民族博物院	1996 件/套	展览
2			
3			
4			
5			

利用普查成果举办展览情况（含网络展览）

序号	展览名称	展览形式	展出地点	展出藏品量	参观人次
1	中国北方古代民族摇篮	基本陈列	呼伦贝尔民族博物院	1060 件/套	30 万/年
2	北方狩猎游牧民族家园	基本陈列	呼伦贝尔民族博物院	420 件/套	30 万/年
3	五彩呼伦贝尔——鄂伦春、鄂温克、达斡尔三少民族、民俗展	对外交流展	区外相关省市	227 件/套	12 万人
4	散落在草原上的珍珠——蒙古族文物精品展	对外交流展	区外相关省市	289 件/套	8 万人

十一、普查的总结

序号	行政区	是否已编制辖区内国有文物收藏单位名录	是否已编写普查工作报告
11	地市级合计	■是　□否	■是　□否
	呼伦贝尔市直属	■是　□否	■是　□否
	满洲里市	■是　□否	■是　□否
	额尔古纳市	■是　□否	■是　□否
	海拉尔区	■是　□否	■是　□否
	鄂温克族自治旗	■是　□否	■是　□否
	鄂伦春族自治旗	■是　□否	■是　□否
	莫力达瓦达斡尔族自治旗	■是　□否	■是　□否
	陈巴尔虎旗	□是　■否	■是　□否

序号	行政区	是否已编制辖区内国有文物收藏单位名录	是否已编写普查工作报告
11	新巴尔虎左旗	□是　■否	■是　□否
	新巴尔虎右旗	□是　■否	■是　□否
	阿荣旗	□是　■否	■是　□否
	扎兰屯市	■是　□否	□是　■否
	根河市	■是　□否	■是　□否
	扎赉诺尔区	□是　■否	□是　■否

＊此表格填写地市级普查总结相关事宜情况。

执笔：陈桂婷　崔爽

兴安盟第一次全国可移动文物普查
验收报告

兴安盟第一次全国可移动文物普查领导小组办公室

根据《国务院关于开展第一次全国可移动文物普查的通知》《内蒙古自治区人民政府关于在全区开展第一次全国可移动文物普查的通知》文件精神，兴安盟于 2013 年 6 月正式开展第一次全国可移动文物普查工作。成立了兴安盟第一次全国可移动文物普查领导小组，制定普查方案、明确普查领导小组办公室成员和项目部、专家组人员名单。按照自治区可移动文物普查领导小组办公室的工作部署，兴安盟可移动文物普查已全面完成文物信息采集、报送工作，现将具体工作情况报告如下。

一、普查的组织

（一）成立普查机构，制定普查方案

全国可移动文物普查工作启动以来，兴安盟严格按照国家、自治区普查办的统一安排部署，结合全盟文物工作实际，采取有效措施，扎实开展普查工作。兴安盟行政公署积极开展动员部署，印发了《关于在全盟开展第一次全国可移动文物普查的通知》，要求各地区、各单位充分认识到开展可移动文物普查工作的重要性，加大宣传力度，重点把握关键环节，加强组织协调，明确责任分工，落实经费保障，完善工作机制。2013 年 7 月制定了《兴安盟第一次全国可移动文物普查实施方案》，进一步明确了可移动文物普查的重要意义、范围、职责分工和相关要求。兴安盟可移动文物普查领导小组成立，由分管副盟长任组长，行署副秘书长和文体局长任副组长，领导小组成员由盟级各相关部门的主要领导组成，并指定各行业系统具体负责人。领导小组下设办公室，办公室设在兴安盟文物管理站，负责全盟可移动文物普查的组织、实施、指导、督查等工作。办公室下设项目部和专家组，负责全盟可移动文物的认定和数据审核工作。

2013 年 8 月印发了《兴安盟第一次全国可移动文物普查工作时间表、任务书、责任人一览表》，对全盟普查工作各阶段的工作目标、责任单位及责任人进行了详细部署。要求各级政府进一步加强普查工作组织领导，建立普查责任制度，明确职责分工，确保领导、机构、人员、经费、设备"五落实"。随后，兴安盟六个旗县市也相继印发了可移动文物普查实施方案，并成立了可移动文物普查领导小组。

（二）普查联系机制

第一次全国可移动文物普查是一项重大的国情国力调查，涉及范围广，技术要求高，调查任务重，工作难度大，需各有关部门的积极参与和配合。为确保普查工作顺利进行，兴安盟召开第一次全国可移动文物普查工作会议，与各相关单位加强协作，密切配合，确定了各行业系统具体负责人，为全盟普查工作的顺利推进奠定了扎实的基础。

（三）普查档案留存情况

普查过程中，在《国有可移动文物普查建档备案工作规范（试行）》的基础上，积极与盟档案局进行沟通协调，明确有关档案制作以及卷内具体内容等技术问题，确保建档备案工作的标准化、规范化。按照建档规范在建立纸质档案的同时，将档案输入电脑备份，基本实现普查档案电子化，做到纸质档案与电子档案双备份，既确保了档案安全，又满足了信息化管理、使用要求。兴安盟各级普查机构依据《档案法》有关规定，实行专柜存放、专人管理，制定管理制度，落实管理责任，并对普查档案利用等情况进行跟踪记录，切实做好档案管理工作。

二、普查的保障措施

（一）普查人员及培训

1. 人员：为了加强业务能力，组建了兴安盟可移动文物普查工作专家库，专家库由盟文物管理站、博物馆的文物专家组成。统一负责本次可移动文物普查的业务指导、技术咨询、文物认定、质量把关、信息汇总、检查验收等专业指导工作。

普查工作开展以来，全盟共有120余名普查工作者参与普查工作。经过普查培训、数据采集、资料录入和数据整理，广大基层文物工作者的业务能力和工作水平都得到了全面的锻炼和提高。

2. 培训：2013年7月，兴安盟组织各旗县市文物业务骨干赴呼和浩特市参加自治区文物局组织的第一次全国可移动文物普查业务培训班。2013年9月，召开兴安盟第一次全国可移动文物普查电视电话会议，行署分管副盟长及第一次全国可移动文物普查领导小组各相关单位分管负责人、各旗县市分管文化局长及相关单位负责人出席了会议。

2013年12月，兴安盟举办全盟可移动文物普查培训班，对全盟48名业务骨干进行为期两天的培训，并建立了兴安盟第一次全国可移动文物普查QQ群，方便全盟"一普"工作人员在线沟通交流，随时解决"一普"工作中出现的问题。

普查工作开展的过程中，兴安盟各级普查办，积极参加自治区普查办举办的各类培训，认真贯彻落实培训会议提出的各项要求。通过培训，一线业务工作人员对普查的目标要求、工作流程、文物认定、信息采集、技术规范及重点任务都有了清晰的认识，为全盟可移动文物普查工作培养了中坚力量。

（二）经费落实情况

依照国家、自治区相关要求，兴安盟高度重视对普查经费的保障。各级财政及文物部门密切配合，按照责任分工，测算数据、编制预算、统筹经费，将普查经费列入年度部门预算，实行专项管理，确保普查经费能及时、足额拨付到位，从资金方面确保普查各项工作得以顺利实施。兴安盟普查经费共拨款118万元，其中盟直属文博单位75万元，旗县市文博单位43万元。

（三）普查宣传工作开展情况

为了让广大干部群众深入了解可移动文物普查工作的重要意义，争得各方面对文物普查的支持，兴安盟各级普查办采取多种办法进行宣传。一是利用广播、电视、报刊等媒体进行宣传，扩大宣传面，使各层面干部群众了解第一次全国可移动文物普查的重要性和必要性。二是将宣传工作与入户调查相结合，普查人员深入国家机关、事业单位、国有企业等单位发放登记表，并进行现场宣传、指导，全方位、多角度地向社会各界宣传文物普查的意义，使宣传更有针对性，确保参与普查人员能够认识到"普查不是小事"。三是紧密结合国际博物馆日、文化遗产日等重要节日，通过发放宣传材料等方式加强普查宣传。普查队员不仅是普查员又是一名宣传员，每到一处都向普查单位发放文物普查宣传资料，宣传普及文物知识和普查知识，为全盟普查工作的开展营造了良好的舆论氛围。

三、国有单位文物收藏摸底调查情况

2013 年 11 月，全盟普查工作进入前期文物调查摸底阶段。通过摸底调查对盟直机关、事业单位、国有企业、国有控股企业发放调查登记表。此次普查共调查国有单位 1186 家，包括机关单位 483 家、事业单位 613 家、国有企业及国有控股企业 79 家、其他单位 11 家，调查中全盟反馈收藏有文物的国有单位共 11 家。通过调查有效掌握了我盟国有可移动文物分布和收藏情况，为文物收藏单位开展文物信息采集和登记等工作打下坚实基础。

四、文物认定及相关工作情况

根据《兴安盟第一次全国可移动文物普查实施方案》的安排部署，为做好普查文物认定工作，兴安盟普查办以高度负责、严谨细致的工作作风开展认定工作，邀请自治区文物专家委员会专家组对我盟各级收藏单位的文物进行了重新认定。

2016 年 5 月，内蒙古自治区文物专家委员会派出文物定级专家组对兴安盟国有馆藏文物进行了实地初步定级。2016 年 12 月，自治区文物专家委员会召开扩大会议，对初步定级结果进行了审定。根据审定结果，第一次全国可移动文物普查期间，兴安盟新认定珍贵文物总数 227 件/套，其中一级文物 9 件/套、二级文物 24 件/套、三级文物 194 件/套。

五、文物信息采集登录

（一）收藏单位登录情况

1. 摸底调查阶段反馈有文物的收藏单位注册情况

兴安盟对摸底调查阶段反馈有文物的收藏单位是 100% 注册。

2. 已注册单位登录情况

兴安盟已注册单位均已登录文物信息。

（二）信息登录情况

1. 单位信息填报准确性

隶属关系、单位性质、单位类型、行业、系统等信息已如实填写，准确无误。

2. 文物信息填报准确性

文物信息填报准确无误，已通过自治区普查办验收。

3. 采集、登录文物数量

2014 年 3 月，兴安盟第一次全国可移动文物普查工作进入普查数据采集和录入阶段。盟旗两级普查办，统一要求、明确规范，严格按照可移动文物普查的标准规范开展文物测量、影像采集、

信息数据采集、信息登录等各项工作。

经过前期文物收藏单位的摸底调查，兴安盟境内国有文物收藏单位共有 11 家。其中，文博系统内收藏单位 7 家，分别为兴安博物馆 5672 件/套、内蒙古民族解放纪念馆 1242 件/套、乌兰浩特市文物管理站 349 件/套、科尔沁右翼前旗博物馆 5062 件/套、扎赉特旗文物管理所 810 件/套、科尔沁右翼中旗博物馆 4671 件/套、突泉县文物管理所 187 件/套，文博系统内收藏单位文物申报总数 17993 件/套。

此外，兴安盟文博系统外的收藏单位共有 4 家，分别为科尔沁右翼中旗档案局 2 件/套、乌兰浩特市史志档案局 33 件/套、中国人民银行兴安盟中心支行 14 件/套、乌兰浩特市城市建设档案馆 3 件/套，文博系统外收藏单位文物申报总数 52 件/套。

截至 2016 年 5 月底，兴安盟采集上报文物总数 18045 件/套，报送进度 100%，普查数据采集工作全面完成，普查取得阶段性成果。

（三）总体工作进度

1. 文物登录进度

兴安盟普查办于 2016 年 8 月 31 日前全部完成数据登录工作，数据报送进度为 100%，全面完成了普查数据信息采集和上报工作。

2. 数据审核进度

2016 年 7 月 20 日通过盟级普查办数据审核；

2016 年 8 月 25 日通过自治区级普查办数据审核。

六、普查的总结

（一）普查数据验收情况

2016 年 6 月，根据国家文物局《第一次全国可移动文物普查数据审核工作管理办法》的相关要求，兴安盟第一次全国可移动文物普查工作进入文物信息审核阶段，全盟所有国有文物收藏单位开始汇总离线数据。

2016 年 7 月，兴安盟文物普查办专家审核组对全盟 11 家文物收藏单位采集登录的 18045 件/套文物开展盟级审核工作。专家组通过离线审核的方式，对文物的名称、类别、级别、年代、质地、外形尺寸、质量、完残程度、保存状态、包含数量、来源方式、入藏时间、藏品编号、收藏单位名称 14 项基本指标项和 11 类附录信息进行审核，审核内容涵盖了可移动文物的基本信息、客观信息、保存管理状况。

2016 年 8 月 5 日，自治区普查办组织专家对兴安盟第一次全国可移动文物普查数据进行审核，兴安盟采集登录上报的 18045 件/套普查数据全部通过自治区审核验收。

（二）国有可移动文物收藏单位名录编制情况

兴安盟普查办按照普查工作要求，依据《国有可移动文物普查——收藏单位名录编制规范（试行）》，编制兴安盟国有可移动文物普查收藏单位名录，摸清试点单位收藏文物的基本情况，实现"目标清楚、数据清楚、家底清楚"，为下一步保护措施制定、实施和文物利用等提供了现实依据。

（三）普查工作报告编制情况

为做好报告编写工作，盟普查办结合普查报告编制规范，组织专家逐条逐句地对正文体例要求进行了讨论，明确具体编制内容，统一思想，形成共识，确保报告编写的统一性、严谨性。目前，兴安盟第一次全国可移动文物普查工作报告已编制完成。

附件　第一次全国可移动文物普查验收表

兴安盟第一次全国可移动文物普查验收表

一、普查组织

序号	行政区	地市级普查领导小组数量（个）	地市级普查工作办公室（个）	建立普查工作机制的行业系统（个）	建立普查工作机制的收藏单位（个）	印发地市级普查通知（份）	印发地市级普查实施方案（分）	开展普查工作档案整理的地市数量（个）
1	地市级合计	1	1	7	11	1200	1200	7
	具体情况	是否组建地市级普查领导小组	是否成立地市级普查工作办公室	建立普查工作机制的行业系统（个）	建立普查工作机制的收藏单位（个）	是否印发普查通知	是否印发普查实施方案	是否开展普查工作档案整理
	兴安盟	■是　□否	■是　□否	1	2	■是　□否	■是　□否	■是　□否
	乌兰浩特市	■是　□否	■是　□否	1	4	■是　□否	■是　□否	■是　□否
	突泉县	■是　□否	■是　□否	1	1	■是　□否	■是　□否	■是　□否
	科尔沁右翼前旗	■是　□否	■是　□否	1	1	■是　□否	■是　□否	■是　□否
	科尔沁右翼中旗	■是　□否	■是　□否	1	2	■是　□否	■是　□否	■是　□否
	扎赉特旗	■是　□否	■是　□否	1	1	■是　□否	■是　□否	■是　□否
	阿尔山市	■是　□否	■是　□否	1	0	■是　□否	■是　□否	■是　□否

*此表格含11项内容，由各地市级普查办填写，省级普查办汇总。区县级验收表格可参照此表。

二、人员保障　　　　　　　　　　　　　　　　　　　　　　　　（单位：人）

序号	行政区	各级普查办	收藏单位	普查专家	普查志愿者	合计
2	地市级合计	34	62	15	44	155
	兴安盟	7	20	5	12	44
	乌兰浩特市	5	4	3	7	19
	突泉县	8	8	3	18	37
	科尔沁右翼前旗	3	8	2	5	18
	科尔沁右翼中旗	6	21	0	0	27
	扎赉特旗	4	1	2	2	9
	阿尔山市	1	0	0	0	1

*此表格填写地市本级情况。应包括参与普查工作的全部人员，即持有"普查员证"的人员和未申领普查员证的人员。

三、经费保障

（单位：万元）

序号	行政区	合计	2013 年	2014 年	2015 年	2016 年
3	地市级	75	45	10	10	10
	兴安盟	43	23	10	5	5
	乌兰浩特市	6	1	2	1	2
	突泉县	6	1	2	1	2
	科尔沁右翼前旗	6	1	2	1	2
	科尔沁右翼中旗	6	1	2	0	0
	扎赉特旗	6	1	2	2	1
	阿尔山市	2	1	0	0	1

＊此表格填写地市本级经费情况，不含所辖区县。

四、普查培训

序号	行政区	合计		2013 年		2014 年		2015 年		2016 年	
		次数（次）	人数（人）	次数（次）	人数（人）	次数（次）	人数（人）	次数（次）	人数（人）	次数（次）	人数（人）
4	地市级合计	15	328	7	135	2	42	2	51	4	100
	兴安盟	9	300	1	100	2	42	2	51	4	100
	乌兰浩特市	1	5	1	6	0	0	0	0	0	0
	突泉县	1	4	1	6	0	0	0	0	0	0
	科尔沁右翼前旗	1	3	1	6	0	0	0	0	0	0
	科尔沁右翼中旗	1	10	1	6	0	0	0	0	0	0
	扎赉特旗	1	3	1	6	0	0	0	0	0	0
	阿尔山市	1	3	1	5	0	0	0	0	0	0

＊此表格填写地市本级培训情况，不含所辖区县。

五、普查宣传

序号	行政区	组建地市级宣传机构（个）	制定地市级宣传方案（个）	宣传方式						
				电视次	互联网次	报刊次	海报份	册页份	……	……
5	具体情况	是否组建地市级宣传机构	是否制定地市级宣传方案							
	地市级合计	7	6	10	25	13	700	2400		
	兴安盟	■是　□否	■是　□否	5	16	8	200	1000		
	乌兰浩特市	■是　□否	■是　□否	1	3	1	100	300		
	突泉县	■是　□否	■是　□否	1	1	1	100	250		
	科尔沁右翼前旗	■是　□否	■是　□否	1	1	1	50	250		
	科尔沁右翼中旗	■是　□否	■是　□否	1	1	1	100	200		
	扎赉特旗	■是　□否	■是　□否	1	2	1	100	200		
	阿尔山市	■是　□否	■是　□否	0	1	0	50	200		

＊"宣传方式"为选填项，如有其他宣传方式，可根据实际情况填写。

六、国有可移动文物收藏单位调查

序号	行政区划	辖区内国有单位数量（家）	国有单位可移动文物收藏情况调查表		
			发放（张）	回收（张）	反馈收藏有可移动文物的国有单位（家）
6	地市级合计	1186	1300	1096	11
	兴安盟	500	700	500	2
	乌兰浩特市	186	100	100	4
	突泉县	100	100	100	1
	科尔沁右翼前旗	100	100	100	1
	科尔沁右翼中旗	100	100	100	2
	扎赉特旗	100	100	100	1
	阿尔山市	100	100	96	0

＊此表格填写地市本级国有单位调查情况。

七、文物认定及建档

序号	行政区划	文博系统单位					非文博系统单位				
		收藏单位数量（家）	新发现、新认定藏品数量（件/套）	新建/重建藏品账目及档案的单位数量（家）	新建/重建藏品账目及档案的文物数量（件/套）	完成藏品账目及档案信息化的单位数量（家）	收藏单位数量（家）	新发现、新认定藏品数量（件/套）	新建/重建藏品账目及档案的单位数量（家）	新建/重建藏品账目及档案的文物数量（件/套）	完成藏品账目及档案信息化的单位数量（家）
7	地市级总体情况	7	227	7	17992	7	4	0	4	52	4
	兴安盟	2	48	2	6914	2	0	0	0	0	0
	乌兰浩特市	1	0	1	349	1	3	0	3	50	3
	突泉县	1	0	1	187	1	0	0	0	0	0
	科尔沁右翼前旗	1	26	1	5061	1	0	0	0	0	0
	科尔沁右翼中旗	1	88	1	4671	1	1	0	1	2	1
	扎赉特旗	1	65	1	810	1	0	0	0	0	0
	阿尔山市	0	0	0	0	0	0	0	0	0	0

＊此表格填写地市本级文物认定情况，按照文博系统单位和非文博系统单位分别填写。其中"新建/重建藏品账目及档案的单位数量（家）""新建/重建藏品账目及档案的文物数量（件/套）""完成藏品账目及档案信息化的单位数量（家）"为选填项。

八、收藏单位登录情况

（单位：家）

序号	行政区	摸底调查阶段反馈收藏有文物的国有单位数量	已登录文物的收藏单位数量	已注册账号但未登录文物的收藏单位数量
8	地市级合计	11	11	0
	兴安盟	2	2	0
	乌兰浩特市	4	4	0
	突泉县	1	1	0
	科尔沁右翼前旗	1	1	0
	科尔沁右翼中旗	2	2	0
	扎赉特旗	1	1	0
	阿尔山市	0	0	0

* 此表格填写省本级、地市本级、区县本级收藏单位登录情况。

"已注册账号但未登录文物的收藏单位"指在普查平台登录文物数量为 0 的单位。

九、文物信息登录

（单位：家）

序号	行政区	是否完成文物信息登录工作	完成比例	未完成的工作进度安排
9	兴安盟	■是　□否	100%	无
	乌兰浩特市	■是　□否	100%	无
	科尔沁右翼中旗	■是　□否	100%	无
	科尔沁右翼前旗	■是　□否	100%	无
	突泉县	■是　□否	100%	无
	扎赉特旗	■是　□否	100%	无
	阿尔山市	■是　□否	100%	无

* 此表格填写地市本级可移动文物登录情况。

十、普查成果开发、利用（选填）

序号	行政区	是否有单位收公开藏品资源	已公开藏品资源的单位数量	是否举办普查主题展览含网络展览	展览数量
10	地市级合计	■是　□否	11	■是　□否	23
	兴安盟	■是　□否	2	■是　□否	9
	乌兰浩特市	■是　□否	3	■是　□否	1
	科尔沁右翼中旗	■是　□否	2	■是　□否	3
	科尔沁右翼前旗	■是　□否	1	■是　□否	3
	突泉县	■是　□否	1	■是　□否	3
	扎赉特旗	■是　□否	1	■是　□否	3
	阿尔山市	■是　□否	1	■是　□否	1

* 此表格填写地市级普查成果开发、利用情况。

藏品资源公开情况

序号	已公开藏品资源的单位名称	公开藏品数量	公开方式
1	兴安盟博物馆	310 件/套	展厅展出
2	科尔沁右翼中旗博物馆	290 件/套	展厅展出
3	科尔沁右翼前旗博物馆	70 件/套	展柜展出

利用普查成果举办展览情况（含网络展览）

序号	展览名称	展览形式	展出地点	展出藏品量	参观人次
1	兴安盟第一次全国可移动文物普查成果展	图片与实物相结合的形式	兴安盟博物馆临展厅	60 件/套	3500

十一、普查的总结

序号	行政区	是否已编制辖区内国有文物收藏单位名录	是否已编写普查工作报告
11	地市级合计	■是　□否	■是　□否
	兴安盟	■是　□否	■是　□否
	乌兰浩特市	■是　□否	■是　□否
	科尔沁右翼前旗	■是　□否	■是　□否
	科尔沁右翼中旗	■是　□否	■是　□否
	扎赉特旗	■是　□否	■是　□否
	突泉县	■是　□否	■是　□否
	阿尔山市	■是　□否	■是　□否

＊此表格填写地市级普查总结相关事宜情况。

执笔：高国庆　路瑶

通辽市第一次全国可移动
文物普查验收报告

通辽市第一次全国可移动文物普查领导小组办公室　通辽市文物局

根据《国务院关于开展第一次全国可移动文物普查的通知》（国发〔2012〕54号）、《内蒙古自治区人民政府关于在全区开展第一次全国可移动文物普查的通知》（内政发〔2013〕33号）精神，通辽市积极行动，认真部署，通辽市可移动文物普查已全面完成文物信息采集、审核、报送工作，现将我市可移动文物普查工作汇报如下。

一、普查的组织机构

1. 2013年7月，通辽市人民政府办公厅召开全市第一次全国可移动文物普查电视电话会议，市政府分管文化的领导和市文化局、市财政局、市发改委、市教育局、市民委、市民政局、市档案局、市博物馆领导及各旗县市区普查相关人员参加了此次会议，此次会议贯彻了上级普查通知精神，全面部署全市第一次全国可移动文物普查工作，组建以通辽市副市长于沨为组长的通辽市第一次全国可移动文物普查领导小组及专家组，普查办公室设在文化局，普查项目办设在通辽市博物馆；同时印发了《可移动文物普查时间表、任务书》。

2. 成立通辽市第一次全国可移动文物普查专家组，成员由通辽市博物馆副高级以上职称人员担任，分别负责相关文物的审定工作。

3. 各旗县、区也相应成立了本地区普查领导小组办公室，负责本地的第一次全国可移动文物普查工作。

4. 根据全区可移动文物普查工作安排，制定了《通辽市第一次全国可移动文物普查工作时间表》。

5. 制定《通辽市第一次全国可移动文物普查宣传方案》，同时各旗县、区也相应制定了普查宣传方案。

二、工作开展情况

1. 业务培训

为切实推进我市第一次全国可移动文物普查工作，加强普查专业人员队伍建设，2013年7月，通辽市及各旗县普查办参加了内蒙古文化厅开办的全区第一次全国可移动文物普查骨干培训班。

2013年10月，通辽市开办第一期全国可移动文物普查业务骨干培训班，请自治区专家老师对可移动文物普查进行指导讲课，全市及旗县、区30多人参加了第一次全国可移动文物普查业务培训。

2014 年，建立了通辽市可移动文物网上普查群，通辽市普查办通过网络平台对各旗县普查办进行可移动文物普查技术及业务上的指导。

2014—2016 年，通辽市及各旗县区普查相关人员多次参加在呼伦贝尔市、包头市、赤峰市、呼和浩特市举办的第一次全国可移动文物普查培训班。

通过这些学习培训，大大提升了通辽市的普查队伍整体水平，为高标准、高质量地完成这次可移动文物普查打下了良好的基础。

2. 普查经费

通辽市为了支持并搞好文物普查，在经费上给予了充分保障。2013 年市级财政拨付 30 万元，2014—2016 年市级财政每年拨付可移动文物普查经费 50 万元，自治区每年补助 15 万元。四年来通辽市财政共拨付可移动文物普查经费 180 万元，自治区补助 45 万元，共计 225 万元。

这些经费主要用于我市普查宣传动员、采集设备的购置、编制普查试点工作方案、印制相关资料等，各级普查人员培训、信息采集、检查验收、专家研讨会、总结等。

3. 普查宣传

为普及文物普查、文物保护知识和法律法规，让全社会共同关注和参与，我市普查办通过微信平台、电视及报纸等媒体进行宣传，在每年国际博物馆日及文化遗产日之际，发放宣传单，向人民群众进一步宣传可移动文物普查工作的重要性。

4. 国有单位文物收藏情况调查

为了确保可移动文物信息的完整性、真实性和准确性，2013 年 10 月，通辽市普查队员通过上门发放调查表、电话询问等方式，在通辽市旗市区共调查近千家单位，发放调查表近千份，回收调查表率在 90% 以上，普查覆盖率不足 100% 的原因有以下几点：①一些单位多次调查，但联系不到具体负责人；②部分国有单位已解体或者重组。通过调查走访，通辽市地区上报有文物的国有收藏单位 39 家（含 1 家自治区属单位——内蒙古民族大学博物馆）。

5. 文物认定工作

自第一次全国可移动文物普查工作启动以来，按照国家文物局、自治区文物局的统一安排部署，通辽市普查办组织专家组，对我市及各旗县文博单位和非文博单位的藏品进行了认定。经过专家对内蒙古民族大学博物馆、通辽市蒙药厂等多家单位现场认定，认定文物 655 件/套，经过此次文物认定工作，为我市文物收藏单位的信息采集、集中管理，尤其是"一普"普查资料整理、数据汇总等工作奠定了坚实的普查基础，同时也丰富了通辽地区的文物数据量。

6. 收藏单位登录情况

通过调查走访，通辽市地区共发现文物收藏单位 39 家，其中内蒙古民族大学博物馆不属于通辽市所辖，属于区直单位，按照属地原则，通辽市普查办也把这家纳入到这次普查范围内。这些文物收藏单位中，国家机关 11 家、事业单位 22 家、国有企业 3 家、人民解放军和武警部队 0 家、其他类型 3 家，上述单位均已完成注册、登录，注册及登录率均达 100%。

7. 普查数据报送情况

根据自治区文物局的要求，我市普查办于 2016 年 9 月 31 日前完成了全部数据登录工作，数据报送进度为100%，全面完成了普查数据信息采集和上报工作。

8. 普查成果开发、利用情况

（1）根据自治区文物局要求，我市可移动文物普查中新登记录入的15件文物参加了全国可移动文物普查成果展（呼和浩特市会场）及全盟可移动文物普查成果展。成果展主要以图文简介及实物展览的形式向社会公众进行展出，收到了良好的社会效果。

（2）根据我市可移动文物普查实施方案和工作要求，各级普查办也已编制辖区内国有文物收藏单位名录。同时按照《第一次全国可移动文物普查——工作报告编制规范》的要求，我市辖区内各级普查机构已启动可移动文物普查报告编制工作。

三、普查总结

第一次全国可移动文物普查是一项重大的国情国力调查。从2013年7月通辽市正式启动普查工作开始，三年多来，各级普查机构和广大一线工作人员凝聚共识、团结奋战，克服诸多困难因素，各项工作有序推进，成果显著，同时，通辽市文博队伍得到一次较为系统的培养和锻炼，提高了社会各界对可移动文物的认知和保护意识。今年是第一次全国可移动文物普查的收官之年，截至目前，通辽市普查办已经成功报送到国家信息中心数据7万余条，接下来将对普查第三阶段工作即建立普查档案、撰写普查工作报告、公布普查成果、普查总结与结项、可移动文物普查数据安全管理等做出统一的安排。

四、验收结论

通过对通辽市可移动文物普查在前期调查、信息采集、经费保障、普查宣传、普查成果等方面的验收，确定通辽市第一次全国可移动文物普查工作为合格。

附件 第一次全国可移动文物普查验收表

通辽市第一次全国可移动文物普查验收表

一、普查组织

序号	行政区	地市级普查领导小组数量（个）	地市级普查工作办公室（个）	建立普查工作机制的行业系统（个）	建立普查工作机制的收藏单位（个）	印发地市级普查通知（份）	印发地市级普查实施方案（份）	开展普查工作档案整理的地市数量（个）
1	地市级合计	1	1	1	39	12	12	
	具体情况	是否组建地市级普查领导小组	是否成立地市级普查工作办公室	建立普查工作机制的行业系统（个）	建立普查工作机制的收藏单位（个）	是否印发普查通知	是否印发普查实施方案	是否开展普查工作档案整理
	通辽市	■是 □否	■是 □否	1	39	■是 □否	■是 □否	□是 ■否

＊此表格含11项内容，由各地市级普查办填写，省级普查办汇总。区县级验收表格可参照此表。

二、人员保障　　　　　　　　　　　　　　　　　　　　　　　（单位：人）

序号	行政区	各级普查办	收藏单位	普查专家	普查志愿者	合计
2	地市级合计	9	39（含内蒙古民族大学博物馆，是省属单位）	14	18	32
	市辖区	通辽市普查办	通辽市博物馆 通辽市医院 通辽市图书馆 通辽市档案局 通辽市蒙药厂 内蒙古民族大学博物馆	6	4	10
	科尔沁区	科尔沁区普查办	科尔沁区施介街道 钱家店镇 科尔沁区图书馆 科尔沁区档案局 明仁小学 莫力庙苏木集宁寺 莫力庙苏木史前石器博物馆	1	1	2
	科尔沁左翼中旗	科尔沁左翼中旗普查办	科尔沁左翼中旗档案局 科尔沁左翼中旗文物管理所	1	2	3
	科尔沁左翼后旗	科尔沁左翼后旗普查办	科尔沁左翼后旗文物管理所 科尔沁左翼后旗吉尔嘎朗镇 科尔沁左翼后旗常胜镇 科尔沁左翼后旗阿古拉镇 科尔沁左翼后旗档案局	1	3	4
	开鲁县	开鲁县普查办	开鲁县档案局 开鲁县民族宗教事务局 开鲁县妇女联合会 开鲁县家畜改良工作站 开鲁县永安灌区管理处 开鲁县文物管理所 开鲁县图书馆	1	2	3
	库伦旗	库伦旗普查办	库伦旗医院 库伦旗宗教博物馆 库伦旗旅游局	1	1	2
	奈曼旗	奈曼旗普查办	奈曼旗档案局 奈曼旗王府博物馆 吉祥寺	1	2	3
	扎鲁特旗	扎鲁特旗普查办	扎鲁特旗档案局 扎鲁特旗民族宗教事务局 扎鲁特旗文物管理所	1	2	3
	霍林郭勒市	霍林郭勒市普查办	内蒙古霍林河露天煤业股份有限公司 霍林郭勒市宾馆 中电投蒙东能源集团有限责任公司宾馆	1	1	2

＊此表格填写地市本级情况。应包括参与普查工作的全部人员，即持有"普查员证"的人员和未申领普查员证的人员。

三、经费保障

（单位：万元）

序号	行政区	合计	2013 年	2014 年	2015 年	2016 年
3	地市级总计	225	30	65	65	65
	通辽市	225	30	65	65	65

* 此表格填写地市本级经费情况，不含所辖区县。

四、普查培训

序号	行政区	合计		2013 年		2014 年		2015 年		2016 年	
		次数（次）	人数（人）	次数（次）	人数（人）	次数（次）	人数（人）	次数（次）	人数（人）	次数（次）	人数（人）
4	地市级合计	10	79	2	20	2	16	3	20	3	21
	通辽市	10	79	2	20	2	16	3	20	3	21

* 此表格填写地市本级培训情况，不含所辖区县。

五、普查宣传

序号	行政区	组建地市级宣传机构（个）	制定地市级宣传方案（个）	宣传方式						
				电视（次）	互联网（次）	报刊（次）	海报（份）	册页（份）	……	……
5	地市级合计	1	4	1	6	4	400	6300		
	具体情况	是否组建地市级宣传机构	是否制定地市级宣传方案							
	通辽市普查办	■是 □否	■是 □否	1	5			5000		
	科尔沁区普查办	□是 ■否	□是 ■否			1				
	科尔沁左翼中旗普查办	□是 ■否	■是 □否			1		500		
	科尔沁左翼后旗普查办	□是 ■否	□是 ■否				100			
	开鲁县普查办	□是 ■否	□是 ■否				300			
	库伦旗普查办	□是 ■否	■是 □否				200			
	奈曼旗普查办	□是 ■否	□是 ■否	1	1		100			
	扎鲁特旗普查办	□是 ■否	■是 □否					500		
	霍林郭勒市普查办	□是 ■否	□是 ■否			1				

* "宣传方式"为选填项，如有其他宣传方式，可根据实际情况填写。

六、国有可移动文物收藏单位调查

序号	行政区划	辖区内国有单位数量（家）	国有单位可移动文物收藏情况调查表		
			发放（张）	回收（张）	反馈收藏有可移动文物的国有单位（家）
6	地市级合计	1039	1039	1002	39
	通辽市科尔沁区	230	230	225	7
	市辖区	210	210	204	6
	奈曼旗	91	91	88	3
	开鲁县	80	80	77	7
	库伦旗	88	88	85	3
	科尔沁左翼中旗	105	105	98	2
	科尔沁左翼后旗	86	86	82	5
	扎鲁特旗	94	94	90	3
	霍林郭勒市	55	55	53	3

＊此表格填写地市本级国有单位调查情况。

七、文物认定及建档

序号	行政区划	文博系统单位					非文博系统单位				
		收藏单位数量(家)	新发现、新认定藏品数量（件/套）	新建/重建藏品账目及档案的单位数量（家）	新建/重建藏品账目及档案的文物数量（件/套）	完成藏品账目及档案信息化的单位数量（家）	收藏单位数量(家)	新发现、新认定藏品数量（件/套）	新建/重建藏品账目及档案的单位数量（家）	新建/重建藏品账目及档案的文物数量（件/套）	完成藏品账目及档案信息化的单位数量（家）
7	地市级合计	8	290				32	365			
	通辽市科尔沁区	1	2				5	2			
	市辖区	1	112				5	204			
	奈曼旗	1	8				4	4			
	开鲁县	1	32				6	134			
	库伦旗	1	49				2	12			
	科尔沁左翼中旗	1	28				1	2			
	科尔沁左翼后旗	1	22				4	7			
	扎鲁特旗	1	37				2	0			
	霍林郭勒市	0	0				3	0			

＊此表格填写地市本级文物认定情况，按照文博系统单位和非文博系统单位分别填写。其中"新建/重建藏品账目及档案的单位数量（家）""新建/重建藏品账目及档案的文物数量（件/套）""完成藏品账目及档案信息化的单位数量（家）"为选填项。

八、收藏单位登录情况

（单位：家）

序号	行政区	摸底调查阶段反馈收藏有文物的国有单位数量	已登录文物的收藏单位数量	已注册账号但未登录文物的收藏单位数量
8	地市级合计	41	39	2
	通辽市科尔沁区	7	7	0
	市辖区	6（含自治区直属单位内蒙古民族大学博物馆）	6	0
	奈曼旗	5	3	2
	开鲁县	7	7	0
	库伦旗	3	3	0
	科尔沁左翼中旗	2	2	0
	科尔沁左翼后旗	5	5	0
	扎鲁特旗	3	3	0
	霍林郭勒市	3	3	0

＊此表格填写省本级、地市本级、区县本级收藏单位登录情况。

"已注册账号但未登录文物的收藏单位"指在普查平台登录文物数量为0的单位。

九、文物信息登录

（单位：家）

序号	行政区	是否完成文物信息登录工作	完成比例	未完成的工作进度安排
9	地市级	■是　□否	100%	
	通辽市科尔沁区	■是　□否	100%	
	市辖区	■是　□否	100%	
	奈曼旗	■是　□否	100%	经专家认定其中两家单位不在此次普查认定之列，已申请上报删除
	开鲁县	■是　□否	100%	
	库伦旗	■是　□否	100%	
	科尔沁左翼中旗	■是　□否	100%	
	科尔沁左翼后旗	■是　□否	100%	
	扎鲁特旗	■是　□否	100%	
	霍林郭勒市	■是　□否	100%	

＊此表格填写地市本级可移动文物登录情况。

十、普查成果开发、利用
利用普查成果举办展览情况（含网络展览）

序号	展览名称	展览形式	展出地点	展出藏品量	参观人次
10	全国可移动文物普查成果展	实物展览	内蒙古博物院	15件/套	5万

＊此表格填写地市级普查成果开发、利用情况。

十一、普查的总结

序号	行政区	是否已编制辖区内国有文物收藏单位名录	是否已编写普查工作报告
11	地市级合计	□是　■否	■是　□否
	市辖区	□是　■否	■是　□否
	通辽市科尔沁区	□是　■否	■是　□否
	奈曼旗	□是　■否	■是　□否
	开鲁县	□是　■否	■是　□否
	库伦旗	□是　■否	■是　□否
	科尔沁左翼中旗	□是　■否	■是　□否
	科尔沁左翼后旗	□是　■否	■是　□否
	扎鲁特旗	□是　■否	■是　□否
	霍林郭勒市	□是　■否	■是　□否

＊此表格填写地市级普查总结相关事宜情况。

执笔：李铁军

赤峰市第一次全国可移动文物普查验收报告

赤峰市第一次全国可移动文物普查领导小组办公室　赤峰市文物局

根据《国务院关于开展第一次全国可移动文物普查的通知》《内蒙古自治区人民政府关于在全区开展第一次全国可移动文物普查的通知》文件精神，我市于2013年4月正式开展第一次全国可移动文物普查工作。按照自治区可移动文物普查领导小组办公室的工作部署，赤峰市可移动文物普查已全面完成文物信息采集、登录、报送、国家审核工作，现将我市可移动文物普查工作汇报如下。

一、普查的组织

（一）加强领导，科学谋划，组建机构

根据《内蒙古自治区人民政府关于在全区开展第一次全国可移动文物普查的通知》文件精神，2013年5月28日，赤峰市第一次全国可移动文物普查工作领导小组正式成立。领导小组由市政府副市长梁淑琴同志任组长，市政府副秘书长李忠、文化局文物局局长于凤先、文化局副局长刘冰、文物局副局长陶建英任副组长，领导小组成员单位由市级11个相关部门的主管领导组成，并指定了各行业系统具体负责人。领导小组下设办公室，办公室设在赤峰市文物局，主任由陶建英副局长兼任，负责普查工作的日常组织和协调工作。普查办公室下设项目部，地点设在赤峰市文物局，赤峰市博物馆副馆长赵国栋任项目部主任，具体负责文物认定、信息登录和数据管理等工作。同时，全市12个旗县区也都成立了相应的普查工作领导机构。领导小组组长都是由主管副旗县区长担任。各级领导机构的成立，从组织上保证了普查工作的顺利开展。

赤峰市第一次全国可移动文物普查领导小组成立后根据《国务院关于开展第一次全国可移动文物普查的通知》（国发〔2012〕54号）、《内蒙古自治区人民政府关于在全区开展第一次全国可移动文物普查的通知》（内政发〔2013〕33号）、《文物保护法》《物权法》《内蒙古自治区文物保护条例》文件精神，结合自治区文物局关于开展全区可移动文物普查工作的安排，为确保我市第一次全国可移动文物普查工作进展顺利，特制定普查实施方案。方案中包括普查的意义、普查的目标、普查的范围和内容、普查的工作要求、普查的技术路线、普查的组织、普查时间和实施步骤、普查的经费、普查的宣传、普查的总结等内容。

（二）制定联系协调机制，协商解决，共同推进

第一次全国可移动文物普查是一项重大的国情国力调查，涉及范围广，技术要求高，调查任务重，工作难度大，需各有关部门的积极参与和配合。为确保普查工作顺利进行，赤峰市第一次

全国可移动文物普查领导小组办公室与民政、教育、档案、图书等重点行业系统联合下发普查工作通知，加强协作，密切配合，积极开展相关工作。

经认定，赤峰地区文物系统外的收藏单位主要是乡镇政府、档案局（馆）、图书馆、高等院校、宗教部门等行业系统。为了保证文物系统外收藏单位的若干类别文物登记、数据采集规范，我市各级普查办及时向系统外文物收藏单位传达普查工作实施方案、有关技术要求、工作信息简报。在普查培训工作中将文物系统外收藏单位作为重点培训对象，并派出普查业务骨干及专家进行现场技术指导，共同协商完成普查相关工作。

（三）健全档案管理制度，完善档案建设

各级普查办都加强了本辖区的普查档案建设管理工作，做好第一次全国可移动文物普查工作过程中形成的具有保存价值的各类文件材料、音像、载体的整理归档，确保普查档案的完整、真实和规范。同时指定专门的档案管理人员，做好文物档案的管理工作，防止档案遗失和泄密事件的发生。

针对大量一般文物档案信息不全的问题，我市各国有文物收藏单位都采取了相应措施。在进行信息采集工作中启动藏品原始账目整理工作，并根据普查工作信息采集的顺序建立新的档案账目，在具体实施中合理利用已有的数据与资源，采用高效的工作模式，突破难点。具体到实际工作中，首先做到合理归类。利用已完成的馆藏信息数据库管理系统建设成果，结合藏品管理中的分类原理和实际工作经验，将目标普查藏品划分为已有数据待转换部分（主要为三级以上珍贵藏品）、已认定的一般文物、未认定藏品三个部分。其次完善各收藏单位的总账与分类账，藏品账目管理与文物普查同步进行，实现藏品动态化管理。针对普查发现部分馆藏文物来源、入藏时间等信息不明确的问题，启用藏品老账，以器物或藏品卡片上的原始号为查找线索，基本查明了相关原始信息，使普查的信息录入更为准确。

二、普查保障措施

（一）抽调专家，组建队伍，加强培训指导

为了加强业务指导，我市组建了赤峰市可移动文物普查工作专家库。专家库由市文物局组织的文物专家及各有关部门指定的本行业专家组成。各旗县区也都成立了可移动文物普查专家组。全市可移动文物普查专家库人员达到57人。各级专家组按照国家文物局制定的相关标准，统一负责本次可移动文物普查的专业指导、技术咨询、文物鉴定认定、质量把关、信息汇总、检查验收等专业指导工作。

在这几年的普查工作中，全市共有200余名普查队员参与了普查工作。经过普查培训、实地查看、数据采集、资料录入和数据整理，广大基层文物工作者的业务能力和工作水平都得到了全面的锻炼和提高。普查工作中，一些懂专业、有专长的大学生也充实到了文物普查机构和一线业务单位，为普查工作输送了新鲜血液。

为确保国有可移动文物普查工作顺利进行，我市从2013年5月开始，相继完成了可移动文物普查自治区级和市级培训工作。根据自治区普查办工作部署，组织全市旗县区级普查管理人员及技术骨干参加自治区级普查培训，全市选送20人参训；培训结束后结合我市实际，制定了市级培训计划，邀请自治区专家对全市普查业务骨干进行集中培训，共有 100 人次参加了此次集中培训，培训的内容主要是此次普查的标准与规范，介绍普查表格的填报及照相标准等。这次集中培训之后，各地都适时召开了普查试点启动会议，开展了不同形式的普查培训工作。通过一系列集中培训，工作人员基本掌握了工作的程序和要求，为全市普查试点工作迅速展开奠定了扎实的技术基础。

为确保数据审核质量，提高数据审核效率，2016 年 5 月 30 日，市普查办举办了赤峰市第一次全国可移动文物普查离线数据审核培训班。培训班邀请了国家普查办徐鹏老师，就数据审核要求、普查数据网上审核常见问题进行了为期一天的详细讲解。全市各地区相关单位业务骨干和专家共 40 余人参加了培训，为我市普查数据审核工作的顺利完成奠定了坚实的基础。

为顺利推进重点工作，保障普查质量，2016 年 6 月 28 日，全区东部区可移动文物普查数据审核与管理培训班在赤峰举办，培训班邀请了国家普查办徐鹏、赵菁两位老师，就普查总结报告编制、普查数据审核标准及要求、普查数据审核经验交流等内容进行了为期两天的学习培训。全区各地区相关单位业务骨干和专家共 90 余人参加了培训，其中赤峰市选派学员 30 余人。

（二）督查指导工作，加强经验交流，推动普查深入开展

市普查办自 2013 年开始，成立可移动文物普查督查小组，每年开展 2 次全市可移动文物普查专项督查，对我市 12 个旗县区可移动文物普查各阶段任务完成情况进行实地督查，主要对组织机构、人员配备、方案编制、经费落实、设备购置、人员培训、工作进度等情况进行跟踪检查，对工作中发现的问题、难点及时进行了纠正和解决，同时对各旗县区普查办提出了下一步的工作要求。各旗县区普查办都制定了普查工作的实施方案，及时开展了本地区国有文物收藏单位的可移动文物的信息录入工作。从督查整体情况看，旗县区普查办、项目部在各阶段工作中能够做到高度重视，迅速动员，周密部署，全面落实，都能完成各阶段普查工作任务。

同时，为了加强各旗县区普查单位之间的沟通，使大家全面了解全市普查工作的进展情况，我们编制了《赤峰市第一次全国可移动文物普查工作简报》。该简报发送至上级机关及所有成员单位，各旗县区文体局、文物局、博物馆，总共编发 15 期。

（三）积极申请经费，做到专款专用

赤峰市普查办根据内蒙古自治区普查办编制的《内蒙古自治区第一次全国可移动文物普查经费预算说明》，结合我市实际，进一步细化了工作任务和计划，合理确定了相关标准，编制了我市可移动文物普查经费预算，并向市政府提交了经费申请报告，此项经费主要用于普查方案制定、宣传动员、人员聘用与培训、调查、设备购置、信息采集、检查验收、总结、表彰等全过程。

2013 年，自治区文物局拨付我市工作经费 20 万元，2014 年追加拨款 20 万元。这些经费主要用于部分信息采集设备的购置、编制普查试点工作方案、印制相关资料等，各级普查办组织的培训、专家研讨会等项工作。

除了自治区文物局拨付的经费之外，市本级普查经费已经申请落实 330 万元，各旗县区也都向当地政府申请了专项工作经费，合计在 260 万元以上。

（四）建立健全普查工作的文物安全预案和保障制度

在市普查办的部署下，各国有博物馆和文物收藏单位相继制定了可移动文物普查工作期间的文物安全预案和保障制度，强化文物安全。普查工作是一次大规模的文物集中整理，参与的人员、整理的文物都是密集型的，极易产生安全隐患，因此在普查中要时刻把安全放在首位，及时排除安全操作隐患，总结规律，制定科学完善的《可移动文物普查藏品安全操作规程》。

（五）多措并举宣传可移动文物普查成果

赤峰市各级普查机构充分利用国际博物馆日、节庆活动，积极宣传普查现阶段取得的成果，通过网络媒体、纸质媒体做好对社会公众的宣传和信息发布。对于普查中新发现和新认定的具有重要价值的文物，以及普查工作中涌现的先进事迹和人物，给予了重点报道。

同时，市普查办还通过建设普查网络平台开辟了一个全新的宣传阵地和工作交流平台。赤峰市第一次全国可移动文物普查工作网站于 2014 年 3 月正式开通。该网站是赤峰市第一次全国可移动文物普查领导小组办公室利用互联网开展全市可移动文物普查工作的一次探索尝试和工作创新，也是深入开展文物普查工作的重要组成部分。网站设有普查资讯、普查通知、普查机构、普查简报、旗县区动态、文博之窗及文件资料等 13 个栏目，宣传报道可移动文物普查工作的重要新闻和公开信息，及时更新网站内容，使全市各级可移动文物普查工作成果得到集中展示。

2016 年是普查工作的收官之年，市普查办利用 5·18 国际博物馆日开展了一系列的宣传活动，宣传活动项目主要包括赤峰市第一次全国可移动文物普查成果展、赤峰地区博物馆推介、公益文物鉴定等活动，活动历时 8 天，直接参与宣传活动的博物馆达到 12 家，创历史新高。普查成果展以图文并茂的形式，以普查工作的时间、阶段性工作任务为脉络，以普查筹备、普查业务骨干培训、普查宣传、国有文物收藏单位调查、文物认定、新发现文物、信息采集登录、信息审核、领导视察等为内容，通过 200 余幅制作精美的图片，生动形象地梳理和总结了赤峰市自开展普查工作以来取得的成绩。

三、国有单位文物收藏情况摸底调查

赤峰市经过各级普查办、各有关部门的共同努力，于 2013 年年底，共完成了 1995 家国有单位的摸底调查工作，此次的普查摸底调查范围包括国家机关、事业单位、国有企业及国有控股企业三大类国有单位，涉及 20 个行业和系统。共发放《国有单位可移动文物收藏情况调查表》1720份，回收 1690 份，反馈收藏有可移动文物的国有单位 49 家，调查覆盖率为 100%。经专家认定，赤峰地区的博物馆、文物管理所、文物管理局、乡镇政府、档案馆、图书馆、高等院校、宗教部门等 43 家国有单位收藏保管有可移动文物，其中文物系统收藏单位 15 家，非文物系统收藏单位 28 家，收藏文物总数为 362974 件/套。

四、文物认定及相关工作情况

赤峰市开展可移动文物普查工作以来，得到了社会各界的关注，在对全市国有单位收藏调查的基础上，市普查办组织专家完成了国有收藏单位可移动文物初步鉴定工作。经认定，赤峰地区的文物系统单位、乡镇政府、档案馆、图书馆、高等院校、宗教部门等 43 家国有单位收藏保管有可移动文物，其中文物系统外单位收藏可移动文物主要为考古出土品、古籍文献、历史档案、宗教用品和历史时期的生产生活用具等类别。市普查办按照工作要求，组织普查专家小组根据各旗县区普查办提供的《鉴定藏品清单》，对上报的 2000 余件/套藏品进行了珍贵等级、真伪、名称、时代、材质、内涵等初步鉴定，并提出了具体的意见和建议。最终鉴定为文物 1663 件/套，其中初步鉴定为一级文物 19 件/套、二级文物 50 件/套、三级文物 378 件/套。

通过初步鉴定还新发现一批珍贵的可移动文物，如翁牛特旗档案馆 13 册新中国成立前档案，阿鲁科尔沁旗档案馆的 4 件清代五彩圣旨，克什克腾旗庆宁寺收藏的手书经卷等大批珍贵可移动文物。

五、文物信息采集登录

（一）收藏单位登录情况

摸底调查阶段反馈有文物的收藏单位共 49 家，注册率为 100%。已经注册并登录文物信息的收藏单位 43 家，其中元宝山区档案局、元宝山发电有限责任公司、赤峰市国土资源管理局松山区分局、赤峰市巴林左旗林东清真寺、巴林右旗巴林石博物馆、巴林右旗荟福寺等 6 家单位的藏品经各级普查办专家实地认定，不属于此次可移动文物普查范围，所以未向国家数据平台上报信息。

（二）信息登录情况

1. 经各级普查办对上报信息的复核，填报的各单位隶属关系、单位性质、单位类型、行业、系统等信息真实准确。

2. 我市可移动文物普查离线数据于 2016 年 7 月 30 日完成了自治区级普查办审核，审核专家提出并签写了审核意见，针对文物信息中有关年代、类别、材质、钱币图片、文物名称、附属信息、完残情况等填写规范问题，我市普查工作人员在现场按照专家要求进行了记录和修改，修改结果得到专家们的一致认可。

3. 赤峰市自开展普查工作以来，各地区各单位高度重视，认真负责，截止到 2016 年 8 月 31 日，共完成了 362974 件/套数据的采集和登录。

（三）总体工作进度

1. 文物登录进度

我市普查办于 2016 年 8 月 31 日前全部完成数据登录工作，数据报送进度为 100%，全面完成了普查数据信息采集和上报工作。

2. 数据审核进度

全市可移动文物普查数据审核工作稳步推进，各地区严格根据国家和自治区的审核要求，进行数据审核和质量控制。市普查办组织了六个组的专家进行集中审核，采取离线审核的方式，各专家组在进行数据审核时，如无法确定藏品登录信息，需对照藏品实物核定。对登录信息的主要指标项进行修改时，如需要征求收藏单位意见的，会向收藏单位征求意见，并在修改后将审核和修改结果告知收藏单位。市普查办专家组按照审核要求细则，对数据进行逐一检查，确保零差错。2016 年 7 月 20 日通过市级普查办数据审核，7 月 30 日通过自治区级普查办数据审核，9 月 20 日通过国家级普查办数据审核。

六、普查的总结

（一）国有可移动文物收藏单位名录编制情况

对普查数据信息进行分类整理、分析汇总，按照《国有可移动文物普查——收藏单位名录编制规范（试行）》《国有可移动文物普查——文物名录编制规范（试行）》要求，编制了《赤峰市第一次全国可移动文物普查收藏单位名录》，摸清了赤峰市文物收藏单位的基本情况，为下一步文物保护措施的制定、实施、利用等提供现实依据。根据我市可移动文物普查实施方案和工作要求，各级普查办也已编制辖区内国有文物收藏单位名录。

（二）普查工作报告编制情况

按照国家统一制定的《第一次全国可移动文物普查——工作报告编制规范》的要求，本着全面性、完整性、真实性、规范性的原则，我市辖区内各级普查机构已启动可移动文物普查报告编制工作，报告主要内容为普查工作背景、工作情况、数据汇总、数据分析、主要成果和政策建议六部分，全面总结普查工作。预计于2016年10月底全部完成报告编制工作。

七、在普查中开展的其他相关工作

（一）藏品管理

各级普查办和收藏单位对所藏文物均已建立起了纸质和电子文物档案，基本实现了我市馆藏文物资源信息化和数字化。在普查工作开展的过程中，我们还对新发现的一大批珍贵文物进行了重新定级，并将初步鉴定意见上报至自治区普查办。

此外，随着国家在文物技术保护方面的资金投入越来越大，以可移动文物普查为契机，从2013年开始，由赤峰市文物局牵头，与国内文物保护权威机构合作，围绕着各国有博物馆的各类珍贵文物开展文物技术保护研究工作，目前，已开展了赤峰地区馆藏"辽代壁画""纸质文物""青铜器文物"等文物保护修复项目，这些科技保护的课题促使博物馆文物保护研究工作走向更高水平的同时，也为我市博物馆事业培养更多的青年业务骨干。

（二）普查成果开发、利用

赤峰市各级普查机构充分利用国际博物馆日、节庆活动积极举办可移动文物普查成果展等系列活动，通过这些展览活动及时向社会发布普查成果，使全市各级可移动文物普查工作成果得到集中展示，惠及公众。目前，全市共举办各项展览活动12次，展览活动形式丰富多彩，有专题图片展、普查成果展、文物发现展、公益鉴定活动、博物馆推广活动，参与公众达9万余人次。

八、验收结论

经验收，赤峰市第一次全国可移动文物普查验收结论为合格。

附件　第一次全国可移动文物普查验收表

赤峰市第一次全国可移动文物普查验收表

一、普查组织

序号	行政区	地市级普查领导小组数量（个）	地市级普查工作办公室（个）	建立普查工作机制的行业系统（个）	建立普查工作机制的收藏单位（个）	印发地市级普查通知（份）	印发地市级普查实施方案（份）	开展普查工作档案整理的地市数量（个）
1	地市级合计	13	13	24	43	49	49	43
	具体情况	是否组建地市级普查领导小组	是否成立地市级普查工作办公室	建立普查工作机制的行业系统（个）	建立普查工作机制的收藏单位（个）	是否印发普查通知	是否印发普查实施方案	是否开展普查工作档案整理
	赤峰市直属	■是　□否	■是　□否	2	2	■是　□否	■是　□否	■是　□否
	阿鲁科尔沁旗	■是　□否	■是　□否	1	4	■是　□否	■是　□否	■是　□否
	巴林左旗	■是　□否	■是　□否	3	3	■是　□否	■是　□否	■是　□否
	巴林右旗	■是　□否	■是　□否	1	3	■是　□否	■是　□否	■是　□否
	克什克腾旗	■是　□否	■是　□否	3	3	■是　□否	■是　□否	■是　□否
	林西县	■是　□否	■是　□否	1	1	■是　□否	■是　□否	■是　□否
	翁牛特旗	■是　□否	■是　□否	2	2	■是　□否	■是　□否	■是　□否
	喀喇沁旗	■是　□否	■是　□否	1	2	■是　□否	■是　□否	■是　□否
	宁城	■是　□否	■是　□否	3	3	■是　□否	■是　□否	■是　□否
	敖汉旗	■是　□否	■是　□否	4	12	■是　□否	■是　□否	■是　□否
	红山区	■是　□否	■是　□否	1	4	■是　□否	■是　□否	■是　□否
	松山区	■是　□否	■是　□否	1	3	■是　□否	■是　□否	■是　□否
	元宝山区	■是　□否	■是　□否	1	1	■是　□否	■是　□否	■是　□否

* 此表格含 11 项内容，由各地市级普查办填写，省级普查办汇总。区县级验收表格可参照此表。

二、人员保障　　　　　　　　　　　　　　（单位：人）

序号	行政区	各级普查办	收藏单位	普查专家	普查志愿者	合计
2	地市级合计	128	124	57	175	484
	赤峰市直属	10	10	17	0	37
	阿鲁科尔沁旗	13	10	3	4	30
	巴林左旗	13	10	7	57	87
	巴林右旗	13	10	2	22	47
	克什克腾旗	6	3	3	0	12
	林西县	5	6	1	10	22

续表

序号	行政区	各级普查办	收藏单位	普查专家	普查志愿者	合计
2	翁牛特旗	8	4	3	50	65
	喀喇沁旗	6	4	2	5	17
	宁城县	22	8	5	1	36
	敖汉旗	8	43	6	12	69
	红山区	9	5	2	2	18
	元宝山区	5	5	3	2	15
	松山区	10	6	3	10	29

* 此表格填写地市本级情况。应包括参与普查工作的全部人员，即持有"普查员证"的人员和未申领普查员证的人员。

三、经费保障　　　　　　　　　　　　　　　　　　　　　（单位：万元）

序号	行政区	合计	2013 年	2014 年	2015 年	2016 年
3	地市级总计	623.5	113	171	187	152.5
	赤峰市直属	330	30	100	100	100
	阿鲁科尔沁旗	40	10	10	10	10
	巴林左旗	12	0	2	0	10
	巴林右旗	37	10	10	10	7
	克什克腾旗	7.5	0	2.5	2.5	2.5
	林西	40	10	10	10	10
	翁牛特旗	20	10	10	0	0
	喀喇沁旗	33	10	11.5	11.5	0
	宁城县	12	3	3	3	3
	敖汉旗	32	10	2	20	0
	红山区	20	5	5	5	5
	元宝山区	20	5	5	5	5
	松山区	20	10	0	10	0

* 此表格填写地市本级经费情况，不含所辖区县。

四、普查培训

序号	行政区	合计		2013 年		2014 年		2015 年		2016 年	
		次数（次）	人数（人）	次数（次）	人数（人）	次数（次）	人数（人）	次数（次）	人数（人）	次数（次）	人数（人）
4	地市级合计	99	1017	21	422	23	225	29	201	26	169
	赤峰市直属	5	275	1	100	1	52	1	45	2	78
	阿鲁科尔沁旗	11	69	3	20	3	17	3	17	2	15

续表

序号	行政区	合计		2013 年		2014 年		2015 年		2016 年	
		次数（次）	人数（人）	次数（次）	人数（人）	次数（次）	人数（人）	次数（次）	人数（人）	次数（次）	人数（人）
4	巴林左旗	9	155	2	60	2	40	2	40	3	15
	巴林右旗	8	40	2	10	2	10	2	10	2	10
	克什克腾旗	7	15			1	2	5	11	1	2
	林西	4	54	1	16	1	16	1	16	1	6
	翁牛特旗	6	138	1	53	1	53	3	26	1	6
	喀喇沁旗	13	25	3	5	4	8	3	6	3	6
	宁城县	13	53	3	19	3	12	3	11	4	11
	敖汉旗	7	12	1	1	1	1	2	4	3	6
	红山区	4	36	1	9	1	9	1	9	1	9
	元宝山区	8	10	2	4	2	2	2	2	2	2
	松山区	4	135	1	125	1	3	1	4	1	3

＊此表格填写地市本级培训情况，不含所辖区县。

五、普查宣传

序号	行政区	组建地市级宣传机构（个）	制定地市级宣传方案（个）	宣传方式									
				电视（次）	互联网（次）	报刊（次）	海报（份）	册页（份）	广播	悬挂条幅	简报	信息	橱窗
5	地市级合计	13	13	77	93	88	5724	78016	1	14	15	2	4
	具体情况	是否组建地市级宣传机构	是否制定地市级宣传方案										
	赤峰市	■是　□否	■是　□否	48	64	54	3217	64708			14		
	阿鲁科尔沁旗	■是　□否	■是　□否										
	巴林左旗	■是　□否	■是　□否	5	5	9	1000	1000					
	巴林右旗	■是　□否	■是　□否	4	9	5	1000						
	克什克腾旗	■是　□否	■是　□否	7	7	7	7	10000					
	林西	■是　□否	■是　□否	3	2			1000					
	翁牛特旗	■是　□否	■是　□否	1		3			1				
	喀喇沁旗	■是　□否	■是　□否	1	1	2	0	108		2			
	宁城	■是　□否	■是　□否	2		5	500	1000					
	敖汉旗	■是　□否	■是　□否	2	5	3	0	0					4
	红山区	□是　■否	□是　■否										
	元宝山区	■是　□否	■是　□否	4				200					
	松山区	■是　□否	■是　□否								12	1	2

＊"宣传方式"为选填项，如有其他宣传方式，可根据实际情况填写。

六、国有可移动文物收藏单位调查

序号	行政区划	辖区内国有单位数量（家）	国有单位可移动文物收藏情况调查表		
			发放（张）	回收（张）	反馈收藏有可移动文物的国有单位（家）
6	赤峰市	1995	1720	1690	49
	阿鲁科尔沁旗	101	101	101	4
	巴林左旗	260	245	245	4
	巴林右旗	123	123	123	5
	克什克腾旗	142	142	142	3
	林西	120	75	75	1
	翁牛特旗	275	275	275	2
	喀喇沁旗	110	108	108	2
	宁城县	103	103	103	3
	敖汉旗	158	158	158	12
	红山区	141	141	124	4
	元宝山区	125	125	112	3
	松山区	337	124	124	6

＊此表格填写地市本级国有单位调查情况。

七、文物认定及建档

序号	行政区划	文博系统单位					非文博系统单位				
		收藏单位数量(家)	新发现、新认定藏品数量（件/套）	新建/重建藏品账目及档案的单位数量（家）	新建/重建藏品账目及档案的文物数量（件/套）	完成藏品账目及档案信息化的单位数量（家）	收藏单位数量(家)	新发现、新认定藏品数量（件/套）	新建/重建藏品账目及档案的单位数量（家）	新建/重建藏品账目及档案的文物数量（件/套）	完成藏品账目及档案信息化的单位数量（家）
7	地市级合计	15	28119	9	54686	15	28	1206	27	1165	28
	赤峰市直属	1	0	0	0	1	1	11	1	11	1
	阿鲁科尔沁旗	1	0	0	0	1	3	32	3	32	3
	巴林左旗	1	64	0	0	1	2	57	2	57	2
	巴林右旗	2	151	2	4311	2	1	1	1	55	1
	克什克腾旗	1	100	1	18792	1	2	213	2	213	2
	林西	1	0	0	0	1					
	翁牛特旗	1	98			1	1	95			1
	喀喇沁旗	2	0	2	1884	2	0	0	0	0	0
	宁城县	1	9	1	9	1	2	5	2	5	2
	敖汉旗	1	25217	1	25217	1	11	121	11	121	11
	红山区	1	0	1	92	1	3	667	3	667	3
	元宝山区	1	0	0	0	1	0	0	0	0	0
	松山区	1	2480	1	4381	1	2	4	2	4	2

＊此表格填写地市本级文物认定情况，按照文博系统单位和非文博系统单位分别填写。其中"新建/重建藏品账目及档案的单位数量（家）""新建/重建藏品账目及档案的文物数量（件/套）""完成藏品账目及档案信息化的单位数量（家）"为选填项。

八、收藏单位登录情况

（单位：家）

序号	行政区	摸底调查阶段反馈收藏有文物的国有单位数量	已登录文物的收藏单位数量	已注册账号但未登录文物的收藏单位数量
8	地市级合计	49	43	6
	阿鲁科尔沁旗	4	4	0
	巴林左旗	4	3	1
	巴林右旗	5	3	2
	克什克腾旗	3	3	0
	林西	1	1	0
	翁牛特旗	2	2	0
	喀喇沁旗	2	2	0
	宁城	3	3	0
	敖汉旗	12	12	0
	红山区	4	4	0
	元宝山区	3	1	2
	松山区	6	5	1

＊此表格填写省本级、地市本级、区县本级收藏单位登录情况。

"已注册账号但未登录文物的收藏单位"指在普查平台登录文物数量为0的单位。

九、文物信息登录

（单位：家）

序号	行政区	是否完成文物信息登录工作	完成比例	未完成的工作进度安排
9	地市级	■是 □否	100%	无
	赤峰市	■是 □否	100%	无
	阿鲁科尔沁旗	■是 □否	100%	无
	巴林左旗	■是 □否	100%	无
	巴林右旗	■是 □否	100%	无
	克什克腾旗	■是 □否	100%	无
	林西	■是 □否	100%	无
	翁牛特旗	■是 □否	100%	无
	喀喇沁旗	■是 □否	100%	无
	宁城县	■是 □否	100%	无
	敖汉旗	■是 □否	100%	无
	红山区	■是 □否	100%	无
	元宝山区	■是 □否	100%	无
	松山区	■是 □否	100%	无

＊此表格填写地市本级可移动文物登录情况。

十、普查成果开发、利用（选填）

序号	行政区	是否有单位公开藏品资源	已公开藏品资源的单位数量	是否举办普查主题展览（含网络展览）	展览数量
10	地市级合计	■是　□否	6	■是　□否	21
	赤峰市直属	□是　■否	0	■是　□否	12
	阿鲁科尔沁旗	□是　■否	0	□是　■否	0
	巴林左旗	□是　■否	0	■是　□否	3
	巴林右旗	□是　■否	0	□是　■否	0
	翁牛特旗	■是　□否	1	□是　■否	0
	克什克腾旗	■是　□否	1	■是　□否	2
	喀喇沁旗	□是　■否	0	□是　■否	0
	宁城县	■是　□否	3	■是　□否	1
	敖汉旗	■是　□否	1	■是　□否	3
	红山区	□是　■否	0	□是　■否	0
	松山区	□是　■否	0	□是　■否	0

＊此表格填写地市级普查成果开发、利用情况。

藏品资源公开情况

序号	已公开藏品资源的单位名称	公开藏品数量	公开方式
1	克什克腾旗博物馆	18792	文物普查汇报材料
2	翁牛特旗博物馆	620	展厅展览
3	宁城县辽中京博物馆	1500	陈列展出
4	宁城县图书馆	2	查阅
5	宁城县档案局	3	查阅
6	敖汉旗博物馆	3000	展览、网络

利用普查成果举办展览情况（含网络展览）

序号	展览名称	展览形式	展出地点	展出藏品量	参观人次
1	2014 年 5·18 国际博物馆日暨赤峰市第一次全国可移动文物普查成果展	图片展	红山区美术馆广场	未展出文物藏品	3000
2	2015 年 5·18 国际博物馆日暨赤峰市第一次全国可移动文物普查成果展	图片展	赤峰市文博大厦广场	未展出文物藏品	2800
3	2016 年 5·18 国际博物馆日暨赤峰市第一次全国可移动文物普查成果展	图片展	红山区美术馆	未展出文物藏品	7600
4	巴林左旗第一次全国可移动文物普查成果展	图片、文字	巴林左旗辽上京博物馆	1000 件/套	30000
5	世界博物馆日可移动文物展	图片、文字	巴林左旗辽上京博物馆	1000 件/套	2000
6	文化遗产日可移动文物展	图片、文字	巴林左旗辽上京博物馆	1000 件/套	2000
7	巴林发展史展	文物陈列	巴林右旗民俗博物馆	100 件/套	5000

续表

序号	展览名称	展览形式	展出地点	展出藏品量	参观人次
8	男儿三艺展	文物陈列	巴林右旗民俗博物馆	90 件/套	6000
9	巴林民俗展	文物陈列	巴林右旗民俗博物馆	80 件/套	8000
10	文物普查成果展	临展	克什克腾旗博物馆	30 余件/套	10000
11	宁城县第一次全国可移动文物普查成果展	联合展出	宁城县辽中京博物馆	9 件/套	45000
12	敖汉旗可移动文物图片展	图片	敖汉旗博物院	20 件/套	4000

十一、普查的总结

序号	行政区	是否已编制辖区内国有文物收藏单位名录	是否已编写普查工作报告
11	地市级合计	■是 □否	■是 □否
	赤峰市	■是 □否	■是 □否
	阿鲁科尔沁旗	■是 □否	■是 □否
	巴林左旗	■是 □否	■是 □否
	巴林右旗	■是 □否	■是 □否
	克什克腾旗	■是 □否	■是 □否
	林西	■是 □否	■是 □否
	翁牛特旗	■是 □否	□是 ■否 正在编制
	喀喇沁旗	■是 □否	■是 □否
	宁城县	■是 □否	■是 □否
	敖汉旗	□是 ■否	□是 ■否
	红山区	■是 □否	■是 □否
	元宝山区	■是 □否	■是 □否
	松山区	□是 ■否	■是 □否

* 此表格填写地市级普查总结相关事宜情况。

执笔：陶建英　郭勇　贾娜　许鹏飞

锡林郭勒盟第一次全国可移动文物
普查验收报告

锡林郭勒盟第一次全国可移动文物普查领导小组办公室

自锡林郭勒盟开展第一次全国可移动文物普查工作以来，盟市、旗县各级政府和相关部门给予高度重视，积极落实国家、自治区要求，扎实推进一普各项工作，使我盟普查工作进展良好。盟普查机构及时保障经费落实，多次开展普查宣传培训工作，盟普查项目部赴各旗县敦促、指导、组织一普业务人员开展一普工作，各旗县市（区）普查机构和队伍发挥协作精神，为我盟普查工作的顺利完成打下了良好的基础。

一、普查的组织

（一）普查的组织机构

1. 普查领导小组建立情况

为加强锡林郭勒盟第一次全国可移动文物普查工作的组织领导，2013 年 11 月，锡林郭勒盟行政公署成立锡林郭勒盟第一次全国可移动文物普查领导小组，由盟级分管领导挂帅，成员由发改委、财政、民政、国土、交通、水利、林业、民委、统计等部门的领导组成，负责普查工作的组织和领导，协调解决问题。领导小组办公室设在锡林郭勒盟文体新广局，各旗县市（区）文体新广局局长为成员，负责普查工作的日常组织和具体协调，锡林郭勒盟普查办有专用的公章和文件模式。13 个旗县市（区）人民政府按照自治区和锡林郭勒盟的统一要求，也成立了相应的普查领导小组及其工作机构负责本地区普查工作的实施和对文物普查工作进行监督。普查机构和办事机构的成立，确保了锡林郭勒盟第一次全国可移动文物普查能够保质保量地按时完成。

2. 普查通知和实施方案制定情况

根据《国务院关于开展第一次全国可移动文物普查的通知》（国发〔2012〕54 号）文件要求，为切实做好第一次全国可移动文物普查工作，锡林郭勒盟行政公署印发了《锡林郭勒盟第一次全国可移动文物普查工作方案》（以下简称《工作方案》），根据《工作方案》，锡林郭勒盟第一次全国可移动文物普查办公室组建了锡林郭勒盟一普项目部和专家组，锡林郭勒盟一普项目部负责一普的具体工作。各旗县市（区）根据要求，结合本地实际，制定当地第一次全国可移动文物普查工作方案，组织好普查队伍，开展好文物普查工作。

（二）普查联系协调机制

按照《工作方案》的具体要求，各级文化行政主管部门加强本辖区内普查工作的协调，解决普查工作中的实际困难。文物部门发挥主导作用，财政部、发改委、教育、国土、民政、人民银行、国资委、统计、宗教、档案、科协等有关部门和单位积极支持配合，促进文物普查工作。财政和发展改革部门落实普查经费和物质保障。统计、档案部门指导做好普查数据的管理、发布和建档工作。文物收藏单位按照《中华人民共和国文物保护法》的要求，积极配合普查机构和普查人员做好普查工作。在实际工作中也与教育、档案、宗教等部门联合发文，确立其系统的普查工作机制。

（三）普查各工作环节档案留存情况

普查中我盟将各旗县市（区）发放的调查表全部回收存档，包括普查文件、简报全部由锡林郭勒盟可移动文物普查项目部存档。

二、普查保障措施

（一）人员

1. 各级普查办工作人员、国有单位普查工作人员、普查专家和普查志愿者构成情况

为确保文物普查工作的顺利开展，按照自治区的工作要求，2013 年 11 月以来，锡林郭勒盟 13 个旗县市（区）都相继设立了普查工作领导小组办公室，组建文物专业人员普查队深入各单位调查文物收藏情况。

在各级普查办及相关单位的协调和动员下，我盟一普参加人员总计达到 199 人，其中各旗县市区普查办人数 71 人，收藏单位包括文物单位帮助及指导人员 64 人，专家 23 人，招募志愿者41 人。

2. 开展人员培训情况

2013 年 7 月，我盟文物普查工作人员参加了自治区文化厅在呼和浩特举办的第一次全国可移动文物普查人员骨干培训班。从普查开始到提交数据阶段共参加自治区培训 5 次，主要有数据采集培训、数据填报培训、数据审核培训、文物摄影培训、普查报告编写培训等。

自 2013 年普查开始至 2016 年数据提交阶段，锡林郭勒盟共组织各类型普查培训 7 次，其中业务培训 3 次，累计参加人数达到 200 余人次，较多集中在数据录入采集、文物摄影等方面的业务培训。培训聘请专家老师，理论与实际相结合讲解，组织培训人员实际操作，讨论交流，达到了培训预期的效果。2014 年 1 月，锡林郭勒盟举办第一次全国可移动文物普查培训班，培训各旗县市（区）普查的方法、标准规范、技术路线、文物采集等 14 项指标及录入注意事项。2014 年6—8 月，组织各级普查员系统学习了数据批量导入、保存、校验、提交、上报等实际操作及注意事项等。同时普查员还系统地学习了摄影常识、相机功能操作及文物拍摄技巧等。2016 年 5 月，锡林郭勒盟一普数据审核培训班召开，根据内蒙古自治区文物局专家组对一普数据审核时提出的整改问题进行培训，主要涉及文物命名、完残状况、文物照片、多套同类文物等内容。

（二）普查经费落实情况

2013—2016 年，我盟普查经费到位总计 162.32 万元。

（三）宣传工作开展情况

锡林郭勒盟普查领导小组办公室制定了《锡林郭勒盟第一次全国可移动文物普查宣传方案》，并开展了阶段性集中宣传和长期宣传活动。自 2013 年开始到 2016 年，全盟一普报纸宣传 13 次、

电视 39 次和互联网 23 次，标语 30 幅，短信 10000 条，微信平台宣传 9 次，及时报道了普查工作的进展情况以及取得的成绩，广泛深入地宣传开展文物普查的重要意义。同时根据《普查宣传方案》的要求，结合"国际博物馆日""文化遗产日"以出动宣传车、发放宣传单等形式深入开展了第一次全国可移动文物普查宣传活动，共计发放文物普查宣传单 2.3 万余份、张贴宣传画 500 余张。利用广播、电视等新闻媒体广泛宣传第一次全国可移动文物普查的重要意义，使广大牧民、居民认识到本次可移动文物普查工作的重要性，积极配合开展相关工作。全盟各旗县市（区）也开展了形式多样的宣传。2016 年 6 月 11 日第十一个文化遗产日，锡林郭勒盟在盟博物馆主会场举办了锡林郭勒盟地区"第一次全国可移动文物普查成果图片展"，展览通过放置宣传展架、悬挂条幅、发放宣传册、针对性讲解等形式进行宣传互动，效果明显，系统地介绍了我盟第一次全国可移动文物普查工作的开展情况。我盟遴选部分文物及图片，参加了在内蒙古博物院举办的"内蒙古自治区第一次全国可移动文物普查成果展览"，收到了良好的效果。2018 年 5·18 国际博物馆日举办了"锡林郭勒盟第一次全国可移动文物普查成果实物展"，通过具有代表性的 62 件/套文物，向公众更直观地展示了锡林郭勒盟可移动文物普查的成果。

三、国有单位文物收藏情况摸底调查

（一）调查表发放数量和发放范围

2013 年我盟总计发放调查表 2064 份，发放范围主要为国有单位，保证图书、档案等重点行业系统不遗漏。

（二）调查表回收数量

通过普查调查人员的共同努力，调查表回收 2049 份，回收率达到 99.3%。

（三）调查覆盖率不足 100% 的主要原因

未能全部回收的主要原因是单位合并及个别单位撤销。

四、文物认定及相关工作情况

2014 年 10 月 8 日，我盟转发《关于做好全区第一次全国可移动文物普查文物认定工作的通知》。锡林郭勒盟开展文物认定的单位有 4 家，涉及藏品 948 件/套。

五、文物信息采集登录

（一）收藏单位登录情况

1. 锡林郭勒盟统计上报文物收藏单位共计 44 家，其中有博物馆、纪念馆 10 家，图书馆 3 家，档案馆 8 家，其他类型 23 家。共有 38 家收藏单位上报了文物，已 100% 注册。余下单位经专家现场认定，所藏藏品不在此次普查范围。

2. 已注册的收藏单位现已全部登录上传文物信息。部分收藏单位如二连浩特市文物保护管理所、东苏旗文物所、阿巴嘎旗杨都庙，汉贝庙及阿巴嘎旗档案局已采集的文物信息分别归入伊林驿站博物馆、东苏旗博物馆，阿巴嘎旗博物馆，未按照单位原编号分类上报。

（二）信息登录情况

1. 单位信息填报准确性

经查验我盟收藏单位信息皆按照要求填写。

2. 文物信息填报准确性

2016 年数据录入工作完成后，我盟一普项目部对录入数据进行了初审，并对出现的错误进行了修改。8 月 9 日，我盟将全部数据上传至自治区一普项目部，经检查验收我盟 38 家收藏单位中23 家数据为合格，15 家的数据存在部分错误，问题如下：

（1）定名不准确，修饰词语错误或者缺少，有的在名称中缺少质地。

（2）部分文物照片的正视图不符合要求。

3. 截至 2016 年 8 月 31 日已登录文物数量 8787 件/套、已采集文物数量 8787 件/套。

4. 数据上传中存在的问题

部分地区的一普文物采集的实际数量与登录平台上传数量存在差异。如二连浩特市总计一普采集录入文物为 496 件/套，一普登录平台数据为 960 件/套；太仆寺旗采集文物信息 121 件/套，平台登录 122 件/套；东乌珠穆沁旗（包括乌拉盖）采集文物信息 522 件/套，一普登录平台数据为 519 件/套；阿巴嘎旗博物馆采集文物信息 555 件/套，一普登录平台数据为 308 件/套。总计锡林郭勒盟第一次全国可移动文物普查采集文物数量为 8787 件/套，一普登录平台数据为 8965 件/套。差异原因在于重复上传平台未及时申请删除，上传平台的过程中数据丢失，已向国家一普数据平台技术部门申请校正部分平台数据。

（三）总体工作进度

1. 文物登录进度

2016 年 8 月 31 日，锡林郭勒盟第一次全国可移动文物普查收藏单位登录工作全部完成。

2. 数据审核进度

2016 年 8 月 31 日，锡林郭勒盟按照要求全部完成审核，并将数据提交至自治区普查办，经自治区普查办验收，数据符合普查要求。

六、普查的总结

（一）收藏单位名录编制情况

我盟按照要求将辖区内的国有收藏单位编制了名录，收藏单位共计 38 家。

（二）普查工作报告编制情况

锡林郭勒盟辖区内普查机构共计 14 个，编写普查工作报告 14 份。

七、在普查中开展的其他相关工作

（一）藏品管理

此次普查使我盟各级博物馆、文管所建立了较为完善的藏品档案及电子查询系统。全盟 8787件/套藏品数据已集中至盟普查办项目部，在普查中对部分文物的保存状态有了新的认识，目前部分珍贵文物正准备申请修复资金。2016 年 4 月 21 日，自治区专家对我盟一普数据进行检查，同时对我盟符合定级标准的文物进行了鉴定定级。经鉴定，一级文物 8 件、二级文物 29 件、三级文物118 件，共计 155 件新定级文物。

（二）普查成果开发、利用

1. 收藏单位藏品资源公开情况

截至 2016 年 9 月 15 日我盟辖区内有 11 家博物馆展出一普文物，为博物馆常设展览，藏品展出数量 2466 件/套。我盟各博物馆具体藏品数量及藏品信息暂未公布，待我盟一普数据审核通过后，将逐步对外公布。

2. 利用普查成果举办展览情况

经统计我盟共参与举办展览 6 次，活动主要以常设展览、临时展览、借展为主。全盟博物馆 2013 年至 2016 年接待游客 400 余万人次。2016 年盟级"第一次全国可移动文物普查成果展"陈列藏品 25 件/套，参观人次 4945 人。2018 年 5·18 国际博物馆日举办了"锡林郭勒盟第一次全国可移动文物普查成果实物展"，展期一个月，通过具有代表性的 62 件/套文物，向公众更直观地展示了锡林郭勒盟可移动文物普查的成果，参观 1 万余人次。

附件　第一次全国可移动文物普查验收表

锡林郭勒盟第一次全国可移动文物普查验收表

一、普查组织

序号	行政区	地市级普查领导小组数量（个）	地市级普查工作办公室（个）	建立普查工作机制的行业系统（个）	建立普查工作机制的收藏单位（个）	印发地市级普查通知（份）	印发地市级普查实施方案（份）	开展普查工作档案整理的地市数量（个）
1	地市级合计	14	14	20	31	683	551	14
	具体情况	是否组建地市级普查领导小组	是否成立地市级普查工作办公室	建立普查工作机制的行业系统（个）	建立普查工作机制的收藏单位（个）	是否印发普查通知	是否印发普查实施方案	是否开展普查工作档案整理
	锡林郭勒盟	■是 □否1	■是 □否1	1	1	■是 □否50	■是 □否50	■是 □否1
	阿巴嘎旗	■是 □否1	■是 □否1	1	1	■是 □否1	■是 □否1	■是 □否1
	多伦县	■是 □否1	■是 □否1	1	1	■是 □否1	■是 □否1	■是 □否1
	东乌旗	■是 □否1	■是 □否1	1	2	■是 □否20	■是 □否40	■是 □否1
	二连浩特市	■是 □否1	■是 □否1	3	4	■是 □否40	■是 □否10	■是 □否1
	镶黄旗	■是 □否1	■是 □否1	1	3	■是 □否40	■是 □否10	■是 □否1
	苏尼特右旗	■是 □否1	■是 □否1	3	2	■是 □否20	■是 □否10	■是 □否1
	苏尼特左旗	■是 □否1	■是 □否1	1	1	■是 □否	■是 □否	■是 □否1
	正镶白旗	■是 □否1	■是 □否1	1	3	■是 □否20	■是 □否10	■是 □否1
	乌拉盖	■是 □否1	■是 □否1	1	1	■是 □否63	■是 □否	■是 □否1
	西乌旗	■是 □否1	■是 □否1	1	1	■是 □否1	■是 □否1	■是 □否1
	锡林浩特市	■是 □否1	■是 □否1	1	5	■是 □否20	■是 □否10	■是 □否1
	太仆寺旗	■是 □否1	■是 □否1	3	4	■是 □否150	■是 □否150	■是 □否1
	正蓝旗	■是 □否1	■是 □否1	1	2	■是 □否257	■是 □否257	■是 □否1

*此表格含 11 项内容，由各地市级普查办填写，省级普查办汇总。区县级验收表格可参照此表。

二、人员保障

（单位：人）

序号	行政区	各级普查办	收藏单位	普查专家	普查志愿者	合计
2	地市级合计	71	64	23	41	199
	锡林郭勒盟	7	3	2	0	12
	阿巴嘎旗	1	4	0	12	17
	多伦县	8	12	2	2	24
	东乌旗	2	6	2	2	12
	二连浩特市	1	3	2	6	12
	镶黄旗	8	7	2	0	17
	苏尼特右旗	1	2	2	4	9
	苏尼特左旗	2	1	2	5	10
	正镶白旗	5	4	2	2	13
	乌拉盖	1	1	1	4	7
	西乌旗	3	10	2	0	15
	锡林浩特市	9	5	2	2	18
	太仆寺旗	10	0	0	0	10
	正蓝旗	13	6	2	2	23

* 此表格填写地市本级情况。应包括参与普查工作的全部人员，即持有"普查员证"的人员和未申领普查员证的人员。

三、经费保障

（单位：万元）

序号	行政区	合计	2013 年	2014 年	2015 年	2016 年
3	地市级总计	162.32	35.82	75.6	28.1	22.8
	锡林郭勒盟	47	8	20	9	10
	阿巴嘎旗	5	0	5	0	0
	多伦县	8	0	3	0	5
	东乌旗	17.5	12	2	2	1.5
	二连浩特市	2	2	0	0	0
	镶黄旗	2.52	1.52	0	1	0
	苏尼特右旗	23	0	10	10	3
	苏尼特左旗	13	0	10	3	0
	正镶白旗	1	0	1	0	0
	乌拉盖	9.4	0.7	6.3	2.1	0.3
	西乌旗	14	11	0	0	3
	锡林浩特市	10	0	10	0	0
	太仆寺旗	4	0	3	1	0
	正蓝旗	5.9	0.6	5.3	0	0

* 此表格填写地市本级经费情况，不含所辖区县。

四、普查培训

序号	行政区	合计		2013 年		2014 年		2015 年		2016 年	
		次数（次）	人数（人）	次数（次）	人数（人）	次数（次）	人数（人）	次数（次）	人数（人）	次数（次）	人数（人）
4	地市级合计	7	175	1	34	3	56	1	48	2	37
	锡林郭勒盟	7	20	1	6	3	6	1	5	2	3
	阿巴嘎旗	7	9	1	2	3	2	1	2	2	3
	多伦县	7	7	1	1	3	2	1	2	2	2
	东乌旗	7	13	1	1	3	4	1	4	2	4
	二连浩特市	7	12	1	4	3	3	1	3	2	2
	镶黄旗	7	13	1	2	3	4	1	4	2	3
	苏尼特右旗	7	11	1	2	3	3	1	3	2	3
	苏尼特左旗	7	16	1	4	3	4	1	4	2	4
	正镶白旗	7	10	1	2	3	3	1	2	2	3
	乌拉盖	7	10	1	2	3	4	1	3	2	1
	西乌旗	7	8	1	2	3	3	1	2	2	1
	锡林浩特市	7	21	1	3	3	8	1	8	2	2
	太仆寺旗	7	11	1	2	3	3	1	3	2	3
	正蓝旗	7	14	1	1	3	7	1	3	2	3

＊此表格填写地市本级培训情况，不含所辖区县。

五、普查宣传

序号	行政区	组建地市级宣传机构（个）	制定地市级宣传方案（个）	宣传方式								
				电视（次）	互联网（次）	报刊（次）	海报（份）	册页（份）	宣传单（份）	标语	短信	微信平台
5	地市级合计	14	14	39	23	13	5150	500	23020	30	10000	9
	具体情况	是否组建地市级宣传机构	是否制定地市级宣传方案									
	锡林郭勒盟	■是 □否1	■是 □否1	5	3	4				6		
	阿巴嘎旗	■是 □否1	■是 □否1	1				500		1		
	多伦县	■是 □否1	■是 □否1	1	2							
	东乌旗	■是 □否1	■是 □否1	2								
	二连浩特市	■是 □否1	■是 □否1	5	6	4				2		5
	镶黄旗	■是 □否1	■是 □否1	2								
	苏尼特右旗	■是 □否1	■是 □否1	10	3	3	5000			1		
	苏尼特左旗	■是 □否1	■是 □否1									
	正镶白旗	■是 □否1	■是 □否1	3	2				6000	20		
	乌拉盖	■是 □否1	■是 □否1	2				50	20			
	西乌旗	■是 □否1	■是 □否1	3					1000			
	锡林浩特市	■是 □否1	■是 □否1	2	1	2			9000			
	太仆寺旗	■是 □否1	■是 □否1	3	4			100				4
	正蓝旗	■是 □否1	■是 □否1		2				7000		10000	

＊"宣传方式"为选填项，如有其他宣传方式，可根据实际情况填写。

六、国有可移动文物收藏单位调查

序号	行政区划	辖区内国有单位数量（家）	国有单位可移动文物收藏情况调查表		
			发放（张）	回收（张）	反馈收藏有可移动文物的国有单位（家）
6	地市级合计	2064	2064	2049	38
	阿巴嘎旗	103	103	103	5
	多伦县	170	170	170	1
	东乌旗	280	280	280	2
	二连浩特市	40	40	40	4
	镶黄旗	90	90	90	5
	苏尼特右旗	175	175	175	2
	苏尼特左旗	68	68	68	2
	正镶白旗	209	209	200	3
	乌拉盖	54	54	54	1
	西乌旗	180	180	180	2
	锡林浩特市	346	346	340	5
	太仆寺旗	97	97	97	5
	正蓝旗	252	257	257	2

＊此表格填写地市本级国有单位调查情况。

七、文物认定及建档

序号	行政区划	文博系统单位					非文博系统单位				
		收藏单位数量(家)	新发现、新认定藏品数量(件/套)	新建/重建藏品账目及档案的单位数量(家)	新建/重建藏品账目及档案的文物数量（件/套）	完成藏品账目及档案信息化的单位数量(家)	收藏单位数量(家)	新发现、新认定藏品数量(件/套)	新建/重建藏品账目及档案的单位数量(家)	新建/重建藏品账目及档案的文物数量（件/套）	完成藏品账目及档案信息化的单位数量(家)
7	地市级合计	19	948	13	1986	10	18	304	13	766	14
	锡林郭勒盟	2	0	0	0	0	0	0	0	0	0
	阿巴嘎旗	1	555	1	555	1	3	39	1	10	1
	多伦县	1	0	0	0	0	0	0	0	0	0
	东乌旗	2	0	2	489	2	0	0	0	0	0
	二连浩特市	1	2	1	25	1	2	0	2	471	2
	镶黄旗	2	0	2	63	2	1	41	1	41	1
	苏尼特右旗	1	0	1	141	1	1	0	1	22	1
	苏尼特左旗	1	0	0	0	0	0	0	0	0	0
	正镶白旗	2	0	2	348	0	2	0	0	0	0
	乌拉盖	1	0	0	0	0	0	0	0	0	0
	西乌旗	2	0	2	328	0	0	0	0	0	0
	锡林浩特市	1	2	1	2	1	4	138	4	138	4
	正蓝旗	1	389	0	0	1	1	2	0	0	1
	太仆寺旗	1	0	1	35	1	4	84	4	84	4

　　＊此表格填写地市本级文物认定情况，按照文博系统单位和非文博系统单位分别填写。其中"新建/重建藏品账目及档案的单位数量（家）""新建/重建藏品账目及档案的文物数量（件/套）""完成藏品账目及档案信息化的单位数量（家）"为选填项。

八、收藏单位登录情况

（单位：家）

序号	行政区	摸底调查阶段反馈收藏 有文物的国有单位数量	已登录文物的收藏 单位数量	已注册账号但未登录 文物的收藏单位数量
8	地市级合计	44	38	12
	锡林郭勒盟	2	2	0
	阿巴嘎旗	4	5	1
	多伦县	1	1	0
	东乌旗	2	2	0
	二连浩特市	4	4	1
	镶黄旗	5	3	2
	苏尼特右旗	2	2	0
	苏尼特左旗	1	2	1
	正镶白旗	4	4	0
	乌拉盖	1	1	0
	西乌旗	6	2	4
	锡林浩特市	5	5	0
	正蓝旗	2	2	1
	太仆寺旗	5	3	2

＊此表格填写省本级、地市本级、区县本级收藏单位登录情况。

"已注册账号但未登录文物的收藏单位"指在普查平台登录文物数量为 0 的单位。

九、文物信息登录

（单位：家）

序号	行政区	是否完成文物信息登录工作	完成比例	未完成的工作进度安排
9	地市级	■是　□否	100%	
	锡林郭勒盟	■是　□否	100%	
	阿巴嘎旗	■是　□否	100%	
	多伦县	■是　□否	100%	
	东乌旗	■是　□否	100%	
	二连浩特市	■是　□否	100%	
	镶黄旗	■是　□否	100%	
	苏尼特右旗	■是　□否	100%	
	苏尼特左旗	■是　□否	100%	
	正镶白旗	■是　□否	100%	
	乌拉盖	■是　□否	100%	
	西乌旗	■是　□否	100%	
	锡林浩特市	■是　□否	100%	
	正蓝旗	■是　□否	100%	
	太仆寺旗	■是　□否	100%	

＊此表格填写地市本级可移动文物登录情况。

十、普查成果开发、利用（选填）

序号	行政区	是否有单位公开藏品资源	已公开藏品资源的单位数量	是否举办普查主题展览（含网络展览）	展览数量
10	地市级合计	2	3	6	8
	锡林郭勒盟	□是 ■否	0	■是 □否	2
	阿巴嘎旗	■是 □否	1	■是 □否	1
	多伦县	□是 ■否	0	□是 ■否	0
	东乌旗	□是 ■否	0	■是 □否	1
	二连浩特市	■是 □否	2	■是 □否	2
	镶黄旗	□是 ■否	0	■是 □否	1
	苏尼特右旗	□是 ■否	0	□是 ■否	0
	苏尼特左旗	□是 ■否	0	□是 ■否	0
	正镶白旗	□是 ■否	0	□是 ■否	0
	乌拉盖	□是 ■否	0	□是 ■否	0
	西乌旗	□是 ■否	0	□是 ■否	0
	锡林浩特市	□是 ■否	0	■是 □否	1
	正蓝旗	□是 ■否	0	□是 ■否	0
	太仆寺旗	□是 ■否	0	□是 ■否	0

* 此表格填写地市级普查成果开发、利用情况。

藏品资源公开情况

序号	已公开藏品资源的单位名称	公开藏品数量（件/套）	公开方式
1	阿巴嘎旗博物馆	555	陈列
2	伊林驿站遗址博物馆	158	博物馆展览
3	二连浩特市文物保护管理所	25	文物展厅免费参观

利用普查成果举办展览情况（含网络展览）

序号	展览名称	展览形式	展出地点	展出藏品量	参观人次
1	锡林郭勒盟一普成果展	图片	锡林郭勒盟博物馆	25 件/套	2000
2	东乌旗一普成果展	展板、实物形式	乌珠穆沁博物馆	238 件/套	400
3	全国可移动文物普查成果展	图文简介及实物展览	内蒙古博物院	11 件/套	1000
4	锡林郭勒盟可移动文物普查成果展	图文简介及实物展览	锡林郭勒盟	11 件/套	500
5	镶黄旗一普成果展	展板、实物形式	黄旗旧幼儿园一楼	16 件/套	45
6	自治区一普成果展	图片展示	内蒙古博物院	15 件/套	1000

十一、普查的总结

序号	行政区	是否已编制辖区内国有文物收藏单位名录	是否已编写普查工作报告
11	地市级合计	14 份	14 份
	锡林郭勒盟	■是　□否	■是　□否
	阿巴嘎旗	■是　□否	■是　□否
	多伦县	■是　□否	■是　□否
	东乌旗	■是　□否	■是　□否
	二连浩特市	■是　□否	■是　□否
	镶黄旗	■是　□否	■是　□否
	苏尼特右旗	■是　□否	■是　□否
	苏尼特左旗	■是　□否	■是　□否
	正镶白旗	■是　□否	■是　□否
	乌拉盖	■是　□否	■是　□否
	西乌旗	■是　□否	■是　□否
	锡林浩特市	■是　□否	■是　□否
	正蓝旗	■是　□否	■是　□否
	太仆寺旗	■是　□否	■是　□否

＊此表格填写地市级普查总结相关事宜情况。

执笔：呼和　宝妹

乌兰察布市第一次全国可移动文物普查验收报告

乌兰察布市第一次全国可移动文物普查领导小组办公室

为认真贯彻执行《国务院关于开展第一次全国可移动文物普查的通知》（国发〔2012〕54号）、国家文物局《关于落实国务院通知精神认真做好第一次全国可移动文物普查的通知》（文物普查发〔2012〕14号），按照《内蒙古自治区人民政府关于在全区开展第一次全国可移动文物普查的通知》（内政发〔2013〕33号）的统一要求，我市于2013年5月启动了第一次全国可移动文物普查工作，分三个阶段进行。第一阶段是普查预算和方案编制、工作计划制定等工作，于2013年5月底完成；第二阶段从2013年6月开始至2015年12月结束，主要任务是以县域为基本单元，实地开展文物调查、认定、信息采集和数据登录；第三阶段从2016年1月开始至12月结束，主要任务是开展普查数据和资料的整理、汇总，数据库建设和总结等工作。

经过全体可移动文物普查工作人员的共同努力，历时两年七个月，于2015年12月20日圆满地完成了全市可移动文物的认定、信息采集、汇总及上报等工作。

乌兰察布市收藏有可移动文物的国有单位23家（平台显示为25家），共有可移动文物60604件/套（平台显示为61159件/套）。此报告数据以上报数据（文物60604件/套、收藏单位23家）为准。

一、普查组织建设

（一）健全机构，加强领导

为加强我市文化遗产保护管理，按时推进全市第一次全国可移动文物普查工作，2013年5月11日，乌兰察布市政府下发了《关于在全市开展第一次全国可移动文物普查的通知》（乌政发〔2013〕55号）。就此次普查的目的、意义、范围内容、具体时间安排、组织实施、经费保障、资料填报和管理、普查宣传做了明确要求。同时成立了由市政府副市长任组长，政府办公厅副主任、市文化局局长任副组长，发改委、教育局、民政局、财政局等10个单位的负责人及市文新广局分管副局长、文物科科长、博物馆工作人员为成员的乌兰察布市第一次全国可移动文物普查领导小组。领导小组办公室设在市文新广局。

为合理安排我市的第一次全国可移动文物普查工作，加强对普查工作的管理、指导，2013年6月5日，由乌兰察布市文化新闻出版广电局分管文博工作的哈斯巴特尔副局长任办公室主任，文物科科长、博物馆馆长任副主任，各旗县市区文化局局长、市文新广局文物科相关人员和博物馆业务人员为成员的全市第一次全国可移动文物普查领导小组办公室成立，负责可移动文物普查日常具体工作的组织与协调。

为及时有序推进我市的第一次全国可移动文物普查工作，圆满完成文物认定、信息采集、汇总、上报工作，2013 年 6 月 19 日，由市博物馆馆长任项目部主任，市文新广局文物科牛瑞峰、市博物馆副研究馆员李恩瑞为副主任，各旗县市区文管所所长、市文新广局文物科相关人员和博物馆业务人员为成员的全市第一次全国可移动文物普查领导小组办公室项目部、专家组成立。项目部设在市博物馆，负责普查的具体工作及业务指导。

除此之外，我市 11 个旗县市区各自成立了第一次全国可移动文物普查工作领导小组，乌兰察布市博物馆也成立了第一次全国可移动文物普查领导小组和工作小组，组建了普查队伍。

为确保普查工作科学、规范、有序、高效开展，根据自治区普查办《实施方案》，结合我市实际，市普查办制定了《乌兰察布市第一次全国可移动文物普查实施方案》，就本次普查工作的目的和意义、范围和内容、技术路线、时间和实施步骤、组织机构、经费保障、资料填报和数据管理、普查宣传以及普查总结等九个方面做出了具体的规定和说明。《实施方案》制定出台后立即下发至各旗县市区人民政府、乌兰察布市军分区及市直有关单位。各旗县、市、区人民政府按照《实施方案》的要求，制定了本行政区域的普查方案和工作计划，并按照国务院和自治区统一的标准和规范进行了组织实施。

全市各级普查办、收藏单位、普查专家、普查志愿者共 188 人参与了此次普查工作。

（二）建立协调机制，有序推进普查工作

因为本次普查的范围较广，工作量大，涉及乌兰察布市境内各级国家机关、事业单位、国有企业和国有控股企业、部队等国有单位法人所收藏、保管的可移动文物，包括普查前已经认定和在普查中新认定的文物，做好各成员单位及各旗县市区、苏木（乡镇）、嘎查（村）的协调配合十分重要。所以全市第一次全国可移动文物普查领导小组成员包括了市发改委、教育局、民政局、财政局、档案局等 10 个单位的负责人；23 个收藏单位建立普查工作机制，建立普查工作机制的行业系统 6 个。同时，联合转发了国家文物局和民政部《关于积极做好民政系统第一次全国可移动文物普查工作的通知》、国家文物局和档案局《关于积极做好档案系统第一次全国可移动文物普查工作的通知》、自治区文化厅和教育厅《关于积极做好教育系统第一次全国可移动文物普查工作的通知》，充分调动我市各行业系统在全市第一次全国可移动文物普查工作中的积极性，在具体普查和实施过程中，各部门协调配合，有序推进，确保可移动文物普查工作保质保量完成。

另外，2014 年 5 月初，为了加强普查工作专业技术力量，加快普查进度，对市博物馆参与普查工作的技术人员进行了调整，增补了若干人员，分为藏品数据库录入组、普查数据录入组、文物摄影组、资料组、专家组 5 个组，并指定各组负责人，明确具体责任与分工。

（三）留存资料，建立专档

在我市第一次全国可移动文物普查工作开展期间，各普查工作小组都建立了第一次全国可移动文物普查专档、专柜，将可移动文物普查过程中各个环节的所有相关资料留存备份。

二、普查保障措施

（一）人员培训情况

2013—2015 年，我市 60 多名可移动文物普查工作人员分三批次参与了自治区第一次全国可移动文物普查培训班，学习全国可移动文物普查规范、相机的使用以及文物影像数据采集。

2013 年 11 月，市普查办举办了全市可移动文物普查骨干培训班。对来自全市 11 个旗县区的文化局、文管所，部分文物收藏单位以及乌兰察布市普查领导小组成员单位、市直属文博单位的90 余人就普查标准规范、工作流程、信息采集软件以及信息登录平台等进行了培训。

2014 年 8 月，对全市 11 个旗县 60 多名可移动文物普查项目负责人和录入人员进行了普查系统和馆藏文物系统录入、数据上传、规范文物拍照等业务培训。

2015 年 7 月，可移动文物普查项目部对各个旗县市区的全国可移动文物普查信息的采集录入和信息上传修改工作进行技术性督导。

为确保我市第一次全国可移动文物普查工作如期完成，经我市第一次全国可移动文物普查领导小组办公室研究决定，对我市可移动文物普查工作开展缓慢的地区进行业务支持，2015 年 11 月17 日，乌兰察布市文新广局部署市可移动文物普查办、项目部组建 6 个专家组，分别去 11 个旗县市区督导和审核可移动文物数据采集和录入工作。

2015 年 12 月 12—15 日，乌兰察布市全国可移动文物普查办、项目办根据各个旗县市区文物保管单位的数据采集、录入、定名、照片拍摄及数据上传等方面存在的问题开展了乌兰察布市全国可移动文物普查数据集中辅导、审核培训班。这项工作邀请了内蒙古自治区第一次全国可移动文物普查专家组成员及兴安盟博物馆副馆长尹建光老师等对我市文物普查工作人员进行技术指导，使我市的可移动文物普查工作得以顺利完成。

2016 年 7 月，乌兰察布市第一次全国可移动文物普查数据集中审核上报培训会议培训班在乌兰察布市博物馆召开，各旗县市区普查办负责人、各收藏单位数据录入人员参加了培训。

（二）经费保障情况

普查启动以来，自治区连续每年拨付我市可移动文物普查专项经费 15 万元，共计 60 万元，及时分配到了市普查办项目部及各旗县市区普查办。市本级财政每年安排专项经费 50 万元，用于可移动文物的普查。2014 年在原有经费基础上，乌兰察布市政府又从文化事业培训经费中抽出一部分专门用于全市普查培训工作。

各旗县市区本级财政安排普查专项经费保障不平衡，集宁区 4.1 万元、丰镇市 6 万元、察哈尔右翼前旗 7 万元、察哈尔右翼中旗 20 万元、察哈尔右翼后旗 6 万元、卓资县 12 万元、兴和县 5 万元、商都县 16 万元、化德县 10 万元。凉城县、四子王旗本级财政没有安排普查专项经费。

（三）宣传工作开展情况

为了做好普查宣传工作，扩大普查工作影响力，提升全社会文物保护意识，争取各方面的参与支持，市普查办制定了《乌兰察布市第一次全国可移动文物普查宣传方案》，各旗县市区普查领导小组办公室也据此制定了本地区的宣传方案，并有序组织实施。

一是全市各普查机构把普查作为本行政区域内重点文化工作进行宣传，并根据普查的不同阶段分别确立了相应的重点内容。此次普查宣传主要采取了阶段性集中宣传与长期宣传相结合的形式，覆盖报纸、杂志、广播、电视、网络、移动传媒等各类媒体。通过在报刊开设可移动文物普查专栏，发放宣传页和海报，开设网站，在公共场合播放普查信息或公益宣传短片，利用博物馆日、文化遗产日、草原文化遗产日集中宣传，通过手机平台发布普查公益短信等多种宣传形式，扩大普查工作影响力。

二是乌兰察布市政府在《乌兰察布日报》《乌兰察布晚报》等报刊开设可移动文物普查专栏，开展信息发布、政策解读、工作讨论等等，并在全市各级政府网站，文化、档案、宗教等机构负责的网站设立地区可移动文物普查专题，专题内容由各级可移动文物普查机构负责提供，使各级政府及时了解普查信息。

三是市普查办把各个阶段的普查成果、重要发现、普查进展和普查动态等定期编制成《可移动文物普查工作简报》，印发各相关部门。

四是我市各地区在文物普查工作中，结合本地区实际，使用蒙、汉两种文字印制各类文物保护与文物普查宣传手册、手提袋等，在普查宣传及普查工作中发放，并充分利用新闻媒体平台广泛宣传。

五是为真正把普查工作推向深入，实现普查工作成果最大化，使全社会越来越多的人关心、支持、参与可移动文物普查和文化遗产保护事业，全市各级普查机构积极协调各级政府职能部门安排，借助热心文物事业的企业支持，在各类社会媒介如交通运载工具和公共场所播放普查海报或公益宣传短片。其中市博物馆拍摄的公益宣传短片《可移动文物普查进行时》在第二届中国公共考古仰韶论坛中荣获考古动漫微电影类一等奖。

三、国有单位文物收藏情况摸底调查

第一次全国可移动文物普查工作开展以来，全市12个旗县市可移动文物普查项目办对各自属地范围内的国家机关、事业单位、国有企业及国有控股企业、人民解放军及武警部队四大类国有单位进行了可移动文物摸底调查，并发放《国有单位文物收藏情况调查登记表》，回收率均为100%。

集宁区文物管理所对其属地范围内的315家国家机关、事业单位、国有企业及国有控股企业、人民解放军及武警部队四大类国有单位，进行了走访调查，对集宁区所有的可移动文物保护单位进行了普查。对乌兰察布市属190家和集宁区属125家国有单位的拥有文物情况进行彻底的摸底调查，发放《国有单位文物收藏情况调查登记表》并按规定填写，发放表回收率为100%。反馈收藏有可移动文物的国有单位3家。

丰镇市在调查摸底阶段分了三个工作小组，总行程340余千米，调查企事业行政单位235家，发放《国有单位文物收藏情况调查登记表》235份，回收235份，回收率100%。反馈收藏有可移动文物的国有单位1家。

察哈尔右翼前旗共发放《国有单位文物收藏情况调查登记表》1100份，普查覆盖率95%，回收率达100%。反馈收藏有可移动文物的国有单位3家。调查覆盖率不足100%的主要原因是有些单位不具有法人资格或无组织机构代码。

察哈尔右翼中旗普查办分 3 个小组对全旗 142 个国有单位进行为期一个月的调查摸底，发放调查表 221 份，回收 221 份，经反馈，有文物收藏的国有单位只有察右中旗博物馆和档案局，后经鉴定档案局相关文献不在普查范围内。

察哈尔右翼后旗普查队员深入编办、质监局、工商局及各有关单位，通过走访、摸底、查阅档案等方式，对全旗 173 家具有法人资格、组织机构代码的机关事业单位及国有企业进行了调查。摸清机关单位 60 个、事业单位 94 个、国有企业和国有控股企业 19 个。普查队员发放《国有单位文物收藏情况调查登记表》173 份，回收 173 份，反馈收藏有可移动文物的国有单位 4 家。并对重点行业及各乡镇多次上门协助调查，重点调查了相关单位的档案室、资料室、荣誉室等。

四子王旗博物馆分成两组对全旗 122 家行政企事业单位进行调查并发放《国有单位文物收藏情况调查登记表》122 份，同时回收 122 份，回收率 100%。反馈收藏有可移动文物的国有单位 2 家。

卓资县深入各有关单位，通过走访、摸底、查阅档案等方式，对全县 150 个国有单位进行了调查。发放《国有单位文物收藏情况调查登记表》150 份，回收 150 份。反馈收藏有可移动文物的国有单位 1 家。

凉城县对全县具有法人资格、组织机构代码的机关事业单位及国有企业进行了摸底调查，发放《国有单位文物收藏情况调查登记表》196 份，回收 196 份，回收率 100%。反馈收藏有可移动文物的国有单位 3 家。

兴和县可移动文物普查办工作人员行走 360 余千米，对全县行政事业单位以及国企进行了摸底调查，所下发的调查表回收率为 100%。反馈收藏有可移动文物的国有单位 1 家。

商都县对全县各大单位进行了摸底大调查，走访调查了 164 家单位，发放普查表格 164 份，回收 164 份，回收率为 100%。反馈收藏有可移动文物的国有单位 3 家。

化德县对全县各大单位进行了摸底大调查，走访调查了 62 家单位，发放普查表格 62 份，回收 62 份，回收率为 100%。反馈收藏有可移动文物的国有单位 1 家。

另外，集宁区文物管理所在对国有单位的文物收藏调查中发现，其辖区内的乌兰察布市图书馆收藏了大量的古籍图书，图书馆内收藏的 6800 余册的图书进行了整理、排序、分析，并对整理出的 366 件/套古籍图书进行了信息采集、文物测量认定，拍摄文物照片 4000 余张。

四、文物认定情况

经普查，全市文博系统收藏单位 14 家，非文博系统收藏单位 9 家。新建（重建）藏品账目及档案的文物数量共计 60604 件/套。

2015 年 10 月，自治区第一次全国可移动文物普查项目办派索秀芬、尹建光、李丽雅、玛雅等专家对我市 23 家文物收藏单位进行了可移动文物数据质量检查，市普查办组织项目部、专家组人员针对自治区专家组提出的修改意见，进行了积极整改并对部分文物的年代进行了重新认定。

2016 年 4 月，自治区第一次全国可移动文物普查办专家组对乌兰察布市卓资县文物管理所 8

件馆藏文物、凉城县文物管理所 15 件馆藏文物、乌兰察布市博物馆 255 件馆藏文物、兴和县文物管理所 3 件馆藏文物、四子王旗博物馆 37 件馆藏文物、察哈尔右翼后旗博物馆 1 件馆藏文物、商都县文物管理所 5 件馆藏文物、化德县文物管理所 4 件馆藏文物进行了文物拟定级工作。经初步认定，我市拟认定等级文物 328 件/套。

五、文物信息采集登录

（一）收藏单位登录情况

经市普查办反馈，我市摸底调查阶段发现，我市共有 23 家文物收藏单位，注册率为 100%。所有已注册单位均已登录文物信息。

（二）信息登录情况

1. 单位信息填报准确性：在第一次全国可移动文物普查工作中，乌兰察布市 23 家已注册的文物收藏单位如实填写了文物收藏单位的隶属关系、单位性质、单位类型、行业、系统等信息。

2. 文物信息填报准确性：2016 年 7 月，组织召开全市第一次全国可移动文物普查数据集中审核上报会议。此次会议由市第一次全国可移动文物普查项目部组织，全市可移动文物普查专家组的成员参加了会议。在会上，专家组指出了我市 23 家收藏单位在部分可移动文物的定名、完残情况、照片规范等方面存在的问题，并指导工作人员对不符合要求的文物信息逐一修改，确保了此次普查工作保质保量地完成。

3. 截止到 2016 年 8 月 31 日，我市可移动文物信息采集登录工作已全部完成，共登录文物 60604 件/套。

（三）总体工作进度

2016 年 7 月 25 日至 8 月 3 日，按照内蒙古自治区第一次全国可移动文物普查项目办公室的要求，我市将登录的 60604 件/套可移动文物数据送往内蒙古博物院审核，并由内蒙古可移动文物普查专家组对数据进行审核修改。8 月 16—22 日，将自治区专家组审核修改后的可移动文物数据送往国家文物局信息中心进行上传，8 月底完成了数据转换并等待审核。

六、普查的总结

（一）编制国有文物收藏单位名录

通过此次可移动文物普查工作，我市第一次全国可移动文物普查办公室根据摸底调查阶段反馈收藏有文物的国有单位数量，编制了国有可移动文物收藏单位名录。

（二）编制普查工作报告

我市博物馆和各旗县市区文物管理所都已完成第一次全国可移动文物普查工作报告的编写。

七、在普查中开展的其他相关工作

（一）藏品管理

第一次全国可移动文物普查工作开展以来，全市各级博物馆和文物管理所对其收藏文物进行了彻底的摸底、清点及分类，按照可移动文物普查的规范要求，对每件器物进行拍照、信息采集，并逐一建卡、建档。各旗县市博物馆和文物管理所为其收藏文物建立了文物档案与账目，并由专业的管理人员负责。其中，乌兰察布市博物馆以可移动文物普查工作为契机，将可移动文物与馆藏文物数据管理系统结合起来，最后实现"双系统"录入。为了使"双系统"录入工作能够顺利进行，乌兰察布市博物馆全体工作人员经过多次讨论之后设置了具体的业务操作流程。录入工作与专家指导交叉进行，做到了可移动文物与馆藏文物数据管理系统业务流程"流水线"式地高速高效运作，并实行具体责任制，将每件文物的系统录入数据与每一位普查工作人员职责一一对应，这为我市第一次全国可移动文物普查工作的开展树立了良好的典型。

流程分为四个环节，一是采集环节，主要是摄影、测量尺寸和质量及器物打号。二是录入环节，分可移动文物普查组和馆藏文物数据管理系统登录组两大组，每个组又分为三个小组，每个录入组有两名成员，分别是录入人员和指导专家。三是审核环节，由专业技术方面的权威人员对录入的内容进行集体讨论和审核。四是验证环节，由我馆领导层和业务专家进行录入后的信息提取验证。为了使录入工作有效进行，我们将每一个工作流程均落实到人头上，环环相扣，为后续工作的开展打下了良好的基础。

通过这次全国可移动文物普查工作，我市共60604件/套文物有了自己的名片及档案，在这个基础上，自治区第一次全国可移动文物普查专家组索秀芬带领文物定级小组于2016年4月15日在乌兰察布市对我市可移动文物进行重新定级，新文物定级结果有待自治区公布。

（二）普查成果开发、利用

在第一次全国可移动文物普查工作开展期间，察哈尔右翼中旗文化局在可移动文物普查清库建档的基础上，出版了《察右中旗古代文明撷英》一书。

到目前为止，我市还没有文物收藏单位公开藏品资源、数量等信息。藏品信息公开工作将会在第一次全国可移动文物登录平台上上传审核后进行。

我市利用此次全国可移动文物普查的成果，在2016年5·18国际博物馆日宣传期间，在乌兰察布市博物馆举办了可移动文物普查成果展，参观人数达5000多人次，使广大干部群众以及市民了解了可移动文物普查的意义和重要性。另外，商都县在水漩公园正在筹备可移动文物普查成果展，预计展出10000余件/套。

八、验收结论

2016年7月22—25日，市普查办根据普查领导和组织机构是否建立完备、重点行业系统和文物收藏单位是否建立普查工作机制、辖区内全部国有单位是否已纳入普查范围、《国有单位文物收藏情况调查登记表》是否发放至辖区内全部国有单位、摸底调查阶段反馈有文物的收藏单位是否完成在统一平台的注册工作、普查进度和质量控制工作机制是否建立、普查实施进度完成情况等7项内容，组织全市可移动文物普查专家组的成员对我市所辖旗县市区的第一次全国可移动文物普查工作进行了审核、验收。经专家组审核，我市第一次全国可移动文物普查验收结论为合格。

附件　第一次全国可移动文物普查验收表

乌兰察布市第一次全国可移动文物普查验收表

一、普查组织

序号	行政区	地市级普查领导小组数量（个）	地市级普查工作办公室（个）	建立普查工作机制的行业系统（个）	建立普查工作机制的收藏单位（个）	印发地市级普查通知（份）	印发地市级普查实施方案（份）	开展普查工作档案整理的地市数量（个）
1	地市级合计	1	1	6	23	200	200	1
	具体情况	是否组建地市级普查领导小组	是否成立地市级普查工作办公室	建立普查工作机制的行业系统（个）	建立普查工作机制的收藏单位（个）	是否印发普查通知	是否印发普查实施方案	是否开展普查工作档案整理
	乌兰察布市	■是　□否	■是　□否	6	1	■是　□否	■是　□否	■是　□否
	所辖地区	是否组建旗县级普查领导小组	是否成立旗县级普查工作办公室		22			
	集宁区	■是　□否	■是　□否		2	■是　□否	■是　□否	■是　□否
	丰镇市	■是　□否	■是　□否		1	■是　□否	■是　□否	■是　□否
	察右前旗	■是　□否	■是　□否		3	■是　□否	■是　□否	■是　□否
	察右中旗	■是　□否	■是　□否		1	■是　□否	■是　□否	■是　□否
	察右后旗	■是　□否	■是　□否		4	■是　□否	■是　□否	■是　□否
	四子王旗	■是　□否	■是　□否		2	■是　□否	■是　□否	■是　□否
	卓资县	■是　□否	■是　□否		1	■是　□否	■是　□否	■是　□否
	凉城县	■是　□否	■是　□否		3	■是　□否	■是　□否	■是　□否
	兴和县	■是　□否	■是　□否		1	■是　□否	■是　□否	■是　□否
	商都县	■是　□否	■是　□否		3	■是　□否	■是　□否	■是　□否
	化德县	■是　□否	■是　□否		1	■是　□否	■是　□否	■是　□否

＊此表格含11项内容，由各地市级普查办填写，省级普查办汇总。区县级验收表格可参照此表。

二、人员保障

（单位：人）

序号	行政区	各级普查办	收藏单位	普查专家	普查志愿者	合计
2	地市级合计	82	60	18	28	188
	乌兰察布市	22	26	10	10	68
	所辖旗县	60	34	8	18	120
	集宁区	5	7	1	9	22
	丰镇市	5	1	1	6	13
	察右前旗	6	6	1	2	15
	察右中旗	4	3			7
	察右后旗	5	4	3		12
	四子王旗	7	2			9
	卓资县	7	1			8
	凉城县	2	5			7
	兴和县	7				7
	商都县	7	3	2		12
	化德县	5	2		1	8

* 此表格填写地市本级情况。应包括参与普查工作的全部人员，即持有"普查员证"的人员和未申领普查员证的人员。

三、经费保障

（单位：万元）

序号	行政区	合计	2013 年	2014 年	2015 年	2016 年
3	地市级总计	236.1	5.8	80.3	96.5	53.5
	乌兰察布市	150		50	50	50
	所辖旗县	86.1	5.8	30.3	46.5	3.5
	集宁区	4.1	0.8	1.3	1.5	0.5
	丰镇市	6		3	3	
	察右前旗	7	2		5	
	察右中旗	20		10	10	
	察右后旗	6		1	5	
	四子王旗					
	卓资县	12			12	
	凉城县					
	兴和县	5		5		
	商都县	16	3	5	5	3
	化德县	10		5	5	

* 此表格填写地市本级经费情况，不含所辖区县。

四、普查培训

序号	行政区	合计		2013 年		2014 年		2015 年		2016 年	
		次数（次）	人数（人）	次数（次）	人数（人）	次数（次）	人数（人）	次数（次）	人数（人）	次数（次）	人数（人）
4	地市级合计	4	241	1	91	1	65	1	50	1	35
	乌兰察布市	4	241	1	91	1	65	1	50	1	35

＊此表格填写地市本级培训情况，不含所辖区县。

五、普查宣传

序号	行政区	组建地市级宣传机构（个）	制定地市级宣传方案（个）	宣传方式						
				电视（次）	互联网（次）	报刊（次）	海报（份）	册页（份）	……	……
5	地市级合计	11	11	27	13	16	4200	31800		
	具体情况	是否组建地市级宣传机构	是否制定地市级宣传方案							
	乌兰察布市	■是 □否	■是 □否	12	8	6	1500	3000		
	所辖旗县			15	5	10	2700	28800		
	集宁区	■是 □否	■是 □否	1	1	2	2000	500		
	丰镇市	■是 □否	■是 □否	1	1	1		3000		
	察右前旗	■是 □否	■是 □否			3	300			
	察右中旗	■是 □否	■是 □否	2	3		400	2700		
	察右后旗	■是 □否	■是 □否	5				4500		
	四子王旗	■是 □否	■是 □否					3600		
	卓资县	■是 □否	■是 □否	1				5000		
	凉城县	□是 ■否	□是 ■否					500		
	兴和县	■是 □否	■是 □否	3		3		2000		
	商都县	■是 □否	■是 □否	2		1		4000		
	化德县	■是 □否	■是 □否					3000		

＊ "宣传方式" 为选填项，如有其他宣传方式，可根据实际情况填写。

六、国有可移动文物收藏单位调查

序号	行政区划	辖区内国有单位数量（家）	国有单位可移动文物收藏情况调查表		
			发放（张）	回收（张）	反馈收藏有可移动文物的国有单位（家）
6	地市级合计	2882	2833	2833	23
	乌兰察布市	190	190	190	1
	所辖旗县	2692	2643	2643	22
	集宁区	125	125	125	2
	丰镇市	235	235	235	1
	察右前旗	1100	1100	1100	3
	察右中旗	221	221	221	1
	察右后旗	173	173	173	4
	四子王旗	122	122	122	2
	卓资县	150	150	150	1
	凉城县	245	196	196	3
	兴和县	95	95	95	1
	商都县	164	164	164	3
	化德县	62	62	62	1

＊此表格填写地市本级国有单位调查情况。

七、文物认定及建档

序号	行政区划	文博系统单位					非文博系统单位				
		收藏单位数量（家）	新发现、新认定藏品数量（件/套）	新建/重建藏品账目及档案的单位数量（家）	新建/重建藏品账目及档案的文物数量（件/套）	完成藏品账目及档案信息化的单位数量（家）	收藏单位数量（家）	新发现、新认定藏品数量（件/套）	新建/重建藏品账目及档案的单位数量（家）	新建/重建藏品账目及档案的文物数量（件/套）	完成藏品账目及档案信息化的单位数量（家）
7	地市级合计	14		14	60301	14	9	669	9	669	9
	乌兰察布市	1		1	37058	1					
	所辖旗县	13		13	23243	13	9	669	9	669	9
	集宁区	1		1	366	1	1	240	1	240	1
	丰镇市	1		1	106	1					
	察右前旗	1		1	1046	1	2	5	2	5	2
	察右中旗	1		1	382	1					
	察右后旗	1		1	238	1	3	53	3	53	3
	四子王旗	2		2	377	2					
	卓资县	1		1	2861	1					
	凉城县	1		1	1386	1	2	4	2	4	2
	兴和县	1		1	569	1					
	商都县	2		2	15467	2	1	1	1	1	1
	化德县	1		1	445	1		366		366	

＊此表格填写地市本级文物认定情况，按照文博系统单位和非文博系统单位分别填写。其中"新建/重建藏品账目及档案的单位数量（家）""新建/重建藏品账目及档案的文物数量（件/套）""完成藏品账目及档案信息化的单位数量（家）"为选填项。

八、收藏单位登录情况 （单位：家）

序号	行政区	摸底调查阶段反馈收藏有文物的国有单位数量	已登录文物的收藏单位数量	已注册账号但未登录文物的收藏单位数量
8	地市级合计	23	23	
	乌兰察布市	1	1	
	所辖旗县	22	22	
	集宁区	2	2	
	丰镇市	1	1	
	察右前旗	3	3	
	察右中旗	1	1	
	察右后旗	4	4	
	四子王旗	2	2	
	卓资县	1	1	
	凉城县	3	3	
	兴和县	1	1	
	商都县	3	3	
	化德县	1	1	

＊此表格填写省本级、地市本级、区县本级收藏单位登录情况。

"已注册账号但未登录文物的收藏单位"指在普查平台登录文物数量为 0 的单位。

九、文物信息登录 （单位：家）

序号	行政区	是否完成文物信息登录工作	完成比例	未完成的工作进度安排
9	地市级	■是　□否	100％	
	乌兰察布市	■是　□否	100％	
	所辖旗县	■是　□否	100％	
	集宁区	■是　□否	100％	
	丰镇市	■是　□否	100％	
	察右前旗	■是　□否	100％	
	察右中旗	■是　□否	100％	
	察右后旗	■是　□否	100％	
	四子王旗	■是　□否	100％	
	卓资县	■是　□否	100％	
	凉城县	■是　□否	100％	
	兴和县	■是　□否	100％	
	商都县	■是　□否	100％	
	化德县	■是　□否	100％	

＊此表格填写地市本级可移动文物登录情况。

十、普查成果开发、利用（选填）

序号	行政区	是否有单位公开藏品资源	已公开藏品资源的单位数量	是否举办普查主题展览（含网络展览）	展览数量
10	地市级合计	□是 ■否		■是 □否	4
	乌兰察布市	□是 ■否		■是 □否	2
	所辖旗县				1
	集宁区	□是 ■否		□是 ■否	
	丰镇市	□是 ■否		□是 ■否	
	察右前旗	□是 ■否		□是 ■否	
	察右中旗	□是 ■否		□是 ■否	
	察右后旗	□是 ■否		□是 ■否	
	四子王旗	□是 ■否		□是 ■否	
	卓资县	□是 ■否		□是 ■否	
	凉城县	□是 ■否		□是 ■否	
	兴和县	□是 ■否		□是 ■否	
	商都县	□是 ■否		■是 □否	1
	化德县	□是 ■否		□是 ■否	

＊此表格填写地市级普查成果开发、利用情况。

藏品资源公开情况

序号	已公开藏品资源的单位名称	公开藏品数量	公开方式
1			
2			
3			
4			
5			
6			
7			
8			

利用普查成果举办展览情况（含网络展览）

序号	展览名称	展览形式	展出地点	展出藏品量	参观人次
1	2016 年 5·18 乌兰察布市历史文化展	展板展出	乌兰察布市博物馆	35 件/套	5000
2	乌兰察布市图书馆古籍书展览	实物展出	乌兰察布市图书馆	366 件/套	800
3	商都县可移动文物普查成果展	实物展出	商都县水漩公园	10000 余件/套	即将开展

十一、普查的总结

序号	行政区	是否已编制辖区内国有文物收藏单位名录	是否已编写普查工作报告
11	地市级合计	■是　□否	■是　□否
	乌兰察布市	■是　□否	■是　□否
	集宁区	■是　□否	■是　□否
	丰镇市	■是　□否	■是　□否
	察右前旗	■是　□否	■是　□否
	察右中旗	■是　□否	■是　□否
	察右后旗	■是　□否	■是　□否
	四子王旗	■是　□否	■是　□否
	卓资县	■是　□否	■是　□否
	凉城县	■是　□否	■是　□否
	兴和县	■是　□否	■是　□否
	商都县	■是　□否	■是　□否
	化德县	■是　□否	■是　□否

＊此表格填写地市级普查总结相关事宜情况。

执笔：石林梅

鄂尔多斯市第一次全国可移动文物普查验收报告

鄂尔多斯市第一次全国可移动文物普查领导小组办公室　鄂尔多斯市文物局

按照国家文物局《关于做好第一次全国可移动文物普查验收工作的通知》（办普查函〔2016〕904 号）和《自治区文物局关于转发国家文物局〈关于做好第一次全国可移动文物普查验收工作的通知〉》（内文物发〔2016〕221 号）精神，我市普查办及时开展了验收工作，验收情况如下。

一、普查的组织

（一）普查组织机构

自 2012 年 10 月第一次全国可移动文物普查工作开启以来，全市上下积极响应，认真组织，2013 年 8 月，鄂尔多斯市人民政府印发了《关于切实做好我市第一次全国可移动文物普查工作的通知》，并成立了以市政府副市长为组长，市委宣传部、财政局、文化局、民政局等 14 个单位的分管领导为成员的鄂尔多斯市第一次全国可移动文物普查工作领导小组及其办公室。同时，市普查领导小组印发了《鄂尔多斯市第一次全国可移动文物普查实施方案》《鄂尔多斯市第一次全国可移动文物普查宣传方案》和《鄂尔多斯市第一次全国可移动文物普查工作时间表、任务书、责任人一览表》，对普查工作的整体实施进行了具体部署，对普查的阶段工作进行了任务分解和责任明确。2013 年 8 月 16 日，市人民政府组织召开了全市第一次全国可移动文物普查工作电视电话会议，市普查工作领导小组组长、副市长李国俭出席会议并就普查工作的开展进行了强调，提出了要求。全市各旗区文化主管部门按照市政府工作要求，均成立了相应的工作机构，印发了各类工作方案并组织实施。

（二）普查联系协调机制

为保障我市第一次全国可移动文物普查工作顺利开展，在市普查工作领导小组的领导下，将教育、图书、档案、宗教等非文博系统的重点行业、系统纳入普查范围，全市共有 11 家学校、图书馆、档案局、寺庙反馈有文物收藏。各单位均建立了联系制度，并确定了专人负责可移动文物普查工作。各单位积极组织专人参加全市可移动文物普查培训班，为普查工作奠定了坚实的基础，也确保了重点行业、系统按时圆满完成普查工作。

（三）普查各工作环节档案留存情况

为了切实做好普查档案工作，我市第一次全国可移动文物普查工作自 2013 年年底开展以来，对普查各工作环节所形成的文件资料、国有单位调查表、培训工作、会议记录、信息报送、总结汇报、普查数据等方面的内容都进行了及时地收集与归档整理，做到了归档齐全、完整，并由专人负责、管理。根据我市可移动文物普查开展情况，我市普查档案共分为以下几类：国有单位调查表档案、国有单位名录、可移动文物普查相关文件、普查会议及培训档案、普查宣传档案、普查信息档案、普查工作档案、普查文物信息登记册、其他资料等。这些普查档案不仅完整记录和保存了普查工作的工作过程、工作方法和普查文物数据，而且也是今后开展普查相关工作的重要基础和参考。

二、普查保障措施

（一）人员

全市普查人员共有 204 人，其中各级普查办工作人员有 75 人，国有收藏单位普查工作人员有 84 人，普查专家有 26 人，普查志愿者有 19 人。为切实推进我市第一次全国可移动文物普查工作，加强普查专业人员队伍建设，2013 年 7 月到 2016 年 7 月，我市先后选派全市各级普查工作单位业务骨干累计参加各类国家、自治区组织的各类培训 6 次，其中参加国家培训 1 次，为 2015 年 3 月 30 日—4 月 2 日举办的 2015 年度全国可移动文物普查数据审核与管理培训班；参加自治区培训 5 次，分别为 2013 年 7 月 31 日—8 月 3 日举办的内蒙古自治区第一次全国可移动文物普查骨干培训班（第二期）、2014 年 12 月 10—13 日举办的内蒙古自治区第一次全国可移动文物普查业务骨干培训班、2015 年 8 月 25—27 日举办的内蒙古自治区第一次全国可移动文物普查数据审核与管理培训班、2015 年 12 月 9—12 日举办的全区可移动文物普查文物影像采集骨干培训班及 2016 年 6 月 19—21 日举办的全区可移动文物普查数据审核与管理培训班。与此同时，市普查办还在全市范围内举办了 3 次不同形式的培训班，分别为 2013 年 12 月举办的鄂尔多斯市第一次全国可移动文物普查培训班、2014 年 4 月举办的鄂尔多斯市第一次全国可移动文物普查工作培训实践班、2015 年 2 月举办的鄂尔多斯市第一次全国可移动文物普查文物认定命名培训班，累计培训 240 人次。通过参加和举办各类培训，切实推进了我市第一次全国可移动文物普查工作进度，提升了普查人员的普查水平和专业素质，提高了普查的工作效率。

（二）经费

在经费落实方面，在全市各级政府重视下，全市累计落实普查经费 143 万元，下拨自治区补助资金 47 万元，用于购买可移动文物普查设备，包括台式电脑、照相机、三脚架、灯光器材、复印机、置物架、背景纸、测量仪器等设备，为全市第一次全国可移动文物普查工作的开展提供了设备保障。

（三）宣传

为扩大普查工作影响力，营造良好的普查氛围，我市第一次全国可移动文物普查工作领导小组印发了《关于印发〈鄂尔多斯市第一次全国可移动文物普查宣传方案〉的通知》，以国际博物馆日、世界遗产日、草原文化遗产保护日等节日为契机，举办形式多样的普查宣传活动，并在全市各级单位张贴普查宣传海报 6600 份，在人员密集场所散发宣传单 5 万多份，利用公共场所宣传区、电子屏等积极宣传可移动文物普查相关内容、口号等。同时，为进一步拓展传播渠道，相关普查单位，如鄂尔多斯博物馆还在其网站上设立了可移动文物普查工作专题板块，宣传文物普查进展、成果。普查宣传工作的进行使公众更好地了解和参与普查工作，提高了社会对可移动文物普查和文物保护的参与意识和保护意识。

三、国有单位文物收藏情况摸底调查

2013 年 9 月底全市开展了国有单位摸底调查工作，为了确保可移动文物信息的完整性、真实性和准确性，全市各旗区普查办公室从旗区统计局、旗区机构编制委员会等部门收集了全市各行政、事业单位和国有企业单位共计 2000 余家。通过电话联系、上门辅导等措施，对全市国有单位逐一进行分类、甄别、确认、整理。全市可移动文物普查第一阶段共调查全市各级行政事业单位和国有企业单位 2057 家，收回《国有单位可移动文物调查表》2050 份，回收率达 95.4%。未收回表格大部分是因为单位没有组织机构代码证，无法填写表格。

四、文物认定及相关工作情况

为严格把控普查质量，我市普查办组织文物认定专家组，依据可移动文物认定范围标准，对上报的文物或物质遗存进行了甄别，共认定可移动文物 1984 件/套。市普查办对鄂尔多斯市档案局所报物品进行了认定，确定该单位所藏物品不属于文物。鄂托克前旗普查办对 20 家收藏单位进行了认定，经认定，确定国有收藏单位有 1 家，鄂托克前旗林业局等 19 家单位所报物品不属于文物。

五、文物信息采集登录

（一）收藏单位登录情况

根据摸底调查数据反馈，国有单位中有文物收藏和文物遗存的共 56 个单位，均已 100% 注册，完成登录的有 36 家收藏单位。有 20 家单位所报物品不在本次普查范围，登录文物数量为 0。

（二）信息登录情况

1. 单位信息填报的准确性

登录平台中有关收藏单位的隶属关系、单位性质、单位类型、行业、系统等信息均已如实填写。

2. 文物信息填报准确性

自 2016 年 6 月下旬进入离线数据审查以来，我市普查办人员经过紧张忙碌、加班加点的反复审查核对，8 月 12 日，我市第一次全国可移动文物普查文物数据登录顺利通过自治区普查办文物局审核。

3. 截至 2016 年 8 月 31 日，已采集文物数量 40121 件/套，已登录文物数量 40121 件/套。

（三）总体工作进度

1. 文物登录进度

鄂尔多斯市第一次全国可移动文物普查已于 2016 年 8 月 31 日全部完成文物登录工作。

2. 数据审核进度

鄂尔多斯市第一次全国可移动文物普查已于 2016 年 8 月 31 日全部完成省级审核工作。

六、普查的总结

（一）国有可移动文物收藏单位名录编制情况

我市国有单位文物收藏情况调查摸底普查工作于 2013 年 12 月底结束，并进行了国有可移动

文物收藏单位名录的编制。

（二）普查工作报告编制情况

目前，我市普查办正在收集、整理相关材料，并进行普查工作报告的编写。预计 2016 年 11 月底前将完成普查报告的编写，争取圆满完成我市的第一次全国可移动文物的普查工作任务。

七、在普查中开展的其他相关工作

（一）藏品管理

藏品档案准确、规范、完整；藏品账目清楚准确，编目详明，账物相符，保管妥当，查用方便；随着可移动文物信息登录平台的建立，馆藏资源已实现信息化管理。

（二）普查成果开发、利用

1. 收藏单位藏品资源公开情况

目前，我市准格尔旗、乌审旗、鄂托克旗、鄂托克前旗普查办公开藏品资源，其他收藏单位均未公开藏品资源。

2. 利用普查成果举办展览情况

伊金霍洛旗、乌审旗、鄂托克旗举办了第一次全国可移动文物普查成果展览。展览主要以展板、图片、幻灯片的形式对第一次全国可移动文物普查成果、普查工作现场照、普查工作进展情况及珍贵文物图片等进行了展览。展览参观观众达 3 万余人次。其他旗区和收藏单位均未举办相关展览。

八、验收结论

经验收，鄂尔多斯市第一次全国可移动文物普查验收结论为合格。

附件 第一次全国可移动文物普查验收表

<h2 style="text-align:center">鄂尔多斯市第一次全国可移动文物普查验收表</h2>

一、普查组织

序号	行政区	地市级普查领导小组数量（个）	地市级普查工作办公室（个）	建立普查工作机制的行业系统（个）	建立普查工作机制的收藏单位（个）	印发地市级普查通知（份）	印发地市级普查实施方案（份）	开展普查工作档案整理的地市数量（个）
1	地市级合计	10	10	10	24	50	50	10
	具体情况	是否组建地市级普查领导小组	是否成立地市级普查工作办公室	建立普查工作机制的行业系统（个）	建立普查工作机制的收藏单位（个）	是否印发普查通知	是否印发普查实施方案	是否开展普查工作档案整理
	鄂尔多斯市	■是　□否	■是　□否	1	5	■是　□否	■是　□否	■是　□否
	东胜区	■是　□否	■是　□否	1	1	■是　□否	■是　□否	■是　□否
	达拉特旗	■是　□否	■是　□否	1	1	■是　□否	■是　□否	■是　□否

续表

序号	行政区	是否组建地市级普查领导小组	是否成立地市级普查工作办公室	建立普查工作机制的行业系统（个）	建立普查工作机制的收藏单位（个）	是否印发普查通知	是否印发普查实施方案	是否开展普查工作档案整理
1	准格尔旗	■是 □否	■是 □否	1	4	■是 □否	■是 □否	■是 □否
	伊金霍洛旗	■是 □否	■是 □否	1	2	■是 □否	■是 □否	■是 □否
	乌审旗	■是 □否	■是 □否	1	5	■是 □否	■是 □否	■是 □否
	杭锦旗	■是 □否	■是 □否	1	3	■是 □否	■是 □否	■是 □否
	鄂托克旗	■是 □否	■是 □否	1	1	■是 □否	■是 □否	■是 □否
	鄂托克前旗	■是 □否	■是 □否	1	1	■是 □否	■是 □否	■是 □否
	康巴什新区	■是 □否	■是 □否	1	1	■是 □否	■是 □否	■是 □否

* 此表格含11项内容，由各地市级普查办填写，省级普查办汇总。区县级验收表格可参照此表。

二、人员保障 （单位：人）

序号	行政区	各级普查办	收藏单位	普查专家	普查志愿者	合计
2	地市级合计	75	84	26	19	204
	鄂尔多斯市	5	27	8		40
	东胜区		10	1		11
	达拉特旗	7		1		8
	准格尔旗	23		1		24
	伊金霍洛旗	7	10	2		19
	乌审旗	16	5	4	2	27
	杭锦旗	7	15	1	5	28
	鄂托克旗	2	9	4	2	17
	鄂托克前旗	5	5	1		11
	康巴什新区	3	3	3	10	19

* 此表格填写地市本级情况。应包括参与普查工作的全部人员，即持有"普查员证"的人员和未申领普查员证的人员。

三、经费保障 （单位：万元）

序号	行政区	合计	2013年	2014年	2015年	2016年
3	地市级总计	143	3	86	20	34
	鄂尔多斯市	10				10
	东胜区	11		10		1
	达拉特旗	3		3		
	准格尔旗	30		10	10	10
	伊金霍洛旗	5		5		
	乌审旗	40		40		
	杭锦旗	5	3	1		1
	鄂托克旗					
	鄂托克前旗	32		11	10	11
	康巴什新区	7		6		1

* 此表格填写地市本级经费情况，不含所辖区县。

四、普查培训

序号	行政区	合计		2013 年		2014 年		2015 年		2016 年	
		次数（次）	人数（人）	次数（次）	人数（人）	次数（次）	人数（人）	次数（次）	人数（人）	次数（次）	人数（人）
4	地市级合计	3	240	1	120	1	60	1	60		
	鄂尔多斯市	3	240	1	120	1	60	1	60		
	东胜区										
	达拉特旗										
	准格尔旗										
	伊金霍洛旗										
	乌审旗										
	杭锦旗										
	鄂托克旗										
	鄂托克前旗										
	康巴什新区										

＊此表格填写地市本级培训情况，不含所辖区县。

五、普查宣传

序号	行政区	组建地市级宣传机构（个）	制定地市级宣传方案（个）	宣传方式						
				电视（次）	互联网（次）	报刊（次）	海报（份）	册页（份）	展板（次）	宣传单（份）
5	地市级合计	10	10	73	81	22	6600	14800	94	53000
	具体情况	是否组建地市级宣传机构	是否制定地市级宣传方案							
	鄂尔多斯市	■是　□否	■是　□否	4	6	2	1000	3000	30	3000
	东胜区	■是　□否	■是　□否				150	3500		
	达拉特旗	■是　□否	■是　□否			1			3	20000
	准格尔旗	■是　□否	■是　□否	5	8	6	5000	3500		
	伊金霍洛旗	■是　□否	■是　□否			2	100	3200		
	乌审旗	■是　□否	■是　□否	1	2		300			
	杭锦旗	■是　□否	■是　□否						1	30000
	鄂托克旗	■是　□否	■是　□否	3	5	9		600		
	鄂托克前旗	■是　□否	■是　□否	60	60	2	50	1000	60	
	康巴什新区	■是　□否	■是　□否							

＊"宣传方式"为选填项，如有其他宣传方式，可根据实际情况填写。

六、国有可移动文物收藏单位调查

序号	行政区划	辖区内国有单位数量（家）	国有单位可移动文物收藏情况调查表		
			发放（张）	回收（张）	反馈收藏有可移动文物的国有单位（家）
6	地市级合计	2057	2050	2050	56
	鄂尔多斯市	133	133	133	7
	东胜区	345	345	345	2
	达拉特旗	249	249	249	8
	准格尔旗	124	124	124	4
	伊金霍洛旗	182	175	175	2
	乌审旗	201	201	201	5
	杭锦旗	246	246	246	3
	鄂托克旗	153	153	153	4
	鄂托克前旗	150	150	150	20
	康巴什新区	274	274	274	1

* 此表格填写地市本级国有单位调查情况。

七、文物认定及建档

序号	行政区划	文博系统单位					非文博系统单位				
		收藏单位数量（家）	新发现、新认定藏品数量（件/套）	新建/重建藏品账目及档案的单位数量（家）	新建/重建藏品账目及档案的文物数量（件/套）	完成藏品账目及档案信息化的单位数量（家）	收藏单位数量（家）	新发现、新认定藏品数量（件/套）	新建/重建藏品账目及档案的单位数量（家）	新建/重建藏品账目及档案的文物数量（件/套）	完成藏品账目及档案信息化的单位数量（家）
7	地市级合计	19	41	9	2834	11	19	44	12	352	13
	鄂尔多斯市	4					2				
	东胜区	1	4	1	458	1					
	达拉特旗	1	0	1	426	1	7	44	7	44	7
	准格尔旗	4	4		4		3		3		3
	伊金霍洛旗	1	0	0	0	1	1	0	0	0	1
	乌审旗	2	21				3	0			
	杭锦旗	2					1				
	鄂托克旗	2	12	2	1946	2	2	0	2	308	2
	鄂托克前旗	1	0	0	0	1	0	0	0	0	0
	康巴什新区	1	4	1	4	1					

* 此表格填写地市本级文物认定情况，按照文博系统单位和非文博系统单位分别填写。其中"新建/重建藏品账目及档案的单位数量（家）""新建/重建藏品账目及档案的文物数量（件/套）""完成藏品账目及档案信息化的单位数量（家）"为选填项。

八、收藏单位登录情况 （单位：家）

序号	行政区	摸底调查阶段反馈收藏有文物的国有单位数量	已登录文物的收藏单位数量	已注册账号但未登录文物的收藏单位数量
8	地市级合计	56	36	20
	鄂尔多斯市	7	6	1
	东胜区	2	2	
	达拉特旗	8	8	
	准格尔旗	4	4	
	伊金霍洛旗	3	3	
	乌审旗	5	5	
	杭锦旗	2	2	
	鄂托克旗	4	4	
	鄂托克前旗	20	1	19
	康巴什新区	1	1	

* 此表格填写省本级、地市本级、区县本级收藏单位登录情况。

"已注册账号但未登录文物的收藏单位"指在普查平台登录文物数量为 0 的单位。

九、文物信息登录 （单位：家）

序号	行政区	是否完成文物信息登录工作	完成比例	未完成的工作进度安排
9	地市级	■是 □否	100%	
	鄂尔多斯市	■是 □否	100%	
	东胜区	■是 □否	100%	
	达拉特旗	■是 □否	100%	
	准格尔旗	■是 □否	100%	
	伊金霍洛旗	■是 □否	100%	
	乌审旗	■是 □否	100%	
	杭锦旗	■是 □否	100%	
	鄂托克旗	■是 □否	100%	
	鄂托克前旗	■是 □否	100%	
	康巴什新区	■是 □否	100%	

* 此表格填写地市本级可移动文物登录情况。

十、普查成果开发、利用（选填）

序号	行政区	是否有单位公开藏品资源	已公开藏品资源的单位数量	是否举办普查主题展览（含网络展览）	展览数量
10	地市级合计	□是 □否		□是 □否	
	××市	□是 □否		□是 □否	
	××市	□是 □否		□是 □否	
	××市	□是 □否		□是 □否	
	……				

* 此表格填写地市级普查成果开发、利用情况。

藏品资源公开情况

序号	已公开藏品资源的单位名称	公开藏品数量	公开方式
1			
2			
3			

利用普查成果举办展览情况（含网络展览）

序号	展览名称	展览形式	展出地点	展出藏品量	参观人次
1					
2					
3					

十一、普查的总结

序号	行政区	是否已编制辖区内国有文物收藏单位名录	是否已编写普查工作报告
	地市级合计	9	7
	鄂尔多斯市	■是　□否	□是　■否
	东胜区	■是　□否	■是　□否
	达拉特旗	■是　□否	■是　□否
	准格尔旗	■是　□否	■是　□否
11	伊金霍洛旗	■是　□否	■是　□否
	乌审旗	■是　□否	■是　□否
	杭锦旗	■是　□否	□是　■否
	鄂托克旗	■是　□否	■是　□否
	鄂托克前旗	■是　□否	□是　■否
	康巴什新区	□是　■否	■是　□否

＊此表格填写地市级普查总结相关事宜情况。

执笔：郝成

巴彦淖尔市第一次全国可移动文物普查验收报告

巴彦淖尔市第一次全国可移动文物普查领导小组办公室

根据国家文物局《关于做好第一次全国可移动文物普查验收工作的通知》的文件要求，巴彦淖尔市普查办根据本市一普工作完成的情况，经过细致的自查，形成了巴彦淖尔市第一次全国可移动文物普查验收报告，具体内容如下。

一、普查的组织

（一）普查组织机构

为确保普查工作顺利进行，2012 年 12 月，巴彦淖尔市成立了巴彦淖尔市第一次全国可移动文物普查领导小组，负责全市普查工作的组织和领导。领导小组组长由巴彦淖尔市人民政府副市长李理担任，副组长由巴彦淖尔市人民政府副秘书长苏亚拉图和巴彦淖尔市文化广电局局长王瑞担任。为保证普查工作及时全面的开展，巴彦淖尔市普查领导小组设立办公室，负责普查工作的日常组织和具体协调，办公室设在巴彦淖尔市文化广电局，主任由巴彦淖尔市文化广电局副局长金丽凤担任。办公室下设项目部、专家组。下设普查工作办公室 7 个，每个旗县设立一个普查办公室。领导小组成员单位包括：巴彦淖尔市发展改革委、教育局、民政局、财政局、国土资源局、文化广电局、人民银行巴彦淖尔市支行、统计局、民委、档案局、科协。

（二）普查联系协调机制

在可移动文物普查领导小组的领导下，各成员单位和有关部门各司其职、通力协作、密切配合，共同做好普查工作。还与政府签订了责任书、与各收藏单位签订责任书，制定了《巴彦淖尔市第一次全国可移动文物普查工作时间表、任务书、责任人一览表》，明确分工，责任到人。巴彦淖尔市文化广电局、巴彦淖尔市档案局、巴彦淖尔市教育局联合印发了《关于积极做好档案系统第一次全国可移动文物普查工作的通知》《关于积极做好教育系统第一次全国可移动文物普查工作的通知》。

（三）在普查工作的各个工作环节，做好资料的留存和建档工作

印发普查通知（21 份，市普查办 14 份、旗县普查办 7 份），印发普查实施方案（8 个，市普查办 1 个、旗县普查办 7 个）。

二、普查保障措施

（一）人员

巴彦淖尔市 8 个普查办工作人员共有 111 名，25 家国有文物收藏单位普查工作人员共 87 人，

市级普查办普查专家 4 人。巴彦淖尔市普查办组建了以河套文化博物院、巴彦淖尔市考古研究所及各旗县文物保护管理所及博物馆专业技术人员为主的普查队伍。2013 年 4 月，举办了巴彦淖尔市第一次全国可移动文物普查培训班，其中普查机构人员 35 人、收藏单位人员 22 人、专家 4 人。2014 年 12 月，巴彦淖尔市普查办配合自治区文化厅、文物局成功举办了内蒙古自治区西部区第一次全国可移动文物普查骨干培训班，普查机构人员 35 人、收藏单位人员 22 人、专家 4 人，为下一步普查工作顺利开展打下了坚实的基础。

（二）经费

依据《国务院关于开展第一次全国可移动文物普查的通知》（国发〔2012〕54 号）、国家文物局普查办《第一次全国可移动文物普查实施方案》（文物普查发〔2013〕6 号）以及《内蒙古自治区第一次全国可移动文物普查实施方案》（内可移动文物普查发〔2013〕2 号），特别是 2013 年 4 月 18 日召开的第一次全国可移动文物普查电视电话会议精神，巴彦淖尔市政府于 2013 年制定的《关于在全市开展第一次全国可移动文物普查的通知》（巴政发〔2013〕50 号）等文件通知的要求，巴彦淖尔市普查办制定了《巴彦淖尔市第一次全国可移动文物普查工作计划及经费预算》报告，并向巴彦淖尔市市政府提交了《关于申请全市第一次全国可移动文物普查经费报告》，2013 年至 2016 年，旗县级财政累计落实文物普查经费 15 万元，自治区下拨文物普查经费 75 万元，共计 90 万元。

（三）宣传

巴彦淖尔市普查宣传主要采取阶段性集中宣传与长期宣传相结合的方式，覆盖了报纸、电视、网络、移动传媒等各类媒体。

1. 鼓励普查人员在报刊上积极投稿，及时向社会公众公布普查工作进展动态。

2. 利用网站，开展可移动文物普查宣传。普查队员利用河套文化博物院公众平台及巴彦淖尔市文化新闻出版局的网站进行可移动文物的宣传。

3. 利用电视宣传我们的一普工作。将记者请进我们的一普工作现场进行采访，并在巴彦淖尔市电视台晚间新闻播出，宣传我们的一普工作。

4. 在公共场合利用 LED 屏播放普查信息，利用各博物馆展厅的 LED 屏播放普查信息。

5. 利用国际古迹遗址日、世界博物馆日、文化遗产日开展集中宣传主题活动。每年的国际古迹遗址日、世界博物馆日及文化遗产日，我市所有的博物馆、文管所，都会开展一普的宣传工作，宣传的主要形式就是散发宣传品，摆放展板。2016 年的世界博物馆日和文化遗产日，我市各旗县博物馆不仅摆放展板、发放宣传品宣传我们的一普工作，同时，河套文化博物院还举办了新发现文物精品展，并邀请本市的中学生进入博物馆参观，人数达到 1 万多人。除此之外，我们还将一普的宣传工作与"六普"工作中的"六进"工作相结合，走进社区宣传我们的一普工作。我们还进入了河套大学校区，用展板的形式宣传我们的一普工作，普及文物普查、文物保护知识和法律法规，将文物保护理念送进千家万户。

6. 市可移动文物普查领导小组办公室把各个阶段的普查成果、重要发现、普查进展和普查动态等定期编制可移动文物普查工作简报 6 篇，报送自治区普查办。

三、国有单位文物收藏情况摸底调查

1. 2013 年 1—3 月，巴彦淖尔市普查办公室派工作人员进入全市 902 家国有单位进行深入细致的排查摸底工作，还要求有文物的单位开展文物清库工作，完善相关的档案记录，并按要求登记申报。

2. 普查办对发出的表格进行了回收，回收表格 902 份，回收率为 100%。巴彦淖尔市普查办对全市国有单位回收的 902 份文物申报信息进行认真细致的审核，经认定有文物的单位为 25 家，被列入普查范围。

四、文物认定情况

巴彦淖尔市先组建了由旗县文管所技术人员为主的队伍，对辖区内国有单位进行了摸底调查，初步确认有文物的收藏单位为 33 家，然后又派由 4 名文博副研究员以上人员组成的专家队伍，对全市 33 家反馈有文物的国有收藏单位的藏品进行了现场认定，对于文博系统内 2012 年 12 月底前上账的可移动文物全部认定为属于此次普查范围，对于行业外的其他国有收藏单位，采取了现场认定的方式，共进行了 22 次认定，最后认定的国有收藏单位为 25 家，排除了 8 家，共认定文物数量 10254 件/套，其中新认定文物 2433 件/套。

五、文物信息采集登录

（一）收藏单位登录情况

1. 从 2013 年 1 月开始，在巴彦淖尔市普查办的带领下，各国有文物收藏单位开始文物数据的采集登录工作。对于摸底调查阶段反映有文物的单位全部注册，注册率达 100%。

2. 开始注册的单位有 33 家，登录文物信息的有 25 家，有 8 家登录文物信息为零：（1）巴彦淖尔市党校，经过再次实地核实，当初提供的书籍不属于此次普查范围；（2）巴彦淖尔市档案局当初提供的纸质档案，不属于此次普查范围；（3）巴彦淖尔市地质公园管理局，馆内古生物化石除部分是复制品外，其余均为中国社会科学院临时借展展品，不属于巴彦淖尔市地质公园管理局；（4）巴彦淖尔市统计局，提供的藏品经核实为现代品，不属于此次普查范围；（5）巴彦淖尔市移动公司，当初提供的藏品为 20 世纪 70 年代后生产，不属于此次普查范围；（6）磴口县第一完全中学，当初提供的藏品经核实为现代仿品，不属于此次普查范围；（7）杭锦后旗档案局，当初提供的藏品均为纸质档案，不属于此次普查范围；（8）临河区档案局当初提供的藏品均为纸质档案，不属于此次普查范围。以上信息均已填报文物收藏单位删除申请单并报自治区普查办。

（二）信息登录情况

1. 各国有文物收藏单位的信息均已如实准确填写。

2. 所上报文物信息已通过自治区审核，均为合格。审核中发现的主要问题是一部分文物的照片背景太暗，要求重新拍照，一部分文物照片位置需要调整，乌拉特前旗档案局文物数据具体尺寸中加了 CM，要求去掉。这些问题都已按要求修改。

3. 截至 2016 年 12 月 25 日，巴彦淖尔市共采集文物数据 10254 条，登录文物数据 10254 条。

（三）总体工作进度

1. 文物登录进度

截至 2016 年 12 月 25 日，巴彦淖尔市已全部完成文物数据登录工作。

2. 数据审核进度

截至 2016 年 8 月 31 日，巴彦淖尔市已全部完成文物数据省级审核工作。

六、普查的总结

1. 已完成本市国有文物收藏单位名录编制

2. 已编制本市及各旗县普查办普查工作报告。

七、在普查中开展的其他相关工作

（一）藏品的管理

文物档案、账本的建档及完善工作正在进行中。已建立馆藏文物信息化管理系统，文物定级工作资料已上报，等待审核。文物修复工作即将启动，在普查数据采集登录工作完成后，已拟定相关的课题，准备下一步开展研究。如：巴彦淖尔市革命文物保存状况，巴彦淖尔市新石器时代文物保存状况分析等。

（二）普查成果开发、利用

1. 辖区内所有文物藏品资源还没有面向社会公开。

2. 利用普查成果举办展览情况

利用巴彦淖尔市文化新闻出版广电局网络平台及内蒙古河套文化博物院微信平台宣传一普新成果。

3. 我市普查办计划出版《巴彦淖尔市可移动文物图录》，计划书及申请报告已提交，等待批复。

八、表彰

巴彦淖尔市第一次全国可移动文物普查工作自 2012 年 12 月正式启动以来，全市各级普查办和全体普查队员克服困难，任劳任怨，较好地完成了可移动文物普查阶段性工作。全市国有单位文物收藏情况调查和认定工作全面完成，圆满完成文物鉴定定级工作。数据登录工作进展顺利，数据审核工作同步推进。为激励先进，树立典型，促进全市普查工作再上新台阶，市普查办决定对我市在第一次全国可移动文物普查工作中做出突出成绩的 3 个先进单位和 9 名优秀个人进行表彰。2017 年 9 月，我市共有 4 个集体、10 名个人被自治区第一次全国可移动文物普查领导小组、文物局、文化局、人力资源社会保障局及公务员局授予"内蒙古自治区第一次全国可移动文物普查先进集体和先进个人"荣誉称号。

九、验收结论

巴彦淖尔市普查办根据自治区下发的第一次全国可移动文物普查验收表的内容，逐一进行了仔细自查，认为巴彦淖尔市第一次全国可移动文物普查验收自查结果为合格。

附件 第一次全国可移动文物普查验收表

巴彦淖尔市第一次全国可移动文物普查验收表

一、普查组织

序号	行政区	地市级普查领导小组数量（个）	地市级普查工作办公室（个）	建立普查工作机制的行业系统（个）	建立普查工作机制的收藏单位（个）	印发地市级普查通知（份）	印发地市级普查实施方案（份）	开展普查工作档案整理的地市数量（个）
	地市级合计	8	8	3	25	21	8	25
	具体情况	是否组建地市级普查领导小组	是否成立地市级普查工作办公室	建立普查工作机制的行业系统（个）	建立普查工作机制的收藏单位（个）	是否印发普查通知	是否印发普查实施方案	开展普查工作档案整理地市级数量
1	巴彦淖尔市本级	■是 □否	■是 □否	3	4	■是 □否	■是 □否	4
	临河区	■是 □否	■是 □否	0	1	■是 □否	■是 □否	1
	磴口县	■是 □否	■是 □否	0	4	■是 □否	■是 □否	4
	五原县	■是 □否	■是 □否	0	1	■是 □否	■是 □否	1
	乌拉特前旗	■是 □否	■是 □否	0	7	■是 □否	■是 □否	7
	乌拉特后旗	■是 □否	■是 □否	0	1	■是 □否	■是 □否	1
	乌拉特中旗	■是 □否	■是 □否	0	3	■是 □否	■是 □否	3
	杭锦后旗	■是 □否	■是 □否	0	4	■是 □否	■是 □否	4

＊此表格含11项内容，由各地市级普查办填写，省级普查办汇总。区县级验收表格可参照此表。

二、人员保障 （单位：人）

序号	行政区	各级普查办	收藏单位	普查专家	普查志愿者	合计
	巴彦淖尔市	111	87	4	0	202
	巴彦淖尔市本级	17	27	3	0	47
	临河区	8	3	0	0	11
2	磴口县	15	12	1	0	28
	五原县	17	5	0	0	22
	乌拉特前旗	14	21	0	0	35
	乌拉特后旗	10	5	0	0	15
	乌拉特中旗	15	7	0	0	22
	杭锦后旗	15	7	0	0	22

＊此表格填写地市本级情况。应包括参与普查工作的全部人员，即持有"普查员证"的人员和未申领普查员证的人员。

三、经费保障

（单位：万元）

序号	行政区	合计	2013 年	2014 年	2015 年	2016 年
3	总计	90	10	30	20	30
	自治区拨付	75	10	30	5	30
	巴彦淖尔市本级财政	0	0	0	0	0
	临河区	0	0	0	0	0
	五原县	0	0	0	0	0
	磴口县	0	0	0	0	0
	乌拉特前旗	5	0	0	5	0
	乌拉特后旗	0	0	0	0	0
	乌拉特中旗	5	0	0	5	0
	杭锦后旗	5	0	0	5	0

＊此表格填写地市本级经费情况，不含所辖区县。

四、普查培训

序号	行政区	合计		2013 年		2014 年		2015 年		2016 年	
		次数（次）	人数（人）	次数（次）	人数（人）	次数（次）	人数（人）	次数（次）	人数（人）	次数（次）	人数（人）
4	合计	6	157	2	69	1	60	1	9	2	19
	自治区级	4	87	1	9	1	60	1	9	1	9
	巴彦淖尔市本级（包括 7 个旗县）	2	70	1	60	0	0	0	0	1	10
	临河区	0	0	0	0	0	0	0	0	0	0
	磴口县	0	0	0	0	0	0	0	0	0	0
	五原县	0	0	0	0	0	0	0	0	0	0
	乌拉特前旗	0	0	0	0	0	0	0	0	0	0
	乌拉特后旗	0	0	0	0	0	0	0	0	0	0
	乌拉特中旗	0	0	0	0	0	0	0	0	0	0
	杭锦后旗	0	0	0	0	0	0	0	0	0	0

＊此表格填写地市本级培训情况，不含所辖区县。

五、普查宣传

序号	行政区	组建地市级宣传机构（个）	制定地市级宣传方案（个）	宣传方式							
				电视（次）	互联网（次）	报刊（次）	海报（份）	册页（份）	上报普查信息	举办新发现文物展	展板进入社区宣传一普
5	地市级合计	8	8	3	5	6	0	2600	7	1	3
	巴彦淖尔市本级	1	1	1	4	2	0	1000	6	1	3
	临河区	1	1	0	0	0	0	0	0	0	0
	磴口县	1	1	0	0	1	0	200	1	0	0
	五原县	1	1	2	0	1	0	300	0	0	0
	乌拉特前旗	1	1	0	0	1	0	500	0	0	0
	乌拉特后旗	1	1	0	0	0	0	200	0	0	0
	乌拉特中旗	1	1	0	0	0	0	200	0	0	0
	杭锦后旗	1	1	0	1	1	0	200	0	0	0

＊"宣传方式"为选填项，如有其他宣传方式，可根据实际情况填写。

六、国有可移动文物收藏单位调查

序号	行政区划	辖区内国有单位数量（家）	国有单位可移动文物收藏情况调查表		
			发放（张）	回收（张）	反馈收藏有可移动文物的国有单位（家）
6	巴彦淖尔市	902	902	902	25
	巴彦淖尔市本级	135	135	135	4
	临河区	86	86	86	1
	杭锦后旗	104	104	104	4
	乌拉特后旗	75	75	75	1
	乌拉特前旗	127	127	127	7
	乌拉特中旗	106	106	106	3
	五原县	136	136	136	1
	磴口县	133	133	133	4

＊此表格填写地市本级国有单位调查情况。

七、文物认定及建档

序号	行政区划	文博系统单位					非文博系统单位				
		收藏单位数量（家）	新发现、新认定藏品数量（件/套）	新建/重建藏品账目及档案的单位数量(家)	新建/重建藏品账目及档案的文物数量（件/套）	完成藏品账目及档案信息化的单位数量(家)	收藏单位数量(家)	新发现、新认定藏品数量（件/套）	新建/重建藏品账目及档案的单位数量(家)	新建/重建藏品账目及档案的文物数量（件/套）	完成藏品账目及档案信息化的单位数量（家）
7	巴彦淖尔市	11	502	11	7918	10	14	2336	14	2336	14
	巴彦淖尔市本级	2	502	2	5790	2	2	1186	2	1186	2
	临河区	0	0	0	0	0	1	50	1	50	1
	磴口县	1	0	1	353	1	3	491	3	491	3
	五原县	1	0	1	292	1	0	0	0	0	0
	乌拉特前旗	1	0	1	559	1	6	589	6	589	6
	乌拉特后旗	1	0	1	633	1	0	0	0	0	0
	乌拉特中旗	2	0	2	229	1	1	5	1	5	1
	杭锦后旗	3	0	3	62	3	1	15	1	15	1

＊此表格填写地市本级文物认定情况，按照文博系统单位和非文博系统单位分别填写。其中"新建/重建藏品账目及档案的单位数量（家）""新建/重建藏品账目及档案的文物数量（件/套）""完成藏品账目及档案信息化的单位数量（家）"为选填项。

八、收藏单位登录情况　　　　　　　　　　　　　　　　（单位：家）

序号	行政区	摸底调查阶段反馈收藏有文物的国有单位数量	已登录文物的收藏单位数量	已注册账号但未登录文物的收藏单位数量
8	巴彦淖尔市	33	25	8
	巴彦淖尔市本级	9	4	5
	临河区	2	1	1
	磴口县	5	4	1
	五原县	1	1	0
	乌拉特前旗	7	7	0
	乌拉特后旗	1	1	0
	乌拉特中旗	3	3	0
	杭锦后旗	5	4	1

＊此表格填写省本级、地市本级、区县本级收藏单位登录情况。

"已注册账号但未登录文物的收藏单位"指在普查平台登录文物数量为 0 的单位。

九、文物信息登录

序号	行政区	是否完成文物信息登录工作	完成比例
9	巴彦淖尔市	■是　□否	100%
	巴彦淖尔市本级	■是　□否	100%
	临河区	■是　□否	100%
	磴口县	■是　□否	100%
	五原县	■是　□否	100%
	乌拉特前旗	■是　□否	100%
	乌拉特后旗	■是　□否	100%
	乌拉特中旗	■是　□否	100%
	杭锦后旗	■是　□否	100%

* 此表格填写地市本级可移动文物登录情况。

十、普查成果开发、利用（选填）

序号	行政区	是否有单位公开藏品资源	已公开藏品资源的单位数量	是否举办普查主题展览（含网络展览）	展览数量
10	巴彦淖尔市	□是　■否	0	■是　□否	3
	巴彦淖尔市本级	□是　■否	0	■是　□否	3
	临河区	□是　■否	0	□是　■否	0
	磴口县	□是　■否	0	□是　■否	0
	五原县	□是　■否	0	□是　■否	0
	乌拉特前旗	□是　■否	0	□是　■否	0
	乌拉特后旗	□是　■否	0	□是　■否	0
	乌拉特中旗	□是　■否	0	□是　■否	0
	杭锦后旗	□是　■否	0	□是　■否	0

* 此表格填写地市级普查成果开发、利用情况。

藏品资源公开情况

序号	已公开藏品资源的单位名称	公开藏品数量	公开方式
1			
2			
3			

利用普查成果举办展览情况（含网络展览）

序号	展览名称	展览形式	展出地点	展出藏品量	参观人次
1	巴彦淖尔市第一次全国可移动文物成果展	展柜	河套文博院 1 楼展厅	21 件	1 万
2	巴彦淖尔市一普成果集萃	网络	河套文化博物院微信平台		200
3	巴彦淖尔市一普成果集萃	网络	巴彦淖尔市文新广局网络平台		300

* 此表格填写地市级普查成果开发、利用情况。

十一、普查的总结

序号	行政区	是否已编制辖区内国有文物收藏单位名录	是否已编写普查工作报告
11	地市级合计	8	8
	巴彦淖尔市本级	■是 □否	■是 □否
	临河区	■是 □否	■是 □否
	磴口县	■是 □否	■是 □否
	五原县	■是 □否	■是 □否
	乌拉特前旗	■是 □否	■是 □否
	乌拉特后旗	■是 □否	■是 □否
	乌拉特中旗	■是 □否	■是 □否
	杭锦后旗	■是 □否	■是 □否

＊此表格填写地市级普查总结相关事宜情况。

执笔：王雅琦

乌海市第一次全国可移动文物普查验收报告

乌海市第一次全国可移动文物普查领导小组办公室　乌海市文物局

根据《国务院关于开展第一次全国可移动文物普查的通知》《内蒙古自治区人民政府关于在全区开展第一次全国可移动文物普查的通知》文件精神，我市于2013年6月正式开展第一次全国可移动文物普查工作。成立了乌海市第一次全国可移动文物普查领导小组，制定了普查方案、确定了普查领导小组办公室成员和项目部、专家组人员名单，按照自治区可移动文物普查领导小组办公室的工作部署，乌海市可移动文物普查已全面完成文物信息采集、审核、报送工作，现将我市可移动文物普查工作汇报如下。

一、普查的组织

（一）加强领导，组建机构

根据《内蒙古自治区人民政府关于在全区开展第一次全国可移动文物普查的通知》文件精神，2013年6月14日，乌海市第一次全国可移动文物普查工作领导小组正式成立。领导小组由市政府副市长冀晓青任组长，市政府副秘书长王献齐、文化局局长樊桂丽任副组长，领导小组成员单位由市级14个相关部门的主管领导组成，并指定了各行业系统具体负责人。领导小组下设办公室，办公室设在市文化局，主任由刘利军副局长兼任，负责普查工作的日常组织和协调工作。普查办公室下设项目部，项目部办公室设在乌海市博物馆，乌海市博物馆馆长武俊生任项目部主任，负责文物普查具体工作。

至2013年11月全市三区分别成立了可移动文物普查领导小组及办公室，办公室设在三区文化局。可移动文物普查办公室主要负责几年间的普查工作。各级领导机构的成立，从组织上保证了普查工作的顺利开展。

第一次全国可移动文物普查是一项加强文物保护管理，推进公共文化服务体系建设的基础性重要工作。根据《国务院关于开展第一次全国可移动文物普查的通知》（国发〔2012〕54号）、《内蒙古自治区人民政府关于在全区开展第一次全国可移动文物普查的通知》（内政发〔2013〕33号），结合自治区文物局关于开展全区可移动文物普查工作的安排，为确保我市第一次全国可移动文物普查工作进展顺利，2013年6月14日，乌海市人民政府印发了《乌海市人民政府办公厅关于印发乌海市开展第一次全国可移动文物普查实施方案的通知》（乌海政办发〔2013〕25号）文件。方案中包括普查的意义和目标、普查的范围和内容、普查的组织、普查时间和实施步骤、普查的数据管理和成果应用、普查工作要求等内容。随后乌海市第一次全国可移动文物普查领导小组办公室又相继印发了《乌海市第一次全国可移动文物普查工作时间表、任务书、责任人一览表》《乌海市第一次全国可移动文物普查技术路线与部门职责方案》《乌海市第一次全国可移动文物普查宣传方案》《乌海市第一次全国可移动文物普查经费保障制度》《乌海市第一次全国可移动文物普查培训工作方案》等文件，对文物普查时间、职责、宣传、调查、认定、登录、管理、利用等工作进行了明确。

（二）制定联系协调机制，共同推进

第一次全国可移动文物普查是一项重大的国情国力调查，涉及范围广，技术要求高，调查任务重，工作难度大，需各有关部门的积极参与和配合。为确保普查工作顺利进行，乌海市第一次全国可移动文物普查领导小组办公室印发《致各级机关、各国有企事业单位的一封信》，召开乌海市第一次全国可移动文物普查工作会议，与各单位加强协作，密切配合，积极开展相关工作。

（三）建立完善普查档案

各级普查办都加强了本辖区的普查档案建设管理工作，乌海市普查办公室和三区普查办将普查各环节发放的普查方案、普查领导小组办公室和项目部、普查人员名单、专家组人员名单等具有保存价值的各类文件材料、音像、载体等整理归档，确保普查档案的完整、真实和规范。同时指定专门的档案管理人员，做好文物档案的管理工作，防止档案遗失和失泄密事件的发生。

二、普查保障措施

（一）组建队伍，进行业务培训

为了加强业务能力，组建了乌海市可移动文物普查工作专家库。专家库由市博物馆文物专家及区博物馆的专家组成。统一负责本次可移动文物普查的专业指导、技术咨询、文物鉴定认定、信息汇总、质量把关、检查验收等专业指导工作。

在这几年的普查工作中，全市共有 47 名普查工作者参与了普查工作。经过普查培训、数据采集、资料录入和数据整理，广大基层文物工作者的业务能力和工作水平都得到了全面的锻炼和提高。普查工作中，一些懂专业、有专长的大学生也充实到了文物普查机构和一线业务单位，为普查工作输送了新鲜血液。

（二）积极争取经费，保障专款专用

乌海市普查办根据内蒙古自治区普查办编制的《内蒙古自治区第一次全国可移动文物普查经费预算说明》，结合我市实际，进一步细化了工作任务和计划，编制了我市可移动文物普查经费预算，制定了《乌海市第一次全国可移动文物普查经费保障制度》，保障普查经费专款专用。

2013—2015 年市级财政每年拨付可移动文物普查经费 30 万元。这些经费主要用于我市三区普查宣传动员、采集设备的购置、编制普查试点工作方案，印制相关资料等，各级普查人员聘用与培训、信息采集、检查验收、专家研讨会、总结等全过程。

（三）多措并举宣传可移动文物普查成果

乌海市各级普查机构依照《乌海市第一次全国可移动文物普查宣传方案》，充分利用每年国际博物馆日、文化遗产日、草原文化遗产日等节庆活动制作宣传展板和标语，发放宣传手册，通过电视、报刊传统媒体及网站、微信新媒体，积极宣传普查现阶段取得的成果，做好对社会公众的宣传和信息发布，以及对普查工作中涌现的先进事迹和人物给予了重点报道。

三、国有单位文物收藏情况摸底调查

乌海市可移动文物普查办公室收集了全市各个行政国有企事业单位共计 437 家名录。全市三区于 2013 年 12 月开始发放 437 份《国有单位文物收藏情况调查登记表》，回收 428 份表格，回收率为 97.9%。通过这次调查工作掌握了我市国有可移动文物分布和收藏情况，为文物收藏单位开展文物信息采集和登记等工作打下坚实基础。调查中反馈收藏有文物的国有单位共有 4 家，其中博物馆 2 家、图书馆 1 家，其他机关事业单位 1 家。

四、文物认定及相关工作情况

市普查办按照工作要求，乌海市普查办组织以武俊生为首的专家组对我市确定有文物收藏的国有单位文物进行认定，最终鉴定为文物 413 件/套，经自治区专家组复核定级后，其中初步鉴定为二级文物 18 件/套，三级文物 85 件/套。

五、文物信息采集登录

（一）收藏单位登录情况

摸底调查阶段反馈有文物的收藏单位共 4 家，其中市级收藏单位 2 家，区县级收藏单位 2 家。上述单位均已完成注册、登录，注册及登录率均达 100%。

（二）信息登录情况

1. 经各级普查办对上报信息的复核，填报的各单位隶属关系、单位性质、单位类型、行业、系统等信息真实准确。

2. 乌海市自开展普查工作以来，各地区各单位高度重视，认真负责，截止到 2016 年 8 月 31 日，全市共完成了 7879 件/套数据的采集、登录。

（三）总体工作进度

1. 文物登录进度

我市普查办于 2016 年 8 月 31 日前完成全部数据登录工作，数据报送进度为 100%，全面完成了普查数据信息采集和上报工作。

2. 数据审核进度

2016 年 7 月 15 日通过市级普查办数据审核。

2016 年 8 月 5 日通过自治区级普查办数据审核。

六、普查的总结

（一）国有可移动文物收藏单位名录编制情况

根据我市可移动文物普查实施方案和工作要求，各级普查办也已编制辖区内国有文物收藏单位名录。

（二）普查工作报告编制情况

按照国家统一制定的《第一次全国可移动文物普查——工作报告编制规范》的要求，本着全面性、完整性、真实性、规范性的原则，我市辖区内各级普查机构已启动可移动文物普查报告编制工作。

七、在普查中开展的其他相关工作

（一）藏品管理

各级普查办和收藏单位对所藏文物均已建立起了纸质和电子文物档案，基本实现了我市馆藏文物资源信息化，为未来的馆藏文物保护修复、普查相关课题研究等工作奠定了良好的基础。

（二）普查成果开发、利用

乌海市各级普查机构充分利用国际博物馆日、文化遗产日等节庆活动，积极举办可移动文物普查成果展等系列活动，通过这些展览活动及时向社会发布普查成果，使全市各级可移动文物普查工作成果得到集中展示，惠及公众。

八、验收结论

经验收，乌海市第一次全国可移动文物普查验收结论为合格。

附件 第一次全国可移动文物普查验收表

乌海市第一次全国可移动文物普查验收表

一、普查组织

序号	行政区	地市级普查领导小组数量（个）	地市级普查工作办公室（个）	建立普查工作机制的行业系统（个）	建立普查工作机制的收藏单位（个）	印发地市级普查通知（份）	印发地市级普查实施方案（份）	开展普查工作档案整理的地市数量（个）
	地市级合计	1	1	0	2	200	200	1
1	具体情况	是否组建地市级普查领导小组	是否成立地市级普查工作办公室	建立普查工作机制的行业系统（个）	建立普查工作机制的收藏单位（个）	是否印发普查通知	是否印发普查实施方案	是否开展普查工作档案整理
	乌海市	■是 □否	■是 □否	无	2	■是 □否	■是 □否	■是 □否

*此表格含11项内容，由各地市级普查办填写，省级普查办汇总。区县级验收表格可参照此表。

二、人员保障 （单位：人）

序号	行政区	各级普查办	收藏单位	普查专家	普查志愿者	合计
2	乌海市	15	10	4	6	35

*此表格填写地市本级情况。应包括参与普查工作的全部人员，即持有"普查员证"的人员和未申领普查员证的人员。

三、经费保障 （单位：万元）

序号	行政区	合计	2013 年	2014 年	2015 年	2016 年
3	乌海市	90	30	30	30	0

*此表格填写地市本级经费情况，不含所辖区县。

四、普查培训

序号	行政区	合计		2013 年		2014 年		2015 年		2016 年	
		次数（次）	人数（人）	次数（次）	人数（人）	次数（次）	人数（人）	次数（次）	人数（人）	次数（次）	人数（人）
4	乌海市	4	152	1	60	1	37	1	25	1	30

＊此表格填写地市本级培训情况，不含所辖区县。

五、普查宣传

序号	行政区	组建地市级宣传机构（个）	制定地市级宣传方案（个）	宣传方式				
				电视（次）	互联网（次）	报刊（次）	海报（份）	册页（份）
5	地市级合计	1	1	5	10	10	100	10000
	具体情况	是否组建地市级宣传机构	是否制定地市级宣传方案					
	乌海市	■是 □否	■是 □否	5	10	10	100	10000

＊"宣传方式"为选填项，如有其他宣传方式，可根据实际情况填写。

六、国有可移动文物收藏单位调查

序号	行政区划	辖区内国有单位数量（家）	国有单位可移动文物收藏情况调查表		
			发放（张）	回收（张）	反馈收藏有可移动文物的国有单位（家）
6	乌海市	437	437	428	4

＊此表格填写地市本级国有单位调查情况。

七、文物认定及建档

序号	行政区划	文博系统单位					非文博系统单位				
		收藏单位数量（家）	新发现、新认定藏品数量（件/套）	新建/重建藏品账目及档案的单位数量（家）	新建/重建藏品账目及档案的文物数量（件/套）	完成藏品账目及档案信息化的单位数量（家）	收藏单位数量（家）	新发现、新认定藏品数量（件/套）	新建/重建藏品账目及档案的单位数量（家）	新建/重建藏品账目及档案的文物数量（件/套）	完成藏品账目及档案信息化的单位数量（家）
7	乌海市	2	120	1	120	2	2	37	2	10	2

＊此表格填写地市本级文物认定情况，按照文博系统单位和非文博系统单位分别填写。其中"新建/重建藏品账目及档案的单位数量（家）""新建/重建藏品账目及档案的文物数量（件/套）""完成藏品账目及档案信息化的单位数量（家）"为选填项。

八、收藏单位登录情况 　　　　　　　　　　　（单位：家）

序号	行政区	摸底调查阶段反馈收藏有文物的国有单位数量	已登录文物的收藏单位数量	已注册账号但未登录文物的收藏单位数量
8	乌海市	4	4	0

＊此表格填写省本级、地市本级、区县本级收藏单位登录情况。

"已注册账号但未登录文物的收藏单位"指在普查平台登录文物数量为 0 的单位。

九、文物信息登录

序号	行政区	是否完成文物信息登录工作	完成比例	未完成的工作进度安排
9	乌海市	■是　□否	100%	

＊此表格填写地市本级可移动文物登录情况。

十、普查成果开发、利用

序号	行政区	是否有单位公开藏品资源	已公开藏品资源的单位数量	是否举办普查主题展览（含网络展览）	展览数量
10	乌海市	□是　■否		■是　□否	1

＊此表格填写地市级普查成果开发、利用情况。

利用普查成果举办展览情况（含网络展览）

序号	展览名称	展览形式	展出地点	展出藏品量	参观人次
1	乌海市可移动文物普查成果展	文物及图版	乌海市博物馆	90 件/套	7230

十一、普查的总结

序号	行政区	是否已编制辖区内国有文物收藏单位名录	是否已编写普查工作报告
11	乌海市	■是　□否	■是　□否

＊此表格填写地市级普查总结相关事宜情况。

执笔：郝玉龙

阿拉善盟第一次全国可移动文物普查验收报告

阿拉善盟第一次全国可移动文物普查领导小组办公室　阿拉善盟文物局

一、普查的组织

根据《国务院关于开展第一次全国可移动文物普查的通知》精神，按照《内蒙古自治区第一次全国可移动文物普查实施方案》《内蒙古自治区第一次全国可移动文物普查工作时间表、任务书、责任人一览表》《内蒙古自治区第一次全国可移动文物普查宣传方案》等相关文件的要求和部署，我盟制定《阿拉善盟第一次全国可移动文物普查实施方案》，明确普查工作思路、普查方法和普查范围等内容，布置普查任务并集中开展普查工作。普查领导小组办公室设在盟文物局，直接管辖三旗两区及盟直属单位开展普查工作。

阿拉善盟普查办公室和三旗普查办建立了重点行业、部门（单位）可移动文物普查工作机制，将普查各环节发放的普查方案、普查领导小组办公室和项目部、普查人员名单、专家组人员名单、国有收藏单位调查表等通知、文件和普查信息全部作为档案留存。文物普查的调查、认定、登录、管理，利用现代信息手段集中调查统计，全面掌握阿拉善盟现存国有可移动文物的数量分布、保存状况、保管权属和使用管理等情况，并及时进行了存档。

二、普查保障措施

（一）人员

阿拉善盟普查办工作人员由盟属国有单位普查工作人员、普查专家和普查志愿者构成，主要由阿拉善盟文物局和阿拉善博物馆工作人员、文化志愿者组成。全盟参与此次普查工作的人员共103 人，全盟各级领导小组办公室 30 人；各级文物普查领导小组办公室项目部 26 人、专家组 13人、普查组 34 人，负责普查具体业务工作。

（二）经费

阿拉善盟普查办 2013—2016 年第一次全国可移动文物普查经费总共落实到位 141 万元，部分使用和下拨三旗普查办。

2013—2016 年阿拉善博物馆第一次全国可移动文物普查经费落实到位 40 万元，已全部使用。

阿拉善左旗财政 2013 年拨付 5 万元专项资金，用于购置普查设备及器材，2014 年安排 5 万元普查经费。

阿拉善右旗旗财政拟安排普查专项经费预算 30 万元，2014 年又争取到阿拉善盟文物局的 5 万元普查经费。截至 2016 年 8 月，共落实普查经费 24 万元。

额济纳旗普查办 2013—2016 年，共到位普查经费 5 万元。

（三）宣传

盟普查办制定了《阿拉善盟第一次全国可移动文物普查宣传方案》。联合阿拉善博物馆在每年国际博物馆日、文化遗产日进行宣传，制作宣传展板和标语，发放宣传单，利用电视、报纸和网络媒体宣传第一次全国可移动文物普查工作，并及时上报普查进度，先后编写普查简报 19 期。

三、国有单位文物收藏情况摸底调查

（一）调查表发放数量和发放范围

阿拉善盟普查办调查表发放数量 217 份，发放范围为阿拉善盟区域内盟直属单位。

阿拉善左旗普查办共向 160 家国有单位发放了《国有单位文物收藏情况调查登记表》160 份，发放范围为阿拉善左旗区域内国有单位。

阿拉善右旗普查办共向 108 家国有单位发放了《国有单位文物收藏情况调查登记表》108 份，发放范围为阿拉善右旗区域内国有单位。

额济纳旗普查办共向 147 家国有单位发放了《国有单位文物收藏情况调查登记表》147 份，发放范围为额济纳旗区域内国有单位。

（二）调查表回收数量

阿拉善盟普查办调查表回收 152 份，回收率达到 100%。

阿拉善左旗普查办回收 160 份，回收率达到 100%。

阿拉善右旗普查办回收 108 份，回收率达到 100%。

额济纳旗普查办回收调查表 119 份，回收率达到 81%。

（三）调查覆盖率不足 100% 的主要原因

额济纳旗普查办 2013 年 12 月 5 日入户调查工作顺利完成。因 28 家单位无公章、无组织机构代码等原因无法填写表格外，共回收调查表格 119 份，并按照要求建立了纸质档案和电子档案。

四、文物认定及相关工作情况

阿拉善盟普查办认定的盟本级国有文物收藏单位 1 家，为阿拉善博物馆，上报藏品数 32238 件/套，此次普查工程中经专家组认定拟上报 12 件文物为珍贵文物。

经专家组认定，阿拉善左旗最终确定有文物收藏的国有单位 14 家，其中以文博单位和宗教寺庙为主，共登记上传可移动文物 566 件/套。其中，文化馆 25 件/套，妙华寺 3 件/套，巴彦木人清真大寺 1 件/套，广宗寺 7 件/套，延福寺 9 件/套，福因寺 1 件/套，承庆寺 2 件/套，达里克庙 3 件/套，沙尔扎庙 10 件/套，阿拉善左旗公安局 2 件/套，阿左旗温都尔勒图镇 6 件/套，阿拉善左旗档案史志局 5 件/套，昭化寺 7 件/套，阿拉善王府博物馆 485 件/套。

阿拉善右旗有文物收藏的国有单位 3 家，分别为阿拉善右旗文物局、阿拉善右旗粮食局、阿拉善右旗民族宗教局。所有收藏单位共收藏文物 4736 件/套，其中二级文物 89 件/套、三级文物 26 件/套。

额济纳旗对 1 家非文博系统国有单位档案史志局上报的 1 件文物进行了认定，该件文物为清银质旧土尔扈特扎萨克四方大印。

五、文物信息采集登录

（一）收藏单位登录情况

1. 摸底调查阶段反馈有文物的收藏单位注册情况

阿拉善盟本级反馈有文物的收藏单位 1 家，为阿拉善博物馆。2013 年 12 月已完成注册、登录。向自治区普查办上报了《国有单位文物收藏情况汇总表》。全盟完成了 20 家国有单位的可移动文物数据平台登记注册工作，其中盟级 1 家、阿拉善左旗 14 家、阿拉善右旗 3 家、额济纳旗 2 家。

阿拉善左旗普查办向阿拉善盟普查办上报了《国有单位文物收藏情况汇总表》，完成了这 14 家国有单位的可移动文物数据平台登记注册工作，注册率 100%。

2013 年 12 月 5 日，阿拉善右旗普查办根据普查工作要求，对摸底调查阶段反馈有文物的阿拉善右旗博物馆、阿拉善右旗宗教局、阿拉善右旗粮食局 3 家收藏单位进行了系统注册，注册及登录率均达 100%。

额济纳旗普查办向阿拉善盟普查办上报了《国有单位文物收藏情况汇总表》，完成了 2 家国有单位的可移动文物数据平台登记注册工作。2013 年 12 月 24 日，额济纳旗编制委员会印发《额济纳旗机构编制委员会关于文物所更名的通知》，额济纳旗文物所更名为文物局，与博物馆合署办公。鉴于以上原因，2015 年 9 月 1 日，额济纳旗普查办向阿拉善盟普查办提出申请，将登记注册的收藏单位额济纳博物馆的平台编码删除。在第一次全国可移动文物数据平台完成登记注册工作的国有收藏单位更改为 2 家。

2. 已注册单位登录情况

阿拉善盟普查办所辖的阿拉善博物馆和三旗普查办均已登录文物信息。

（二）信息登录情况

1. 单位信息填报准确性

阿拉善左旗普查办、阿拉善右旗普查办、额济纳旗普查办，对填报单位信息中隶属关系、单位性质、行业等信息进行如实填报。在检查核对工作中，没有发现收藏单位和用户信息不准确的情况。

2. 文物信息填报准确性

阿拉善盟各级普查办严格遵循普查标准，如实申报藏品数量，如实填报藏品信息。

主要做法是信息采集登录阶段严把文物信息采集、录入平台环节工作质量关；数据审核阶段狠抓查漏补缺、补充完善工作。2016 年 1 月至 7 月初，完成离线软件中审核补缺工作。2016 年 7 月 15 日，阿拉善盟普查办成功将普查数据提交至内蒙古自治区普查办审核，并按照自治区普查办审核出的五条审核意见再次对离线软件中的登录信息进行补充和完善。

3. 截至 2016 年 8 月 31 日已登录文物数量、已采集文物数量

阿拉善盟普查办向自治区上报文物 42718 件/套。

（三）总体工作进度

1. 文物登录进度

2014 年 5 月阿拉善盟可移动文物基础信息的采集和数据工作全面展开，阿拉善盟普查办根据

《内蒙古自治区第一次全国可移动文物普查技术路线》要求，对所有馆藏文物分别填写《文物登记表》，对文物的馆藏号、名称、原名、时代、类别、质地、级别、数量、质量、尺寸、来源、入馆时间及完残程度等信息根据藏品账册逐项填写，到年底信息平台上报率为51.42%，2016年8月31日全部完成登录工作。

2. 数据审核进度

2015年10月各普查单位开始对平台数据开展自查自审，12月组织专家进行审核，2016年3月，全部数据上报至阿拉善盟普查办，以景学义为首的阿拉善盟普查办专家小组进行审核。截至2016年8月31日阿拉善盟普查已完成全部省级审核工作。

六、普查的总结

（一）国有可移动文物收藏单位名录编制情况

阿拉善盟普查办已编制辖区内国有文物收藏单位名录，其中盟级1家、阿拉善左旗14家、阿拉善右旗3家和额济纳旗2家。

（二）普查工作报告编制情况

阿拉善盟普查报告已经完成。

七、在普查中开展的其他相关工作

（一）藏品管理

阿拉善盟各级普查办在本次普查中进行了藏品的信息数据登记、建档工作，现已完成全盟42718件/套文物的藏品账目及档案，实现馆藏文物信息化。为未来的馆藏资源信息化、文物定级、文物保护修复、普查相关课题研究等工作奠定了良好的基础。

（二）普查成果开发、利用

1. 收藏单位藏品资源公开情况

阿拉善盟普查办辖区内文博单位通过展览的方式公开藏品资源。

2. 利用普查成果举办展览情况

2016年5月18日举办了阿拉善盟第一次全国可移动文物普查成果展，以图片与实物相结合的形式展出藏品30件/套，展期45天，参观2100人次。

各旗普查办于2014—2016年，每年根据普查工作进度，前后共制作普查宣传及成果宣传展板30余张，在博物馆展厅采用长期展出的形式，对参观群众进行专题宣传。既实现了普查成果的公布宣传目的，也促进全社会对文物保护的重视。

八、验收结论

阿拉善盟普查办根据自治区下发的第一次全国可移动文物普查验收表的内容，一项一项逐一进行了仔细自查，经验收，阿拉善盟第一次全国可移动文物普查验收自查结果为合格。

附件　第一次全国可移动文物普查验收表

阿拉善盟第一次全国可移动文物普查验收表

一、普查组织

序号	行政区	地市级普查领导小组数量（个）	地市级普查工作办公室（个）	建立普查工作机制的行业系统（个）	建立普查工作机制的收藏单位（个）	印发地市级普查通知（份）	印发地市级普查实施方案（份）	开展普查工作档案整理的地市数量（个）
1	地市级合计	1	1	5	7	632	632	1
	具体情况	是否组建地市级普查领导小组	是否成立地市级普查工作办公室	建立普查工作机制的行业系统（个）	建立普查工作机制的收藏单位（个）	是否印发普查通知	是否印发普查实施方案	是否开展普查工作档案整理
	阿拉善盟	■是　□否	■是　□否	1	1	■是　□否	■是　□否	■是　□否
	阿拉善左旗	■是　□否	■是　□否	1	2	■是　□否	■是　□否	■是　□否
	阿拉善右旗	■是　□否	■是　□否	1	3	■是　□否	■是　□否	■是　□否
	额济纳旗	■是　□否	■是　□否	2	1	■是　□否	■是　□否	■是　□否

＊此表格含11项内容，由各地市级普查办填写，省级普查办汇总。区县级验收表格可参照此表。

二、人员保障　　　　　　　　　　　　　　　　　　　　　（单位：人）

序号	行政区	各级普查办	收藏单位	普查专家	普查志愿者	合计
2	地市级合计	37	41	24	5	107
	阿拉善盟	21	1	9	4	35
	阿拉善左旗	1	14	6	1	22
	阿拉善右旗	8	12	3	0	23
	额济纳旗	7	14	6	0	27

＊此表格填写地市本级情况。应包括参与普查工作的全部人员，即持有"普查员证"的人员和未申领普查员证的人员。

三、经费保障　　　　　　　　　　　　　　　　　　　　　（单位：万元）

序号	行政区	合计	2013 年	2014 年	2015 年	2016 年
3	地市级总计	141	20	57	37	27
	阿拉善盟	87	0	47	15	25
	阿拉善左旗	10	5	5	0	0
	阿拉善右旗	24	15	5	2	2
	额济纳旗	5	0	0	5	0

＊此表格填写地市本级经费情况，不含所辖区县。

四、普查培训

序号	行政区	合计		2013 年		2014 年		2015 年		2016 年	
		次数（次）	人数（人）	次数（次）	人数（人）	次数（次）	人数（人）	次数（次）	人数（人）	次数（次）	人数（人）
4	地市级合计										
	阿拉善盟	3	57	1	23	1	16	1	18	0	0

*此表格填写地市本级培训情况，不含所辖区县。

五、普查宣传

序号	行政区	组建地市级宣传机构（个）	制定地市级宣传方案（个）	宣传方式						
				电视（次）	互联网（次）	报刊（次）	海报（份）	册页（份）	……	……
5	地市级合计	1	1	4	12	3	80			
	具体情况	是否组建地市级宣传机构	是否制定地市级宣传方案							
	阿拉善盟	■是 □否	■是 □否	2	7	1	80			
	阿拉善左旗	■是 □否	■是 □否		2	1				
	阿拉善右旗	■是 □否	■是 □否	1	1					
	额济纳旗	■是 □否	■是 □否	1	2	1				

*"宣传方式"为选填项，如有其他宣传方式，可根据实际情况填写。

六、国有可移动文物收藏单位调查

序号	行政区划	辖区内国有单位数量（家）	国有单位可移动文物收藏情况调查表		
			发放（张）	回收（张）	反馈收藏有可移动文物的国有单位（家）
6	地市级合计	632	632	604	21
	阿拉善盟	217	217	217	1
	阿拉善左旗	160	160	160	15
	阿拉善右旗	108	108	108	3
	额济纳旗	147	147	119	2

*此表格填写地市本级国有单位调查情况。

七、文物认定及建档

序号	行政区划	文博系统单位					非文博系统单位			
		收藏单位数量（家）	新发现、新认定藏品数量（件/套）	新建/重建藏品账目及档案的单位数量（家）	新建/重建藏品账目及档案的文物数量（件/套）	完成藏品账目及档案信息化的单位数量（家）	收藏单位数量（家）	新发现、新认定藏品数量（件/套）	新建/重建藏品账目及档案的单位数量（家）	新建/重建藏品账目及档案的文物数量（件/套）	完成藏品账目及档案信息化的单位数量（家）
7	地市级合计	6	0	1	711	0	4	620	4	620	4

续表

序号	行政区划	文博系统单位					非文博系统单位				
		收藏单位数量（家）	新发现、新认定藏品数量（件/套）	新建/重建藏品账目及档案的单位数量（家）	新建/重建藏品账目及档案的文物数量（件/套）	完成藏品账目及档案信息化的单位数量（家）	收藏单位数量（家）	新发现、新认定藏品数量（件/套）	新建/重建藏品账目及档案的单位数量（家）	新建/重建藏品账目及档案的文物数量（件/套）	完成藏品账目及档案信息化的单位数量（家）
7	阿拉善盟	1	0	1	711	0	0	0	0	0	0
	阿拉善左旗	1					1	5	1	5	1
	阿拉善右旗	3					2	614	2	614	2
	额济纳旗	1					1	1	1	1	1

* 此表格填写地市本级文物认定情况，按照文博系统单位和非文博系统单位分别填写。其中"新建/重建藏品账目及档案的单位数量（家）""新建/重建藏品账目及档案的文物数量（件/套）""完成藏品账目及档案信息化的单位数量（家）"为选填项。

八、收藏单位登录情况 （单位：家）

序号	行政区	摸底调查阶段反馈收藏有文物的国有单位数量	已登录文物的收藏单位数量	已注册账号但未登录文物的收藏单位数量
8	地市级合计	22	20	2
	阿拉善盟	1	1	0
	阿拉善左旗	15	14	1
	阿拉善右旗	3	3	0
	额济纳旗	3	2	1

* 此表格填写省本级、地市本级、区县本级收藏单位登录情况。

"已注册账号但未登录文物的收藏单位"指在普查平台登录文物数量为0的单位。

九、文物信息登录 （单位：家）

序号	行政区	是否完成文物信息登录工作	完成比例	未完成的工作进度安排
9	地市级	■是 □否	100%	
	阿拉善盟	■是 □否	100%	
	阿拉善左旗	■是 □否	100%	
	阿拉善右旗	■是 □否	100%	
	额济纳旗	■是 □否	100%	

* 此表格填写地市本级可移动文物登录情况。

十、普查成果开发、利用（选填）

序号	行政区	是否有单位公开藏品资源	已公开藏品资源的单位数量	是否举办普查主题展览（含网络展览）	展览数量
10	地市级合计	■是 □否	4	■是 □否	6
	阿拉善盟	■是 □否	1	■是 □否	1
	阿拉善左旗	■是 □否	1	■是 □否	1
	阿拉善右旗	■是 □否	1	■是 □否	2
	额济纳旗	■是 □否	1	■是 □否	2

* 此表格填写地市级普查成果开发、利用情况。

藏品资源公开情况

序号	已公开藏品资源的单位名称	公开藏品数量	公开方式
1	阿拉善博物馆	229 余件/套	展览
2	阿拉善王府博物馆	485 件	展厅展出
3	阿拉善右旗博物馆	983 件/套	展柜展出
4	额济纳博物馆	1576 件	展柜展出

利用普查成果举办展览情况（含网络展览）

序号	展览名称	展览形式	展出地点	展出藏品量	参观人次
1	阿拉善盟第一次全国可移动文物普查成果展	图片与实物相结合的形式	阿拉善博物馆	30 件/套	2100
2	阿拉善王府博物馆"一普"成果展	展厅展出	阿拉善左旗定远营阿拉善王府博物馆	485 件	8000
3	阿拉善右旗第一次全国可移动文物普查宣传	制作宣传展板	阿拉善右旗博物馆	40 件/套	2000
4	阿拉善右旗第一次全国可移动文物普查成果展	制作宣传展板	阿拉善右旗博物馆	120 件/套	3000
5	额济纳旗可移动文物普查实况	制作宣传展板	额济纳博物馆	60 件	5000
6	额济纳旗第一次全国可移动文物成果展	制作宣传展板	额济纳博物馆	150 件	5000

十一、普查的总结

序号	行政区	是否已编制辖区内国有文物收藏单位名录	是否已编写普查工作报告
11	地市级合计	■是 □否	■是 □否
	阿拉善盟	■是 □否	■是 □否
	阿拉善左旗	■是 □否	■是 □否
	阿拉善右旗	■是 □否	■是 □否
	额济纳旗	■是 □否	■是 □否

＊此表格填写地市级普查总结相关事宜情况。

执笔：陈东旭

后　记

根据国务院统一部署，经过五年的不懈努力，到 2016 年年底，我区第一次全国可移动文物普查如期圆满结束。五年来，在自治区党委、政府的正确领导下，在自治区各委、办、局及相关单位的大力支持下，全区各级普查机构精心组织、扎实推进，广大一线普查员攻坚克难、奋发进取，圆满完成了国有单位文物收藏情况摸底调查、文物认定、信息采集登录、数据审核各阶段任务，普查工作取得丰硕成果。

全区共登录各类可移动文物 1125464 件/套（共计 1506421 件），其中登录珍贵藏品 16054 件/套，全区文物总量在全国排名第六，比普查前总量翻了一番。全区总计举办文物普查培训班 289 期，培训人员 4480 人次，参加文物普查人数总计 2820 人，投入文物普查经费总计 4457.1499 万元。

《内蒙古自治区第一次全国可移动文物普查工作重要文件汇编》详细收录了国务院、自治区政府关于文物普查的重要文件、重要讲话、工作简报、普查宣传等原始资料档案。

令人痛心的是在本书编写过程中，索秀芬主编身患肺癌，于 2020 年 5 月不幸去世。索秀芬同志病逝后，由自治区文物局博物馆处马晓丽接续编书任务，在自治区文物局、各盟市等有关人员的协助下，完成编撰工作。

在出版的过程中，得到了内蒙古自治区文化和旅游厅、自治区文物局领导的高度重视。自治区文物局及有关单位人员做了大量基础工作，文物出版社给予了大力支持，在此专致感谢。

编者

2022 年 8 月